隐形冠军

未来全球化的先锋

原书第2版

[德] 赫尔曼·西蒙
(Hermann Simon) 杨一安 著

张帆
吴君 刘惠宇
刘银远 译

HIDDEN CHAMPIONS
Aufbruch nach Globalia, 2nd Edition

机械工业出版社
China Machine Press

图书在版编目（CIP）数据

隐形冠军：未来全球化的先锋（原书第2版）/（德）赫尔曼·西蒙（Hermann Simon），（德）杨一安著；张帆等译 . —北京：机械工业出版社，2019.9（2022.5重印）

书名原文：Hidden Champions: Aufbruch nach Globalia

ISBN 978-7-111-63479-9

I. 隐… II. ①赫… ②杨… ③张… III. 中小企业 - 企业管理 - 经验 - 世界 IV. F279.1

中国版本图书馆 CIP 数据核字（2019）第 180676 号

北京市版权局著作权合同登记 图字：01-2019-4483 号。

Hermann Simon. Hidden Champions: Aufbruch nach Globalia, 2nd Edition.

Copyright © 2018 by Hermann Simon.

Simplified Chinese Translation Copyright © 2019 by China Machine Press. This edition is authorized for sale in the Chinese mainland (excluding Hong Kong SAR, Macao SAR and Taiwan).

隐形冠军：未来全球化的先锋（原书第2版）

出版发行：机械工业出版社（北京市西城区百万庄大街22号 邮政编码：100037）

责任编辑：黄姗姗　　　　　　　　　　　　责任校对：殷　虹

印　　刷：中国电影出版社印刷厂　　　　　版　　次：2022 年 5 月第 1 版第 11 次印刷

开　　本：170mm×230mm　1/16　　　　　印　　张：28

书　　号：ISBN 978-7-111-63479-9　　　　定　　价：99.00 元

客服电话：（010）88361066　88379833　68326294　　　投稿热线：（010）88379007

华章网站：www.hzbook.com　　　　　　　　读者信箱：hzjg@hzbook.com

通向隐形冠军之路

赫尔曼·西蒙教授是极负盛名的世界级管理大师、德国著名管理学思想家和"隐形冠军"之父。《隐形冠军》一书是他的代表作,在中国出版多年,传播甚广,深得各界认同。有越来越多的中国企业家对隐形冠军的概念耳熟能详。这次由机械工业出版社推出新版,必将在中国企业界引起更大的反响,更广泛的积极效应。中国和德国有许多相似之处,比如都有深厚的制造基础和大量的中小企业(中国的中小企业数量超过 4000 万),隐形冠军在中国大有可为。中国企业的发展是一个学习借鉴和实践总结的过程,世界因文化多样而交流,因交流而借鉴,因借鉴而发展。木欣欣以向荣,泉涓涓而始流。多年来我不断学习研究"隐形冠军"的思想和理念,启迪至深,大受裨益。这次新版中文版的推出,我受赫尔曼·西蒙教授之托为该书作序,向中国广大读者介绍这本书,真是极大的荣幸!

《隐形冠军》的影响泛及国内外,阅读和研究这本书必须以国际化眼光和全球化视角,洞察宏大叙事,把握企业发展的未来。今日之世界,国际战略格局和世界秩序正在进行深度调整,世界多极化、经济全球化、文化多样化、社会信息化的程度正在日益加深。地球崎岖而不平坦,国际关系风云变幻,但历史的发展规律昭示：全球化的潮流势不可挡，全球化的趋势不可逆转，全球化的进程不会停滞，人类从来没有像今天这样联系如此紧密，任何人无法置身于地球村之外。世界需要交流对话、和谐共生、各美其美、美人之美、美美与共；国与国之间需要政策沟通、设施联通、贸易畅通、资金融通、民心相通；人类需要相互协作、合作共赢。全世界需要合力推进开放、包容、普惠、平衡、共赢的新型经济全球化。今日之中国，正在由 40 年改革开放导入的高速增长时代转向一个崭新的高质量发展时代，创新发展、协调发展、绿色发展、开放发展、共享发展成为推动中国经济发展的主引擎和影响世界经济变革的内在动力。中国中小企业面临一个新的战略环境，走进了一个新时代，如果不识变、不应变、不求变，就可能陷入战略被动，错失发展机遇，甚至错失整整一个时代。

未来 5～10 年是中国企业转型升级的一个重要窗口期，也是中小企业兴衰进退的一个历史周期。不畏浮云遮望眼，只缘身在最高层。中小企业领导者需要运用历史观、哲学观、战略观审时度势，明辨我们从哪里来，我们在哪里，我们要往哪里去？！需要保持历史耐心和战略定力，乘势而上：抓机遇、调结构、重创新、育品牌、强服务、补短板、降成本、创优势、理思路、较定位，努力帮助企业跃升到一个较高级的发展阶段。

面对纷繁复杂的国内外环境，中小企业面临着战略道路的选择。德国的"隐形冠军"企业是中国中小企业发展的一面标杆。2018 年，李克强总理在访德前夕，在德国主流媒体《法兰克福汇报》发表署名文章，称："德国作为世界制造业强国和出口大国，之所以具有强大的国际竞争力，得益于开放包容的氛围和开拓创新的能力，以'工匠精神'著称的'德国制造'在全球市场有口皆碑，数不胜数的中小企业'隐形冠军'成绩斐然，'工业 4.0'成为开启'万物互联'进程的新标杆。"《隐形冠军》一书通过对德国企业和世界企业经验的总结，为我们描述了可遵循的战略路径，给中小企业的转型升级提供了可借鉴的发展思路。所以，期待中小企业领导者好好研读这本书，深度研究"隐形冠军"的思想理论和实操方法，走一条"专精特新优"之路。就我个人的学习体会而言，通向隐形冠军之路，有如下可借鉴之处。

- **走开放的全球化之路。**

隐形冠军的"隐形"就是低调朴实，甘为人梯，执着配套，常常不为外界所关注；所谓"冠军"就是几乎主宰各自所在的市场，或在自己所在市场占有极高份额，业务做到全球前三或本大陆第一。如何成为隐形冠军？赫尔曼·西蒙教授认为，隐形冠军企业实行经营专业化与区域全球化战略，产品经营是专业化的，市场开拓是全球化的。由于多数隐形冠军企业的产品是单一的，一国市场有"天花板"，因此必须拓展国际空间。德国是产品出口型和经济外向型国家，其产品出口绝大多数是由中小企业，其中包括众多的隐形冠军企业。中国是世界第一大货物贸易国，2018年进出口贸易总额达4.6万亿美元，其产品的出口，也主要是依靠中小企业推进的，主要是东南沿海较为开放地区的中小企业，隐形冠军企业也主要集中在长三角、珠三角、京津鲁、福建等地区。诚然，开放性和全球化是隐形冠军企业的本质特征。

19世纪中期，英国主导了世界第一轮经济全球化。中国是在1840年鸦片战争后被动纳入经济全球化体系的，并在经济全球化的激流涌动中遭遇政治崩盘。20世纪70年代末到21世纪初，世界又开始经历新一轮以美国为动力的经济全球化浪潮。中国以更加开放的姿态，创办经济特区、加入WTO、建立自由贸易区港、启动大湾区建设、改善营商环境、实行外资准入前国民待遇加负面清单管理制度等，积极主动融入这波浪潮，并在融合开放中摆脱困境跃升为世界第二大经济体，从被忽视的边缘逐步走近世界舞台中央，跻身世界前列的诸多"中国第一"吸引了全球的目光。中国提出并推动的"一带一路"倡议，被认为是在开拓一种"新型全球化"。所谓新型全球化，就是基础设施先行，通过设施联通，实现国际产能合作，创办开发区和自由贸易区，整合全球产业链、供应链、价值链，激活内陆和沿线国家发展潜力，建立全球大市场，构建人类命运共同体。这是中国中小企业走全球化之路千载难逢的大机遇，经济成长空间巨大，产业互补性极强，未来前景无限广阔，是打造"隐形冠军"的绝佳舞台。中小企业必须坚定地走出去，利用发展时间差、产业更代差、人力成本差，发挥比较优势，以贸易为先，逐步布局产能，提高市场全球化率。

- **走专注的精约化之路。**

隐形冠军的"隐形"，就是"不显山，不露水"，隐在专注而不是分散，隐在坚持而不是放弃，隐在长久而不是短暂，隐在内敛而不是外显。中国中小企业从草根开始，许多企业背着背篓行天下，哪里赚钱哪里走，从事的行业少则几个，多则几十个，阵线过长，摊子过大，涉面过宽，领域过广，极易导致资金融不上、人才配不上、管理跟不上、精力顾不上等问题。

当前，中国多数中小企业别无选择，只能坚定地进行转型升级，重塑再造企业比较优势。所谓转型升级，就是从成本优势转向综合竞争，从以量取胜转向以质取胜，从经验管理转向科学管理，从产品经营转向品牌运筹，从粗放扩张转向精约发展。如何做到成功转型？外国企业的成长道路给我们提供了许多有益的启示，日本企业从生产方便面到生产导弹，美国企业从生产数以百计的产品到"数一数二"战略，从无限度扩张到最后开始走集约之路。20世纪90年代，世界范围内掀起了一场归核化运动。21世纪初，微软、英特尔等公司专业化的成功为世界企业提供了示范。近年来，中国企业在经历一轮又一轮无边界扩张而遇到重重困顿之后，开始倡导回归主业、回归专业化、回归初心。赫尔曼·西蒙教授的隐形冠军思想倡导专注：专注核心业务、专注客户关系、专注员工忠诚度；倡导持续改善和培育企业生态价值链；倡导守持愿景。

为此，中小企业领导者需要调整心态，培育实业工匠精神。过分追求规模和速度的成功只是战术成功，只有追求质量升级成功才是战略成功。放慢扩张步伐，凝神聚气，心无旁骛，咬定青山，聚焦一个行业，专注一个产品，执着一种市场，做好一项服务，匠心永恒。就像德国和意大利那些优秀的中小企业一样，做上一百年、二百年……"不争500强，但活500年"。小而长久、慢而健康才是企业王道。如德国伍尔特公司，只生产螺丝、螺母等紧固件，却在全球80多个国家有294家销售网点，其产品的应用更是上至太空卫星，下至儿童玩具，几乎涵盖了所有行业和领域，年销售额达到70多亿欧元。又如碧然德公司，其滤水器占据全球同类产品市场份额的85%。再如中国的山东默锐科技有限公司，是从事海洋精细化工产业研发、生产、经营的国家级高新技术企业，产品远销美国、日本、欧洲等海外市场。在六溴环十二烷、双酚A双（二苯基磷酸酯）、B-溴苯乙烷三个阻燃剂细分市场上处于国际领先地位。用该公司董事长杨树仁的话说："把一米宽的市场，做到一百米深。"这几家企业生产的产品大都不是终端消费品，并不为一般大众所知，却是本行业真正的"冠军"。纵横国内外的经验可鉴：做精、做优、做特、做专、做新是99%的中小企业必然的战略选择。

- **走综合竞争的升级价值链之路。**

　　当代世界的竞争，归根结底是经济的竞争，经济竞争的背后是科技的竞争，科技竞争的背后是人才的竞争，人才竞争的背后是教育的竞争。国家间的竞争是一种综合国力的竞争。企业的竞争是产品、渠道、价格、性价比、服务、技术、品牌的综合竞争，说到底是价值链的竞争。在长期的市场竞争中，中小企业主要依靠低成本、低价格优势，缺技术，缺品牌，缺高质量服务，缺乏综合竞争力，处在价值链的低端。赫尔曼·西蒙教授主张，隐形冠军企业不能走低价格扩张之路，不能依靠最低的成本和最低的价格实现竞争，而应通过科学的定价策略和技术提升，在价格、成本和质量三者之间找到平衡。

隐形冠军企业之所以成为冠军，就是因为在长期的聚焦中，重视创新开发和技术更新。面对新一轮科技革命和产业变革的浪潮，面对互联网、云计算、大数据、物联网、人工智能、生物技术、量子技术、深海技术、航天技术、核聚变技术等前沿科技对社会和企业持久深入的影响，中小企业必须加大研发力度，瞄准技术前沿，通过工业互联网和数字化、智能化手段改造传统产业，提高技术创新对企业发展的贡献率。同时，注重品牌培育，重视服务创新，做好关系营销，创造共享价值，持续改善品质，逐步形成自身的核心竞争力，使中小企业由价值链的低端走向高端，追逐"隐形冠军"之梦，真正迈向高质量发展时代。

● **走理论与实践相结合的变革之路。**

理论是灰色的，实践之树长青。理论的光辉靠实践砥砺，隐形冠军的思想必须结合中国企业的实际才有生命力。世界上没有两片完全相同的树叶，世界上也没有完全相同的企业。同质化与差异化共存、个性与共性同在的这种事物普遍性规律在企业发展上同样适用。一种理论、一种方法用于不同的企业会有不同的结果。江南为橘，江北为枳。为此，中国企业家需要做战略性和哲学性的思考：如何处理大与小的关系、专与博的关系、眼前与长远的关系、企业与行业的关系、区域化与全球化的关系、隐性与显性的关系、配套产业与终端消费品的关系、过程与结果的关系、坚守与创新的关系等。艰苦求索，发扬光大，找到一条适合自己的道路，寻到一种适合自己的方法，因时而变，因势利导，因企施策，创建中国式隐形冠军企业。

"隐形冠军"是一条艰苦漫长之路，是对广大中小企业领导者意志和定力的考验。尽管不是每一个中小企业都能够达到预期目标，体验巅峰之感，但只要沿着隐形冠军的新路标笃定前行，持续发力，怀揣心里有团火的坚定信念，坚持不懈地培育和发扬爱岗敬业、奋斗自强、崇尚科学、守法自律、利他爱人、包容互鉴、刚强坚毅、反省自明的企业家精神，就一定能够让梦想照进现实。

赫尔曼·西蒙教授多次来中国，对中国有深厚的感情，对中国企业抱有一份希冀，他期待隐形冠军思想能够扎根于中国经济土壤，期待中国未来能够涌现更多的隐形冠军企业，他相信中国和德国一样是诞生隐形冠军的沃土。为此，我向赫尔曼·西蒙教授致敬！向坚定不移地走在隐形冠军征程中顽强拼搏的广大中国企业家致敬！

以上感想，权作为序，期盼赫尔曼·西蒙教授和广大读者不吝指正！

刘红松

赫尔曼·西蒙商学院院长

2019 年 8 月于北京

概
述

在此简要概述本书中关于隐形冠军的核心观点。

（1）全球化是世界经济的未来。隐形冠军以及其他公司都不应将目光局限于本国市场。中国市场很大，全球市场更大！全球化是中国企业成长为隐形冠军的必经之路。

（2）到 2030 年，世界经济将呈现三足鼎立，美国、欧盟和中国形成第一集团。其他国家和地区的经济总量相对来说要小得多。

（3）到 2050 年，非洲人口将会翻倍，并在世界经济中起到日益重要的作用，但到底是正面作用还是负面作用还有待观察。

（4）德语区的企业对未来的全球竞争准备得最充分。它们有比世界其他地区更多的隐形冠军，这些隐形冠军是向未来世界经济共同体进军的先锋。同时，不管是技术、管理还是营销网络上，中国的隐形冠军都在迅速赶超。

（5）虽然并不广为人所知，但无论是那些老牌的隐形冠军，还是最近大量涌现的隐形冠军新锐都无不依靠其一流的业绩在世界市场中占据显著的地位。

（6）隐形冠军公司最富有野心的目标就是实现持续增长和获取世界范围内的市场领导者地位。

（7）持续增长被证明比爆发式的间歇增长更具稳定性。

（8）市场领导地位对隐形冠军来说不仅是指最大的市场份额，还是指通过设定行业标准和企业标杆实现了对客户、竞争对手以及市场趋势的领导。

（9）只有通过业务的聚焦和深耕才能成为世界一流企业。隐形冠军集中关注一个狭窄的细分市场，并通过深入研发获得其独特的产品优势。它们坚信，产品的独特性只能在企业内部产生，不能通过外包从市场上获得。

（10）业务聚焦会使市场规模有限，而全球化可以实现规模效益。因此，聚焦和全球化是隐形冠军不可或缺的两大支柱性战略。

（11）在全球化的过程中，隐形冠军倾向于将价值创造链最大限度地掌握在自己手中。相比通过第三方代理，它们更愿意通过自己的子公司在全球市场开展工作，并以此与客户建立更直接的联系。

（12）隐形冠军始终保持与客户的紧密联系。它们贴近客户的程度比大企业高出5倍，它们的高层管理者甚至会积极参与业务，亲自聆听客户的声音。

（13）隐形冠军对研发的投入是一般工业企业的两倍多。平均每个员工的专利数量相当于大公司的5倍，也就是说，它们的每项专利的成本相当于后者的1/5。技术和客户需求对驱动企业创新发挥着同等重要的作用。

（14）隐形冠军将它们的竞争优势在市场上完全展现出来。这种优势往往是多项因素的组合，而产品质量永远居于首位。近年来，它们已经在咨询和系统集成方面建立了新的、难以模仿的竞争优势，从而使得新的竞争者进入市场的门槛提高了。

（15）一般来说，隐形冠军的利润比同行要高得多。多年来，它们的利润回报率保持在德国一般企业的两倍以上；它们也有着较低的资产负债率；它们在融资方面很保守，一般不愿意举债。

（16）典型的隐形冠军是为单一市场提供单一产品并拥有一个简单组织

架构的企业。如果企业经营或者服务的市场比较复杂，它们就提早进行组织形式的分化和去中心化，这样可以确保在复杂的环境下依然能够贴近客户。需要指出的是，我们也观察到有集团作战的隐形冠军，即一家集团拥有多个冠军产品或者冠军子企业。

（17）隐形冠军是高绩效的组织。它们尽力消灭人浮于事的情况，在员工的培训和能力提升方面投入巨大，致力于提高员工素质。在隐形冠军企业中，员工的离职率及缺勤率都非常低。但在招聘新人才时，隐形冠军依然面临很大的挑战。

（18）隐形冠军企业领导人的特征是对领导者和企业使命具有高度认同感，也具有实现目标的决心、勇气、毅力、能力以及激励和鼓舞他人的魅力。领导人的任期平均达 20 年，是大公司的 3 倍。通常，隐形冠军企业的领导人在年轻的时候就到达了公司权力的顶端。女性领导人在隐形冠军企业中扮演着重要角色。但也有部分隐形冠军企业的国际化管理尚处于起步阶段，这也将是隐形冠军企业未来全球化进程中所要面临的主要挑战之一。

（19）隐形冠军也许能够作为全球中等企业的战略榜样，特别是在新兴市场。这些国家至少应该给予隐形冠军企业与大企业同样的关注。

（20）势不可挡的数字化趋势影响着社会的各个方面，而且正在重新书写商业游戏规则。隐形冠军，特别是制造业的隐形冠军在数字化转型过程中的表现毫不逊色于大公司。基于它们与客户的紧密关系，它们往往能够更好地把握数字化给客户带来的价值。数字化将给隐形冠军带来新一轮的发展机遇。相对而言，消费领域的隐形冠军在数字化转型中可能会面对更多的挑战。

（21）中国拥有隐形冠军成长的肥沃土壤。凭借企业自身的努力和中国政府对于"隐形冠军"式企业的扶持，我们将会看到越来越多的来自中国的隐形冠军登上世界舞台。其中，一个实现全球化隐形冠军的重要方式是兼并欧美等国的领先企业，然而投后管理和融合对作为全球化后来者的中国企业来说绝非易事。

隐形冠军坚定地行驶在自己的发展轨道上，不受各种时髦的管理方式的干扰。它们取得的优势无论过去还是今天都在世界各地得到了验证。如果它们仍然能够坚守原则，它们就会朝着世界经济共同体——未来的全球化市场蓬勃发展。它们能够实现持续成功并没有秘诀，只是比其他人更加一贯地坚持大家都知晓的常识。就这么简单，却又如此艰难！

目录

第 1 章
世界经济共同体
未来的世界

　　世界经济共同体是我们对未来全球化世界的称呼。如果有谁认为现在全球化的程度已经很高了，那么他就错了。相反，全球化进程才刚刚开始，并且还会继续深入。对全球化将来的意义给予怎样高的评价都不足为过。人们不禁会问，过去 50 年中，哪些潮流曾经极大地改变了我们的生活？最常见的答案可能是"信息技术"。假如同样的问题几十年以后再次被提出来，那么这个答案很可能就会是"全球化"。劳伦斯·C. 史密斯在其著作《2050 年的世界》中说："世界正处于经济转型的初期阶段，而且今日的世界比我们所经历过的以往任何时期都更加紧密地联系在一起。全球化进程比人类历史上出现过的所有地区联合都更广泛、更复杂。"[1]

　　德国和中国都是全球化的大赢家。相对于大公司，德国出口持续的成功更依赖于强大的中小企业。它们当中有数以千计的不太为人所知的世界市场的领导者，对德国经济发挥了突出的作用。我们为这些公司引入了一个概念："隐形冠军"。德国比其他国家有更多这样的隐形冠军，它们是德国在全球竞争中的秘密武器。在可知范围内，这些企业已经在全球化道路上遥遥领先。它们是全球化的先锋，并正在坚决地朝着世界经济共同体进军，那里有巨大的机会，但前进的道路上很艰难，因为竞争对手——特别是来自新兴市场，比如中国，也在进军并迅速地迎头赶上。

我们在本章将首先讨论未来几十年的全球化大趋势，特别是关注国内生产总值（GDP）和人口增长。接着我们深入看看各国的出口业绩。与此对照，还要阐述德国和在世界市场中占据领先的德国中小企业的特殊角色——隐形冠军。中国企业可以从德国的经验中总结出针对自己未来战略的宝贵理论。

全球化作为增长动力

可以说，全球化最近几年才真正开始，并且发展速度日益加快。全球化的一个特别有说服力的指标是世界人均出口额。从 1900 年以来的数据可以看出，近几十年来全球化加速明显。图 1-1 显示了全球化加速的事实。隐形冠军早早地看到，并抓住了这个契机。

世界人均出口额从 1900 年低水平的 6 美元，用了 50 年的时间上涨 4 倍，到 23 美元。两次世界大战摧毁了旧的国际贸易格局，使世界出口经济的发展倒退了几十年。第二次世界大战（简称"二战"）后直到 1980 年，30 年间，世界人均出口额又再次经历了一个非常强劲的增长时期，达到了 400 多美元。接下来继续增长了 1 倍，达到近 1 000 美元的水平只用了 20 年。这个数字在当时已经是很高的水平。然而，在那之后的 17 年里，世界人均出口额又增加了逾 2 倍。

人均出口总额（美元）

1900	1950	1980	2000	2017
6	23	437	985	2 150

图 1-1　1900～2017 年的世界人均出口额

从绝对数字来看，全球出口总额从 1900 年的 99 亿美元（当时世界人口总数为 16.5 亿）上升到了 2017 年的 161 250 亿美元（当年世界人口总数约为 75 亿）。今日的全球出口额是 100 多年前的 1 600 倍。如果加上没有包含在出口统计口径内的直接投资和服务输出的部分（比如，金融服务、软件开发或者离岸呼叫中心），估计增长还将再翻一番。全球化其他各项指标在过去 30 年里甚至比出口增长更强劲。例如，单跨境金融交易一项，自 1980 年以来就增加了 9 倍，而且今天的国际游客人数比 1980 年高出了 6 倍[2]。

那接下来又会发生什么样的变化？我们预期世界贸易将持续强劲增长。考虑到许多国家，尤其是新兴经济体的人均出口额非常低，世界出口还有很大的增长潜力。安永会计师事务所的一项研究结果表明，

"经济危机不会使全球化终止"[3]。积极融入全球化洪流中的隐形冠军企业及其他类型的企业家将得以实现高速发展。全球化对它们来说，是绝好的持久的增长助推力。

全球化谁领风骚

有了中国和其他新兴国家的强势崛起，媒体和公众对于亚洲将成为全球化的重心这一点的信心更足了。然而，也有分析显示，这并非事实的全部。图1-2显示，到2030年时部分国家GDP可能的发展走势。我们假设中国和印度每年增长率为5%，巴西为4.5%。我们预测美国的平均年增长率为2%，欧盟及其他欧洲国家为1.5%[4]。此外，我们估计日本平均年增长率为1%。这些增长假设基于美国咨商会《全球经济展望2012》《2050年的世界秩序》以及美国联邦储备委员会的预测。应当指出的是，GDP的长期预测往往并不十分准确。我们在这里提出这些数字的主要目的在于提供参照物，而非精准预测。

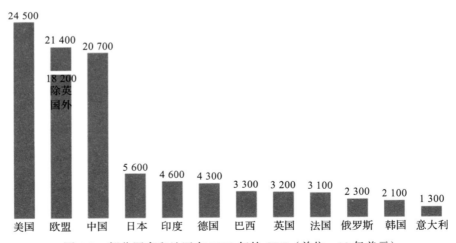

图1-2　部分国家和地区在2030年的GDP（单位：10亿美元）

在图 1-2 中包含了以下几个重要的消息。

- 即使到了 2030 年，美国的经济总量仍然是世界第一。
- 如果英国不脱欧，欧盟将排名第二；假使英国脱欧，欧盟将排名第三。
- 中国将进一步缩小与美国的差距，成为世界第二或者第三。
- 所有其他国家都远远落后于前面三个国家。
- 日本保持第四，德国第五。
- 巴西和印度将超越欧洲其他国家，但远落后于排名前三的国家和地区。
- 中国和印度之间的距离可能进一步拉大。即使我们假设印度 GDP 的增长率达到 8%，它也不能在此期间赶上中国。

2030 的世界经济将是美国、中国和欧盟三足鼎立的格局。迈克尔·波特和扬·里夫金在一份非常具有自我批判精神的分析中，对美国的竞争力得出以下结论："美国仍将是世界上最大的经济体，同时也是高端产品和服务的最大市场，这将刺激创新，并像磁铁一样吸引外资。"[5]

但中国将成长为世界经济中的重要力量。世界经济格局将从欧美双极转变为三足鼎立。值得注意的是，这个三足鼎立的结构与日本管理学家大前研一在 20 世纪 80 年代提出的"三极集团"是不一样的。大前研一在那个时代备受瞩目的著作《三极集团的力量》中断言日本是美国和欧洲之外的第三极[6]。沃尔特·拉塞尔·米德在《三边时代》一书中提出了同样的预测[7]。但是，日本在经济泡沫破灭后进入了长达几十年的停滞期，对世界经济的影响日渐式微。随着日本社会老龄化的加剧，这种势头很可能将延续下去。如果欧盟能保持或加强其自身当前拥有的行动能力，那么欧盟在未来世界的经济格局中仍将保留重要地位。我们也可以说2030年的世界将是个多极的世界，但是诸如巴西和印度的新极点的重要性相比起美国、欧盟和中国来说仍要小得多[8]。哪怕GDP的绝对值发生了很大的变化，世界经济的排名在未来几年中也不太会发生变化。

全球化背景下的经济增长

在选择和开拓地区市场的时候，不应仅仅考虑通过 GDP 来衡量的市场保有量，同时也应该考虑市场增量。众所周知，在一个成长的市场中更容易扩大市场份额。所以，我们不仅应该考虑市场保有量，还应该考虑市场增量。图 1-3 给出了 2016～2030 年 GDP 的增长。

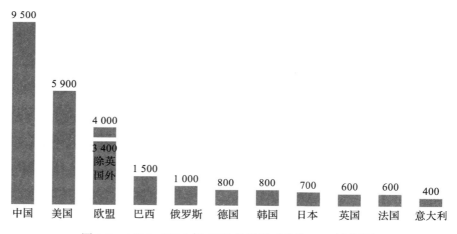

图 1-3　2016～2030 年 GDP 的增长（单位：10 亿美元）

在图 1-3 中同样包含了以下几个重要的信息。

- 中国的经济增长遥遥领先于其他国家。

- 美国 GDP 的增长稳居第 2 位，并领先于印度和巴西。经济水平的起点很重要，如果只关注增长率，就会得出错误结论。

- 欧盟的经济也会增长，而且同样高于印度和巴西。

- 相比较而言，其他国家 GDP 的增长会明显偏低。

在图 1-4 中，我们将 2030 年主要国家的 GDP 以及现时到彼时的增量放在一起展示。

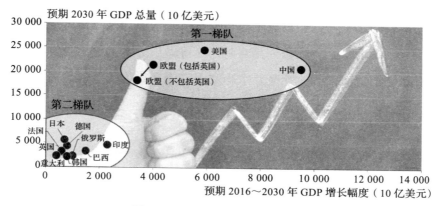

图 1-4 2030 年 GDP 总量和增量

从图 1-4 中，通过二维的展示方式可以直观地看到美国、欧盟和中国将共同主导 2030 年的世界经济格局。即便英国脱欧，这个大局面也不会发生变化。上述三个国家和地区构成了世界经济的第一梯队，无论是绝对经济水平还是经济增长速度都遥遥领先。想要在未来获得成功，企业必须优先遵从两点。第一，它们必须在高度发达的欧美市场拥有强大的市场地位。第二，必须在中国、印度和巴西建立强大的市场地位。此外，还必须关注其他地区，如东盟、非洲以及东欧和俄罗斯。这些地区的经济也在增长，同样有着令人感兴趣的市场机会。

　　我们的研究结果表明，接下来的十几年里，美国和欧洲仍将是全球经济的重要支柱。这与现在广为流传的"世界经济的未来只在新兴国家"的舆论相悖[9]。"新兴国家推动下一个全球化的浪潮"[10]，仅仅部分地反映了现实情况。美国和欧洲将继续对全球经济增长做出巨大贡献。最后还应该记住，我们的预测依赖于对经济增长率的假设。如果这些假设与实际发展情况南辕北辙，那么2030年的世界经济格局将会和预测结果有所不同。[11]不过，从目前来看，我们的假设发生偏差的可能性很小，所以假设的结果至少在大趋势上会是正确的。同样应该予以强调的是，这项研究是对整体经济做出分析，而不是针对行业的分析。[12]个别行业的发展方向和速度可能与整体的经济发展完全不同，比如今日的中国已经取代美国成为某些产品的最大市场。

全球化背景下的人口增长动态

　　GDP及其增长是评估市场吸引力最重要的中短期指标。评估时期越长，人口增长的重要性就越凸显。从长期来看，高收入国家因为人口数量不断萎缩，其前景不容乐观。人口数量和人均收入的增加是经济增长的两个推动力。

　　图1-5显示了重要的地区和国家2010～2050年的人口增长。这里参考的时间跨度要远远超过前面对GDP的观察。这里给出的数据是联合国官方预测的数字。为了便于比较，我们把2010年的人口数据指标设定为100。

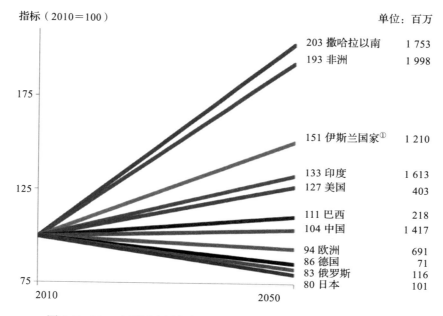

图 1-5　2010 年联合国预测的部分地区 2010～2050 年的人口增长

① 伊斯兰国家指巴基斯坦、印度尼西亚、孟加拉国、埃及、伊朗、伊拉克、阿富汗。

　　这个预测超乎我们的想象。根据联合国的预测，接下来的数十年，人口增长最大的区域不是在亚洲，而是在非洲。非洲人口将从 2010 年的 10.3 亿增长到 2050 年的 19.9 亿。9.6 亿人口的增长数量几乎与比它大得多的亚洲的 10.7 亿的人口增长数量旗鼓相当。在未来的 40 年里，亚洲人口占世界人口的比重将从现在的 60% 下降到 57%。与此同时，非洲的人口比重将从 15% 提高到 22%。与非洲的情况类似，只不过稍逊一点的是几个大型伊斯兰国家，如巴基斯坦、印度尼西亚、孟加拉国、埃及、伊朗、伊拉克和阿富汗。到 2050 年，这些国家的人口总数将从 2010 年的 7.99 亿上升 51%，达到 12.1 亿。

　　有些读者可能会感到惊讶，印度人口增长远不及非洲和伊斯兰国家。但是，印度人口增长的绝对数量仍有 4 亿。同样令人惊讶的是，美国人口增长的百分比与印度相仿；巴西在 40 年间的人口增长仅有 11%。相比之下，中国的人口数量变化最小，几乎与现在持平。

澳大利亚前总理保罗·基廷曾就人口增长与全球化进程的关系做过一个很有启发性的解读。两个多世纪以来，西方的生产力切断了人口和 GDP 之间的传统关系。全球化使得生产力更平均。因此，具有人口优势的国家将从全球化中获得更多收益，世界也将因此而变得更加公正和公平 [13]。

除了人口数量的增长，人口的流动也会对未来数十年产生深远影响。国际难民数量自 1980 年以来增加了 5 倍 [14]。盖洛普公司的一项调查显示，11 亿人（相当于全世界所有成年人口的 1/4）希望能够至少短时间在另一个国家工作，以获得更好的生活条件。6.3 亿人希望永久移民到其他国家 [15]。欧洲是重要的移民目标地区，特别是来自非洲的移民的首选目的地。目前，每天有成千上万的难民跨越地中海来到意大利和西班牙，然后再从那里迁往北欧。因此，我们不认为联合国对 2050 年人口增长的预测会实现。我们认为，欧洲人口，尤其是德国人口不但不会减少，反而会有所增加。然而，若是要精确地预测人口数量则未免有妄自猜测之嫌。

我们可以对全球人口增长动态得出以下结论：世界人口总数不仅将会从今天的 75 亿增加到 2050 年超过 90 亿，而且人口增长的地区分布极不均匀，大规模的人口流动将进一步加剧。中小企业，尤其那些隐形冠军企业在人口增长的进程和变化中被赋予了重要任务。发达地区的隐形冠军企业为发展中国家创造新的就业机会发挥了至关重要的作用。它们在当地训练年轻人，传授技术，甚至将整个产业价值链包括研发部门搬迁到这些国家。它们这样做当然不是出于利他主义，而是为了更好把握当地的商机。与此同时，我们预期在发展中国家也会出现新的本土中小型企业，其中很多企业也有希望成为隐形冠军。越来越多的发展中国家意识到，要想实现经济的持续、稳步发展不能只依靠大公司，培育扶持中小型企业对它们来说是一条必不可少甚至更好的发展道路。

全球化的赢家

哪些国家是全球化的赢家？为什么？这些问题我们在下一节里将要详细展开。国际竞争力首先表现在出口方面。图 1-6 显示了主要国家 2007～2016 年 10 年间的出口额。虽然这种跨年的出口统计在具体的研究过程中并不常被用到，但这样得出的观察结果会比数据波动较大的年度出口额更具有参考价值。

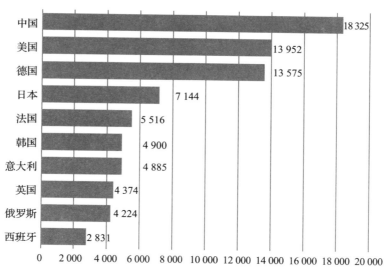

图 1-6　部分主要国家 2007～2016 年出口额（单位：10 亿美元）

即使从长期来看，中国的出口额也已经是世界第一了。中国于2009 年首次取代德国成为世界出口冠军。第二名是德国，以微弱优势领先美国。所有其他主要国家的出口额显著低于这三个主要的出口国家。

出口和国际竞争力在人均出口额上有更精细的表现，如图 1-7 所示。

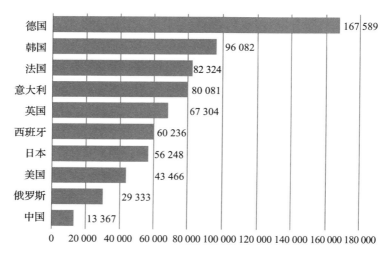

图 1-7　部分主要国家 2007～2016 年人均出口额（单位：美元）

在比较人均出口额时，德国的强势令人感到诧异，它在世界大国中是独一无二的。所有其他国家最多也只是刚刚超过德国的一半或者是明显低得多。最接近德国的是韩国，其次是法国和意大利。美国人均出口额则远远落后。中国因为其庞大的人口数量，尽管在绝对出口额上领先，但人均出口额却很低。

可是，这样比较人均出口额的意义并不大，因为大国的人均出口额往往是比较低的。假设一个国家只有一个居民，这个居民和其他国家的人进行交易。那么，这个只有一个居民的小国家的人均出口额就等于GDP，或者用另一种说法表示，出口比例和进口比例都是100%。相反，假设地球上只有一个国家，那么它的人均出口额就等于零。作为一个经验法则可以总结为：规模越小的国家，它的人均出口额就越高[16]。因此在表述人均出口额的图1-7中，我们只选择了拥有人口不少于5 000万并有较大规模出口额的大国的数据。比如印度就没有被包括在内，因为印度的人均出口额在此期间仅有1 617美元，与图中列出的国家完全不在一个数量级。虽然也可以运用回归分析来消除因人口数量造成的差异[17]。然而，这对于结果的影响并不是很大。所以，在这里我们放弃了这些个别细节。

应该指出的是，图1-7中的这些国家的出口表现差异极大。中国在绝对出口额上领先于其他国家，而德国在人均出口额上表现出色。

什么决定了出口表现

接下来，我们将要讨论为什么各个国家的出口表现会如此大相径庭。第一种猜测是，大公司的数量对一个国家的出口表现有着决定性的影响，因为人们总是把大型跨国公司和全球市场份额以及世界范围内的市场成功联系起来。图1-8给出了各国所拥有的全球《财富》500强企业的数量，[18]我们把它们分别与各自所在国家的出口额进行比较。

如图1-8中所示，对大多数国家来说，《财富》500强企业的数量确实与出口额有着非常紧密的联系。但是，我们同时也观察到了两个例外的情况，即中国和德国这两个主要的出口国家。这两个国家之间有什么共同点呢？中国出口总量的 68% 来自那些只有不到 2 000 名员工的公司 [19]。类似地，在德国，中小企业贡献了 60%～70% 的出口额。所有高度发达的工业国家都拥有很多活跃在世界各地、出口额较大的大公司，然而这些国家的整体出口额表现反而不强。

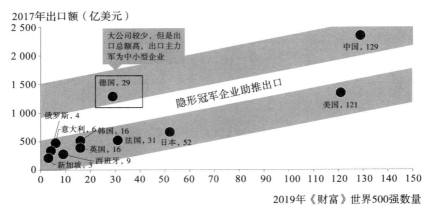

图 1-8　部分国家的《财富》500 强公司数量和出口总额（2017 年）

从图 1-8 中可以得出结论，如果一个国家只有很多大企业，并不能保证就有出色的出口表现。要在出口能力上居于领先地位，还需要有众多出口导向型的中小型企业。

隐形冠军

我们多年的研究反复证明了德国保持强劲出口实力的根源就是中小企业。虽然不是每一家中小企业都是成功的出口型企业，但德国中小企业中有许多公司都在各自的领域里占据了世界或欧洲市场中的领先地位。因此，这些市场领导者对德国出口的可持续性和出口能力的持续加强做出了卓越贡献，它们构成了德国经济的主力军。这种情况在过去的 25 年里几乎没有任何变化——更确切地说，这些中小企业的作用在全球化进程和国际竞争中甚至变得更为重要。

在多年研究这个课题的过程中，我们发现在奥地利和瑞士也有很多中小企业是国际市场上的领导者。即使是如卢森堡这样的小国也有好几个隐形冠军。我们在这本书中提到德国时的一些说法往往也适用于其他德语国家。因为那里存在着和德国类似易于产生隐形冠军的经济结构。世界其他地方的情况则完全不同。没有任何一个地方像德国和德语国家一样有如此多的隐形冠军。近 30 年来，我们一直在收集全球隐形冠军的名字。图 1-9 给出了各个国家的隐形冠军的绝对数量和每百万居民的隐形冠军数量，其中只列出了拥有超过 10 家隐形冠军的国家。

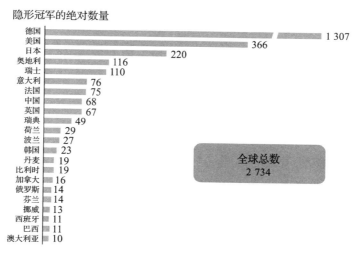

图 1-9　隐形冠军所在的国家——隐形冠军的绝对数量和每百万人的隐形冠军数量

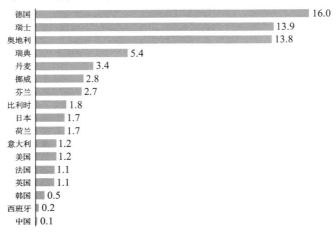

每百万人的隐形冠军数量

德国	16.0
瑞士	13.9
奥地利	13.8
瑞典	5.4
丹麦	3.4
挪威	2.8
芬兰	2.7
比利时	1.8
日本	1.7
荷兰	1.7
意大利	1.2
美国	1.2
法国	1.1
英国	1.1
韩国	0.5
西班牙	0.2
中国	0.1

图 1-9 （续）

在德语区，我们一共找到了 1 499 家隐形冠军，这相当于占世界上全部确认的隐形冠军总数的 55%。虽然德语区国家的人口只有不到 1 亿，也就是说只占世界人口的 1.5%，但是根据我们的调查结果，这里占有全球市场领导地位的中小企业比在世界其他地方的总和还要多。一个非常有趣和令人惊讶的发现是，所有德语国家的每百万居民的隐形冠军数量都极为相似的处于 14～16。占据这个排名第 2 位，但与德语国家差距甚远的国家集群是斯堪的纳维亚国家。在这里，每百万居民中有 3～5 个隐形冠军。

其他欧洲大国，如意大利、法国、英国和西班牙都只有为数不多的隐形冠军。如前文中提到的，它们的人均出口额也要低很多。美国和日本的情况差不多。中国已经拥有了数量可观的隐形冠军，还必须考虑到，与工业发达国家相比，中国仍处于经济发展的初期阶段，所以目前还没有那么多的隐形冠军。企业要成长为隐形冠军往往需要几十年的时间，由此可以预见，中国的隐形冠军数量将在未来 10～20 年里出现大幅的增加。

此处需要提醒的是，对于图 1-9 中给出的数据应该谨慎解读。毫无疑问，我们收集到的德国和德语区的隐形冠军名单比其他国家的完整。但是应当指出的是，许多其他国家的研究者也都或多或少系统地收集了隐形冠军的名单[20]。所以，我们仍然可以认为这里给出的数据大体上是准确的，即使再继续深入地收集也不会改变判断的基本依据。这些数据支持了前面所总结的德国出色且持久的出口能力归因于隐形冠军的结论。

为什么在德国有这么多的隐形冠军

德国超多的隐形冠军数量不可避免地引出了这样一个问题：为什么德国会有这么多的隐形冠军呢？在试图回答这个问题时，我们会遇到一连串复杂的影响因素，其中一部分因素需要回溯历史并最终可以对德国当前强大的出口表现进行解释。这些因素原则上也适用于整个德语区。

历史上的小国邦联

与法国、日本、美国等国家不同，德国直到 100 年前都还不是统一的民族国家，而是一群小国的松散集合。直到 1918 年，德国境内的 23 个君主国家和 3 个共和国才正式合并组成德意志第二帝国。1871 年以前，这些小国家甚至是完全独立的国家。在这种环境下，任何想要实现成长的企业都必须国际化。这种对国际化的迫切渴望融入了德国企业家的血液里，并且一直保持到了今天。与国外同行相比，这些企业往往更早并且在规模更小的时候就开始出口。因此，这是一片孕育隐形冠军和成就出口的沃土。

传统的技能

在德国许多地区都有被传承了几百年的技能，这些技能即使在今天仍焕发着光芒。黑森林地区⊖一直以来都以制造高精密机械的钟表而著名，钟表业被认为是最终开启"现代工业时代的钥匙"。[21]今天，在黑森林地区有超过 400 家医疗技术公司，它们都是由制造传统的精密机械起家的，有的甚至直接从钟表制造商转型而来。我们也可以拿德国西北部的老大学城哥廷根来举例。为什么那里有 39 家测量技术制造商，其中还不乏世界市场的领导者？答案是，几个世纪以来，哥廷根大学的数学教授水平领先于世界。其中一些公司的技术就来自于由著名数学家卡尔·弗里德里希·高斯发现的原理[22]。德国物理学会会长、西门子前董事爱德华·克鲁巴西克曾说过："德国在 21 世纪获得成功的技术基础，可以一直追溯到中世纪。"同样，测量技术领域的企业家彼得·伦纳和他的 Dolphin 科技公司也说道："德国依然是一个巨大的工程师事务所。"在德国，有些东西会自然而然地传承下来。

出色的创新力

在典型的德国人以及外国人的眼里，德国在创新领域从来就不是一个重量级选手，但这是对现实的一个扭曲的印象。德国企业在诸如

⊖ 黑森林来自德语 Schwarzwald，意为黑色的森林，是位于德国西南部的巴登 – 符腾堡州的山区。——译者注

信息技术、互联网或基因工程等领域都不属于创新先锋，这确实是个事实。这些领域通常被美国、日本和韩国，以及越来越多的中国企业领导。中国电信设备供应商的龙头——华为和中兴近年来更是跻身世界范围内申请专利最多的公司之列。

我们想就欧洲专利局2007～2016年10年间的专利授权量对德国出色的创新能力进行阐述和讨论。在欧洲专利局递交的专利申请量可以被看作最有代表性地反映了国际专利运营的水平。虽然专利只是构成国家创新力的一部分，但是仍可窥一斑而见全豹。表1-1显示了10年间欧洲专利局授予专利权的国家。

表 1-1 2007～2016 年获得欧洲专利局专利授权的国家

国　　家	欧洲专利数量（2007～2016 年）	每百万居民的欧洲专利数量
德国	135 568	1 674
日本	115 318	908
法国	49 051	732
美国	143 341	447
意大利	23 330	382
韩国	16 836	330
英国	20 491	315
西班牙	4 399	94
中国	8 539	6
俄罗斯	621	4

从专利的绝对数量来看，美国居于首位，其次是德国，第三位是日本。从每百万居民拥有的专利数量来看，德国远远领先于其他国家，稳居榜首，其他国家与其差距巨大。同欧洲主要国家相比，德国每百万人口拥有的专利数量是法国和意大利的4倍，差不多相

当于英国的 5 倍。统计数据中还包括创新力比较弱的欧洲国家，如西班牙和俄罗斯。以如此缺乏创新力的表现，这些国家很难在全球竞争中与对手看齐。中国的欧洲专利数量在这 10 年的观察期内虽然还比较少，但其上升趋势却是稳步而强劲的。德国的专利中有超出其应有比例的一部分来自于隐形冠军。它们中的许多公司都位于最大的专利申请者之列。它们的创新能力在世界范围内也是非常出色的。当然，关于创新我们需要进行更广泛深入的讨论，而不是只看这些专利数量就下断论。我们将用整整一章（见第 10 章）来讲述这个问题。

强大的制造基础

在 2008 年金融危机前的几年，德国曾经因为过度依赖制造业，不能足够快地过渡到服务业而饱受批评，甚至被嘲笑。事实上，德国制造业在 GDP 中的比重不管以前还是现在确实比其他发达国家的高。但是，自危机爆发以来，轻视制造业的看法已经被完全扭转过来。英国、法国和美国等国家后悔过度依赖服务业而忽视了制造业。美国前总统奥巴马和英国前首相戴维·卡梅伦多次强调，有必要复兴本国的制造业。日本作为出口国的衰落也可以主要归因于国内制造业的积弱。《华尔街日报》称这个现象为"日本国内出口之恙"[23]。

事实上，强大的制造业是出口成功的重要基础。图 1-10 显示了所谓的贸易收支差额与制造业占 GDP 比重之间的关系[24]。贸易收支差额显示一个国家有多少贸易顺差。

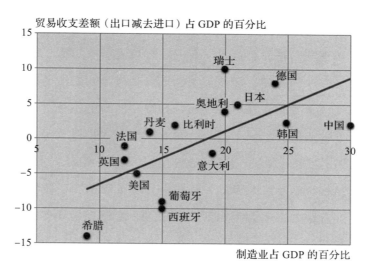

贸易收支差额（出口减去进口）占 GDP 的百分比

制造业占 GDP 的百分比

图 1-10　制造业在 GDP 和贸易收支差额中的份额

　　在主要工业国家中，只有中国和韩国的制造业基础稍稍强过德国。其他主要的欧洲邻国和美国的制造业在 GDP 中的比重则明显低得多。制造业在 GDP 中的比重与贸易收支差额的相关性系数为 0.79，说明两者的相关性非常强。虽然德国强制造业的经济格局看起来有些老派，但战略上却是成功的。成功的背后是德国比其他国家高得多的投资，特别是规模较小的公司的投资。通用电气资本公司在一项针对中小企业进行的国际研究中发现，德国中小企业的投资是英法两国类似公司的两倍多[25]。这凸显了德国在未来也将捍卫制造业的决心，然而做到这一点绝非易事。随着全球化的推进，越来越多的生产和价值链环节将被转移到新兴国家，隐形冠军似乎在如此大环境下显得更游刃有余。在过去几十年间，这些中小企业既在国外也在国内创造了新的就业岗位。相比之下，大多数大企业在增加国外就业机会的同时削减了国内的工作岗位。

从出口表现和创造就业这两方面来讲，制造业和服务业所发挥的作用有着根本性的差异。这可以在一定程度上解释法国、美国和德国在出口表现方面的差异。法国和美国的许多大公司是服务提供商，它们的价值创造不是发生在本国，而是在客户所在的市场，并且为当地市场创造了就业机会。属于这类公司的有法国大型零售商家乐福、欧尚、酒店集团雅高（Accor）、能源公司威立雅（Veolia）、建筑公司布依格（Bouygues）和万喜（Vinci）及娱乐公司维旺迪。美国的情况与法国类似，拥有快餐巨头如麦当劳、汉堡王、星巴克，众多的连锁酒店如希尔顿和万豪，还有许多金融服务商都依靠在美国本土之外的工作岗位实现了它们大部分的价值创造。

不同于服务，有形的产品可以在本国生产，然后再出口到世界各地。拥有具有竞争力的制造业的国家可以在参与新兴国家发展机遇的同时把工作岗位留在国内，以保持本国的就业稳定。

激烈的竞争

迈克尔·波特指出了激烈的内部竞争和可持续的国际竞争力之间的密切关系[26]。很大一部分隐形冠军和它们的主要竞争者都在德国，甚至常常就在家门口附近。激烈的内部竞争为增强德国企业的出口能力和竞争能力做出了决定性的贡献。

德国制造

与 1887 年被英国认为是劣质产品标签的情况正好相反，今天的"德国制造"早已成为一流产品的标签。毫无疑问，"德国制造"的标签和它所代表的品质为德国长期的成功出口做出了贡献。

产业集群

产业集群包括传统集群，如索林根的刀具、施韦因富特的轴承、费尔贝特的门锁和纽伦堡的铅笔。其他的还有像在霍恩洛厄的通风机产业群，东威斯特法伦的端口技术产业群，韦尔泰姆的保温容器产业群，或者近来兴起的德国北部的风能产业群。这种产业群通常把世界上最有竞争力的技术聚集在一起，从而激发出最佳效能。这样的产业群在德国有几十个。

企业家集群

除了由不同行业组成的产业集群，我们还发现了另一种集群，我们称之为"企业家集群"。许多隐形冠军的周围经常会有距离很近的公司，但彼此属于不同的行业，所以它们不构成产业集群。在韦斯特林山区里有一个村庄叫温德哈根，这里有 4 260 名居民和 3 个中等规模的全球市场的领导者：维特根（Wirtgen）路面铣刨技术公司、专业的紫外线浴设备制造商 JK 公司和哥特布吕克（Geutebrück）安防监测系统公司。在德国境内，还有很多类似如此企业家集群。我们观察到：在位于下巴伐利亚地区的诺依特劳布林、昆策尔绍、黑森州的海格尔、上奥斯塔尔伯县的奥伯科亨或韦登河畔的阿勒尔等地都有隐形冠军集群出现。这是怎么回事？奥妙在于社会性影响机制。不同于产业集群，企业家集群的纽带不是行业，而是提供成功典范并鼓励效仿的社交网络。我们在家乡——一个只有 7 户村民的很小的村庄，见证了同样的事情：7 户里面走出了 5 个企业家。德国的企业家精神远比我们想象的要多。

分散的区域分布

在世界上大多数国家，才智往往会聚集在一起，通常是在首都或少数大城市中。很少有国家的人才分布如同德国一样分散。在德国有随处可见的世界级企业。我们认为人才分散在各地具有巨大优势。即使是在东德地区，自柏林墙倒塌以来，也已经出现了45家隐形冠军。

双轨制职业培训

一个经常被认为是德国竞争力强大的重要原因是其在世界体系中独特的理论结合实践的培训体系。这的确是正确的。"德国具备独特优势"，世界经合组织在一项关于职业培训研究的报告中说道[27]。这里没有更多要补充的了，越来越多的国家正在试图仿效德国的教育培训制度。

地缘政治中心的地位

即使在未来世界经济共同体、未来全球化的世界中，依然会有距离和时区存在。德国在这方面处于一个独特的中心位置。从这里你可以在正常的办公时间内与从东亚到美洲西海岸的所有国家通话。而美洲和亚洲之间不行，因为它们之间的时间差是10～12个小时。此外，从德国出发在世界上最重要的商业地带里旅行的时间要比自亚洲或美洲出发的旅行时间短。即使在欧洲，德国也位于中心的地理位置。这种优越性在日益加深的全球化中显得越发重要。

国际化精神

国际商业始终需要开阔的文化视野。安东·富格尔说："最好的语言是客户的语言。"他在中世纪晚期领导过一个全球化的贸易业务。在大国中，德国走在国际化精神的前沿。然而，一些较小的国家，如瑞士、荷兰、瑞典和新加坡在国际化方面更彻底。

对德国隐形冠军的数目之多当然还有其他的解释。典型的德国式的美德，如严谨或准时就经常被强调。我们的分析表明，德国企业在全球的成功和隐形冠军数量众多的原因不是单一的，而是多元的、错综复杂的。其中一些原因很难被复制仿效，因为它们有着很深的历史根源。而其他的原因可以提供给中国企业作为启发，以提供学习的经验。

去全球化的风险

我们到目前为止的论述和预测是以一个和平发展的环境为前提的。和平发展的环境使市场更加开放，国际交流更密切，从而推动经济稳步增长。所以我们描绘的全球化发展前景是一个乐观的画面，而国际贸易和全球化的进一步发展的一个大前提是贸易往来可以不受阻碍地自由流动。在这方面，自由贸易区，如欧盟、北美自由贸易区、东盟和南方共同市场是最主要的推动力。然而，这些自由贸易区所处的阶段截然不同。从全球范围来看，自由贸易——世界贸易组织（WTO）的核心目标，推进的速度很慢。2001 年启动的多哈回合谈判按计划应在 2005 年前结束。然而，到目前为止还没有结束的迹象。与此相比，双边自由贸易协定取得了更大的进展，其数量已经从 20 世纪 90 年代末期的不到 50 个增加至如今的超过 300 个。但是这些区域性的协定其实违背了 WTO 的初衷。这些协议中的优惠政策仅限于协议双方，而对协议外的其他国家产生实质上的贸易歧视。一些参与了多个自由贸易协定的国家（如南非和墨西哥），因为可以免税出口到各个贸易伙伴国家[25]，从而提升了其自身作为制造基地的吸引力。[28]

尽管全球化的总体进程较为乐观，但在经济危机后全球化还是面临着严峻的挑战。其中一方阻力来自于所谓的无政府组织（NGO），如 AT TAC。它们经常在全球峰会期间表达它们反全球化的立场，有时候甚至不惜诉诸暴力。"去全球化"——一个与全球化相反的进程，是危机后产生的一个真正的危险。哈佛大学的经济史学家尼尔·弗格森教授称之为"噩梦"，这将是"历史的全面倒退和全球化的崩坏"。[29]

反对全球化的声音在过去几年中有明显的上升。信奉民粹主义的政党接连在多个国家得势，如波兰、土耳其、荷兰和法国等。这显然无益于全球化的推进。2016 年夏天英国民意投票决定脱离欧盟，这对欧洲来说是一个黑暗时刻。唐纳德·特朗普当选美国总统给如此重要的美国市场带来巨大的不稳定因素，与欧洲和亚洲进行中的自由贸易谈判都陷入停摆，出于政治因素施加的经济制裁对国际贸易也是巨大利差。不过，全球化不是一个连续平稳的过程，短暂的挫败在历史长河中会反复出现。

我们只能希望历史不要重演。我们已经经历过一次严重的"去全球化"——20 世纪 30 年代美国引发的保护主义直接导致世界长期深陷经济大萧条的困境。1930 年 6 月 17 日，美国决定征收斯穆特 - 霍利关税。两万多种产品被海关征收了高达 60% 的关税。尽管有 1 028 名经济学家联名上书反对这项法案，但它在国会仍然获得通过。对此决定不满的世界其他国家政府随即也向美国商品同样征收高额关税。全球贸易在短短几个月内减少了一半以上。国际分工合作带来的巨大好处毁于一旦。

保护主义的危险首先在于潜伏其中的民粹主义苗头。政客们往往倾向于用保护主义来取悦选民。美国众议院在危机最坏时期所采取的经济刺激政策是这种危险最好的体现，因为刺激政策规定基建投资只能使用本国生产的钢铁材料。但奥巴马总统针对这一话题的态度在其任期内发生了变化，回避了"购买美国货"的说法。许多其他国家则采取了较为隐蔽的保护主义。西班牙工业部前任部长米格尔·塞巴斯蒂安发表带有保护主义倾向的言论："有一些事情是公民可以为自己的国家做的：为了西班牙购买西班牙产品。"法国前总统尼古拉·萨科齐提供给法国汽车制造商的贷款以不向外国转移工作机会为条件。唐纳德·特朗普和民粹主义分子为了赢得选民的支持，使用的言辞要激进得多。

幸运的是，也有冷静的声音。德国总理安格拉·默克尔说："我们需要一个开放的世界经济体系。保护主义只能是一条从衰退走向萧条的死亡之路。"连俄罗斯总统弗拉基米尔·普京也公开反对保护主义："我们不能退回到孤立主义和无限经济利己主义。"但是，这些信誓旦旦的言辞并不意味着在特定的场景下，不会筑起贸易壁垒。还有一些国家产业的说客看到了商机，为保护主义四处游说。所以并不奇怪，WTO对保护主义倾向表示了担心："在伦敦峰会上，G20国家曾经承诺，不设立新的贸易壁垒。而现在，WTO得出了一个发人深省的报告。新关税、官僚主义、禁令使世界贸易减少了10%。"[30] 世界上保护主义无处不在。俄罗斯正在迫使汽车制造商建厂，中国要求国外企业与本土竞争对手建立合资企业（这一要求在近几年已经发生松动）。而德国厂商每出口一辆新汽车到阿根廷，作为交换，都必须从阿根廷进口一些商品，比如汽车配件、皮革或工厂食堂用的大米。[31]

保护主义势力抬头对企业究竟意味着什么？一方面，今日许多大型公司以及中小型的隐形冠军，已经搭建起很好的全球布局。它们中的许多企业不仅在海外设有销售网点，还有当地的生产工厂。这些都涉及大量的国际劳动分工。如果关税壁垒和非关税壁垒在危机之后上涨，那么这种国际分工将会受到严重阻碍。另一方面，对于在一个别国有生产工厂的企业来说，它已经算是这个国家的"国民"了。被激化的保护主义意味着，它必须深化生产地的价值链，减少来自不同国家之间的供货。一般来说，它还得重新考虑生产布局，在重要国家都必须建立生产基地。然后即使贸易保护主义不断激化，全球化的基本策略依然成立。业务全球化的大型公司和隐形冠军相对于那些没有那么多海外生产基地的公司，将更具优势。总体而言，去全球化对世界经济和亿万人民的幸福将是一场灾难。全球一体化是我们唯一的希望，别无选择。这是我们的未来。

而且我们也不相信民粹主义运动能够终止全球化。尽管全球化的进程可能因此受到阻挠，被迫放缓甚至短暂停滞，但是绝无可能发生逆转。这有两个原因：第一个是之前已经论述过的全球化带来的巨大益处；第二个是发展中国家的情况。无疑全球化带来了很大的好处，几乎是所有人都能从中受益。全球化中有赢家也有输家。理想情况下，全球化带来的益处应该更好更公平地进行分配。然而发展中国家包括大部分新兴国家到目前为止的人均进出口规模都还很小。举个例子，

2016 年德国向瑞典的出口额比向整个非洲的出口额还要大。要知道瑞典只有 1 000 万左右的人口，而非洲的人口超过 10 亿，是瑞典的 100 倍。但是如果非洲国家不购买更多德国的产品，它们要如何改善它们的基础设施、工厂和生活水平？但是如果要购买德国的产品，它们必须扩大自己国家的出口，而且必须是大幅度地扩大。欠发达国家想要摆脱贫困，国际贸易和全球化是必经之路。中国就是一个最好的实证。

世界不是平的

在全球化几十年的持续过程中，许多贸易壁垒已被消除。国际商品交易和市场准入从体制上看，已经比 50 年前容易很多了。从某种意义上说，世界已经被"夷平"了。《纽约时报》的记者托马斯·弗里德曼将过去几十年的全球化的结果总结成一个煽动人心的书标题——《世界是平的》[32]。弗里德曼把夷平世界的力量形象地称为"夷平力"。夷平力包括柏林墙倒塌、互联网、自由贸易协定、标准化（如移动通信网络）和其他类似事件。这些力量无疑有助于世界变得相似。弗里德曼的书引起了巨大的争议[33]，不乏反对的声音。巴塞罗那 IESE 商学院的教授潘卡吉·盖马沃特在他的著作《世界 3.0》里根据大量的事实和数据指出，这个世界还远不是"平"的。不同于此，他提到了"半全球化"：边境、文化差异、世界观的冲突和"距离法则"[34]。哈佛大学教授约翰·奎尔奇和凯瑟琳·约兹在她们合著的《所有的业务都是本地化的：为何地理位置在一个全球化的、虚拟的世界里比以往都要重要》[35]中提到，在全球范围内做到最好是不够的，（还）需要在本地市场比竞争对手更强。这要求企业针对不同国家情况进行相应的调整。

这些观点和纽约人托马斯·弗里德曼的观点相比差异化更大。也许美国人感知的世界确定比真实世界要"平"。毕竟，他们在世界各地都能遇见麦当劳和星巴克，住在美国品牌的连锁酒店里，在电视上看美剧，上网用谷歌和 Facebook。此外，他们在世界各地都可以说自己的母语。对于这些人来说，世界确实是"平"的。也许盖马沃特和奎尔奇都不是美国人并非巧合。

在学术中，对应该在国际化过程中实行标准化还是差异化的战略有过长期的讨论。整个讨论被证明仅仅是纸上谈兵，没有什么大的实践作用。任何全球化战略都并非非白即黑。在这方面，隐形冠军相对于大公司可能具有优势，因为它们不必像大公司一样拘泥于一个僵化的系统，无须抠到每一个局部细节，在全世界范围内都一样。对于许多在国际化尝试中失败的大企业，到处推行的毫无灵活性的标准化可以视为其失败的主要原因（一个典型的例子是沃尔玛在德国和韩国的失败）。世界不是"平"的，即使未来世界经济共同体也绝对不是一个"平"的世界。只要是世界还没有"平"，那么全球化的成功就要在标准化和差异化之间找到一个适当的平衡，就像隐形冠军正在实践的那样。

本章总结

我们在这一章中已经知道，这个世界将会继续快速地改变。全球化的未来世界为大型公司和中小型公司创造了意想不到的机会。

☛ 国际出口的增长大大超过了GDP的增长。全球化曾经是并且将来也是经济增长的动力。

☛ 不管就GDP总量还是就增量而言，美国、欧盟和中国将会是未来的经济中心。其他地区固然也很重要，但是到2030年，它们将会远远落后于全球第一梯队。非洲有着非常有吸引力的经济增长的长期前景。非洲人口的快速增长是其经济增长的动力。

☛ 国际竞争主要体现在出口上。从一个10年期的观察来看，中国的绝对出口额位居世界首位，接着是德国和美国。德国则在人均出口额上远远领先于其他大国。

☛ 相对于大公司，德国的出口成就更多地归功于中小企业，特别是其中的隐形冠军。德国比其他国家拥有更多的隐形冠军。中国中小企业对出口贡献也很大，但是其中隐形冠军数量还很有限。

☛ 德国隐形冠军的数量之多可以通过几个原因来解释，包括19世纪的小国邦联体制、传统技能以及相对均匀地分布在全国各地的去中心化的经济结构。

☛ 德国出口成就的其他方面的原因还有：高水平的创新能力和一如既往强大的制造基地。这些优势都很大程度上依赖于隐形冠军的努力。

☛ 德国产品（"德国制造"）的声誉和质量以及双轨制职业培训体系对德国的成功也做出了贡献。

☛ 地缘战略中心的地理位置使得所在地在德国的公司便于管理全球业务，相对于那些所在地在美国和亚洲的公司具有竞争优势。

☛ 国际化精神是开拓全球业务的一个重要基础。德国在这一方面比其他主要大国做得要好（但是仍不及一些小国家）。

☛ 尽管对全球化前景基本持乐观估计，但是（特别是在危机时期）出现全球化的倒退并不是完全没有可能的。贸易保护主义、全球化的反对者或者只对民族冠军情有独钟，都会在一定程度上阻碍但绝无可能逆转自由贸易的发展趋势。发展中国家更需要通过国际贸易来发展经济。

☞ 世界可能比 20 多年前 "平一些" 了,但到今天为止,世界并不是 "平" 的。区域、国家和地方的差异将继续存在。因此,在未来企业需要找到标准化和差异化之间的平衡。中小企业在这方面具有优势,因为它们比大企业在必要的调整适应方面更具灵活性。

随着全球化的推进,整个世界都将是企业的目标市场。这个市场正在迅速成长,而且各种规模的公司都敞开着大门。能够抓住这样机会的公司,将能实现质的飞跃。迈进全球化的旅程需要有恒心和一个相当长远的志向。企业家和他们的员工在参与全球化的过程中将跨越国与国的界限,并且自己也将成为世界公民。

总体而言,我们对第 1 章的总结是,全球化是一个巨大的机遇,同时也是一个巨大的挑战。无论是大企业,还是中小企业,特别是隐形冠军,对全球化的发展都起到了突出的作用。这些鲜为人知的中小型的全球市场领导者可以作为许多国家中小企业的榜样,尤其是中国。

注　释

1. Laurence C. Smith, Die Welt im Jahr 2050–Die Zukunft unserer Zivilisation, München: DVA, 2014, S.39.
2. Vgl. Mauro F. Guillén, Where is globalization taking us?, Philadelphia: Wharton School, 2010.
3. Vgl. Die Krise hält die Globalisierung nicht auf, Frankfurter Allgemeine Zeitung, 27. Januar 2012, S. 18. Es gibt allerdings auch skeptische Stimmen, vgl. Rolf Langhammer, Sind die goldenen Jahre der Globalisierung vorbei? Orientierungen zur Wirtschafts-und Gesellschaftspolitik, Ludwig-Erhard-Stiftung Bonn, Juni 2010, S. 41-44.
4. Kathleen Madigan, Fast Growth for Sun-Belt Cities, *The Wall Street Journal*, Jun 24, 2014, p. 7, "The federal reserve projects the US economy's long-run growth at 2.1 to 2.3 percent."
5. Michael E. Porter und Jan W. Rivkin, The Looming Challenge to U.S. Competitiveness, *Harvard Business Review*, März 2012, S. 54-62.
6. Ken-Ichi Ohmae, Macht der Triade–Die neue Form weltweiten Wettbewerbs, Wiesbaden:

Gabler-Verlag 1985.

7. Walter Russell Mead, The Myth of America's Decline, *The Wall Street Journal* Europe, 10. April 2012, S. 18. Die Zeit der " Trilateral Era" wird von Anfang der 1970er Jahre bis etwa 2005 taxiert.

8. Walter Russell Mead sieht eine Welt, in der sieben Mächte dominierend sind. Er nennt diese die »Septarchs«, neben den USA, Japan, der EU sind dies China, Indien, Brasilien und die Türkei. Ob Russland dazu gehören wird, lässt er offen, op. cit.

9. Michael E. Porter und Jan W. Rivkin, The Looming Challenge to U.S. Competitiveness, *Harvard Business Review*, März 2012, S. 54-62.

10. Ken-Ichi Ohmae, Macht der Triade–Die neue Form weltweiten Wettbewerbs, Wiesbaden: Gabler-Verlag 1985.

11. Walter Russell Mead, The Myth of America's Decline, *The Wall Street Journal* Europe, 10. April 2012, S. 18. Die Zeit der " Trilateral Era" wird von Anfang der 1970er Jahre bis etwa 2005 taxiert.

12. Walter Russell Mead sieht eine Welt, in der sieben Mächte dominierend sind. Er nennt diese die »Septarchs«, neben den USA, Japan, der EU sind dies China, Indien, Brasilien und die Türkei. Ob Russland dazu gehören wird, lässt er offen, op. cit.

13. Vgl. Jochen Buchsteiner, Australiens Helmut Schmidt, Frankfurter Allgemeine Zeitung, 9. März 2012, S. 7.

14. Vgl. Mauro F. Guillén, Where is globalization taking us?, Philadelphia: Wharton School, 2010.

15. Vgl. Susan J. Matt, The Homesick Citizens of the World, *International Herald Tribune*, 23. März 2012, S. 15.

16. Die Exporte von mehreren kleinen Ländern sind größer als deren Bruttoinlandsprodukt, da diese Länder große Mengen von Produkten exportieren, die sie zunächst importiert haben. Dies gilt zum Beispiel für Hongkong und Singapur.

17. Die Regression ergab die folgende Gleichung: Pro-Kopf-Export in Dollar=7379–5, 1 * Bevölkerung in Millionen. Die Gleichung erklärt etwa 24 % der Abweichungen der Pro-Kopf-Exporte durch die Größe der Bevölkerung. Der Korrelationskoeffizient zwischen Bevölkerung und Pro-Kopf-Exporten liegt bei 0,49.

18. http://money.cnn.com/magazines/fortune/global500/index.html.

19. Vgl. Economist, 5. September 2009. Die Angabe von 68 Prozent stammt zwar aus dem Jahre 2009, aber strukturell dürfte sich der Exportbeitrag mittelständischer Unternehmen in China kaum verändert haben. Diese Unternehmen dürften allerdings mittlerweile mehr Mitarbeiter haben, so dass man die entsprechende Grenze heute vermutlich bei 3.000 bis 4.000 Mitarbeitern ansetzen muss.

20. In den letzten Jahren gab es eine Reihe von Projekten, die zum Ziel hatten, Hidden Champions in einzelnen Ländern zu identifizieren. In Japan beschäftigt sich Stefan Lippert systematisch mit diesem Thema. In 2011 wurde unter der Leitung von Danica Purg ein länderübergreifendes Projekt durchgeführt, das Hidden Champions in 19 zentral-und osteuropäischen Ländern erfasste. Marek Dietl und Melita Rant stellten die Ergebnisse im November 2011 in Wien vor und berichteten von 165 Hidden Champions in diesen Ländern. Des weiteren wurden Hidden Champions von Onno Oldeman in den Niederlanden, von Danilo Zatta in Italien, von Stephan Guinchard in Frankreich und von Fateh ud Din in Schweden erfasst. Vgl. Peter McKiernan und Danica Purg (hrsg.), Hidden Champions in CEE and Turkey – Carving Out a Global Niche, New York: Springer 2013.

21. Lewis Mumford, Technics and Civilization, London: Routledge & Kegan 1934.

22. Vgl. dazu den Bestseller von Daniel Kehlmann, Die Vermessung der Welt, Reinbeck: Rowohlt-Verlag 2005.

23. End of Era for Japan's Exports, *Wall Street Journal* Europe, 25. Januar 2012, S. 14.

24. IW-Dienst Köln, Institut der Deutschen Wirtschaft, 12. Januar 2012.

25. Vgl. Deutsche Unternehmen investieren mehr als andere, Frankfurter Allgemeine Zeitung, 12. März 2012, S. 14.

26. Vgl. Michael Porter, The Competitive Advantage of Nations, London: Macmillan 1990.

27. Kathrin Hoeckel und Robert Schwartz, Lernen für die Arbeitswelt – OECD Studien zur Berufsbildung / Deutschland, OECD September 2010.

28. Diese Einsicht verdanke ich Norbert Reithofer, Vorstandsvorsitzender der BMW AG (bei einem Abendessen in Hamburg am 26. April 2012).

29. Vgl. Niall Ferguson, Wir erleben die finanziellen Symptome eines Weltkrieges, Frankfurter Allgemeine Zeitung, 24. Februar 2009.

30. Vgl. Frankfurter Allgemeine Zeitung, 4. Juli 2009, S. 13.

31. Vgl. Wirtschaftswoche, 16. April 2012, Agenda.

32. Thomas Friedman, *The World is Flat*, New York: Farrar, Straus and Giroux 2005.

33. Auf Amazon.com gibt es 1082 Rezensionen dieses Buches; Stand 14. Mai 2012.

34. Pankaj Ghemawat, World 3.0, Boston: Harvard Business School Publishing 2011. Das "Gesetz der Distanz", das auf zahlreichen empirischen Untersuchungen basiert, besagt, dass der Handel zwischen zwei Ländern um etwa 1 % abnimmt, wenn die Distanz um 1 % zunimmt, mit anderen Worten, die Elastizität des internationalen Handels in Bezug auf die Entfernung ist etwa -1.

35. John Quelch und Katherine Jocz, All Business is Local: Why Place Matters More than Ever in a Global, Virtual World, London: Portfolio 2012. Quelch ist Dean der CEIBS Business School in Shanghai. Katherine Jocz ist Research Associate an der Harvard Business School.

第 2 章

隐形冠军
它们是谁

在第 1 章中，我们已经分析了隐形冠军在全球化进程中遇到的机遇和挑战。德国隐形冠军利用这些机遇取得了一连串的成就。它们就像锋利的长矛，是全球化的先锋。一方面，它们得益于自身起源地——德国的地缘战略优势[1]，另一方面，它们充分利用了世界各地新兴市场巨大的经济增长机会。那么，究竟谁是这些隐形冠军呢？

我们先定义一下隐形冠军需满足的 3 个标准条件：

（1）世界前三强的公司或者某一大陆上名列第一的公司；

（2）年营业额低于 50 亿欧元；

（3）不为外界所知的。

对这 3 个条件，表 2-1 有更详细的解释。

表 2-1　隐形冠军的三个评判标准

谁是隐形冠军

（1）世界前三强的公司或者某一大陆上排名第一的公司。市场地位通常是由市场份额来体现的。如果对于一家企业的市场份额不是很确定，我们就采用相对市场份额作为参考，即本身市场份额／最强竞争对手的市场份额。市场份额的数据我们采用公司自己给出的数据，因为我们的调研中不包含市场评估。同样，我们根据企业定义自己所在的市场进行分析，因为市场定义也往往带有主观因素的影响。

（2）年营业额低于 50 亿欧元。这个标准在 2005 年，还仅仅是 30 亿欧元，我们考虑了隐形冠军企业自 2005 年以来的业绩增长，对这一指标进行了修正。许多具有典型隐形冠军特质的公司的收入在此期间都达到了如此规模。

（3）不为外界所知的。这不是一个特别能精确量化的标准。但是至少有超过 90% 被确认为"隐形冠军"的公司从定性上来看可以满足这个条件。

　　应该注意的是，我们并没有设置营业额的下限。因为在拥有现代化通信和交通手段的今天，即便是微型企业也可以实现全球运营。这种可能性在过去是不可想象或者几乎不太现实的。这一点是现在和过去的企业的本质区别。例如，经营教育传媒并拥有 6 名员工的 Lingua 视频公司的客户就遍及全球。依靠互联网，Facebook 和 Express-Logistik 等公司，使得服务分散在世界各地的客户变成了可能。对于超出 50 亿欧元上限的公司我们不列入隐形冠军，因为它们不属于通常意义的中小企业[2]。而在隐形冠军中，也有不少大规模或较大规模的中型企业。对我们来说，比纯粹量化的区分更重要的是这些公司在强劲的增长中一贯保持了它们的特点、战略和领导风格。大多数这些已经成长为大规模企业的领导者都重视保留一个中型企业的强项。毫无疑问，一个拥有 20 亿、30 亿甚至 40 亿欧元营业额和数千员工的公司，按照一般的理解，它们理应属于大公司，但是大小是相对。从世界范围来看，2016 年世界最大的公司——零售企业沃尔玛的年营业收入为 4 859 亿美元[3]。1995 年的世界最大的公司是日本三菱公司，其年营业收入为 1 840 亿美元。2016 年全球《财富》500 强里最小的公司的营业额也有 216 亿美元。同年，大众汽车公司实现营收 2 173 亿欧元，是德国最大的公司；中国最大的公司是国家电网公司，年营收为 3152 亿欧元。2016 年全球《财富》500 强中最小的中国公司，新华人寿保险股份有限公司仍然有 218 亿欧元的营业额。如果对照这些数据，那么数十亿美元营业额的隐形冠军确实还属于中型企业。

我们的隐形冠军中最大的企业，也还远没有达到世界 500 强的级别，就算在德国也排不进前 100 名。在这里，划分类别决定性的因素是参考全球行业的规模。以此为尺度，纵然是最大的隐形冠军也只能被归于中型企业。

有关隐形冠军结构的数据

为了分析隐形冠军，我们从非常多的渠道收集信息，建立了丰富的知识储备和数据库，其中包括耗时超过 25 年时间建立起来的隐形冠军名单，这些资料采自公司年报、宣传册、公司主页、德国联邦电子公报等公开信息，配以系统的问卷调查，还有数以百计的公司拜访、私人交流以及咨询项目。[4] 我们在抽样调查中搜集了详细的信息，为我们提供了如表 2-2 所示的结构数据，表中给出了部分关键指标。在我们的样本中，隐形冠军的平均营业额达到了 3.26 亿欧元。除了这个平均值以外，隐形冠军营业额的分布也很有趣。1/4 的公司只有不到 5 000 万欧元的营业额，从全球范围来看，委实很小。然而，就是如此小公司可能正是真正有力的全球竞争对手并且处于市场的领先地位。它们当中最多的是（大约占总数的 30%）具有 1.5 亿～5 亿欧元营业额的公司。这类公司一般只有 500～2 500 名员工，属于典型的"中型公司"。有 18% 的隐形冠军企业位于德语区，即足足 250 家企业达到了超过 50 亿欧元的年营收。

表 2-2　有关隐形冠军结构的数据

营业额	
平均值（百万欧元）	326
年营业额（＜5 000 万欧元）	25%
年营业额（5 000 万~15 000 万欧元）	27%
年营业额（15 000 万~50 000 万欧元）	30%
年营业额＞（50 000 万欧元）	18%
员工数	
平均值	2 037
员工数（＜200）	21.6%
员工数（200~1 000）	32.0%
员工数（1 000~3 000）	25.6%
员工数（＞3 000）	20.8%
产品种类	
工业品	69%
消费品	20%
服务	11%
出口比例	62%
自有资金比例	42%
税前总资产回报率	14%

　　隐形冠军对德语区的经济发展具有举足轻重的地位。以德国隐形冠军为代表的隐形冠军企业不仅将产品出口到世界各地，并越来越多地在新市场进行生产甚至部署研发力量。通过深化的产业价值链使得这些企业在全球化浪潮中如鱼得水。我们将在后面的章节里详细分析这种庞大的产业转移，尤其是向亚洲的转移。

　　有超过 2/3 的隐形冠军（确切地说是 69%）活跃在工业领域。1/5 的隐形冠军从事消费品行业，另有 1/9 属于服务业。因此，那种认为德语区的企业只是在机器制造领域保持技术领先的观点是错误的。我们在消费品和服务领域里，同样可以找到为数众多的来自德国的世界市场领导者。如果我们深入分析行业细分的话，我们可以得出以下结论：机械制造不出意料地占据了最大的一块，占36%；第二强的是"其他领域"，占29%。这表明，那些较小的在统计中还不足以单列为一个产业的市场对于隐形冠军来说却是典型的市场。此外，有12%的公司在电子行业，属于金属加工的有11%。化学领域是另一个重要的行业，这个行业的隐形冠军占到了总体的7%。下文中我们将会着重介绍几家隐形冠军企业，从中可以看出隐形冠军企业从事行业的多样性和广泛性，这也是德国出口的一个鲜明特征。其他大多数国家的出口往往集中在某些特定的行业，比如，汽车和消费电子占据了日本出口贸易的很大比例；韩国的情况类似，只是还要加上造船业；而美国和俄罗斯的出口主要集中在武器。还有不少国家的出口集中在原材料，如俄罗斯（天然气、石油）、阿拉伯国家（石油）和澳大利亚（矿业）。相比之下，德国的出口呈现出更广泛也更多样化的特征。

同样值得注意的还有隐形冠军的年龄结构。中位数能避免极端值的影响，隐形冠军的年龄中位数为66岁。其中历史最为悠久的施瓦本钢铁厂（原名Schwäbischen Hüttenwerke，现名为SHW股份有限公司）是全球领先的制造用于造纸工业的冷硬铸铁轧辊的公司。如今的SHW股份有限公司的历史可以追溯到1365年。同样历史悠久的公司还有阿亨巴赫公司（Achenbach Buschhütten），世界上每4台铝板轧机中就有3台是这家成立于1452年的公司生产的。世界汽车电缆系统技术领导者Leoni公司于1591年在纽伦堡创建，最早为珠宝业生产金线和银线。世界领先的液压升降设备制造商、位于维腾的J. D. Neuhaus公司的历史可以追溯到1745年。具有悠久历史的隐形冠军的名单还很长，不胜枚举。隐形冠军也往往是同行业中的求生高手。到1989年，德国仍有20家图钉制造公司。但是到了2016年，就只剩Gottschalk公司一家了。这家公司不仅是世界市场的领导者，也是欧洲唯一制造图钉的公司。它唯一的直接竞争对手在中国。总体而言，38%的隐形冠军存续了百年以上，这足以证明它们超强的生存能力。作为对比：创立于1897年的道琼斯工业指数里有30家创始公司，到2018年6月最后一家硕果仅存的通用电气也被踢出了指数。我们不知道有多少1899年的隐形冠军出现在了今天的名单里。但是，仅从拥有超过100年的历史的高比例来看，隐形冠军的存续比例应远高于大型企业。这是我们观察到的一个令人诧异的现象。[5]

它们是谁？隐形冠军案例介绍

隐形冠军案例介绍比抽象的统计数字更为形象。尽管我们的生活中充满隐形冠军的产品，但是它们当中的大多数我们可能从来没有听说过。我们从德语区选择了一些典型的隐形冠军企业作为案例介绍给大家，以帮助大家对隐形冠军的多样性、市场地位和特殊性形成一个直观印象。

福莱希

像福莱希（Flexi）这样的公司出现在德国近乎奇迹。福莱希占有伸缩狗链的大约70%的世界市场份额，制造完全在德国的一家工厂完成，超过90%的产品出口到大约100个国家。

Utsch

你有没有想过你的汽车车牌是从哪里来的？在这一领域处于世界领先地位的是一家叫 Utsch 的公司。在 Utsch 的公司网站主页上有这样一句话："早在'全球化'这个概念出现之前，它就已经是 Utsch 公司的日常业务了。"这丝毫不夸张。Utsch 的车牌行销 130 多个国家。在全球拥有 1 500 名员工和 8 500 万欧元营业额的 Utsch 公司早已成为世界居民。

Invers

Invers 公司是共享汽车系统的世界领导者。共享汽车是一个朝阳行业，它改变了人们的出行方式，未来潜力巨大。Invers 不仅服务欧洲领先的共享汽车运营商系统，而且通过当地的分支机构服务美国和亚洲的客户。

IP Labs

你很可能已经使用过一次数码相册。那么你在编制、订货和生产过程所使用的软件很可能就来自 IP Labs 公司。这家年轻的公司是这个领域的世界冠军。

Delo

尽管消费者很可能不会注意到，Delo 胶黏剂被广泛应用在诸如安全气囊传感器、银行卡或护照芯片等多个领域。特别是在新技术领域，比如智能卡，Delo 在全球市场处于领先地位。全球 3/4 的芯片卡使用的都是 Delo 黏合剂。

倍尔复

倍尔复（Belfor）是火灾、水灾和风灾灾害清理领域的全球市场的领导者。凭借其近 10 亿欧元的销售额和 6 000 多名员工，倍尔复比最强大的竞争对手的规模大了两倍以上，并且是唯一一家在全球范围内提供这项特殊服务的公司。

Trodat

这个隐形冠军的产品出现在 150 个国家的书桌上。Trodat 自 20 世纪 60 年代以来就是世界范围内无可争议的图章制造商，也是发明彩色图章的公司。Trodat 的产品出口率达 98%。

Jungbunzlauer

你在喝可口可乐的时候，可能不会想到 Jungbunzlauer。每瓶可口可乐里的柠檬酸都是由这个几乎无人知晓的世界冠军提供的。

Temenos

Temenos 集团股份有限公司成立于 1993 年，是当今世界领先的为零售、企业、记者、公用、个人、伊斯兰银行和社区银行以及小微金融提供软件的供应商。它在全球 63 个分支机构的 4 300 名员工为 145 个国家的 1 000 多家金融机构提供服务。

Gottschalk

我们是否曾经想过，一些小小的日常物品，如按钉或燕尾夹，也需要企业制造出来？它们中很多是由 Gottschalk 公司制造的。这家公司是欧洲唯一的图钉制造商。而全世界也仅有另外一家制造商（一家中国公司）制造同样的产品。Gottschalk 公司每天生产 1 200 万个这样的小商品，以 300 种不同品牌销往世界各地。

Ludo Fact

Ludo Fact 是个纯粹的桌面游戏制造商，它从出版商处接受订单，后者负责销售。Ludo Fact 是这项业务中的欧洲冠军。公司员工从 1995 年的 34 人增长到今天的 600 多人。每一天，有 7 万个桌面游戏离开生产车间，公司的年产量达 1 700 万，增长势头强劲。

嘉特纳

现在世界上有越来越多的摩天大楼。究竟是谁建造了这些壮观的摩天大楼的外墙？很可能是嘉特纳（Gartner）公司，它在这个领域里是无可争议的世界第一。嘉特纳公司使用喷气发动机来测试外墙抗击风暴的强度。难怪世界最高建筑——迪拜的"迪拜塔"，以及此前的世界最高建筑纪录保持者——台湾的"台北 101"大厦（101 代表其楼层数），采用的都是嘉特纳公司生产的外墙。

巴达

在冰岛，一个合格的技师被称为"巴达人"。这是因为他曾很可能在巴达系统（Baader）中受过培训。即使在遥远的符拉迪沃斯托克的客户也可以毫无困难地从巴达公司得到产品和服务。巴达公司是鱼类加工厂的设备供应商，它遥遥领先于其他竞争对手，拥有 80% 的世界市场份额。

阿莱集团和萨拿

一次，一位熟悉隐形冠军理念的熟人陪我们在东京旅行。途中我们遇到了一个专业的电影摄制组。我们临时起意对这位熟人说："我们现在指给你看两个正在被使用的德国隐形冠军的产品，就在东京市中心。"紧接着，我们就向摄影师走了过去。果不其然他正在使用一个阿莱集团（Arnold & Richter，ARRI）的摄影机和一个萨拿（Sachtler）三脚架，他毕竟是一个职业摄影师。刚才提到的这两家公司都是全球市场的领导者，赢得过多个奥斯卡技术奖项。

海曼公司

非常有可能你和你的行李已经被海曼公司（Smiths Heimann）的设备扫描过了。该公司是全球领先的检查行李和货物的 X 光机制造商。超过 200 个国家使用海曼公司的设备检查毒品、武器或爆炸物，从而确保空中旅行更安全。该公司产品还包括为邮局提供的扫描检查卡车的巨型设备和海关专用的移动系统。

爱焙士

爱焙士（IREKS）公司成立于 1856 年，是烘焙原料的全球市场领导者，业务遍布世界 90 多个国家。爱焙士公司以不同寻常的与客户间的紧密联系和优质服务著称。400 多人的销售团队来自 30 个国家，均是有资质的面包师或糕点师，可以更好地与客户建立紧密的关系。

易格斯

易格斯公司（Igus）是塑料滑动轴承和所谓的拖链系统的双料市场领导者。公司从 1985 年的 40 名员工起步，发展到了 3 000 名员工，遍布世界各地。这个隐形冠军极具创新精神，每年开发超过 2 000 个新产品和衍生产品。

安内·博达出版公司

Burda Mode 几乎人人皆知。但只有少数人知道，安内·博达出版社（Verlag Aenne Burda）的时尚杂志和时装裁剪模板以 16 种语言在 90 多个国家发行，自 1961 年以来，它就是该领域的全球市场的领导者。

杰里茨

杰里茨公司（Gerriets）生产剧院帷幕和舞台设备。它是世界上唯一一个生产大幅舞台帷幕的厂家，在这一领域的全球市场份额为 100%。无论你坐在纽约大都会歌剧院、米兰的斯卡拉歌剧院还是在巴黎的巴士底歌剧院，都可以看到由杰里茨生产的帷幕。

克莱斯

克莱斯公司（Klais）的管风琴世界闻名。这家位于波恩的公司生产的乐器在科隆大教堂和爱乐乐团都广受欢迎，常常被演奏，它的产品也出现在北京国家大剧院，日本京都、加拉加斯、布宜诺斯艾利斯、伦敦、布里斯班、奥克兰、马尼拉和吉隆坡双子塔等地的音乐厅。你一定不会相信这家产品遍布全球的公司只有 65 名员工。公司负责人菲利普·克莱斯形容他的公司是一个"全球性的盆栽公司"。

莫迪维克

这是一家占有 60% 市场份额的世界领先的热成型包装机制造公

司。莫迪维克（Multivac）拥有 80 家子公司、5 200 名员工，员工人数在过去 10 年间增长了 3 倍以上。公司产品行销 140 多个国家。

Stengel

想来你可能曾经坐过过山车，但是你有没有考虑过，是谁设计和建造了这些过山车？无论在世界哪里，这个答案几乎可以肯定是 Stengel 公司。40 多年来，Stengel 公司为迪士尼乐园、梦幻乐园、六旗等游乐园承建了超过 500 辆过山车。

菲尼克斯电气

菲尼克斯电气（Phoenix Contact）成立于 1923 年，是全球电气连接、电子接口和工业自动化领域的技术和市场领袖。在全球 50 多个国家设立子公司，拥有超过 17 000 名员工。每年都有几百种创新产品问世，公司拥有 2000 多个专利（在中国有 200 余项），共有超过 60 000 种产品，能够为客户提供全面解决方案。

海蓝德

你在中国品尝智利葡萄酒的时候，大概不会想到这瓶酒是由来自美因茨的海蓝德公司（Hillebrand）运到中国来的。这家全球领先的葡萄酒和酒精饮料运输公司通过遍布世界各葡萄酒产区和主要消费市场的 47 个分支机构，在 78 个国家开展业务。在葡萄酒运输领域，海蓝德公司有超过 50% 的世界市场份额。

旺众

当我们穿梭在世界各地的机场，一个对我们来说有趣的事情是看看那些行李推车是从什么地方来的。在上海浦东、东京成田、孟买、墨西哥城、莫斯科和世界上许多地方，我们发现了来自多瑙河畔的莱普海姆的旺众（Wanzl）的标志，这个德国的全球市场领导者不仅制造机场行李推车，也制造购物手推车。而全球第二大制造机场行李推车的公司也来自德国，它是卡塞尔的 Expresso。

博医来

博医来（Brainlab）为外科手术提供的服务，类似汽车导航系统在车辆行驶中提供的服务，即为仪器导航。自 1989 年以来，博医来就致力于对帮助外科手术进行更精确的规划并努力提高实施中的准确度。这家快速成长的公司在全球的装机量超过了 5 000 台系统，占全球市场份额的 60%。

以上这些隐形冠军的案例为我们提供了一些重要的洞察。

- 隐形冠军涉及的产品和行业非常多样化。
- 德语区的隐形冠军绝不仅仅局限于大家所熟知的机器制造或汽车供应商行业。
- 隐形冠军中不仅有历史悠久的常青企业，也有不断涌现出来的在研发创新的最前沿探索的新锐企业。

隐形冠军的产品范围涵盖了整个工业产品、消费产品和技术服务等各个领域，其中不知道有多少我们每天都在使用的产品。隐形冠军的产品有：按钮（Union Knopf）、装订材料（Bamberger Kaliko）、金属网（GKD Kufferath）、无损检测（Förster，Deutsch，通用电气检测科技公司）、咖啡生豆贸易（德国汉堡的 Neumann-Gruppe）、缝纫针（阿尔伯斯塔特的 Groz-Beckert）、育种（KWS 种子公司）、缆绳游乐设

备（柏林电缆厂）、香精香料（Givaudan，Firmenich 和 Symrise）、花卉
土（ASB Grünland）、养鸡场设备（Big Dutchman）、酒店软件（Micros
Fidelio）、捕蝇纸（Aeroxon）、温度控制技术（Single）、良种赛马
（Schockemöhle inMühlen）或大型活树移栽（von Ehren）。

隐形冠军神秘的面纱

近年来隐形冠军现象在全世界范围内引起越来越多的关注。在网
上搜索"隐形冠军"会出现超过 100 万个搜索结果。[6]

为何这些公司在全球或在其所在大陆的市场拥有支配地位却依
然能保持如此神秘而不为外界所知？原因有很多。最常见的原因是隐
形冠军的产品不为消费者所见。许多隐形冠军处在价值链的后端，为
其他公司提供配套的机器、零部件、软件或者流程。因为隐形冠军的
产品不彰显于最终产品或服务中，它们在某种程度上来说是缺乏独立
和隐形的。会有旅客在意下榻酒店使用的是什么软件吗？会有普通人
听说过惰性气体手套箱系统是什么东西吗？在该项技术上，M. 布劳
恩（M.Braun）公司是全球市场的领导者。又会有谁在购买或喝饮料
的时候去想饮料瓶上的标签是怎么贴上去的？无怪乎几乎没人知道克
朗斯（Krones）公司——世界领先的灌装设备供应商。除了专业工程
师，谁会知道内燃机的气缸内表面不能是平的，为了实现更好的润滑
效果，表面应该有一定程度的粗糙，而且这个表面最好还要经过格林
（Gehring）公司的珩磨机的打磨。又或者有哪个消费者会关心自己香水
中的香味儿是哪里来的？即便是快销产品公司也同样可以在消费者面
前保持隐身。几乎不会有消费者知道 Freiberger 公司是欧洲最大的比

萨供应商，占据 22% 的市场份额。因为 Freiberger 的比萨都是贴牌销售的，所以 Freiberger 自己的品牌并不会出现。同样属于这个情况的还有帕德博恩的 Stute 公司，这是一家欧洲市场领先的果汁生产和蔬菜加工公司。

隐形冠军不为人知的另一个原因在于其自身选择缄默。一家卓越的世界领先企业的 CEO 曾在给我们的信中写道："任何在公开场合对我们企业不必要的提及都有悖于我们追求的'隐姓埋名'的目标。"他的企业并非什么小企业，仅员工就有 7 000 余人。一家约有 10 000 名员工的市场领先的电子产品公司的总经理告诉我们："虽然我们很感谢你的热情，但是我们对于在这份正式出版的企业名单上出现不是很感兴趣。"一家有大约 5 000 名员工的高科技行业上市公司的 CEO 向我们解释说："我们不向您解释您也能明白，恰恰是因为隐形冠军对待成功战略的谨慎才使得它们得以发展壮大。"上述些言论代表了许多不愿抛头露面的隐形冠军企业管理者的想法。每年生产超过 280 亿片药片／胶囊的世界最大的合同制药公司之一的 Aenova 强调说："低曝光度是我们商业模式的一部分。"[7] 在产品包装上只会出现委托客户的名字，而不会有 Aenova 的名字。不少隐形冠军严格奉行如此政策，不与记者、学者或者其他对其充满好奇的人打交道。在一次私人谈话中，一家具有世界市场领导地位的生产减震器关键部件的公司的管理者对我们说："我们不希望我们的竞争对手或我们的客户知道我们的实际市场份额。"另外一家服务公司的初级高管也说过类似的话："多年来，我们始终保持不为人知。这样很好。没人关注到我们的利基市场。"

与这种低调形成鲜明对比的是隐形冠军在各自市场里所处的市场

地位和占据的优势。它们中的许多公司都在全球市场拥有超过 50% 的份额，有时甚至达到 70% 或 90%，比其最接近的竞争对手还多出两倍有余。这是只有少数几家大型跨国企业才能企及的市场地位。这些都说明隐形冠军在全球化进程中不仅没有落后于全球化的脚步，并且是全球化的驱动力。近几十年来，这些公司的销售额和竞争力取得了大幅度的提升。尤其令人印象深刻的是中小企业凭借它们的耐力和坚持可以立足于世界市场中，与大型公司进行竞争。

很少有管理学家能够独立地、不受当下流行观点左右去研究实现这样长期的成功的原因。这方面最负盛名的研究者或许是美国的吉姆·柯林斯。有意思的是他没有在著名大学任教职，而是以自由学者的身份工作。他在著作《从优秀到卓越》中提到的许多发现与我们的观察一致[8]，比如说：企业经营者越少抛头露面，越低调，企业的成功就会越长远。丽塔·麦格拉斯的一项较新的关于持续增长公司的研究也证实了这一发现，研究的名字叫"异类成长"。"它们的经营者通常保持低调。"[9]麦格拉斯说。隐形冠军选择低调是否还有更令人信服的理由？这种对公众、媒体以及学界的回避态度带来的好处不应被低估。这种态度有助于企业经营者更专注于自身的业务。在这个语境下，柯林斯提到了"秀马"，也就是作秀的马，和"犁马"，即拉犁的马。"犁马"只花费很少的时间和精力在外联上，从而可以更关注于完成自己的使命，也就是本企业的业务。许多隐形冠军的管理者就是如此"犁马"。

我们这里所说的"低调"绝对不意味着隐形冠军不被它们的直接客户熟知和信任。情况正好相反。一位拥有 2 500 名员工的食品供应商的 CEO 对此做出解释："传统上我们可以避免媒体曝光度，因为我们希望我们将精力专注于维护客户关系，我们觉得很惬意，几乎没有任何人知道我们。"但这些市场领导者在面对它们的客户时是绝不会"隐身"的。大多数的隐形冠军都在其各自的市场里拥有强大的品牌、较高的知名度和极好的声誉。它们往往也是竞争对手的对标对象。

近些年来，我们关注到许多隐形冠军的透明度在上升。这个现象的产生有多个原因。企业的持续增长和全球化进程，不可避免地增加了隐形冠军的曝光度。隐形冠军中上市的或有私募基金参股比例在过去的 15 年里增加了 6 倍以上。由互联网带来的信息高透明度也不利于隐形冠军维持以往的神秘。另外，由于隐形冠军自身规模的变大，它们也越来越多地向专业咨询顾问需求帮助。我们自己的顾问公司西蒙顾和管理咨询公司在最近几年也赢得了许多属于或努力成为隐形冠军的客户，其中就包括不少中国的成长型企业。我们在与这些客户的经营者接触时深刻地感受到了他们的开诚布公。与大公司相比，中小型公司的经营者更看重信任。与此同时，他们也越来越希望能够对他们的企业与其他企业（无须是同行业企业）的经营情况进行对比。这意味着他们在一定程度上也必须公开自己企业的信息。因为如果你想从其他企业得到信息，你必须把自己的信息也相应地公开。

隐形冠军有多成功

一个企业有多成功？这个问题的答案取决于企业的目标是什么。当企业已经达到或超过当初制定的目标时，说明企业在实现目标上是成功的。那么隐形冠军自己是怎么看待这个问题的呢？假如以数值

1～7来衡量满意度，1表示不满意，7表示非常满意，那么一项对隐形冠军在过去5年里对企业各项经营总体满意度的调查结果显示，有超过一半（52%）的企业选择了表示满意的最高的两个值6和7。对实现具体目标满意度的结果以百分比数据在图2-1中给出（分别是6/7到7级）。

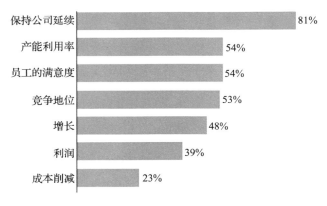

图 2-1　对实现具体目标的满意度

隐形冠军企业在目标达成方面存在差异化。在前文讲述公司年龄结构时提及的持久力，也就是存活能力方面，隐形冠军似乎十分满意，然后在盈利方面，尤其是涉及成本削减方面的满意度要低很多。这个结果令人感到惊讶。这些受访公司在过去10年的平均资产收益率为14%。这个数字远高于德国行业平均水平。[10]

尽管有着突出的市场地位和对自己相当高的满意度，但是我们要着重强调，隐形冠军不是奇迹公司。它们也不可避免地要面临危机的影响或竞争对手有力的打击。它们也必须像其他普通公司一样，每天处于充满竞争的世界中。它们可能作为供应商承受着巨大的压力。这些事实情况在许多访谈中都有体现。它们中的绝大多数强调，自己的竞争对手很强，自己的成功不是通过一个神奇的公式建立起来的，而是它们一贯坚持把许多看起来毫不起眼的小东西做得更好一些。对此，西奥多·莱维特曾经说过："连续的成功主要就是一件事，把注意力始终放在正确的事情上，每天都做一些不引人注意的小改进。"[11]大部分隐形冠军的经理毫无疑问地会同意这种说法。

因此，我们建议读者不要将本书中的叙述理解为像菜谱一样简单的成功公式，而是要严格审视，哪些现象、经验和条件适用于自己的具体情况，哪些不适用。对一切都应该大胆存疑，小心求证。而我们自己从隐形冠军身上学到了许多如何建设和领导西蒙顾和管理咨询公司的经验。我们采用了教科书般的隐形冠军战略，奠定了西蒙顾和作为全球定价咨询领导者的地位。在这一点上，我们应当为西蒙顾和管理咨询公司的成功向隐形冠军致谢。

向隐形冠军学习

大公司始终处于学者、分析师、股东和记者的透视镜下。与此相反，隐形冠军的信息难以获取。这些数以千计的在全球非常成功的企业仍然披着一层厚厚的面纱，不为人所知，有时甚至故意保持沉默。每个经理人和每家公司都应该努力向其他成功的企业学习。但是到目前为止，这种学习的机会基本上只是一条从大型知名企业通往中、小型企业的单行道——就好像我们只能向大公司学习一样。案例分析、报纸文章、电视报道、成功故事甚至丑闻几乎都是关于大公司的。我们估计，超过80%的商学院所引用的案例是关于大公司或者明星公司的。如图2-2所示，新闻界的情况与之类似。这份分析是基于德国五大主流媒体的32 116篇报道。[12]

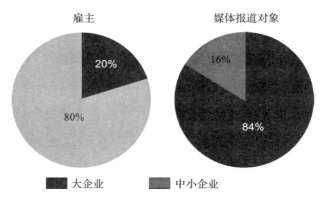

图 2-2   企业作为雇主和媒体报道对象的重要性

　　现在是时候该转换学习的对象了。即使是大公司，也可以从隐形冠军身上学到很多东西。在多年与大型企业的合作中，我们发现每当我们介绍隐形冠军的战略和经验时，往往会引起热烈的讨论，并最终形成具体的改进措施。最近几年我们了解到，隐形冠军典型的特点，如专注于自己的核心业务，与客户保持紧密的关系或者员工忠诚度，引起了越来越多的关注。有了这种思维方式，大企业也会进行大刀阔斧的调整，结果是它们与隐形冠军变得越发相似。尽管如此，还是有很多公司存在很大的改善空间。在其改进过程中，隐形冠军的策略和概念将带来极大助力。

　　那些不太成功的中小企业也同样可以学习隐形冠军。它们应该将自己的战略与隐形冠军的相比较，确定两者之间的差别。然后，可以总结出具体的改进措施。这样有的放矢的学习过程不仅提供了开阔眼界的机会，而且也便于执行。因为，这里进行比较的并不是那些仅在理论上存在的可能，而是那些经过考验且被证明行之有效的实际情况。

　　最后，年轻人也可以从隐形冠军那里学到很多东西。如今大多数高校毕业生的求职简历都投向了大公司。原因在于他们对经济的实际情况认识有限，过于看重企业的知名度，还有同龄人之间的跟风和攀比。如此看法和表现实际上对雇主来说并不公平。隐形冠军是非常有吸引力的雇主。由于专注于自己的核心业务和较小的企业规模，使得员工对公司比较容易一目了然，以便更快地真正独当一面。而且公司强劲的成长也将推动员工的职业发展。最后，隐形冠军因为其全球业务可以为员工提供令人感兴趣的国际前景。尽管隐形冠军的面纱较之以往已经逐渐被揭开，但它们仍有许多鲜为人知的宝贵经验值得我们学习。

本书新版的目标

我们的第 1 本关于隐形冠军的书出版于 1996 年，第 2 本书名为《21 世纪的隐形冠军》，出版于 2007 年。[13] 自那时起，世界发生了翻天覆地的变化。这场大变革的背后不仅有从那时开始并仍在影响全球的经济危机，而且有许多伴随全球化而发生的变化，包括：新兴市场快速崛起，世界人口持续增长并在 2011 年秋天已经突破了 70 亿大关，互联网革命方兴未艾，世界贸易自由化，环境问题愈发加剧。工业 4.0 和与之相伴的数字化革命是隐形冠军乃至所有企业都需要面对的一个重大课题。所有这些发展既带来了新的挑战，也为隐形冠军创造了意想不到的机会。

隐形冠军坚定不移地执行全球化战略，并积极地参与数字化。我们可以从它们身上学到很多宝贵的东西。在日益全球化的世界里，隐形冠军发生了什么变化？什么样的战略和领导方式能带来持续的成功？隐形冠军是怎样调整自己的战略来适应新情况？在下面的章节里，我们将着重研究以下这些问题。

- 隐形冠军是如何实现惊人的增长的？在快速增长的背后，隐形冠军有着怎样的愿景？它们是如何传播和实现这些愿景的？

- 隐形冠军是如何领导自己的市场的？什么是全球市场领导力？仅仅是最大的市场份额吗？还是有更多考量的因素？与此相关的还有一个问题是，隐形冠军如何定义它们的市场？

- 专注和集中起到什么作用？隐形冠军在市场饱和、市场份额较高的情况下，如何看待多元化？

- 隐形冠军在服务提供、客户管理、市场营销和市场竞争等话题中通常采取何种立场和做法？

- 隐形冠军如何看待诸如产业链和价值链深度方面的难题？"深度"对它们到底意味着什么？

- 隐形冠军如何在全球化的道路上继续前行？这些规模相对较小的公司如何应对思想国际化和全球布局方面的挑战？它们是如何进入新市场的？它们面对"未来市场"将如何自处？

- 隐形冠军是如何养成不同寻常的创新力的？它们是如何进行创新的？新的隐形冠军是怎样出现的？

- 隐形冠军是如何融资的？现在？将来？

- 隐形冠军选择什么样的组织架构？它们采取了哪些适应新的全球化的同时又符合当地市场环境需要的措施？

- 隐形冠军的公司文化和管理文化是怎样的？它们是如何将企业愿景传递给员工的？这些公司是怎样做到在组织内部实现对愿景高度的认同感和积极性的？它们如何挑选和留住员工？

我们将剖析隐形冠军的经营者，挖掘他们身上的显著特点。在新版中我们还增加了两个新的章节：第一个新的章节我们将讨论工业4.0和数字化革命给隐形冠军的竞争环境带来了什么样的影响，以及它们是如何应对的。我们将会讨论，在面对新挑战时，大多来自传统制造行业的隐形冠军能否保住竞争优势。在第二个新增的章节中我们将花大篇幅讨论与中国隐形冠军相关的话题，包括：隐形冠军理念在中国有没有生存土壤；隐形冠军与单项冠军/品类冠军有什么区别；中国的隐形冠军与德国的隐形冠军有什么区别；在成为隐形冠军的道路上，中国中小企业需要克服哪些障碍？

我们认为读者不希望被大量数据淹没，而是希望了解是什么原因使得隐形冠军如此得成功，它们身上有哪些有助于当下的我们应对全球化的方法与策略。因此，我们将避免过多地讨论数字和方法论。考虑到本书的目标受众——企业家、经理人、关注企业经营实践的学者以及学生们，我们将重点放在与企业管理相关的内容、见解和结果上。

本章总结

在德国和德语区有许多公司尽管是世界或欧洲市场的领导者，但它们却刻意保持低调，隐藏在迷雾背后，我们称之为"隐形冠军"。它们矢志不移，极富耐力，是全球化的先驱。但是，新闻媒体、企业管理研究者以及公众对它们知之甚少，对它们的行为方式和内在优势更是一无所知。而正是这些公司向我们展示了在日益迅速全球化的世界里应采取何种战略和管理方法才得以维持企业长久的成功。正如我们在这本书中将要学习到的，企业成功的秘诀首先是那些久经考验的美德和常识，而不是时髦的管理方法和管理趋势。

隐形冠军：

- 主要分布在德语区，而且形式各异，世界上没有其他任何一个地方有像这里一样的隐形冠军集群；

- 在各自的市场中占有全球性的主导市场地位；

- 已经成长为真正的全球化的公司；

- 拥有独特的产品，而且往往是毫不起眼的产品；

- 证明了自己非凡的生存能力；

- 在公众中没有得到它们应有的关注；

- 是成功的但不是奇迹般的公司。

每一个对管理感兴趣的人和企业都可以从隐形冠军那儿学到知识和经验。这同样适合那些尚未达到如隐形冠军一样的市场份额，但是对增长并巩固其市场地位有野心的中小型企业。大型企业的经理人也可以向隐形冠军学习，他们有时候可能会对如此小的公司不屑一顾，然而隐形冠军中不乏现代企业管理的典范。

注　释

1. Hidden Champions-Liste: Erfasst sind Firmenname, Hauptprodukt, Umsatz, Mitarbeiterzahl, Markt (Welt oder Europa), Marktrang, absoluter und relativer Marktanteil. Allerdings stehen nicht alle Daten zur Verfügung. So halten manche Hidden Champions ihren Umsatz geheim. Insgesamt sind etwa 75 % der Zellen ausgefüllt.

2. Öffentliche Informationen: Hier ist das Internet zur wichtigsten Quelle geworden, unter anderem ebundesanzeiger, Auskunftsfirmen wie Hoppenstedt oder Creditreform, daneben Zeitungs-und Zeitschriftenartikel, Bücher etc.

3. Firmeninformationen: Hierunter fallen Geschäftsberichte, Homepages, Firmenbroschüren, Kataloge, Jubiläumsbände, Biographien etc.

4. Fragebogen-Erhebung, wobei der Fragebogen eine Vielzahl relevanter Aspekte wie Kennzahlen, Strategie, Führung, Marktposition erfasste. Insgesamt 147 ausgefüllte

Fragebögen flossen zurück, von diesen konnten 134 in die Auswertung einbezogen werden. Die Repräsentativität ist jedoch als gut zu beurteilen, soweit sich diese anhand der verfügbaren Kriterien beurteilen lässt. Verwendet man den Median, um Ausreißereffekte auszuschließen, so differiert dieser zwischen Gesamtliste und Stichprobe beim Umsatz nur um 1,3% und bei der Mitarbeiterzahl nur um 1,9%. Die Befunde aus der Stichprobe können für die Hidden Champions insgesamt als repräsentativ gelten.

5. Beratung, Besuche und Interviews: In den letzten 25 Jahren gab es Hunderte von Gelegenheiten, bei denen ich oder meine Kollegen persönliche Eindrücke von den Hidden Champions und ihren führenden Personen gewinnen konnten. Am intensivsten lernte ich diese Firmen und ihre Schlüsselpersonen im Rahmen von Beratungsprojekten kennen. Vgl. zur Frage des Überlebens auch Hermut Kormann, Gibt es so etwas wie typische mittelständische Strategien, Diskussionsbeiträge Nr. 54, Wirtschaftswissenschaftliche Fakultät, Universität Leipzig, November 2006.

6. Stand 17. August 2017

7. Vgl. Aenova stärkt die Tablettenfertigung in Deutschland, Frankfurter Allgemeine Zeitung, 13. Februar 2012, S. 12.

8. Jim Collins, Good to Great, Why Some Companies Make the Leap... and Others Don't, New York: Harper Collins 2011; vgl. James C. Collins/Jerry I. Portas, Built to Last, Successful Habits of Visionary Companies, New York: Random House 1994; vgl. auch Jim Collins und Morten T. Hansen, Great by Choice, New York: Harper Collins 2011.

9. Rita Gunther McGrath, How the Growth Outliers Do It, *Harvard Business Review*, Januar-Februar 2012, S. 111-116.

10. Vgl. Hermann Simon, Gewinn, Working Paper, Bonn: Simon, Kucher & Partners 2012. Die durchschnittliche Umsatzrendite deutscher Unternehmen für die Jahre 2003 bis 2010 lag bei 3,3 % nach Steuern.

11. Theodore Levitt, Editorial, *Harvard Business Review*, November-Dezember 1988, S. 9.

12. Wachstum D-Report 2001, Studie Media Tenor, Berlin: ACATECH 2010.

13. Das erste Buch " Hidden Champions–Lessons from 500 of the World's Best Unknown Companies ", erschien 1996 bei der Harvard Business School Press in Boston. Die deutsche Version " Die heimlichen Gewinner (Hidden Champions)–Die Erfolgsstrategien unbekannter Weltmarktführer" wurde 1997 vom Campus-Verlag in Frankfurt publiziert. Die chinesischen Ausgaben erschienen 2003 bei Xinhua, 2005 bei Economic Daily Publishers und 2009 bei China Citric Press.

持续增长

目标对一家企业的战略和经营来说至关重要。目标的有效沟通是企业经营者借以调动员工工作热情的传输纽带。隐形冠军雄心勃勃，尤其是在追求持续增长和市场领导者等方面目标的时候。这些目标是什么时候产生的，又是如何产生的呢？目标都包含哪些内容？它们是如何被沟通的？隐形冠军在实现这些目标的时候有多成功？过去 10 年间，隐形冠军保持了强劲而又持续的增长，可以想见他们制定的目标相当长远。

万里之行始于目标

在事情的开端总有一个目标，或者说愿景。目标包含两个方面内容：第一，人们必须知道什么时候要达到什么目的；第二，需要有达成目标的决心。那些成功的企业家对于他们的企业都有着大胆的目标和愿景。当企业发展到某一个阶段时，他们心中关于企业长期目标的想法会变得越来越清晰。至于这些想法是否用笔记录下来，是否明确沟通过，又或是否周密考虑过，这些其实都不重要，也很少有企业家在创业初期就对这一切有清晰的规划。目标和愿景是在实现过程中逐步具化的：企业家会学习修正，若企业发展成功则验证了目标的正确性，若企业发展遇到挫折，则会迫使他们对最初的意图进行修正。失败使得他们改变策略，变得更小心；相反，成功和增长使得企业家变得越来越有勇气。

目标和愿景由此成为企业家思维和行为的强大动力。此外，目标远大的企业家还会感染他周边的人。引用奥古斯提奴斯·冯·海珀（Augustinus von Hippo）的一句话："在自己内心燃烧的火焰也能点燃别人心中的火焰。"德国威腾斯坦股份有限公司是一家领先的机电传动系统公司，公司信奉"企业经营者的愿景是成功的动力"。愿景对于创建卓越企业、实现新技术在市场上的突破乃至实现企业整体变革来说都是不可或缺的。那些制定了愿景并且将其付诸实践的企业将成为"具有创新性的颠覆者"，它们推动了社会的进步。如果我们回顾隐形冠军的发展史，就会发现增长是隐形冠军的首要目标。与此同时，增长目标也服务于第二个目标——努力占据并保持市场领头羊地位，而领先的市场地位又将进一步促进增长，由此形成良性循环。

几十年来，隐形冠军企业实现了强劲持续的增长。每年 8.8% 的平均增长率使它们的营业额得到了大幅度的提高。虽然有很多隐形冠军企业在 2007 年后的经济危机中遭遇挑战，但如今它们已经在很大程度上恢复了元气，长期的持续增长势头似乎不会发生改变。我们在此强调持续性，每年以温和的速度保持增长要好过只在某几年里超速增长。丽塔·麦奎斯（Rita McGrath）的一项研究证实了实现持续增长有多难。她花费了10年的时间对2 347家公司做了调查研究，其中只有10家公司在这10年中每年都实现了超过5%的增长。[1]持续增长的结果是隐形冠军企业如今的平均规模相当于1995年的5倍。如果一家企业在1995年的营业额为8亿欧元，那么按每年8.8%的增长率计算，到2017年该企业的营业收入将突破50亿欧元大关。

这种强劲的增长势头无关企业规模。企业营业收入规模与增长率之间并无强关联。[2]这个发现令人感到意外，因为一般情况下我们会猜测随着公司的规模变大，其增长率曲线势必会变得更加平缓。但我们的调研发现这个假设并不成立。隐形冠军的增长速度与公司规模不显著相关。其主要原因是全球化使得市场得到极大地扩张，这导致至少在今后的几十年中，隐形冠军企业几乎不存在增长的上限。世界对隐形冠军产品的需求几乎是无止境的。

平均值的说服力总是有限的。如果我们单独观察那些增长速度最快的公司，我们会发现有些公司的规模如今与1995相比甚至增长了50倍以上。比如，IT服务公司Bechtle的营业额在此期间提高了52倍。同期，红牛（功能饮料）公司和风电设备制造商爱纳康各自增长了39倍。快速增长催生了一大批达到独角兽规模的企业。但是，也有一小部分公司业务并没有显著增长，有些甚至还萎缩了。有意思的是，它们中有一些"增长节制控"选择停止增长。我们将在下面的论述中看到这完全可能是一种有意义的战略。

如果我们看一下公司员工人数的增长情况就会发现，每年4.7%

的增长率和 8.8% 的营业额增长率相比明显低得多。然而累计增长量是惊人的，达到了 58%。这里又一次显示了持续增长的效应。隐形冠军企业于此期间创造了大量的工作岗位，但其中只有很小一部分的新增岗位是在德国、奥地利和瑞士的本国市场内，而绝大多数的新岗位出现在德语区外。由于增长率不同，所以人均营业额的范围也在 110 678～160 039 欧元。

造成营业额和员工人数增长速度不同的原因有很多，比如生产率提高、价值链转移以及通货膨胀，其中每年生产率的提高估计超过 4%。试想一下隐形冠军企业的高起点，能够实现这么高的生产率提升是一件很了不起的事情。显然，隐形冠军致力于不断大力提高它们的生产率，甚至它们中的很多公司的目标之一就是每年都必须提升生产率。

同时期，企业价值链的深度减少了约 10%。因为大部分隐形冠军的业务都是 B2B 的，所以我们可以假设通货膨胀率在此期间相对较温和。即便是隐形冠军也无法完全摆脱供应商市场中常见的价格压力（例如，过去几年中，汽车供应商产品的价格每年下降 3%～5% 已经成为常态）。我们调研的公司中有 24% 报告它们的产品价格有较显著的降低，有 13% 报告它们的产品价格有较显著的上涨。余下的代表大多数的 63% 报告它们的产品价格水平总体来讲基本保持不变。

从隐形冠军到大冠军

你是否曾经问过自己，大公司是如何出现的？答案很简单：由那些能够实现长期持续增长的中小型企业发展而来。例如，我们 1995 年最早发现的一批隐形冠军中已经有一些远超过 50 亿欧元营业额的上限。按照我们今天的定义，它们已经不能再算作隐形冠军了。因此我们称它们为大冠军。让人感到惊讶的是这些大冠军在增长率上也绝不亚于体量较小的隐形冠军。

下面四个案例展示了曾经的隐形冠军是如何成长为大冠军的。1995 年的 SAP、采埃孚（ZF）集团、德国费森尤斯医药用品有限公司（Fresenius）和 Media Saturn 这四家企业是典型的隐形冠军，年营业收入在 10 亿～30 亿欧元。到了 2016 年，这些企业的营业收入都已达到或者超过 200 亿欧元。图 3-1 显示了在此期间这些企业的营业额发展情况。所有这 4 家企业都在它们的市场中占据领先地位。

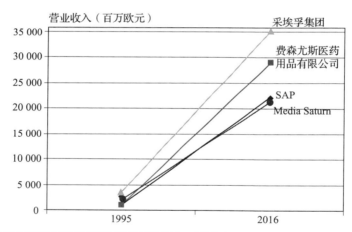

企业	主要产品	2016 年营业额（百万欧元）	年增长率（1995～2016 年）(%)
费森尤斯医药用品有限公司	肾透析	29 100	18.02
SAP	软件	22 100	14.13
采埃孚集团	汽车供应商	35 200	11.49
Media Saturn	电子产品零售	21 869	9.92

图 3-1　从隐形冠军到大冠军

SAP 和费森尤斯这两家企业已经成功跻身德国 DAX 指数，位列德国一流企业。采埃孚集团现在由基金会持有，而 Media Saturn 则并入了麦德龙集团（Metro AG）。

费森尤斯同时得益于现代文明病的增多以及医疗技术的进步，它坚决果断地把握住由此产生的增长机遇，尤其在推进国际化方面投入了大量精力。一系列的并购活动，如收购美国的 Renal Care 公司对费森尤斯的发展起到了关键性的作用。公司并购后的整合问题得到了很巧妙地解决，管理层很早就已经国际化了。由此，费森尤斯得以从自 1995 年以来保持了平均 18% 的年增长率。

SAP 开创了现代企业管理软件市场，并在此后数十年中系统地开拓市场，牢牢占据市场领导者地位。在此过程中，SAP 有计划地实施了各种增长方案，包括软件功能拓展、行业延伸、国际化、软件开发外包及近些年来的并购等。除了购买很多规模较小的公司，SAP 还在 2008 年斥资 48 亿欧元收购了法国公司 Business Objects，在 2010 年以 46 亿欧元收购 Sybase 以及在 2012 年以 34 亿美元的价格收购 Success Factors。SAP 在 1995～2016 年的年平均增长率为 14%。

SAP 和费森尤斯依托新市场的增长而增长。相比之下，采埃孚集团作为汽车配件供应商的业务主要还是集中在传统市场。创新、产品线延伸，特别是全球化在采埃孚集团被证明是有效的增长动力。如今采埃孚集团的 137 000 名员员工遍布在 40 个国家的 230 个城市，采埃孚在全球还拥有 120 个服务网点。虽然采埃孚的业务集中在一个较传统的市场，但仍在 1995～2016 年取得了年均增长 11% 的业绩。

Media Saturn 集团成立于 1979 年，是一家相对年轻的公司。由于赶上电子产品市场发展的红利，公司业务连续多年实现持续增长。Media Saturn 在市场中使用三个品牌：Saturn、美地亚电器（Media Markt）和 Redcoon。国际化对 Media Saturn 来说也是一个非常重要的促进增长动力。今天该集团旗下有员工 65 000 名，活跃在全球 15 个国家。自 1995 年以来，该公司的营业额年均增长 10%。

以上例子说明不少隐形冠军具备成长为大型企业的潜力。那么大企业到底是如何形成的呢？非常简单：它们是由那些能够维持长期持续增长的中型企业发展而来的。虽然也有一些在极短时间内实现极快增长的公司的案例，如我们近些年来在互联网行业观察到的情况。但是，我们这里介绍的是更典型的公司过程，即一个大公司是通过长期持续的增长逐渐形成的。

高速增长的中型企业

前面描述的四家大冠军企业的发展是令人惊叹的，并与人们的一般思维惯式形成冲突。人们通常会认为，大公司都出现在美国或亚洲，而不是在德国。也许有人会说这些公司只是极少数的特例，这恰恰证实了这样一个规律，即相对于美国来说，德国往往缺乏增长明星，反而不乏业务停滞和削减岗位的企业。但是，事实上很多中型隐形冠军比刚才所提及的大冠军的增长还要快。

到底是什么原因使得这些企业的成就被低估，并不为公众所知呢？如在前面的章节中讨论过的，新闻界和公众只关注大公司，甚至可以说只关注那些"知名"的大公司。事实上，工业、银行、保险、贸易、通信和建筑等诸多行业的大公司时不时会发布裁员的决定，而另一方面，有一大批持续快速增长的公司锦衣夜行，没有受到新闻界和社会甚至很多专业人士的关注。

中型隐形冠军企业自 1995 年以来实现了超高速增长，仅在 2009 年前后受经济危机的影响，增长中断了一两年。表 3-1 列举了 10 家隐形冠军企业，在 1995 年它们的年营业收入还远低于 10 亿欧元，而到了 2016 年，其年营业收入均显著越过 10 亿欧元大关，也就是说，它们在此期间已发展成为独角兽企业。但在独角兽中，"慢"成长的隐形冠军是一个异类。我们估计德语区国家在此期间总共诞生了约 200 个如此独角兽企业。

表 3-1   新的独角兽企业示例

企业	主要产品	1995 年营业额（百万欧元）	2016 年营业额（百万欧元）	年增长率（1995～2016 年）（%）
Bechtle	IT 服务	59	3 094	20.8
红牛	功能性饮料	153	6 029	19.1
爱纳康	风能发电设备	153	6 000	19.1
莱尼	汽车电缆	299	4 430	13.7
维特根	筑路机	180	2 590	13.5
dm Drogeriemarkt	药品及杂货超市	980	9 708①	11.5
博泽	汽车车门系统	634	6 110	11.4
克拉斯	农业机械	640	3 632	8.6
吉博力	吉博力卫浴科技	581	2 470	7.1
劳斯莱斯	动力系统柴油机	780	3 249	7.1

① 2015/2016 年年报。

不管以何种标准衡量，如果一家企业的年营业额超过 10 亿欧元，那么从规模上它就应该被称为"大"公司。在 21 年间能涌现出这么多的大公司，证明了这类公司的增长活力是相当出众的。而这种活力正是源自它们出类拔萃的出口表现，强劲的出口极大程度上地推动了企业增长，而且这种增长并不局限于本国市场，是在全球市场内发生。

将来也会有一大批新的 10 亿欧元级别的企业从中等规模的隐形冠军中成长起来，因为在这些隐形冠军中从不缺少有雄心壮志的增长明星。

我们在此也想重点介绍几家中型隐形冠军的发展之路。图 3-2 显示了风电设备制造商爱纳康、汽车配件供应商及汽车门系统的全球领先企业博泽、世界领先的电缆公司莱尼、汽车变速器公司格特拉克以及农业机械制造商克拉斯公司自 1995 年以来的营业额增长状况。这 5 家公司表现出很强的增长态势，它们今天的规模是 1995 年的 5～10 倍。它们随着各自市场的发展一起壮大起来。系统化的创新、市场拓展以及国际化为它们的增长提供了强劲的动力。

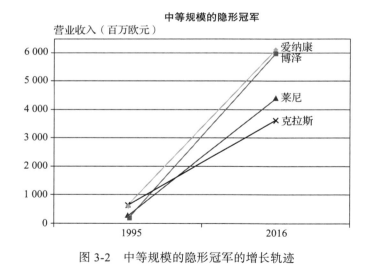

图 3-2　中等规模的隐形冠军的增长轨迹

打着 " Energy for the World"（世界的能源）的口号，爱纳康抓住了风电产业的全球增长机遇。在 1995 年营业额还不到 2 亿欧元的爱纳康如今的营业额已经达到了 60 亿欧元的规模，在全球雇用了约 20 000 名员工。这对一个在 20 世纪 80 年代才成立的公司不能不说是一项了不起的成就。爱纳康占据了德国风电市场将近 40% 的份额，是当之无愧的市场领导者。在世界范围内，爱纳康也被看作风电行业技术的标杆企业。爱纳康的风力涡轮发电机安装在世界 30 多个国家，向全世界提供了 26 000 多台风电设备，装机容量达 430 亿瓦。过去几年影响风电行业全行业的危机似乎没有影响到爱纳康。这家隐形冠军企业一度是若干年间全行业唯一一家实现盈利的企业。

博泽公司是多项隐形冠军，在全球拥有 60 个加工制造基地。在绳索驻车制动器领域的全球市场上，博泽公司拥有超过 60% 的份额，在车门系统领域约占 40%，在车窗升降系统领域占 25%，在电动座位调节系统领域占欧洲市场 50% 的份额。博泽每年将相当于营收的 10% 的资金投入研发。持续的创新、品类拓张和全球化帮助博泽实现了营业收入的高速增长。

汽车电子化的大潮流将莱尼这家专门生产电缆束和汽车仪表盘系统的世界领先企业推向一条高速增长轨迹。创新和全球化是该公司两个最主要的增长动力；一系列的并购进一步推动了增长速度。公司董事会主席克劳斯·普罗斯特表示他们将以这个速度继续向前发展："我们有一个雄心勃勃的增长规划。"[3] 公司未来的业务扩张将主要在"金砖四国"（巴西、俄罗斯、印度和中国）。汽车电动化和越来越严格的环保规定将将为莱尼提供额外的增长动力。

克拉斯是全球领先的农作物收割机械制造公司。该公司的创新能力极强，同时全力以赴地推进其全球化进程。几年前，它又在其产品种类中增加了拖拉机业务，这样克拉斯就能为农庄提供完整的生产解决方案。这些都促进了公司实现持续高速的增长，在可以预见的将来，这家隐形冠军企业还大有可为。

仅仅这4家隐形冠军的营业额总值就从1995年的17.5亿欧元增加到2016年的201.7亿欧元。按照前面提及的员工人均平均营业额160 039欧元计算，这意味着新增了115 091个工作岗位——一个非凡的增长业绩。

成长的小矮人

如果我们进一步观察那些规模更小的公司，就会发现它们当中有许多在过去几年中实现高速增长的"小矮人"企业。图3-3展示了这样一些小型隐形冠军的增长情况。

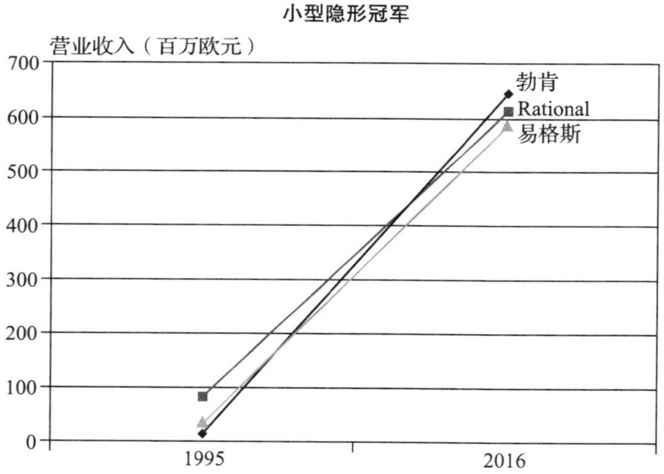

图 3-3 小型隐形冠军的增长轨迹示例

勃肯（Birkenstock）的历史可以追溯到 1774 年。如今勃肯是一个世界级的品牌，属于全球五大鞋品牌之一。该公司雇有 3 800 名员工，产品销往约 90 个国家。它的核心产品是凉鞋和带有符合人体工学原理鞋垫的包脚趾鞋。勃肯被视作人体工学鞋垫的发明者。2016 年该公司实现营收 6.5 亿欧元，共销售了 2 000 万双鞋，而 2012 年该公司才仅仅销售了 1 000 万双鞋。

易格斯公司是双料隐形冠军，在塑料轴承和拖链系统领域占据世界领先的市场地位。该公司的员工数从 1895 年的 40 名发展到 2016 年的 3 000 名，营业额也由 1995 年的 3 600 万欧元提高到 2016 年的 5.9 亿欧元，年增长率约 14%。强大的创新能力是易格斯最重要的增长动力。易格斯每年开发出约 2 000 种新产品或衍生品，在 40 个国家拥有自己的分公司，并在其他 80 个国家有销售合作伙伴。

Rational 公司即便在隐形冠军中也是一家明星企业。这个 1972 年由西格弗里德·迈斯特创建的公司在自动烹饪设备领域上占有全世界 54% 的市场份额，而且还在继续不断地增长，因为世界范围内外食的人越来越多。Rational 公司的利润率非常好。2016 年的营收为 6.1 亿欧元，税后净利达到了 1.3 亿欧元，即 21% 的净利率。48.2 亿欧元的估值是资本市场对这个非凡业绩的最好褒奖。[4]

以上这些隐形冠军的案例证明，典型的隐形冠军企业信奉如此法则："要么持续增长，要么衰退。"这就好比一棵树，停止生长的那一刻就是死亡的肇始。大部分隐形冠军赞成这种观念。它们充分利用尤其是全球化带来的增长潜力，持之以恒，坚持不懈地去实现自己的目标。

增长不是万灵药

然而，在隐形冠军中也有些所谓的"增长抵制者"，它们不愿遵从增长法则，而宁愿维持自己的规模在一定范围内不变。通常情况下，如此公司多数有手工作坊的特点，服务于相对简单的利基市场[⊖]。这些利基市场要么本身增长很慢或者市场波动很大。就经营方式而言，这些增长抵制者与传统的工匠大师们颇为相似。工匠大师终生和一定数量的同伴和学徒一起工作，他们同样也很成功。风险方面的考虑也导致了自我约束。我们可以发现增长抵制者中许多是出现在周期性需求很强的市场中。

产品行销全球的管风琴制造厂克莱斯公司就是这样一个例子。当问及企业的员工数在近 10 年中有何变化的时候，我们在 2006 年得到的回答是："我们有 65 名员工。我们的员工数 100 年来还没有变过。"在 2012 年的一次采访时，公司经理菲利普·克莱斯对我们的有关员工数的同样问题的回答还是"65"。该公司成立于 1882 年，也就是说这是一家有 130 多年的悠久历史的公司，但在这漫长的公司发展史中除了一些很小的波动，它始终只有 65 名员工。原因是克莱斯产品的价值链由 10 个独立的手工工序组成，每道工序都必须配备一定数量的最低人数。另外，约有 1/4 的员工常年奔波在世界各地，负责安装或维修管风琴，这个团队也必须得有一定数量的最低员工数。这些实际情况决定了公司员工的最低数量。另一方面，由于对管风琴需求的周期性极强，所以企业经营者无法出于短期利益而雇用更多员工。因为一旦出现需求低谷，员工的就业岗位将不保，企业自身也将遭受危机。此

⊖ "利基"是英文"Niche"的音译，原意为壁龛，这里有见缝插针的意思。利基就是更狭窄地确定某些群体，是一个有获取利益基础的小市场。——译者注

外，市场上缺乏克莱斯需要的高度专业的人才，克莱斯必须自己培训这些专业人才。这也要求克莱斯的员工得持续保持在一个稳定的水平。虽然业务外包可能是当下人们会想到的一个解决方法，但真正实施起来并不是那么容易。克莱斯130多年的历史证明，它的经营策略确实有可取之处。增长并非绝对的最佳路径。管风琴制造商克莱斯虽然抵制增长，但这并没有妨碍它全球化的进程。地处德国斯图加特地区格尔特林根市的路易伦纳（Louis Renner）公司用于钢琴和三角钢琴的构件也在欧洲市场占据领先企业，在全球也属于领先企业之一。这个利基市场的世界市场容量只有2 500万欧元。鉴于激烈的市场竞争和有限的市场容量，企业负责人弗雷德·霍夫曼说："公司增长的机会微乎其微。"

员工数增长对比营业额增长

如果用员工数作为判断企业增长的标准，人们就会发现许多公司虽然营业额增长了，但员工数却在十年间没有发生变化。这种现象的背后往往不仅仅有生产率的提高，而且伴随企业的转型重组。这种现象常见于设备制造行业。隐形冠军阿亨巴赫公司成立于1452年。全世界3/4的铝板轧机设备都源于这家位于德国西格兰地区的企业，而这个业绩是由仅仅345名员工创造出来的。在近10年里，企业员工总数甚至还略微减少了一些。尽管如此，公司的营业额仍由5 000万欧元增长到9 870万欧元。公司经理艾克赛尔·巴腾向我们揭示了其中的秘密："我们从一个工厂转型成为一个工程公司，让其他公司为我们生产部件。在公司，我们只做设备的预组装。如今，我们的大部分员工都是工程师，不再是流水线工人。所以，从长期来看我们的员工数显著减少了。1960 年时我们曾经有超过 1 000 名员工。那时我们还是一家工厂，而今天我们却是一家工程公司。"和大多数设备制造企业一样，阿亨巴赫公司处于一个周期性很强的市场，所以这样的自我约束以及将风险向上游转移是一个聪明的战略。

增长动力

通过大量的案例分析我们可以得出如下结论，即全球化和创新是两个十分重要的企业增长动力，而且相比之下前者可能更为重要。如前所述，有不少高增长的隐形冠军虽然来自传统行业，但是不乏增长潜力。它们主要是通过全球化来实现增长的。例如，Griesson-de Beukelaer 公司的战略是："我们在海外市场的增长速度是德国市场的两倍。"在紧固连接技术领域世界市场和技术领先的企业之一的诺马（Norma）集团在欧洲以外的发展速度比在欧洲快了两倍。对于很多其他的隐形冠军企业来说，创新是其主要的增长动力。很多如此企业都是通过创新发掘了一个全新的市场，并在一直是该市场持续稳定的领导者。在我们所考察的公司中，大冠军企业 SAP、大型隐形冠军爱纳康和小型隐形冠军易格斯都属于这类创建新市场的公司。我们会在隐形冠军中找到很多如此公司，如生产可伸缩牵狗绳的福莱希，提供家用滤水器的碧然德（Brita），制造高压清洗机的凯驰（Kraecher）或者为电力系统提供凑型测试仪的奥幂公司（Omicron）。我们将用一个专门章节来详细讨论创新。值得指出的是我们讨论的创新并不限于技术创新，还包括流程创新（如销售和服务）。不少隐形冠军通过流程创新实现了增长，如世界领先的紧固件批发企业伍尔特（Würth）、欧洲领先的深冻食品销售企业 Bofrost，全球最大的葡萄酒直销企业 WIV 国际酒品公司（WIV Wein International AG）等。另一个促进增长的动力是扩大业务范围。例如，欧洲领先的现代化的木结构房屋建筑商 Huf 在房屋建造之外，还向客户提供一系列的手工工匠服务以及贷款服务，通过服务流程创新激发新的业务增长点。

营销创新也属于创新的一种。喜宝（HiPP）公司以其坚定的有机婴儿和儿童食品的市场定位成为欧洲市场的冠军企业，也成为许多中国妈妈的海淘选择。这个市场定位绝不是表面的营销噱头，而是植根于公司领导人克劳斯·希普深深的、宗教信仰般的信念。对于较大型的隐形冠军来说，多元化对于增长的促进作用变得愈来愈重要，并使隐形冠军的战略发生了决定性的变化。例如，克拉斯公司将拖拉机纳入产品线的决定明显促进了营业收入的增长。有关这方面的内容我们以后将在"柔性多元化"一章中进行深入探讨。

尽管已经有了很高的市场份额，但是继续加强市场地位和提高市场份额作为企业的增长动力来说仍然是有意义的。令人吃惊的是，大部分隐形冠军都在继续提高它们的市场份额和加强它们的市场领导能力，这对隐形冠军的持续增长以及它们的自我认知都很重要。在下一章中我们将展开对这方面内容的讨论。

我们对隐形冠军的增长路径分析想要传递的核心信息是什么呢？很显然，大多数这些不为外界所知的市场领先企业多年来增长极快，而且是持续增长。即使严重的经济危机也只是短暂地中断了一下这个发展趋势。另外，出乎人们意料的是，不同规模公司的增长率都很相似。[5] 即使是相对较大的中型企业好像也没有遭遇"增长天花板"的征兆。反之，随着世界各地市场对外开放的推进，企业的发展前景甚至变得更乐观了。这对那些即便现在（还）不是隐形冠军的中型企业来说也是利好消息，使得它们有信心立下宏伟的增长目标。增长导向的目标和愿景更容易吸引员工。对任何人来说，企业实现规模扩张都要比规模萎缩来得好。但是要将目标付诸实践是要花大力气的。我们提到的那些成功企业光鲜的背后凝聚着企业管理者和员工长年奋斗的心血。公司发展所需的工作热情和坚韧不拔的毅力（而不是市场机遇的缺失）往往是限制一些公司发展的真正因素。

但是我们也要看到，增长不是万灵药。有些刻意抑制自身增长的隐形冠军似乎具备很强的生存能力。让人惊奇的是这种抑制并没有中断它们的全球化进程。这些例外告诉我们，每个公司都应慎重选择适合自己企业的战略。世界上没有适用于所有公司的灵丹妙药。

隐形冠军的蓬勃发展是当今动态多变的经济的掠影。在这个过程中，很多十亿欧元级别的企业在德国、奥地利和瑞士诞生。然而任何事情都有两面，同时也有企业缩减规模、裁员，最终从市场中消失或被收购。舆论中往往是"另一面"占到上风。隐形冠军被淹没在这种悲观的情绪中，尽管它们已经发展到了相当大的体量，在公众视野中却依然是"隐形"的。我们在世界各地旅行的次数越多，对其他国家和地区的公司了解得越深刻，我们就越发坚信在德语区国家中有很多世界顶级的公司——即便单从公司增长速度来看也是如此。隐形冠军持续的增长证实了我们的这个想法不是臆断和幻想，而是有事实依据的。隐形冠军企业应当成为全世界所有中型企业的楷模：它们也许有相似的潜力，但没有像隐形冠军那样下定决心坚定地进行创新和全球化。

本章总结

本章说明了增长导向的企业目标以及坚定的实施对隐形冠军的战略和发展起到了关键作用。

☛ 增长是大多数隐形冠军的一个极其重要的目标。

☛ 增长目标常常是雄心勃勃的，而且在企业发展很早期就被确定下来。

☛ 1995 年以来隐形冠军的营业额平均增长了 5 倍以上。

☛ 隐形冠军式增长的特点是有很强的持续性。持续发展比大起大落的无序发展更健康。

☛ 令人意外的是不同规模公司的增长率大同小异。

☛ 快速的增长使得很多曾经的中型公司发展成为大型公司甚至是 DAX 指数公司。

☛ 增长不是万灵药。有些隐形冠军虽然没有显著增长，但从长远来看生命力很强也很成功。如此公司通常都在一些有特殊条件的市场中运营。

"千里之行，始于足下。"隐形冠军以持续发展为首要任务。增长目标指明了企业前进的方向，鼓舞了员工的工作激情。目标必须得到有效的沟通，才能被广泛接受。隐形冠军在过去通过面向未来的姿态、坚忍不拔的毅力和永不休止的干劲实现了它们的愿景，并在此过程中发展成为规模越来越大的公司。它们告诉我们，在全球化的道路上都有哪些机遇。它们可以成为很多其他公司的楷模。

注　释

1. Vgl. Rita Gunther McGrath, How the Growth Outliers Do It, *Harvard Business Review*, Januar-Februar 2012, S. 111-116.

2. Die Korrelationskoeffizienten sind extrem niedrig (mit Umsatz 1995: -0,133; mit Umsatz 2005: -0,041) und auf dem 10 %-Niveau nicht signifikant. Auch dieser Befund wird in der Studie von McGrath bestätigt.

3. Leoni steckt sich ambitiöse Ziele, Frankfurter Allgemeine Zeitung, 9. Januar 2012, S. 14.

4. Stichtag 4. Juli 2014.

5. Vgl. dazu auch die Bestätigung in Rita Gunther McGrath, How the Growth Outliers Do It, *Harvard Business Review*, Januar-Februar 2012, S. 111-116.

第 4 章

市场领导力

　　隐形冠军当仁不让地主张在自己市场的领导力。市场领导地位通常是由市场份额来定义的：拥有最大市场份额的企业一般被认为是这个市场的领导者。然而，与大多数隐形冠军经营者一样，我们认为如此解读过于狭隘。"领导市场"的主张包括："确立行业发展方向""设定标准""成为竞争对手的标杆"或者"比客户更了解客户自己的需求"。领导力属于几个科学研究至今还无真正解读的社会构造之一。[1]这一论断同样可以延伸到市场领导力。如果我们将领导力视作一种帮助一个群体共同获得成功的能力，那么隐形冠军与它们的客户和供应商无疑是坐在同一条船上的。领导力对于竞争对手也会施加影响。如果竞争对手唯我们的公司马首是瞻，追随模仿我们，这就是我们领导力的体现。最能体现领导力的一个方面是价格领导力——市场领导企业调整价格后，其他的竞争对手也都会跟进进行类似的价格调整[2]。

类似如此领导者－追随者的动态关系，也同样在产品创新、投资和营销等企业经营等方面有所体现。与个人领导力相似的，市场领导力也常常同"权力"相联系。诚然，市场领导力往往与一定程度的"市场权"密不可分。

什么是市场领导力

隐形冠军对市场领导力这一概念有多种理解。它们显然考虑过怎样才算是"市场力"，以及应该如何定义市场领导地位。对这样一个问题："出于何种原因使你认为自己是一个市场领导者？"有76%的人回答是最大的销售额，43%的人认为是最大的销售量（请注意，两者的百分比总和大于100%，因为有些人同时选择了这两个标准）。更多的隐形冠军更看重价值维度的市场份额显示了它们更倾向于从价值导向的视角来看待市场领导力，这与根据销售量来定义市场领导地位的普遍做法大相径庭。这两种视角间的差异有时是极端的。举例来说，虽然世界上销售的手表中只有不到2%是瑞士制造的，但瑞士手表占到了以价值衡量的全球市场份额的50%以上。

非常有趣的是，隐形冠军对市场领导力的理解超越了单纯的对市场份额的关注。图4-1显示隐形冠军通过哪些特征来定义市场领导力。我们可以看到，隐形冠军绝不仅仅以市场份额来定义市场领导力，它们同时关注高市场份额背后的内涵和原因。它们认为自己首先是技术和质量上的领导者，销售额和销量只是其次的。弗劳恩霍夫研究所的一项研究也得出了类似的结论：市场领导者首先需要有"创新／技术"和"品质"等特质。[3]知名度、声誉和传统排名靠前，可见隐形冠军市场领导力的基础在于长期优势。

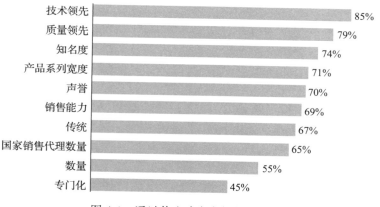

图 4-1 通过什么确定市场领导地位

令人值得思考的是，隐形冠军平均占有市场领导者地位已经有 22 年之久——这是一段很长的时间。这也不由得使人联想到企业领导人的平均任期是 20 年——真是一个有趣的巧合。

目标与沟通

既然市场领导力不仅仅意味着最大的市场份额，而且与领导力紧密相关，那么如何制定并对内对外有效沟通与市场领导相关的目标就显得格外重要。在一位受访者看来，"市场领导力是一种心理优势"。全球领先的高纯度硅晶片制造商 Siltronic AG 说道："我们预知客户的期望，实现市场领导力。"近年来曾多次传出中国企业意图收购这家德国隐形冠军的传言，最近一次是 2018 年的紫光集团。世界领先的传感器科技公司西克（Sick）公司说："领导力意味着成为别人的标准。我们制定全球市场的标准。"输油管道检测系统的世界领先公司 Rosen 对于领导力的解读更为霸气："作为无可争议的世界领导者，我们希望为客户提供最大价值。我们的目标是成为世界上最有竞争力的供应商。我们着眼于未来的市场需求，而不是仅仅满足眼下的市场需求。"[4] 香精香料的全球最大的生产厂商奇华顿（Givaudan），在其愿景声明中明确地定义了市场领导力："以我们的前沿知识和经验领导全行业。"[5] 手术室医疗设备的世界领导者迈柯唯（Maquet）说："我们致力于成为医疗设备的权威标准。"[6] 欧洲领先的桌面游戏商 Ludo Fact 的总经理 Horst Walz 说："宁当鸡头，不当凤尾。与其在一个大行业里做追随者，我们宁愿成为利基市场的领导者，影响市场发展的走势。"[7] 许多隐形冠军都声称它们定义了行业的标准。全球领先的路德（Rieger & Dietz，简称 RUD）起重链条公司毫不讳言："我们制定新的技术标准。"瑞士的欧瑞康（Oerlikon）公司是一家在真空和传动技术领域领先的高技术企业，它曾评论道："我们制定行业的创新和技术标准。"倍加福（Pepperl + Fuchs）公司也对自己领导者的角色毫不质疑："我们决定了自动化制造设备的个人安全和防爆的标准。在全球没有其他任何一家工业自动化公司能够提供比我们更多种类的传感器和连接器。"制造用于食品和饮料容器的可重复使用衬板的欧洲市场领导者 Cartonplast 说："最高水准的运输包装——为何我们对我们的产品如此自信？答案是可靠的集成系统（Pool System），它涵盖了所有参与包装运输的人员、系统和产品。在构建起的这个封闭回路中，使用的衬板可以100% 地重复使用和环保回收。我们对物流链的每个环节的卫生安全标准的关注成为行业的标杆。"全球气弹簧市场的领导者斯泰必鲁斯（Stabilus）曾成功改变了行业的风向标。一年之内，全世界的竞争对手都转向对标 Stabilus，在推介自己的产品时经常会夸耀"我们与……一样好"，或许还会加上诸如"……而且还更便宜一些"之类的话。如果竞争对手以这种方式进行比较，这无疑传递了一个明确的信号——被比较者是市场的领头羊。许多隐形冠军同 Stabilus 一样建立了在各自市场内的领导地位——而且是在世界范围内。

市场领导力对于许多隐形冠军来说不仅仅是一个目标，而且是一种身份认同。一位隐形冠军企业的经营者对我们说："我们公司的身份是由我们在世界市场上的领先地位来决定的。"路德（RUD）要求自己"在行业里占据明显的市场领导地位"。世界领先的解剖教具生产公司 3B Scientific 指出："我们希望自己成为并保持世界第一。""我们想领先一步"是全球领先的硅圆生产商瓦克（Wacker）公司的座右铭。全球领先的麻醉和呼吸保护装备生产商 Dräger 有很类似的目标："领先——我们要保持领先地位。我们一直努力获得并维持领先地位，不管是技术层面还是市场层面。"工业激光领域的全球领导者通快集团（Trumpf）的目标是："在每一个业务领域内树立技术和管理层面的领导地位。"世界领先的咖啡生豆公司 Neumann 的企业宗旨是："我们要成为世界上最好的咖啡生豆服务集团。"拥有同样雄心勃勃目标的还有菲尼克斯电气："在所进入的领域中，保持其技术和市场的全球领先地位。"凯密特尔（Chemetall）公司的愿景是："我们的经营目标是在特种化学品的可盈利的细分市场中占据全球范围内的技术和市场领导地位。"凯密特尔公司是全球最大的铯、锂和其他特种化学品和金属生产商。世界领先的胶原蛋白（明胶）生产商嘉利达（Gelita）公司对其企业愿景进行了描述："我们要永久保持世界第一。"盖米在"阀门和自动化部件：无菌应用阀门、工艺和控制系统"这一板块的全球市场领先地位被第三方机构所认可，德国商业杂志 *Wirtschafts Woche* 三次授予盖米集团"Global Market Leader"的荣誉并宣布其为 2018 年度所在行业的冠军。"我们很荣幸在当前评比中成为全球市场领导者，并连续第 3 年保持领先地位。*Wirtschafts Woche* 颁发的这一奖项进一步证明了专注于创新和品质是我们得到市场肯定的基础。"盖米集团总裁 Gert Müller 说，"从 1964 年我父亲 Fritz Müller 发明的第一个塑料电磁阀开始，公司一直保持着对于创新的不断追求。而在公司成立 55 周年之际，我们将以'Innovation goes on'为座右铭继续砥砺前行，在数字化时代的大背景下，结合时下科技，发挥自身优势，保证盖米在发展道路上持续壮大。"琥崧（Hoosun）创始人李源林（Bill Li）指出："我们就是要做行业的领导者，这甚至可以从我们公司名字寓意中看出我们伟大的目标。"

有些公司利用其全球领导者的身份作为广告传播的核心内容。例如，位居世界第一的购物车和机场行李推车制造公司旺众说："全球领导者的规模决定了安全性能。"事实上，类似"最大的""最好的"或者"第一"如此说法一向都是效果极佳的广告语。[8] 许多隐形冠军都将保持和保卫市场领导地位作为一个明确的目标。一家世界领先的纺织机械企业的总经理明确指出："我们不想让我们全球范围内的市场份额低于 75%。我们一贯的一项原则是，我们的利润要至少不低于最大的竞争对手的营业额。"瑞士巧克力制造商瑞士莲（Lindt & Sprüngli）公司的总经理恩斯特·坦纳说："我们已经巩固了在世界所有市场中最高品质巧克力的制造商的地位。"在过去的 20 年间，瑞士莲公司的销售额从 1996 年的 9.73 亿瑞士法郎增长到了 2016 年的 36 亿瑞士法郎。

还有许多其他的隐形冠军也发表过类似的关于市场领导力的目标和主张的言论。彼得·德鲁克曾形象地阐述设定这些目标的意图："每家企业的经营都需要简单、明确、一致的目标。它必须是易于理解并具备足够的挑战性，这样才能达成一个共同的愿景。今天我们经常谈论的企业文化，实际上指的一家企业的凝聚力，一种对于实现共同目标和价值观的承诺。而这些目标必须由企业领导者来制定、宣布和以身作则。"[9]

目标和愿景除了明确共同奋斗的方向外，还有激励并释放组织能量的重要作用。员工们能够认同并且身体力行的愿景会释放出巨大的凝聚力，赋予工作意义和目标，将整个公司拧成一股绳。法国作家安东尼·德·圣艾修伯里对此有个形象的比喻："如果你想建造一艘船，那不要把工匠都驱赶到一起，收集木材，安排任务，分配工作，你要做的是激起他们对浩瀚大海的向往。"员工们希望有一个愿景。一个好的愿景脱胎于现实主义与乌托邦式的理想之间。一方面，愿景不能过于天马行空以至于让员工们无法置信；另一方面，愿景又要足够理想化和具备挑战性。愿景应当是具备充分的挑战而又能够达成的目标！

成为市场领导者的目标和愿景对员工的激励是非常有效的——甚至也许比在前一章节中提到的增长目标更为有效。员工乐于认同追求最佳、最先、最友好或者最快等目标的愿景。没人愿意做碌碌无为的大多数。以超越竞争对手为目标是有效的管理手段。德国的隐形冠军凯傲（Kion）公司（中国企业潍柴动力 2012 年收购了凯傲），是世界第二大叉车制造商，立志在 2029 年赶超世界市场的领导者丰田公司。[10]几乎没有什么能比与一个强大的对手斗争更能鼓舞士气的了。百事可乐想击败可口可乐的想法已经有好多年了。安飞士租车（AVIS）的目标是超越市场领导者赫兹租车（Hertz），从而提出了"我们更努力"的公司口号。宝马和奥迪为追赶老对手奔驰已经奋斗了几十年。在竞技体育中战胜对手的目标对运动员的激励作用就更明显了。

应该定性地还是定量地去定义愿景和市场领先力？一般来说，目标和愿景都不能过于笼统而流于表面。在涉及价值体系、优化、质量、技术领先等概念方面的目标我们常见到定性的表述。然而在制定涉及市场份额或具体竞争优势等相关目标时需要有精确的量化指标，否则这些目标就会存在无法推行下去的风险。我们来比较这样两个目标：一个是"我们希望增加我们的市场份额"；另一个是"我们希望在保持盈利水平不变的情况下，未来 3 年内增加 10% 的市场份额"。前者不仅不精确，也缺乏约束力。市场领导者的目标应该均衡地包含有定性和定量要素。

最后，我们要讨论的问题是市场领导者的目标应该在企业发展的什么阶段制定？目标需要有多明确？我们的印象是，许多今天的隐形冠军在创业初期就已经怀有领导市场的雄心壮志。当然，也有一些大胆的愿景是事后才总结提出的。可以肯定的是并不是所有雄心勃勃的企业家们在某个时候提出的市场领导者目标和愿景都能得以实现。我们经常在报告会中提问听众：有谁怀有成为全球市场领导者的目标？听众中给出肯定回答比率最高的国家是中国。在那里，通常几乎有半数的听众会举起手。当然，并不是所有这样回答的人最后都会成为世界冠军，只有极少数人才会成功。许多雄心勃勃的企业都失败了，还有许多终将失败。然而，雄心壮志是孕育未来的世界市场领导者的温床。在创业初期就制定雄心勃勃的力争市场领先地位的目标被证明是实现目标的极有效的推进力。

如此目标在现实中是如何实现的呢？这个问题几乎无法一概而论地回答。因此在这里我们只讲述一个我们亲身经历和影响的故事。我们需要敬告读者，同一般传记一样，作者自身的描述可能会有美化事实的偏向。我们会站在 2018 年的角度去回顾过去三十多年间发生的事情。根据独立第三方评估，西蒙顾和管理咨询公司是世界领先的定价管理咨询顾问。[11] 我们在 1985 年公司成立伊始就制定了成为定价咨询领域的市场领导者（甚至是全球冠军）的目标了吗？答案十分清楚：没有！即使是在公司成立 10 年以后，我们也没有明确提出这个目标。我们首先做的一个重大决定是将第 2 个办公室设在大西洋彼岸的波士顿。这个决定的背后是我们想要在专业领域成为一家领先的全球性咨询公司的决心。我们相信，只有在美国这个世界上最大和最具竞争力的咨询市场中站稳脚跟才能实现这个目标。如果没有这种追求的支撑，我们很可能会选择在苏黎世、维也纳或者其他德语区的城市开设我们的第 2 个办公室。回过头来看，西蒙顾和今日的全球化和市场领导地位的根源和基础在很早以前就已经奠定了，只是作为当事人的我们当时并不知情。我们彼时的助手们（现在大都是西蒙顾和管理咨询公司的合伙人和管理人员）和我们本人都曾在美国顶尖大学从事过研究工作。我们了解美国人和我们自己的能力。最初的羞怯和对美国人的过度敬畏，都被我们甩在了身后。1995 年时，我们已经有了 51 名员工和 790 万欧元的营业收入。到了 2017 年，员工已达 1 100 余人，营业额也超过了 2.5 亿欧元。截至 2018 年 9 月，我们在全球拥有分布在 25 个不同的国家的 38 个办公室。

像其他许多隐形冠军一样，对于我们的情况也可以用亨利·明茨伯格的"应急战略"理论来说明。[12] 所谓的"应急战略"是一种在"在一系列决策之后逐渐清晰化"的行为。这种战略在许多按照一定顺序发生的个体行为的汇聚过程中逐渐形成。基于我们对许多隐形冠军的认识，"应急战略"是这些企业发展的主要模式。西蒙顾和管理咨询公司自身的发展过程完美诠释了这种战略。另外，创新研究学者克莱顿·克里斯滕森也认为这一战略是隐形冠军企业的主要战略[13]。

亨利·明茨伯格还定义了另外一种他称之为"企业家型战略"的

战略，并对它做了如下的描述："一个对组织有实际控制力的个人能够将他的意志转变为企业的意志。如此战略往往出现在新成立的企业或小型企业中。在这里愿景只是一个大方向，还有调整的余地；因为规划者同时又是实施者，所以他可以在不同阶段根据经营结果或者环境中出现的新机遇和挑战做出快速反应。企业家型的战略提供了随机应变的可能性——代价是目标变得模糊。"

或许与人们的预期不同，这种战略在隐形冠军中并非典型。一家经常调整方向的企业无法成为全球市场领导者。在我们的调查样本中一些较年轻的或规模较小的公司是例外。它们在开拓新市场的过程中需要努力了解客户的需求以便更好地把握业务开展的可能性，所以必须保持高度的灵活性，直到发现企业的长期目标和方向。以 Weckerle 公司为例，该公司成立于 20 世纪 70 年代，专门制造生产口红的机器设备。在这个领域，它今天依然是世界第一。然而，这个市场的发展潜力有限。因此，创始人彼得·维克尔勒早早就开始寻找其他的增长机会，承接大客户的口红生产业务。但这也是一个前景有限的业务，因为大型化妆品公司只会把小部分生产外包。接下来，Weckerle 公司创建了自己的品牌，在特殊销售渠道进行销售。目前，Weckerle 公司机器销售方面的营收与生产、销售口红方面的营收基本持平。长远来看，后者的增长潜力更好。众所周知，"条条大路通罗马"，这个道理也适用于通往市场领导者之路。

市场定义和市场份额

在前文我们提到了"市场份额"和与此相关的隐形冠军的市场领

导地位。显然，讨论"市场份额"的前提是对"市场"有一个明确的定义。然而市场规模和市场份额都难以清晰地界定。对市场的定义在很大程度上决定了市场规模和相应市场份额的大小。在实际操作中，定义市场是一件很困难的事情。一方面，如果将市场定义得过于狭窄，每家企业都可以成为市场领导者；另一方面，如果将市场定义得过于宽泛，每家企业都只有一个小得可怜的市场份额。那么，如何来看劳斯莱斯汽车的市场规模和市场份额呢？有人可能持这种观点：只有到目前为止劳斯莱斯的客户才能定义市场。按照这个定义，劳斯莱斯的市场份额就是100%！大前提是劳斯莱斯不再有新的客户，并且现有的劳斯莱斯车主将来也不会再考虑购买其他品牌的汽车。这显然不适用于所有的劳斯莱斯车主，因为即使是将劳斯莱斯作为御用车长达50年的英国王室，在劳斯莱斯被宝马收购后，也转投宾利汽车的怀抱了。但隐形冠军中也确实有些企业以狭义的方式定义了自己的市场，从而拥有100%的市场份额。例如，Suwelack公司在唯一的对手退出市场后，独自占据了高端胶原蛋白市场。而如果以更广义的方式来定义劳斯莱斯的市场，比如说将与劳斯莱斯最低端车型价格相近的其他品牌车型也视作竞争对手，那劳斯莱斯将处在一个大得多的市场。如果我们进一步放宽条件，纳入宾利汽车及其他如奔驰S级、奥迪A8、宝马7系、捷豹、雷克萨斯或玛莎拉蒂等品牌的豪华车，那劳斯莱斯的市场又将扩大许多倍，在这个市场中劳斯莱斯的市场份额将低于1%。如果再进一步，将整个汽车市场作为劳斯莱斯的市场，劳斯莱斯的市场份额将锐减到约0.000 1%，可谓沧海一粟。如此广泛的市场定义在企业战略层面来说毫无意义，因为显然劳斯莱斯不会与大众Polo竞争。类似的思考可以应用到几乎每一个市场，如两个大城市之间的航空客运的市场规模和市场份额如何定义取决于是仅考虑飞机出行，还是也考虑火车和汽车等出行方式。使用不同的口径会获得完全不同的市场规模和市场份额。

鉴于这种复杂性，定义市场时难免有随意、一厢情愿甚至错误的因素存在。我们在第 2 章中就已经提示过，我们无法对每个案例逐一进行验证而必须依赖于隐形冠军自己提供的有关市场和市场份额的信息。不排除有一些隐形冠军可能试图欺骗自己和公众，但这种情况很少见。竞争也会构成一种有效的监督机制。一位在 2012 年第一次获得了全球市场领导地位并将此公布于众的隐形冠军的 CEO 写信给我们说："一个之前占据全球市场领导者地位的竞争对手随即对我们进行了控诉。但在控诉协商的过程中，我们互相间交换的数据显示我们的营业额比竞争对手的要多出很多。"一家公司不会容忍它的竞争对手宣称自己具有世界领导地位而又无法提供证明依据。

到这里，我们已经详细地讲述了市场领导地位，但是还没有透露任何隐形冠军的实际市场份额。表 4-1 中给出的是隐形冠军在欧洲和全球的市场份额，使用的当然也是隐形冠军自己定义的市场和市场份额。

表 4-1　隐形冠军的市场领导地位和市场份额

	市场领导者	绝对市场份额	相对市场份额
世界	66%	33%	2.3
欧洲	78%	38%	2.8

表 4-1 中"市场领导者"一列显示，在我们调研样本内的隐形冠军中约有 2/3 是世界范围的领导者，有超过 3/4 是欧洲市场的领导者。表 4-1 包括"绝对"和"相对"市场份额。绝对市场份额指隐

形冠军占据市场总量的百分比份额；相对市场份额指隐形冠军的市场份额除以同行中最大竞争对手的市场份额得到的系数。比如说我们有 32% 的市场份额，最接近的竞争对手有 20% 的份额，那么相对市场份额等于 32/20 = 1.6。按照这个定义，只有市场领导者的相对市场份额能够大于 1，而其他竞争对手的相对市场份额都低于 1——在这个例子中，作为最强竞争对手的相对市场份额为 20/32 = 0.625。

隐形冠军在全球市场的绝对市场份额平均数为 33%，在欧洲则为 38%。这两个百分比都较 10 年前略有增加。市场的增长，特别是全球化的快速发展以及相关市场的扩张，都出乎我们的意料。更令人惊讶的是相对市场份额，它是衡量隐形冠军与其最接近的竞争对手关系的指标。在全球市场上，平均相对市场份额为 2.3，这就是说，隐形冠军的市场份额超过其最强的竞争对手一倍有余。10 年以前，该项数值还远低于 2。隐形冠军在这个变得更大的世界市场里不仅站稳了脚跟，还扩大了领先优势。它们的绝对市场份额略有提升，但它们明显拉大了与其最接近的竞争对手之间的差距。这些数据说明隐形冠军的竞争优势提升了。我们认为最重要的原因是持续创新，我们将在第 10 章具体展开这方面的讨论。隐形冠军坚定地维护巩固其市场领导者的地位，并用事实证明来自世界各地的竞争对手无法对它们构成威胁。

市场份额和利润率

关于"高市场份额导致高利润率"的假设从 20 世纪 50 年代诞生起后的几十年间在管理理论和实践领域都是经久不衰的一个热门话题。这大概是我们这个时代最大的管理学谬论之一。数十年来，公司领导层的耳边都充斥着上司、同事、教授、顾问和其他专家的对追求市场份额的鼓吹，仿佛达到并保持高市场份额才是他们的唯一救赎。我们在多年前就和西蒙顾和管理咨询公司的两位年轻的合伙人就对这种市场份额导向思维表达了鲜明的反对意见。我们对此的看法收录在《利润至上：如何在高度竞争的市场中获取高额利润》（*Manage for Profit, not for Market Share*）这本书中。[14] 这与我们在这本书中对市场领导地位和高市场份额的歌颂难道不是互相矛盾吗？不！在隐形冠军身上我们找不到市场份额和盈利能力之间的显著相关性。这既适用于绝对市场份额也适用于相对市场份额；这既适用于欧洲市场也适用于全球市场。当然你也可以质疑我们的样本，因为所有入选的企业都有较高的市场份额，所以变量的方差很小。至少就相对市场份额而言，这种质疑不成立，因为不同隐形冠军相对市场份额之间的差异很大。

在这里我们对"高市场份额导致高利润率"假设的出处和反对观点仅做简短论述。更详尽的相关讨论请参见《利润至上：如何在高度竞争的市场中获取高额利润》。[15] 市场份额导向思维最知名的理论依据是 PIMS 研究，它揭示了市场份额和盈利之间存在很强的相关性。[16] 另外一个重要的理论依据是经验曲线。这一概念是基于成本优势取决于相对市场份额的假设。相对市场份额越高，则单位成本与竞争对手相比就越低，所以毛利就越高。著名的波士顿矩阵有两个维度，一个是"市场增长"，另一个是"相对市场份额"，依据这个模型公司在竞争中应当极力提高相对市场份额。最后一个重要依据我们要提到杰克·韦尔奇。他在 1982 年接任通用电气公司 CEO 后旋即宣布，通用电气将从那些它无法成为世界第一或者第二的业务领域退出。

最近一段时间以来，对市场份额魔力的膜拜开始逐渐褪色，并出现了质疑的声音。[17]有趣的是，人们发现反对意见可以追溯到很久以前。核心问题在于市场份额和盈利率之间是存在因果关系还是仅仅只有相关性。我们在这里刻意简化对这个问题的论述，以便我们聚焦问题核心和隐形冠军。我们认为市场份额和市场领导地位本身并不重要，重要的是它们是"优质"的还是"劣质"的。这个概念可以用图 4-2 来说明。

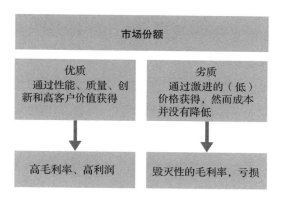

图 4-2　优质和劣质市场占有率

　　"优质"的市场份额是那些通过卓越的性能、品质、创新和服务而"赢得"的市场份额。市场领导地位不是通过不惜代价的降价获得的，而是通过提升客户价值实现的。在这期间，企业往往可以保持健康的毛利率，甚至有可能进一步提升毛利率。形成鲜明对比的是"劣质"的市场份额主要是依靠降价和诸如特价促销活动等各种变相降价实现的，与此同时又不具备低价战略所需的成本优势——这是一个决定性的条件。"劣质"的市场份额只能依靠短期不切实际的降价获取而无法长久维持。"劣质"的市场份额会导致利润减少，更有可能的情况是出现亏损，因为成本相对产品价格而言过高（换言之：价格相对成本而言过低）。现代的市场中不乏"劣质"的市场份额的事例。其中最著名的一个例子当属通用汽车公司，它曾占据世界上最大的汽车制造商的王座长达几十年，却最终宣告破产。下面是理查德·瓦格纳——通用汽车公司2002～2009年的CEO的谈话摘录，这也许揭示了这起灾难性事件最重要的原因："在我们这个行业固定成本是非常高的。我们意识到，在危机中与其降低产量不如降低价格。毕竟，相对于一些竞争对手，我们采用这一策略还能赚到钱。"[18]市场需求出现疲软的时候，通用汽车的应对手段是降低价格，期望能够借此保持销量和市场份额，并保住市场领先者的地位。现实是残酷的，通用汽车的这一战略使得企业跌入了深渊，因为它的成本结构无法支持如此的低价和泛滥的折扣。航空业、零售业、消费电子、旅游等诸多行业都经历过类似的由于过分痴迷市场份额而带来的灾难性后果。但是值得注意的是，低价本身并无原罪，也不构成"劣质"的市场份额。如果一家企业能够以低成本为前提实施低价战略，维持健康的毛利，那么它获得的也是"良性"的市场份额。阿尔迪（Aldi）超市、宜家家居、瑞安航空公司（Ryanair）、Zara服装和其他低成本公司都拥有很高的市场份额和低廉的价格，它们同样获得了优异的利润回报。它们的成本非常低，利润率能够有所保证。但是很多企业即使拥有很高的市场份额，也没能赚到钱，因为它们的市场份额是通过侵略性的价格战打下来的，成本过高而利润空间太薄。

那么隐形冠军在这种情况下是如何应对的呢？除了个别例外，隐形冠军不依靠低价或侵略性的价格战来占领市场，而是以卓越的性能取胜。如图4-2所示，如果一家企业在品质、创新、服务、信誉等方面成为领导者，那么它就可以顺理成章地赢得市场领导地位，并且获取比竞争对手高得多的价格。依据我们的经验以及与企业经营者的沟通，我们猜测隐形冠军产品在一般情况可以有10%～15%的价格溢价。特别强的市场领导者能够要求的溢价甚至会更多。比如，风力发电设备领域的技术领导者爱纳康的产品价格比竞争对手高出15%～25%。即便在典型的强价格压力的场景下（如分包业务、大型项目、大客户业务等），隐形冠军相比竞争对手也可以获得更好的价格。哪怕是在强势客户面前，它们也具备不容小觑的议价能力。因此，隐形冠军的市场份额基本上都是"良性"的，即高利润的市场份额。隐形冠军不仅是市场领导者，同时也能实现较高的价格，其结果必然是利润回报丰厚。

我们可以确信，隐形冠军是通过优越的表现来赢得市场领导地位和市场份额的，而不是依靠牺牲利润的价格战。在许多其他市场上能看到对市场份额的狂热，不顾利润来获取或维持"劣质"市场份额的行为是被隐形冠军所摒弃的。市场领导地位的确立依靠的是建立于广泛基础上的能力，并以盈利作为企业的经营目标。

如果我们同时观察营业收入和市场地位的变化，就会发现隐形冠军自1995年以来发展得非常好。它们的规模显著变大，增长强劲，并且巩固加强了自己相对于最强竞争对手的优势地位。

本章总结

追求市场领导地位是许多隐形冠军自我身份认同的重要组成部分，它对企业战略有着深远影响。本章的主要结论如下。

● 大多数隐形冠军认为不能仅以市场份额来定义市场领导地位。

● 隐形冠军把"市场领导地位"这个概念更多地理解成一项综合性的诉求，包括领导其他市场参与者，如客户、供应商乃至竞争对手。

● 市场领导者最重要的特征在于技术、质量、知名度和信誉，然后才是销售额和销量。

● 超过 2/3 的隐形冠军是世界冠军。

● 隐形冠军在原有的强大市场地位基础上进一步扩大了领先优势。

● 隐形冠军平均拥有 22 年的市场领导者的历史。这是一段很长的时间。

● 很多隐形冠军在其早期发展阶段就已经明确制定和传达了领导市场的诉求，这成为市场领导者的雄心转化成企业发展的强劲动力，对提高员工的积极性有着显著贡献。

● 隐形冠军如此高的市场份额是通过优异的表现挣得的，而不是依靠侵略性的价格战。在这个意义上，"优质"市场份额意味着高利润率。

领导市场是一项艰巨的任务，意味着不仅要在技术上比竞争对手做得更好，而且需要引领市场价格。唯有如此，领导者的地位才能被其他市场参与者所接受。增长目标和追求市场领导地位的目标相得益彰。较高的市场份额有助于增长，而增长使得可以有更多的投资来巩固加强市场地位。

注　释

1. Vgl. Warren Bennis, On Becoming a Leader, Philadelphia: Perseus 2009.
2. Vgl. Hermann Simon und Martin Fassnacht, Preismanagement, 3. Auflage, Wiesbaden: Gabler 2008.
3. Vgl. Steffen Kinkel/Oliver Som, Strukturen und Treiber des Innovationserfolges im deutschen Maschinenbau, Karlsruhe: Fraunhofer-Institut für System- und Innovationsforschung ISI, Nr. 41, Mai 2007, S. 3.
4. Rosen-group.com.
5. Givaudan.com, Vision, 18. Mi 2012.

6. Maquet.com, Vision.

7. Eine Spielanleitung ist in 24 Stunden fertig, Frankfurter Allgemeine Zeitung, 30. April 2012, S. 17.

8. Vgl. Hermann Simon, Goodwill und Marketingstrategie, Wiesbaden: Gabler 1985.

9. Peter F. Drucker, Management and the World's Work, *Harvard Business Review*, 66, September 1988, S. 76.

10. Kion will Toyota überholen, Frankfurter Allgemeine Zeitung, 23. Juni 2014, S. 23.

11. "Simon-Kucher is world leader in giving advice to companies on how to price their products." *Business Week*, 26. Januar 2004, "Simon-Kucher is the worlds' leading pricing consultancy." *The Economist*, 2005, "Simon-Kucher is the leading price consultancy in the world." Eric Mitchell, President Professional Pricing Society, 2003, "In pricing you offer something nobody else does." Professor Peter Drucker (persönliche Kommunikation), "No one knows more about pricing than Simon-Kucher." Professor Philip Kotler, "No firm has spearheaded the professionalization of pricing more than Simon-Kucher & Partners." William Poundstone, Priceless, New York: Hill and Wang 2010.

12. Vgl. Henry Mintzberg, Die Strategische Planung. Aufstieg, Niedergang und Neubestimmung, München/Wien: Hanser 1995, sowie Henry Mintzberg/James A. Waters, Of Strategies, Deliberate and Emergent, Strategic Management Journal 1985, 257-272.

13. Vgl. Clayton M. Christensen, James Allworth und Karen Dillon, How Will You Measure Your Life, New York: Harper Collins 2012.

14. Hermann Simon/Frank Bilstein/Frank Luby, *Manage for Profit, not for Market Share. A Guide to Higher Profitability in Highly Contested Markets*, Boston: Harvard Business School Press 2006, deutsche Ausgabe: Der gewinnorientierte Manager. Abschied vom Marktanteilsdenken, Frankfurt/New York: Campus Verlag 2006; chinesische Ausgabe, Titel einfügen, Beijing: Commercial Press 2007.

15. Hermann Simon/Frank Bilstein/Frank Luby, Der gewinnorientierte Manager. Abschied vom Marktanteilsdenken, Frankfurt/New York: Campus Verlag 2006, S. 17-23.

16. Vgl. Robert D. Buzzell/Bradley T. Gale, The PIMS Principles. Linking Strategy to Performance, New York: Free Press 1987.

17. Vgl. insbesondere die folgende Anthologie: Paul W. Farris/Michael J. Moore (Eds.), The Profit Impact of Market Strategy. Restrospect and Prospects, Cambridge (UK): Cambridge University Press 2003, sowie Richard Miniter, The Myth of Market Share. Why Market Share is the Fool's Gold of Business, London: Crown 2002.

18. Hermann Simon, *Beat the Crisis*, New York: Springer 2009, S. 88.

第
5
章

聚

焦

　　唯有专注才能成为世界一流。如果有谁试图同时赢得 100 米和马拉松比赛的金牌，那么他在这两个比赛中注定都会失败。聚焦是获取优异表现的先决条件。大多数隐形冠军只关注一个很小的领域，重点侧重于不同的内容：客户、产品、服务组合、技能、资源、价值链的某一部分、价格细分市场等，而且往往有所重叠，并随着时间的推移而产生变化。聚焦并非一成不变的。我们注意到，隐形冠军在遇到市场饱和、市场份额增长乏力或技术突破碰到天花板时会重新进行聚焦或进入新市场。它们往往会采用"柔性"多样化的战略，也就是说，依托原有的技术或客户群进入相近的新业务领域。

　　选择和定义市场是市场战略的出发点。那么隐形冠军是如何定义它们的市场呢？在研究中有一个重要的发现是：很多隐形冠军并不接受约定俗成的市场定义，它们把定义市场作为战略制定的一个独立的组成部分。它们不接受在行业中、统计学意义上的、竞争对手或者客户习以为常的市场定义，而是基于自己的独立见解来定义市场。市场定义的独立性导致了企业在战略方面决定性的差异。"定义业务或市场"，用战略研究学者德里克·阿贝尔的话来说[1]，不仅是"起点"，也是战略本身的一部分。

狭小的市场

典型的隐形冠军是在很小的市场里运作单一产品／单一市场的企业。图 5-1 是隐形冠军全球市场规模的分布图。大约有 1/4 的公司（准确地说是 26%）的市场容量低于 3 亿欧元。即使仍然有至少 20% 的公司的市场大于 30 亿欧元，但是与真正的大市场（如汽车市场或电信市场）相比，如此市场容量还是比较小的。一般而言，隐形冠军更愿意经营相对较小的市场。这个规律不仅适用于所有规模较小的公司，也渐渐适用于一些比较大型的隐形冠军企业。

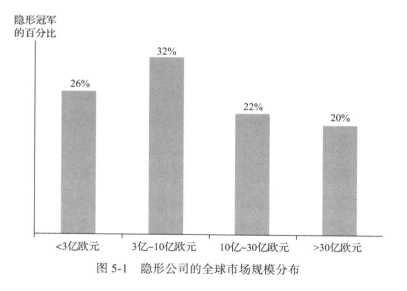

图 5-1　隐形公司的全球市场规模分布

典型的隐形冠军的全球市场规模相较 10 年前已经增加了一倍有余，微型市场的比例有所下降。之前有近 50% 的隐形冠军的全球市场的规模小于 3 亿欧元；如今，这个比例已经下降到 26%。近 80% 的受访企业表示，它们的市场规模变大了，42% 的受访企业甚至表示它们的市场规模出现了强劲的增长。

通过与受访者的深入讨论，我们再次证实，界定市场的边界和评估市场规模都异常得困难。这可以由我们自己的经验来说明。作为在全球范围内提供服务的定价顾问，我们自己的西蒙顾和管理咨询公司知道定价咨询的市场规模有多大吗？当然不知道！典型的隐形冠军的市场是分散的，它们会在不同的领域里遭遇不同的竞争对手，而后者又往往是各自专业领域或利基市场中的领导者。正如我们很快将看到的那样，市场定义通常不是一维的，而是多维的。根据我们的印象，尽管隐形冠军也努力为它们的市场寻找某种合理的定义，但是对市场规模的估计依然充满了不确定性。德国弗戈传播集团是一家诞生于 1891 年的专业媒体，以服务装备制造业为对象，传播国际先进制造技术创新理念和全产业链解决方案，并在全球出版多种语言版本期刊。如旗下《现代制造》定义市场为金属加工、自动化、机器人和物流装备等，践行了工业传播的责任、使命和对市场的认知。弗戈中国公司总经理肖捷说："我们了解制造业，装备强则国强，我们的使命就是强盛中国制造业。"

尽管存在这些客观困难，但隐形冠军对自己的市场还是有比较深入的了解。72% 的隐形冠军能给出全球市场规模的具体数字。这些数字通常有几个来源：主观估计占 46%，第三方统计数字占 54%，公司自己组织的深入调研占 61%。但也有为数不少的公司，比如我们自己的公司，就没有针对市场规模和市场份额的可靠数据。在许多市场，特别是在新出现的市场，通常都没有办法获得关于市场规模的准确数据。此外，在许多发展中国家，数据往往有所缺失或者并不十分可靠。但这并不意味着这些市场不具有吸引力。市场统计数据的可得性不应与市场的吸引力相混淆。有些缺乏可靠数据的市场在深入观察后就会发现它们其实非常有吸引力。缺乏透明度有时也是一种优势。ABS 泵业的创始人阿尔伯特·布鲁姆有一次对我们说："如果大家都不知道市场规模和市场份额，你就不用害怕竞争对手。"一种弥补客观量化市场信息缺陷的方法是高度贴近市场和客户，我们将在第 8 章中着重介绍这个隐形冠军最大的长处之一。凭借这个长处，隐形冠军得以在缺乏准确统计数据的情况下，也能够准确辨识市场动向并做出及时应对。

多维度的市场定义

定义市场或业务有许多种方法。最早的市场定义基于产品，比如"我们经营与洗碗机市场相关的业务"。西奥多·莱维特在 1960 年撰写的具有划时代意义的《营销短视症》（*Marketing Myopia*）中对这种以产品为导向的市场定义进行了猛烈的批判[2]。莱维特因对美国的铁路公司提出的批评而广为人知。在他看来，正是因为他们将"铁路业务"而不是"客运"视作自己的市场才导致它们忽视了来自新兴的航空公司的竞争。两者在本质上都是在竞争客运权，而后者赢得了胜利，迫使铁路公司出局，甚至破产。如果当初铁路公司采用的是更为合适的以需求为导向的市场定义，那么它们就会选择进入航空业或者建设高速铁路。在这里再和大家分享一桩逸事：1934 年出台的《铁路法》包含了美国第一个与航空公司相关的法律条例。

莱维特推崇的市场定义是以客户需求或者应用为基础的。"我们提供干净的餐具"是一个洗碗机制造商应用导向的市场定义。此外,市场也可以根据客户或目标群体来定义,比如还是延续之前的例子:"我们为酒店和餐厅提供洗碗机系统。"此外,市场界定还可以考虑价格或质量因素:"我们只供应价格在 1 000 欧元以上的设备"或"我们只提供最高级别的产品"。在实践中,地理意义上的市场定义也有着重要意义:"我们服务于全球市场。"图 5-2 展示了隐形冠军在定义其市场时常用的标准。

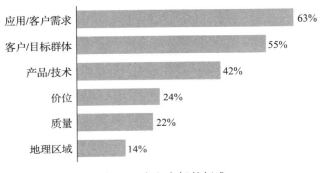

图 5-2　定义市场的标准

应用 / 客户需求以 63% 的比例在定义市场的标准中占据最重要的位置。排名第二位的也是与客户导向相关的一个准则,即客户 / 目标群体。此外,产品 / 技术也占有相当大的比重,达到了 42%。相比之下,价位、质量及地理区域在隐形冠军定义市场时占据的重要性明显要小得多。

总体而言,隐形冠军对市场的定义表达了它们对市场的深刻理解。在定义市场时,它们首先考虑的是客户需求和目标群体,还有很大一部分隐形冠军会考虑产品 / 技术等涉及核心竞争力的因素。与此形成鲜明对比的是,地理区域对于这些在全球范围内开拓业务的公司来说意义有限。隐形冠军早已摆脱了发源地的地理束缚,向全球化大步迈进。它们眼中的市场是整个世界或者至少是它们所处的大陆，而不仅仅是它们所处的国家。

图 5-2 中显示的各项百分比加总为 2.2，远大于 1。这意味着，隐形冠军在定义市场时奉行的不是单一标准，而是平均使用 2.2 个标准。它们的市场定义不是一维的，而是多维的。例如，全球领先的注塑机制造商、瑞士公司 Netstal[3] 关注的一个核心领域是 PET 塑料瓶（应用），主要服务于饮料行业（客户群），并且只提供相对高价的（价位）且具备顶尖表现（质量）的设备。除了地理区域标准，它用到了我们上面提到的所有标准。这个例子说明了在高度碎片化的市场中，一个典型的隐形冠军如何有针对性地、积极地定义其关注的细分市场，从而建立竞争优势。在诸如注塑设备这样复杂的市场中，生产商无法建立像微软在个人电脑通用软件领域建立起的普遍意义上的市场领导地位。差异化的、碎片化的市场以及与之相关的市场领先战略需要差异化的市场定义。

我们是专家

如果随机选择一个隐形冠军，然后请它用一句话介绍自己。那么有很大可能你会得到这样一个答案："我们是……方面的专家。"相类似的说法我们已经遇到不下几百次。

- "我们集中精力做我们能做到的。"当格哈德·克罗默还是蒂森克鲁伯（ThyssenKrupp）的 CEO 时，他借用第 1 版《隐形冠军》中的这句话，并在此基础上进行了补充，衍生出蒂森克鲁伯的座右铭："我们集中精力做我们能做到的；我们在全世界范围都是如此。"这个例子证明,即便是大公司也可以向隐形冠军学习。集中专注和全球导向的结合是隐形冠军战略的核心特征。

- "我们是小众的供应商",隐形冠军常常会使用如此说法,并且往往会再补充"……而且想一直保持这样"。
- "我们深而不广。"也就是说,隐形冠军追求价值创造链的纵深,致力服务于窄应用市场而不是宽泛的大市场。
- "我们坚持自己的道路"或者"反对多样化",这也是绝大多数隐形冠军的信条。它们抑或不需要多样化,或者拒绝了这样去做的诱惑。然而规模较大的隐形冠军在其原先有限的市场中遭遇增长瓶颈时也会采用"软性"多样化。

特种材料制造商康宁(Corning)公司首席财务官詹姆斯·弗劳斯的一番话令人深省:"我们刻意选择聚焦困难的技术。我们觉得我们不是很擅长处理简单的事情。"[4]如果你集中精力做困难的事情,那很可能你留给竞争对手的生存空间就十分有限。

20世纪70年代,菲尼克斯电气附近一家城堡酒店欲超低价出让,公司管理者格尔德·艾瑟特先生动心了,但他的父亲约瑟夫·艾瑟特先生提醒他:"酒店和房地产都不是菲尼克斯电气的优势,公司应该更加专注于自己的领域。"这家公司能有如今的行业地位,跟它的专注是分不开的。琥崧创始人李源林也曾说道:"'专业专注'是我们取得市场领导地位的法宝,因为只有这样才能更好地贴近用户和市场,为客户带来更大的价值。"

一般而言,专注和集中至关重要,由此可以解释隐形冠军对自己的市场和专长领域的执着。隐形冠军平均领导市场长达22年之久。

2/3 的隐形冠军上一次关于市场大方向的决定至少是在 5～10 年前做出的。与此类似地，半数以上的隐形冠军在十多年前就已经确定了现行的基础技术方向。[5]

对一个特定市场的执着体现了隐形冠军的专注度和持续性。客户由此接收到一个强有力的信号，他可以确信服务于他的隐形冠军企业会坚持把这个业务做下去。"我们一直以来只有一个客户，将来我们也会只有一个客户，这就是制药行业。"全球领先的医药包装设备公司 Uhlmann 这样说道。这一对于专注的追求在它简明扼要的企业理念中得到了充分体现："只做这个，做到极致。"福莱希公司的态度同样明确："我们将只做一件事，但我们要做到最好。"福莱希只生产可伸缩的遛狗链，但仅这一种产品就有 300 个变体，是无可争议的世界领导者。

战略制定需要知道断舍离。知道什么不可为与知道什么可为同样重要。微软创始人比尔·盖茨在采访中曾多次指出取舍的必要性。烘焙甜品欧洲市场的领导者 Griesson-de Beukelaer 公司的 CEO 安德烈亚斯·兰德一针见血地指出："你不能拥有一切。知道说'不'是有自知之明。我们首先要问，什么是我们不想做的事情。然后，我们就可以更好地专注于需要做的事情。我们必须量力而为以保持企业独立和零债务。"[6]尤其是中小企业应当遵循自我约束的建议，大多数隐形冠军长期以来都是这样做的。

专注于一个价值创造链的一环

有一些隐形冠军只聚焦于价值创造链中的某个特定环节。其中一个例子就是 M+C Schiffer 公司，它是世界上最大的独立牙刷生产公司。这家公司只生产牙刷，因此它是只有单一产品的公司，并且也仅局限在价值创造链的某一环节，即生产环节。[7]但它的生产是超大规模的，每天有超过 100 万支牙刷在德国、奥地利和印度的工厂里下线。这些牙刷提供给宝洁、汉高等公司进行挂牌营销和销售。另一个类似的例子是 Aenova 公司，它是欧洲最大的合同制药公司。尽管 Aenova 每年生产 100 亿粒药片和 180 亿颗胶囊，但它的名字不会出现在任何包装上，所以不为消费者所知。Aenova 公司生产近 400 种药物，营业额达到了近 2.7 亿欧元，达到了一家典型的隐形冠军企业的规模。Ludo Fact 仅从事桌面游戏的生产和物流，游戏本身都是由出版商开发和销售的。[8]Freiberger 是欧洲最大的比萨饼生产商，它为品牌商制作比萨饼，却不为消费者所知晓。这类公司战略的一个核心要素是汇集多个终端产品供应商的订单，以实现规模经济效应。这种优势是仅生产单个终端产品的供应商所不具备的。类似 Schiffer、Aenova、Ludo Fact 或 Freiberger 的合同制造商在电子消费品等行业中很普遍，但在隐形冠军里，它们是另类。但是上面这些例子说明通过聚焦于价值创造链中的某个环节也可以获得优越持久的市场竞争地位。

重新聚焦

一些隐形冠军正在进行重新聚焦，即多元化的逆向操作，例如，变速箱制造公司格特拉克（Getrag）就重新聚焦于变速箱，将占公司总销售额 1/6 强的车轴业务出售。这家公司在一份新闻稿中如是说："我们将坚定不移地致力于成为一个全球性的、纯粹的专业变速箱生产厂商。"瑞典隐形冠军、世界排名第二的透析设备生产商金宝（Gambro）

剥离了边缘业务，以集中资源投入核心业务。重新聚焦有时候意味着放弃公司最初的业务。欧洲领先的饼干生产商 Griesson-de Beukelaer 以姜饼起家，但由于姜饼业务的盈利能力不足，而被坚决地终止了。

来自博登湖地区的商用洗碗机设备制造商温特霍尔特－餐饮服务可以更好地说明重新聚焦这个话题。洗碗机有很多应用市场，比如学校、医院、食堂、公共管理部门、军营、监狱以及酒店和餐饮业等。如此大的市场宽度决定了产品的市场潜力巨大。然而不同细分市场上客户的需求大相径庭。温特霍尔特公司在多年前做出如下评价："我们分析了商用洗碗机的整体市场，发现我们在全球的市场份额远低于5%。在这个市场里，我们只是一个微不足道的跟随者。这促使我们重新制定了战略，聚焦于酒店和餐饮业。为此，我们甚至把公司名称也改为温特霍尔特－餐饮服务。我们目前在全球酒店和餐饮业这个细分市场中的份额在15%～20%，并还在持续攀升。在这个细分市场中我们始终是客户的第一选择。"这句话说明了一切。

BHS 餐具公司采取与温特霍尔特类似的聚焦战略。BHS 的名字来自传统瓷器品牌 Bauscher、Hutschenreuther 和 Schönwald 的首字母。20 世纪 90 年代中期，BHS 进行了激进的重新聚焦，宣布公司将以当时作为公司边缘客户群体的餐饮业作为今后的主营方向，并在全球范围内服务餐饮业客户。通过这一举措，BHS 成为商用瓷器领域内的全球领导者。与温特霍尔特类似，BHS 的产品和销售策略都为其核心客户群体量身打造。今日 BHS 的瓷器行销 100 多个国家，每天有超过 2 亿人使用 BHS 的餐具用餐。

正如温特霍尔特和 BHS 的案例所示，聚焦意味着放弃。如果一家企业只专心经营一个特定的细分市场，那么它不可避免地会错过一些其他市场中有吸引力的机会。爱纳康是德国风能发电设备领导者以及全球范围内的风能发电技术权威，它非常有意识地以一种大开大合的方式断舍离。它一不从事离岸业务，二不向中国以及美国市场供货。这种自我约束迄今为止似乎很适合爱纳康，它的增长和盈利性都没有受损。爱纳康以聚焦在岸业务为代价赢得的强大实力反映了放弃部分市场或许是个不错的决定。

占据新出现的利基市场

许多大公司近年来越来越加强其核心业务，从而放弃了边缘业务。新的方向性战略调整使得许多公司进行了业务剥离，独立出来的公司中涌现出新的隐形冠军。西诺德（Sirona）公司就是这样一个例子，它原是西门子公司的一个业务部门，如今是世界领先的牙科设备制造公司。大公司常常会退出那些对它们来说不是那么有吸引力的小市场，事实上这为活跃在这些市场中的隐形冠军创造了更广阔的发展空间。福斯油品集团（Fuchs PETROLUB）在海外拥有 47 家分支公司，是一家在多个细分市场均处于世界领先地位的润滑油公司。鉴于大型石化企业收缩其在矿业和汽车业的业务，福斯油品的董事长斯特凡·福克斯明确表示未来将重点关注这两个利基市场。类似地，领先的特种油品生产商德国力魔机油（Liqui Moly）也证实，得益于大型石化公司撤离其服务的利基市场和力魔机油对这些利基市场的深度关注，力魔机油近年来的增长速度得以在近年来大幅超过行业的平均水平。

超级利基市场玩家和市场占领者

许多隐形冠军对市场的定义更加趋于极致，聚焦于一个十分狭窄的利基市场。甚至有些公司以某种方式"创造"了自己的市场，以至于它们没有真正意义上的竞争对手，100%地占据了所有市场份额。我们发现的这类公司有数百家之多，这里我们只简要列举其中的几个。

PWM公司来自北威州低山地地区的贝格诺依斯塔特，为德国90%以上的汽车加油站提供电子价格显示牌。"我们是世界市场的领导者和唯一的全球性的供应商。"公司CEO马克斯·费迪南·德克拉温克尔如是说。既然我们已经提到汽车加油站，那就再顺便提一下德国加油站使用的喷油嘴都来自一家叫Hiby的公司。这个隐形冠军即便在整个欧洲也是独占鳌头。欧陆（Eurofins）来自法国，是世界领先的食品及环境分析公司，它被如此称誉："它在欧洲是如此强大，以至于其他竞争对手几乎毫无机会。"[9]

波拉（Polar-Mohr）专注于造纸业使用的高速切割系统，在这个细分市场里，全球也只有6家公司。凭借其制造的肠衣剪以及相关机器，位于美茵河畔法兰克福市的保利卡（Poly Clip）公司是世界市场的领导者。Gottschalk公司是欧洲唯一一家，也是全球仅存的两家图钉制造商之一。Hi-Cone公司是"多罐携带工具"全球市场的实际鳌头，生产便于携带6罐可口可乐或啤酒的塑料环。隶属于Körber集团的Kugler–Womako公司专门制造护照生产线。高宝（Koenig & Bauer）公司出产世界上90%的印钞机。位于海尔布隆市的Karl Marbach是全球领先的生产包装材料使用的模具的企业。柯尔布斯（Kolbus）公司专门生产图书装订设备。公司CEO Kai Büntemeyer透露，"公司的全球占有率远超 50%"。"我们小但是聚焦。"他言简意赅地道出了公司的战略。在这家公司的网站主页上写着"世界上几乎没有一本书在它的出版过程中没有遇到过柯尔布斯机器"。Robbe & Berking 公司专门生产银质餐具，拥有 40% 的世界市场份额。凯斯鲍尔（Kässbohrer）的全部营业收入几乎都来自于滑雪道压雪机一个产品，它是这个利基市场里的全球领导者。不断攀升的产品开发成本往往令公司不堪重负。事实上，从研发角度来看专注至关重要。尤其是规模较小的公司的研发经费通常很有限，专注对它们来说显得更为重要，这是它们通往创新领导者和世界级企业的唯一途径。

"市场占有者"中有许多规模较小的隐形冠军，它们生产那些门外汉意想不到的，或者本身就是很奇特的产品。比如 Mitec 集团是"内燃发动机降噪平衡调整系统"的世界范围内的领导者。螺栓制造公司 August Friedberg 把标准螺栓从它的产品线中剔除，如今是"风能行业特种螺栓"的世界冠军。来自维尔梅斯基尔辛的腾德（Tente）是医院病床床脚轮的世界冠军，即便是这样一个超级小众的市场，世界市场的需求也不可小觑。瑞典公司 Poc 没有将目标瞄准规模要大很多的摩托车头盔市场，而是潜心经营一个小得多的产品细分市场——滑雪头盔。在摩托车头盔市场上，Poc 面对诸如韩国的 HJC 这样强大的市场领导者将毫无还手之力；但是在滑雪头盔市场中，Poc 有很大的机会成为全球第一。Rupp + Hubrach 光学仪器公司专注于运动眼镜的镜片，是这个产品的世界冠军。具备隐形冠军特征的英国纺织公司 BBA 在其企业哲学中有明确地提到："我们的策略是将那些我们毫无优势的一般市场改造成我们的优势利基市场，并在这些利基市场中成为统治者！"诚然，一家志在行业冠军的企业不应全盘接受现有的市场定义和边界。

定义或者重新定义一个市场的可能性不尽相同；不墨守成规、有重新定义市场的决心是成为冠军企业的先决条件。

消费品中也能找到超级利基市场的供应商和市场统治者。其中一个例子是 Hein 公司，它生产广受欢迎的泡特飞牌（Pustefix）肥皂泡玩具。公司 CEO 格罗尔德·海因解释说：“泡特飞的竞争对手不是其他的肥皂泡玩具，它竞争的是孩子们购买巧克力棒、糖果以及其他东西的零花钱。”泡特飞牌肥皂泡玩具行销 50 多个国家，其中美国和日本是其最大的市场。这样一个超级小的利基市场规模太小，引不起竞争对手的兴趣。此外，它的产品亦有多项专利加以保护。类似模式的全球市场领导者还有 Pöschl（鼻烟）、Müller（刮胡刷）和 Aeroxon（捕蝇贴）。Aeroxon 的商标已经有超过百年的历史，自从公司创立起，就专注于捕蝇贴，至今未变，在世界范围内占有超过 50% 的市场份额。P. 肖克穆勒（Paul Schockemöhle）是另一个超级利基市场策略的有趣例子。这家公司专门从事饲养最高级别的赛马和竞技马，并在这个市场中有着世界上独一无二的地位。拍卖会上一匹出色的马的成交价格可以达到 5 万欧元，肖克穆勒饲养的顶级赛马的售价可超过数十万欧元，最好品种的马的身价甚至可达百万欧元。

在自己创造新市场的市场占有者中有不少公司制造的产品成了收藏品。1992 年北莱茵－威斯特法伦州乳业协会为了使牛奶更受欢迎，找到位于马尔斯贝格市的瑞森哈夫（Ritzenhoff）玻璃厂，询问它是否能生产推广牛奶的专用玻璃杯。彼时瑞森哈夫还是一家生产大众化玻璃制品的公司。但以此为契机，它走上了创建一个属于自己的全新市场的道路。如今，瑞森哈夫的玻璃杯销往全球 50 多个国家，公司与超过 280 位知名设计师一起合作，其中包括亚历山德罗·门迪尼、罗杰和菲利普·珀蒂－鲁莱特等，产品线目前包括 70 多个系列。除了牛奶杯外，瑞森哈夫还生产香槟杯、钟表、浓缩咖啡杯、圣诞饰品、烟灰缸、灯笼和箱包。它还特意为全世界数以百万计的瑞森哈夫粉丝在其公司官网上建立了交易市场。世界领先的奥地利水晶饰品公司施华洛世奇（Swarovski）也利用收藏品经营来巩固其市场地位。1957 年就成立的"施华洛世奇水晶会"（SCS）是一家世界级的收藏家俱乐部。如今，SCS 在超过 125 个国家拥有 325 000 名会员。马克林（Märklin）的火车模型也是令人垂涎的收藏品。制造商戈贝尔（Goebel）在 1977 年发起成立的 M. I. Hummel 俱乐部收纳了一大批热爱著名的 Hummel 人像的收藏爱好者。毛绒玩具史泰福（Steiff）的收藏者也有自己的"史泰福俱乐部"。

　　超级利基玩家或市场占有者的战略核心是统治市场，这是一般公司难以效仿的。占领一个市场最简单的方式是从一开始就自己创造了这个市场。理想的情况是，这样一个市场之前并不存在，只在新的产品出现之后，它才随之诞生并且焕发出生命力。此外，必须持久地保持产品的独特性。因此，必须要防止类似品牌的出现和模仿，以及持续捍卫和提升产品的竞争优势。有多种不同的方法可以保持产品的独特性：

- 专利保护；
- 强大的品牌或标识；
- 异常紧密的客户关系和信任；
- 经常更新的艺术创意。

　　除此之外，还需要刻意地限量供应产品。众所周知，许多奢侈品品牌都奉行这一策略。例如，奢侈手表制造商朗格（A. Lange &

Söhne）每年仅生产约 5 000 块手表。限量是保持产品高价值的最重要的手段之一，人为地使购买这些产品变得困难，物以稀为贵，产品稀缺难觅能在忠实的客户眼中创造高价值。硬币的另一面是，超级利基玩家或市场占领者不得不克制其增长潜力。独特性的最大敌人就是销量扩张太快。

市场占领者的关系营销战略也值得人们学习。它们始终竭诚服务公司的忠实客户，在营销学理论发现俱乐部和粉丝活动很多年前，它们就已经开始将这些概念付诸实践。例如，它们组织交易早年产品的交易会。其中，史泰福创造了一系列拍卖会纪录。最贵的史泰福泰迪熊在 2000 年拍出了 213 720 欧元的价格。这些公司往往拥有一批忠实的消费者，即使要为产品支付很高的价格，这些消费者也在所不惜。长久成功的市场占领者是足够聪明、专业、稳妥的，能够帮助维护住公司的小市场。这可以作为其他公司重要的借鉴。超级利基市场限制了企业增长的可能性，使其接近于"增长禁欲"。企业在规模和利基之间的选择有点像"鱼与熊掌，不可兼得"，但超级利基市场绝对是挡住竞争对手的有效保护伞。

荣辱与共

但深度集中也是有风险的，毕竟这是企业将"所有的鸡蛋放在一个篮子里"。隐形冠军会不会过于依赖有限的市场、少数客户以及经济周期，而难以防范潜在的风险？事实也的确如此。隐形冠军对于其主要市场的依赖性很强。隐形冠军 70% 的营业额，还有相当可观的利润都来自其核心市场。难怪 93% 的受访者认为核心市场对它们公司的重要性非常高；56% 的受访者预计核心市场在未来还会变得更重要。这些体现依赖度的指标相比 10 年前变得更高了。当时仅有半数以上的受访者预测核心市场的重要性将增强，这一预测成了现实。隐形冠军与各自的市场紧密相连，一荣俱荣，一损俱损，个中风险不容小觑。然而，是否存在过度专业化的问题还需要具体问题具体分析。深度集中在奠定企业优势基础的同时也可能构成风险隐患。

风险大致可以分为下面三类：

- 对单一市场的依赖（"所有的鸡蛋都放在一个篮子里"）；
- 一个高价的利基市场可能遭受普通产品的攻击（"丧失溢价地位"）；
- 利基市场过小的市场容量或者生产地的高工资水平，会导致生产成本过高，从而使客户认可度和 / 或价格竞争力丧失（"定价高于市场接受能力"）。

我们将在之后的章节中讨论后两种风险。

依赖单一市场的风险是显而易见的。像隐形冠军那样拥有那么高市场份额的企业在其核心市场遭遇灾难性变化时，难免会陷入巨大的甚至是生死攸关的困境。试想，如果客户拒绝买单，就算制造出世界上最好的蒸汽机车又能如何？

另一个风险是来自竞争对手。一旦它们掌握了与隐形冠军相同或相类似的技术优势将会对后者构成巨大威胁。这种风险最有可能通过明确的战略倾斜得到快速控制。图 5-3 展示了市场风险和竞争风险这两种风险之间的相互关系。

		市场风险	
		低	高
竞争风险	低		隐形冠军的集中战略
	高	多元化战略 （典型的大企业战略）	

图 5-3　专注战略相关风险

从图 5-3 中可以看出，就整体风险而言变化并不算大，只是企业必须在市场风险和竞争风险之间做出权衡。从这个意义上讲，专注战略与多元化战略本身并无优劣之分，但大多数隐形冠军往往倾向于集中战略。执掌世界领先的哈瑞宝（Haribo）小熊软糖达 67 年之久的汉斯·里格尔说："如果你只专注于做自己真正擅长的事情，实际上是减少了风险。"另一位受访者这样说："做一条小池塘里的大鱼是不是比做一条有很多鲨鱼的大池塘里的小鱼风险要小一些？"企业多元化的失败案例不计其数，我们暂且认为专注战略的风险其实要小于多元化战略的风险。[10]

隐形冠军成功的一个基础是简单的结构，无论在产品还是客户方面都是如此。简单的结构使隐形冠军得以专注于自己的核心业务。相比之下，隐形冠军业务聚焦程度很高，很少会涉猎主营业务以外的分支业务。由于对核心业务的高度聚焦和与之伴随的风险，隐形冠军不得不始终紧紧把握市场的动态，并且通过对客户需求改变的快速响应和新技术研发来捍卫它们的市场地位。它们对单一市场的依赖使它们成为坚定的市场捍卫者和技术创新者。

相关的一个例子是通快（Trumpf）公司，这是一家世界领先的金属切割机床制造公司。依照传统工艺，金属板材需要使用机械方法来切割。20世纪80年代初出现的激光技术给通快公司带来了非常严峻的挑战。它在坚持传统技术的同时，成功研发出自己的激光技术。通快公司不仅成功捍卫了其在金属切割机床领域的领先地位，而且成为工业激光的顶级制造商之一。另一个例子出现在锁及金属配件业。在杜塞尔多夫地区集中了大约150家传统的机械锁具公司，其中有几家还是全球市场的翘楚。这些企业中的大多数在门锁系统中集成了电子元器件，捍卫了其在市场中的领先地位。它们对锁具的专注和依赖使得它们可以成功实现机械和电子技术的集成。也可以说，它们别无选择。为了生存，它们必须实现技术飞跃。正是这种危机感迫使隐形冠军释放出意想不到的能量并促使了众多创新技术的产生。一家有明确战略聚焦的公司从不会过早地放弃，而会更从容地应对如此挑战。

本章总结

大多数隐形冠军在走向未来世界经济体的道路上始终如一地坚持专注战略，聚焦于某个细分市场。对于市场定义和与之相关的专注战略，我们给出以下几个关键点。

☛ 隐形冠军对自己的市场通常都定义得很精确，并且在这些市场中建立了强大的市场地位。

☛ 狭义的市场定义意味着隐形冠军的全球市场相对狭小。

☛ 然而，这些市场由于全球化仍在快速地增长并且还将继续增长。

☛ 尽管许多这类市场分散程度和不确定程度较高，但隐形冠军得益于高度的专业化和与客户的紧密关系，对这类市场相对而言了解得比较透彻。

☞　在定义自己的市场时，隐形冠军主要依据的是以客户为导向的标准，如应用和目标群体。然而，市场定义也包括产品／技术。通常情况下，隐形冠军会同时使用几个标准来进行市场定义。

☞　隐形冠军一般不接受行业内通行的市场定义，而是将市场定义作为一项独立的战略参数来看待。

☞　许多隐形冠军是超级利基市场的占有者，拥有 70%～100% 的世界市场份额。虽然在这个小市场里增长受到了限制，但正是如此限制也同时有效地制造了市场准入壁垒。

☞　隐形冠军高度依赖于其核心市场，枯荣与共。然而，这种依赖性不是单方面的，顾客同样也依赖隐形冠军。对市场的依赖性增加了市场风险，但也由于充分集中了所有资源从而减少了竞争的风险。如何看待两种风险之间的平衡，需要具体情况具体分析。

☞　隐形冠军一旦选择了一个市场，就会长期坚守这个市场。对市场重新彻底定义如同重大的技术突破一般，不是经常事件，平均每隔 10～15 年才会发生一次。

　　找到合适的市场定义和战略聚焦是一项艰巨的任务。隐形冠军通过精确的市场定义和聚焦才能够成为市场领导者并且持续地占有市场领导地位。资源分散无法造就世界级的公司，只有坚持不懈的专注才能成就冠军。每家公司制定自身的发展战略时都应该考虑到这一点。相对于什么都做而导致的精力和资源分散而言，高度专注战略带来的风险可能更小。专才往往能够击败全才。

注　　释

1. Derek F. Abell, Defining the Business. The Starting Point of Strategic Planning, Englewood Cliffs (NJ): Prentice Hall 1980.
2. Vgl. Theodore Levitt, Marketing Myopia, *Harvard Business Review*, Juli-August 1960, S. 45-56.

3. Netstal gehört zur MPM-Gruppe (Mannesmann Plastics Machinery), die mit verschiedenen Marken wie Krauss-Maffei, Demag Ergotech, Netstal, Billion insgesamt Weltmarktführer für Kunststoffspritzmaschinen ist. Einige dieser Tochterfirmen sind in ihren Segmenten wiederum Weltmarktführer. Ebenfalls führend sind die Firmen Engel aus Österreich und Arburg aus Deutschland.

4. Zitiert nach Peter Marsh, *The New Industrial Revolution – Consumers, Globalization and the End of Mass Production*, New Haven – London: Yale University Press 2012, S. 95.

5. Diese Aussagen gelten natürlich nicht für Hidden Champions, die erst in den letzten Jahren gegründet wurden. Doch auch bei diesen zeichnet sich ein langfristiges Festhalten an einer einmal gewählten Marktdefinition ab.

6. Für mich gilt Ferrero als leuchtendes Vorbild, Interview mit Andreas Land, Absatzwirtchaft, April 2012, S. 14.

7. Zur Produktion gehört in diesem Falle auch die Verpackung, ähnlich wie bei dem folgenden Beispiel Aenova.

8. Vgl. Eine Spielanleitung ist in 24 Stunden fertig, Frankfurter Allgemeine Zeitung, 30. April 2012, S. 17.

9. Zu den Gründen sei auf das Interview mit Enercon-Geschäftsführer Hans-Dieter Kettwig in Sonne, Wind und Wärme, November 2009, S. 85-86 verwiesen.

10. Frankfurter Allgemeine Zeitung, 5. März 2007, S. 18.

11. Vgl. C. K. Prahalad/G. Hamel, The Core Competence of the Corporation, *Harvard Business Review*, Mai-Juni 1990, S. 79-91; G. Hamel/C.K. Prahalad, Competing for the Future, Boston: Harvard Business School Press 1994.

第 6 章

通过深度创造独特性

在管理中提到的深度往往与价值链深度或生产加工深度等概念相关联。有时，人们也会说深厚的知识、深度解决问题的能力、深刻的洞察力和思想深度。我们用"深度"这个描述空间概念的词来形容一种从多个角度来看都与隐形冠军相匹配的属性。法国哲学家亨利·柏格森在他的著作《时间与自由》[1]中说过，我们赋予抽象的内容以空间的概念，因为只有空间才能被感知。这一说法也适用于隐形冠军的深度。企业可以向前朝着客户方向拓展深度，也可以向后朝着供应商方向拓展深度；向前一体化和向后一体化的概念表达的是类似的意思。许多隐形冠军为其客户提供深度服务，其价值链深度和生产加工深度都高于同行业平均水平。它们刻意回避现代管理中常见的外包策略。相比战略同盟，它们更愿意依靠自身的实力，甚至常常会自主制造用来生产产品的机器设备。深度有许多表现形式。深度往往是产品的独特性和隐形冠军优势的根源所在。同时，深度和与之伴随的封闭性有效地防止了专有知识的流失和竞争对手的模仿。

解决方案的深度

市场定义中与专注战略密切相关的一个维度是解决方案的深度。解决方案的宽度指的是一家企业提供的不同产品的数量，而深度指的是问题解决方案的完整性或者价值链的覆盖程度，即供应商覆盖了客户价值链中的哪一部分。我们观察到隐形冠军大多精准定义细分市场并且为客户提供深度解决方案。

温特霍尔特餐饮服务公司是一家商用洗碗设备制造商，可以作为一个合适的案例来说明这一战略。图 6-1 归纳了温特霍尔特公司的战略。

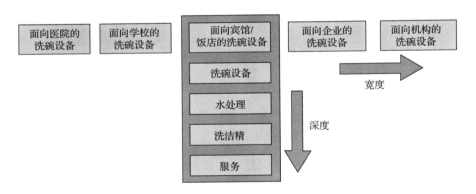

图 6-1　温特霍尔特餐饮服务公司的解决方案深度

第 5 章中提到温特霍尔特餐饮服务公司采用了集中战略。商用洗碗设备有很多细分市场，如学校、医院、食堂、公共管理部门、军营、监狱以及餐饮业等。整体市场的市场潜力相应也很大。然而，不同细分市场的客户需求差异很大。正如前文所言，温特霍尔特公司聚焦于酒店和餐馆这一领域。

但这只是温特霍尔特公司战略的第一步。聚焦餐饮业与深化解决方案被紧密结合在一起。温特霍尔特宣称："现在我们将我们的业务定义为'为餐饮业提供清洁杯具和餐具的解决方案提供商'，并肩负起所有相关责任。因此，我们推出自己的水处理系统和自有品牌的洗洁精。我们24小时为客户提供卓越服务。我们占据餐饮业细分市场全球份额中的15%～20%，并仍在不断攀升。在这个细分市场中，我们始终是客户的第一选择。"由此可见，温特霍尔特不仅提供洗碗设备，还提供水处理、适配的洗涤剂以及全方位的服务。它向客户提供的不是一件简单的产品，而是深度的解决方案。聚焦和深度相结合使得温特霍尔特公司成为这一领域的市场领导者。

高度集中和价值深度相结合的另一个例子是来自汉堡的 Neumann 集团。Neumann 是咖啡生豆的全球市场领导者。它不仅销售咖啡，还经营咖啡种植园，进行咖啡豆的处理和分类、为客户提供金融服务，同时负责物流和进出口，将咖啡豆送达各个消费地区的咖啡加工厂。"我们以全面的服务满足客户的多样化需求。"Neumann 集团如是说。

在互联网技术的推动下，德国弗戈传播集团一改传统纸媒的出版方式，而是进行包含纸媒、数字媒体、直播、视频、会议、培训、图书等在内的全媒体传播，特别是《工业传奇》纪录片第一季《与德国智造同行》（中德双语）的推出，不仅全面展示出高端客户的实力，更是为行业进步提供了对标学习国际先进工业的样板。

我们在这里讨论的提高解决方案深度的做法被证明是许多隐形冠军的主要增长动力。它们以自身的核心产品为基础，从下游客户或者上游供应商手中接管更多"价值创造链"的部分。在这里，并购起到了重大作用。克朗斯（Krones）最初是一家专业生产瓶子标签机器的公司，现在它可以提供完整的灌装瓶系统。维特根（Wirtgen）最初只生产路面铣刨机，如今，它可以提供一整套完整的平整和维护路面的服务，产品系列包括路面铣刨机、道路摊铺机、压路机和回收机械。

深度价值创造

隐形冠军如何实现价值创造的？它们的加工深度有多深？是偏好自制还是外包？在这些问题上，它们并不遵循现代的潮流，反而显得非常"保守"。表 6-1 展示了一些关于价值创造深度和平均加工深度的重要指标。

表 6-1　价值创造深度和平均加工深度的指标

价值创造占营业额的百分比	42%
平均加工深度	50%
平均加工深度＞70%	24%
平均加工深度 40%～70%	44%
平均加工深度＜40%	32%

价值创造衡量的是一家企业在购进的物料和服务的基础上创造的附加值，是工资、赋税、利息和利润的总和。这个指标以占销售额的百分比来表示。隐形冠军的价值创造深度为 42%，这对于现代工业来说是一个非常高的百分比，要知道德国工业企业的平均值只有 30%。[2]

这一现象背后可能有两个原因：第一，隐形冠军的外包比例比较低；第二，隐形冠军企业员工的工作附加值特别高。

加工深度和外包

加工深度衡量有多少百分比的生产是在企业内部完成的。隐形冠军的平均加工深度为 50%。这个数值近年来已经有所下降，但对于现代企业来说仍旧是非常高的。此外，还有近 1/4 的隐形冠军的加工深度保持在 70% 以上，几乎可以说"它们所有的活儿都自己做"。整体而言，具有极高加工深度的隐形冠军的比例只有略微的下降。那些有着自力更生文化传统的隐形冠军不但保留了这个传统，还将这个传统发扬光大，运用到了它们的新产品上。

我们在调研中能够深切体会到隐形冠军对业务外包的抵触。在回答"加工深度是否不如竞争对手"这个问题时，超过半数的受访者坚决否认了这一点，只有 13% 的受访者明确给予了肯定的答案。42% 的受访者坚决反对最大化业务外包比例的战略，只有 12% 的受访者赞成大范围的业务外包。整体而言，隐形冠军更倾向自己生产而不是外包。这与那个我们熟悉的"尽可能外包更多的业务"的世界相比，隐形冠军好像是来自一个截然不同的世界。对此，我们应该有所思考。

外包在现代管理理论文献中经常被视作灵丹妙药而广受称赞。许多公司在夸耀借助于外包，本企业几乎已经完全不进行生产，在很大程度上从人工成本和固定成本的压力中解脱出来。成本方面的考虑是业务外包的主要动机——成本最低的供应商得到订单。隐形冠军对外包有不同看法。出于对质量的严格要求，它们不愿委托第三方来制造核心部件。它们一方面担心失去产品的独特性；另一方面，它们也担心专业技术知识的流失，特别是在涉及研发外包的时候。隐藏冠军在研发领域表现得尤为谨慎，不愿进行合作或者外包。出于以上种种原因，隐形冠军倾向于把核心业务留在自己公司内部，即使存在成本劣势也在所不惜。虽然这种保守的态度相比10年或20年前已经没有那么极端，但反对外包的基本态度并没有发生改变。隐形冠军即便在价值创造深度和加工深度上略有下降，这也仅发生在非核心业务的外包上。事实上，隐形冠军一贯推崇非核心业务的外包。比如，许多隐形冠军没有自己的法务或税务部门，而把类似这些非核心业务交给外部的专业公司。它们之所以会这样做正是因为术业有专攻，这些不构成其核心业务的工作可以交给更专业的人来做。但当涉及核心业务时，隐形冠军坚信没有人比它们自己能更胜任这些工作。

我们接下来再举几个相关的例子。购物推车和行李推车的世界市场领导者旺众的看法反映了隐形冠军的典型心态："我们坚持深度加工的战略，以我们自己定义的质量标准生产几乎所有的零部件。经过我们自己的电镀设备处理的旺众产品有竞品无法比拟的表面质量。"为什么世界各地的机场都要从德国采购行李推车这样一个看似简单的产品呢？我们可以看到的一个合理解释是，因为极高的加工深度以及直到定义质量标准都"一切由自己来做"，从而使得旺众产品独具特色。

类似地，世界领先的艺术品运输公司哈森坎普（Hasenkamp）自己处理所有事情。"我们把一切都掌握在手中，承担起全部责任。这使得我们的服务质量要优于那些只是将艺术品运输作为副业并进行大量外包的大型运输公司。"哈森坎普CEO汉斯－埃瓦尔德·施耐德这样说道。这种"自己来做"的理念在领先的奢侈品集团中也能找到共鸣。例如，拥有卡地亚、万宝龙以及众多顶级腕表品牌（如伯爵、万国、积家、朗格等）的历峰（Richemont）集团自己加工生产各个品牌的核心部件。

卡德维（Kaldewei）公司是欧洲领先的钢板浴缸制造商。卡德维采用3.5毫米厚的钢板而不是通常1.5毫米厚的钢板制造浴缸。如今，所有生产1.5毫米厚度钢板浴缸的厂商都被淘汰了。"卡德维自主制造一切"，确如其言，卡德维自己控制着从模具冲压到缸体搪瓷配方的调制以及涂层的所有工序。这些工艺决定了浴缸的表面，是客户对产品质量的第一感知。卡德维的经营之道有自己的秘诀。卡德维的"Perlemaille"牌钢质浴缸是市面上唯一能做到浴缸表面几乎不附着任何灰尘的浴缸品牌。在一次拜访中，这家公司的CEO弗朗茨·卡德维告诉我们："我们自然可以在别处买到更便宜的搪瓷涂料。但是，我们的独特性和竞争优势却正是来自于我们自己生产的坚持。没有任何其他竞争对手可以生产我们的产品，只有我们可以。"他的这番话恰如其分地道出了坚持自主制造对于保持竞争中的独特性的重要性。然而不可否认，像卡德维那样处于完全竞争市场中的公司，在保持自身产品的独特性之余，也不得不重视成本因素。因此，高效率和高生产力同样是隐形冠军成功不可或缺的原因。

一个极端忠实地坚持自主制造生产的公司是爱纳康，它是风能发电行业的技术先驱。在德国——世界上最苛刻的市场，爱纳康拥有超过50%的市场份额，不仅如此，它的产品价格比竞争对手还要高出15%~25%。它是怎么做到的？秘诀之一是极高的加工深度，专家估计爱纳康的生产深度超过75%。按爱纳康自己的说法，"它拥有在同业中绝无仅有的加工深度"。[3] 当竞争对手从外部购买绝大部分部件仅做组装时，爱纳康却几乎凭借一己之力完成所有的生产环节。它自主制造涡轮机、塔架和风叶，甚至还用自己的船运输产品。不仅如此，爱纳康甚至还自主开发了船只 E-Ship。如同之前所举的例子一样，爱纳康除了独特的产品构造[4]外远远领先于竞争对手的卓越品质的一个重要原因是它能够全面控制每一个生产环节。

美诺（Miele）公司是世界领先的高端洗衣机和洗碗机的制造商，也奉行类似的理念："我们要自主制造所有的零件，而且最好全部的生产都在一个有限的区域内进行。"这听起来有点像来自中世纪的言论。然而，美诺公司的 CEO 莱因哈特·钦坎博士多次向我们证实美诺确实在身体力行这一理念。应该指出的是，这种理念仅适用于核心业务。美诺大部分非核心业务都外包给第三方公司了。

有多种小家电在全球领域内占据市场领导地位的博朗（Braun）公司表示："我们自己几乎制造所有的东西，包括生产用的专用设备和剃须刀所需的全部关键零件。"客户有高品质的要求，这些要求在市场上无法以更廉价的方式得以满足。博朗公司在六大类产品（男士剃须刀、口腔清洁器、耳温计、刮毛器、电动牙刷、手持式搅拌机）的市场中占有领导地位。这一切都应令人深思。全球领先的小型装载机（也被称为滑轮装载机）的制造商，美国山猫（Bobcat）公司的一位管理者告诉我们说："只要有可能，我们会把工作都留在自己公司内。我们一旦知道一个零件的市场价格，就会要求我们的员工以同样或者更低的成本做出相同的零件。他们通常可以做到这一点。而且我们很清楚我们产品的质量。只要有可能，我们都会避免外包。"

自己的机器设备

不少隐形冠军对加工深度和自己生产的偏爱更甚一步，向上整合了原本属于供应商的工作。菲尼克斯电气于20世纪50年代开始研制自动化生产设备，其中国公司今天也完全建立了智能制造核心竞争力，能同时为自身工厂和外部客户提供智能生产设备和智能制造示范线。如同上文例子中提到的博朗公司，很多隐形冠军选择自主制造所需的机器设备。门窗科技的市场领导者好博（Hoppe）公司宣称："大约10%的公司员工从事与自用机器设备相关的工作，这些机器设备属于高度机密。我们自主研发和生产这些机器设备仅供自用，不会向其他公司出售。我们的核心竞争力正是体现在这些机器设备上。"世界领先的家用滤水器公司碧然德有一个专门的机器制造部门。公司创始人海因茨·汉卡玛对此评论说："在制造这些机器方面我们为何要输给其他人？碧然德是全球市场的领导者，这是因为我们独特的产品，并且这些产品是由独特的机器生产的。"类似的例子还有园林机械欧洲市场领导者嘉丁拿（Gardena）公司。它同时研发开发产品和用来生产这些产品的机器设备，由此带来的一个"副作用"是大大节省了产品投入市场所需的时间。作为市场领导者之一以及东威斯特伐利亚地区界面工业接口产业集群一员的魏德米勒（Weidmüller）公司自主制造生产工具，公司CEO拉尔夫·霍普说："魏德米勒公司有意识地自主制造工具。我们从事连接技术的研发，并用自己的工具来实现技术的转化。这样做的主要考量是质量优先。我们希望为我们的客户提供第一流的质量。我们只有从生产用的工具开始就实施对误差的零容忍才能确保最高品质产品的交付。"[5]在魏德米勒公司的4 000名员工中，有200人从事工具制造工作。全球领先的狗链制造公司福莱希除了塑喷机以外，几乎完全使用自主制造的机器进行生产。同样热衷于自己生产的还有 Gottschalk——全球领先的图钉制造公司，该公司的产品只通过自己的机器来生产。

还有一个我们经常观察到的隐形冠军的模式是，它们虽然外购机器设备，但是会对这些机器设备进行改装和改进。劳伦兹 – 百乐顺（Lorenz Bahlsen）零食公司向专业制造商购买用于生产咸味饼干的设备，然后由它的技术人员对这些设备和生产流程进行改进，从而实现大幅优化。劳伦兹 – 百乐顺公司认为这是其竞争优势的一个重要支柱："通过改装我们可以在一定时间内享有先发优势，并借此加强我们的品牌。我们将通过机器设备的自主研发和改善带来的技术优势转化成品牌优势。诚然技术优势永远只能是暂时的，但由此所产生的品牌优势是长久的。"Griesson-de Beukelaer 公司采用类似的策略。按照公司 CEO 安德烈亚斯·兰德的说法，从制造商那里购来的机器设备不会原封不动地投入使用，而是作为二次开发的基础。兰德说："我们一直试图在生产流程中能领先竞争对手一小步。"[6] 哈瑞宝、费列罗（Ferrero）和许多其他在市场中领先的消费品公司的产品看上去非常简单，但这些公司对于机器设备的态度与上述这些隐形冠军也十分相似，尽管一般人会以为所有这些看似简单的产品都可以通过通用设备毫无障碍地进行生产。

高度的加工深度会跨越好几个不同的生产环节，同时还会带来一个重要的附加效应。高度的加工深度几乎会自动诱发对竞争对手模仿的防御机制。一个追求极度保密并且有着浓厚的自制情结的案例是奥地利的格洛克（Glock）公司，这是一家制造全世界最畅销的手枪格洛克 17 式的军火制造商。"格洛克是第一个引进自动化生产线的军火制造商。公司的经营理念明确要求不仅要自己生产手枪的各个零件，而且还要自己生产加工零件的机器。唯有如此方能确保关于生产流程的任何信息都不会离开公司的生产基地。"[7] 对于同样的话题，生产专业相机三脚架的世界市场领导者萨拿公司是这样看的："在一些国家，我们的竞争对手试图模仿我们的产品。然而因为它们没有和我们一样的生产设备，它们失败了。我们自主制造生产所需的机器设备，如此设备独一无二，我们的竞争对手在市场上无法买到。"每当我们请一个正在报告大厅中工作的摄制组带着他们的三脚架来到舞台上时，我们总能听到从听众席中传来的"哦"或"原来如此"之类的惊叹。当然，我们会事先确认摄制组是否真的使用萨拿的产品，然而大多数情况下的确是萨拿的产品。韩国工业银行的董事长俊卓熙在一次面向韩国企业家的报告会后评论说："我们曾经很怀疑，但是萨拿三脚架使我们成了隐形冠军理念的信徒。"

在如今这样一个许多企业抱怨被抄袭被模仿的时代，对于知识产权的保护显得比以往任何时候都重要。是时候停下来好好想一想生产深度的问题，避免仓促或轻率地外包业务，或者纯粹只是因为成本原因而停止运转自己的生产机器。

原材料深度

劳伦兹 – 百乐顺零食公司让我们发现一种不同的价值创造深度。凭借着劳伦兹品牌和显著溢价，百乐顺是咸味零食生产商中的佼佼者。[8] 它在市场上取得如此成功的一个原因是其产品的优良品质，而优良品质的根源是百乐顺对整个价值创造链直至原材料的严格控制。公司所有人洛伦茨·巴尔森解释说："我们公司的一个秘诀在于，例如，我们在生产作为薯片原料的马铃薯时，会对品种选择、种子以及肥料等每一个细节都进行最精密的监控。对于其他诸如花生等原料，我们也采取类似的措施。我们在国际范围内都是如此。我们产品独有的品质源于原材料的独有品质。"所有对劳伦兹产品和一些它的竞品有所了解的人，都能够理解他的这番话。辉柏嘉（Faber-Castell）公司每年生产大约 20 亿支铅笔和彩色笔，是该领域世界市场的领导者。它的价值创造链可以一路延伸到自有的位于巴西占地 100 平方公里的巨大种植园。那里生长着生产辉柏嘉牌铅笔所需的特种木材。我们问，有必要这样做吗？辉柏嘉伯爵回答说："市场无法提供质量稳定的木材，所以我们在 20 世纪 70 年代末做出决定，自己种植我们需要的木材。"我们发现有很多隐形冠军对原材料和中间品的生产都有着类似的严密监管。

研发深度

隐形冠军对于"自主制造"的偏好在研发领域最为明显。有超过 4/5 的受访者说，他们力争在研发领域达到高度或者非常高的价值创造深度。这里面有两个重要原因：第一是专业化的需要；第二是对知识产权的保护。高度专业化和精准的专注战略使得在市场中不会有其他公司对于相关专业领域有足够的知识储备来贡献有价值的东西。因此，Hauni 在烟草加工业、巴达在鱼类加工业、卡尔迈耶（Karl Meyer）在球衣制造机器业方面的创新罕有对手。这些隐形冠军拥有 80% 以上的世界市场份额，它们的研发团队中有业界最强的专家，拥有比所有竞争对手、供应商和客户加起来更多的专业知识。

在研发合作方面，隐形冠军非常保守。一位汽车零配件行业市场领导者企业的领导回顾："有一次我们与另一家公司一起搞合作研发。我们几乎没有学习到任何东西。对方却从我们这里获得了大量的专业技术知识。从那时起，我们就坚定地自己做研发。我们认为这是唯一可靠的保护我们知识产权的办法。"虽然如此保守思想仍然占据了主导地位，但我们还是观察到，当公司在进入一个新的知识领域里心有余而力不足的时候，往往会持有越来越开放的心态。例如，奥托博克（Otto Bock）公司（其经典的产品是机电驱动的假肢）在进入新的技术领域时会选择与拥有专门知识的公司进行合作。

深度与能力

毋庸解释，在一个领域深入而持久的研究能够使得企业在该领域储备相当强的能力。隐形冠军通常是在全球范围内各自专业领域的顶尖专家。即便是大公司也开始认识到，在一般经营管理能力和行业专业能力之间存在潜在冲突。最近我们观察到这一冲突的影响开始显现。一方面企业开始更聚焦其核心业务并逐渐剥离边缘业务；另一方面大公司中员工的职业生涯轨迹也发生了变化。几乎没有一家公司像通用电气公司那样曾经大力宣传和信奉杰克·韦尔奇倡导的通才管理模式，然而最近通用电气宣布要从根本上改变公司的管理文化："这种变化是观念上的转变。多年来，通用电气公司一直都希望其高层管理人员是管理通才。而现在，我们越来越希望寻找到各自专业领域的专家。"[9]通用电气的管理人员应该在他们各自的领域工作更长的时间，而不是每两年就被派到一个新的工作岗位。通用电气公司中负责管理发展的苏珊·彼得斯对这个新的管理发展方向给出了如下理由："这个世界是如此复杂。我们需要具备深厚知识的专家。"[10] 愈发复杂的世界需要不断加深的深度，这个理由听上去很有说服力，隐形冠军应该也会同意。

战略评估

对于最佳价值创造深度的全面评估是非常复杂的。隐形冠军偏向内部解决问题的背后隐藏着更深刻的普遍真理：独特性和竞争优势只能通过企业内部的努力才能达成。能够在公开市场上买到的东西，别的公司同样可以买到，无法形成独特的竞争力。这种看法可以解释为什么许多隐形冠军不仅仅限于生产价值链中的最终产品，而是会向前融合价值链的上一级甚至前几级的环节。独特的生产流程，特别的生产机器、工具或中间材料造就了最终产品的优越性。许多企业经营者跟我们说，假如它们的经营活动只限于制造最终产品，它们将永远无法达到今天如此优势。这是一个更深刻、更普遍的真理。

然而，这个真相也有不应该被低估的不利的一面，这对生产和研发来说都非常重要。过度的"自己造"哲学可能造成严重的生产成本劣势。这要求企业至少对非核心部件生产外包的可能性要进行客观的评估。事实上，许多隐形冠军会将不属于企业核心竞争力领域的业务大量外包。相反，在核心竞争力领域内，应坚持产品的独特性，这对于保持企业优势有着决定性的作用。相对成本优势而言，企业更重要的是竞争优势，至少从市场角度来看是这样的。

研发是企业独特性最主要的源泉。许多隐形冠军企业有着非常强大的研发能力，它们成功克服了种种相关的挑战。研发能力的养成与专业化和对知识产权的保护息息相关，要求企业对于合作采取保守的态度。然而在这里，我们也应当争取做一个相对客观和不囿于意识形态的判断。若一家企业进入一个超出其能力的新领域，如果它坚守"自己造"，那么它很有可能会错失机遇。类似地，如果出现一项足以威胁到企业的核心业务的新技术，那么企业就必须要亮起红灯，积极应对。在如此情况下，到底应该自己解决还是与他人合作，确实是一个难以回答的问题。这个问题必须以开放的心态来回答，坚守"自己造"的意识形态绝非一本万利的良策。

隐形冠军在生产和研发上更乐于选择由自己来解决问题。虽然隐形冠军会尽力避免核心业务的外包，但它们对其非核心领域业务的外包却是非常普遍的。隐形冠军的研发通常采用的是闭门造车的做法。这一态度虽然在过去 10 年中略有松动，但其原则并没有发生太大的变化。有很多迹象表明，隐形冠军的这些原则是它们得以保持独特性和优越性的一个重要根源。尽管如此，隐形冠军比过去更清醒地意识到，如果过度坚守这些原则可能会给企业带来麻烦。于是，我们观察到隐形冠军开始对业务外包和战略同盟持更加开放的态度。不过，隐形冠军对于外包和合作的态度与文献中广为宣传的许多大公司的做法相比还是大相径庭。

战略同盟

战略同盟是企业的一种经营手段，与外包相仿，它涵盖了更多的价值创造链环节或更广泛的服务范围，同时对资本、投资、市场占有率等方面的要求相对来说没有那么高。战略同盟可以被理解为一种降低价值创造深度或以另一种方式达到价值创造深度的手段。乍一看，人们可能会猜测中小型企业会因为资源有限比大企业更倾向于使用这种手段。然而实际情况却恰恰相反。大公司往往会参与多个战略同盟；而参与战略同盟的隐形冠军只是个例。大多数隐形冠军更愿意不受其他企业影响，保持自己的决策权。超过3/4的隐形冠军选择依靠自己的力量进入外国市场，只有1/6的隐形冠军为此结成同盟。即便如此，这种同盟也通常被视作一种进入新市场的临时举措。总体来看，战略同盟很少发生在隐形冠军身上，隐形冠军更愿意信奉瑞士民族英雄威廉·退尔的名言"最强者唯独行时最强"。

然而，战略同盟的重要性和出现频率在过去10年里都有所增加，主要原因有两个：第一是为应对越来越多的分级供应系统的供应链生态重组，第二是商业活动的拓张。供应链生态重组在汽车零配件行业尤为明显。模块化或子系统的生产要求往往超越了单独一家公司的能力范围。如果一家供应商想维持一级供应商的地位，那么就难以回避与其他供应商的合作。

当战略同盟与隐形冠军诸如专注战略、勇于创新、持续全球化等原则不产生冲突，或甚至对其有加强作用的时候，那么它对隐形冠军来说是相当有吸引力的。然而分权对于一些隐形冠军的管理层来说是一个需要克服的难题。

我们同时注意到在销售方面也出现了越来越多的战略同盟。合作的形式比较多，合资企业的情况比较少。这里结成战略同盟的动力主要是为获取新的客户群或者实现销售渠道的柔性多样化。世界领先的胶原蛋白制造公司嘉利达（Gelita）传统上是一家纯工业中间品制造企业，没有面向终端消费者和药店的销售渠道。因此，嘉利达与 Quiris 这样拥有药店销售渠道的医疗保健公司合作销售其新研发的关节保护药品 CH-Alpha 显得顺理成章。奥托博克（Otto Bock）公司以前没有治疗卒中患者的医生的销售渠道。因此，它和 Krauth & Timmermann 公司一起合作销售治疗卒中的新药。Krauth & Timmermann 公司专门生产电激医疗设备，掌握了相关的医生客户群体。

在销售国际化过程中，往往是较小规模的隐形冠军企业需要依赖于和它们有着共同目标客户群体的大公司的合作。手术定位软件的世界领导者博医来（Brainlab）公司正是这样一个例子。在那些还没有设置自己的子公司的海外国家，博医来公司会与在当地有开展业务的生产外科手术医疗器械的公司合作，因为后者拥有当地的外科医生资源并且它们的产品和技术与博医来有一定的相关性。博医来公司的 CEO 斯特凡·维尔斯梅尔强调说，这种联盟需要像"维护婚姻"一样时刻维护。但长远来看，博医来公司还是希望依靠自己的渠道来销售产品。

创新的一个主要方向是不同知识领域的融合，如机械和电子（机电一体化）、化学／物理和纳米技术或医疗技术、制药和生物／基因工程的结合。这些技术结合带来的风险与机遇并存。若能将这些领域联合起来，就有可能打开拥有巨大潜力的新市场的大门，而那些囿于固有技术能力的企业将会面临被边缘化的风险。不管在哪种情况下，研发都会面临层出不穷、涉及广泛的挑战。这些挑战往往不是依靠单个隐形冠军的能力就能够解决的。因此，战略同盟的重要性在过去的几年里已经凸显出来，而且在将来还会变得越来越显著。世界领先的假肢矫形公司奥托博克很好地说明了这种发展。不同于传统的假肢，奥托博克最新的发明深入"皮下"，把神经信号转变为假肢运动对科研提出了极高的要求。[11] 因此，奥托博克公司与神经信号处理专业公司 MED-EL 通过组建合资企业来结成研发联盟。此外，奥托博克公司还收购了相关业务领域的公司，如美国的 OrthoRehab 公司，这家公司是被动运动复建仪制造商，其分销网络遍布美国。德国埃因贝克市的隐形冠军企业 KWS 公司是全球领先的甜菜种子生产公司，也是世界第四大的种子生产公司。这家公司在育种方面与市场领先的农作物保护公司，如拜耳农作物科学公司以及孟山都公司进行合作，其目的是开发出可以抵抗由这些公司提供的除草剂的农作物品种。

这种类型的合作在未来还会增加。一个核心问题是在研发过程中确定优先级，还有个难题是明确研发成果的归属和分配。最简单的解决方案是建立一个长期的合资企业，由这家企业来商业化合作产出的研发成果。但反过来这意味着，企业将永久放弃自主权，必须要与合作伙伴共享成果，这是许多隐形冠军不愿意看到的。另一种方案是合作双方共同享有成果。这就意味着，从一开始就需要与技术基础相近、旗鼓相当的对手竞争。对于力争得到市场领导地位的隐形冠军来说，这同样不是一个好的解决方案。一般而言，完全收购会是首选方案，但是交易可能因为研发成功而变得相当昂贵。假如以上这些方案都无法被双方接受，那么双方就不得不以某种方式达成妥协。所以，双方最好对可能出现的所有情况预先做出安排。

虽然结成战略同盟在隐形冠军中间还只是少数情况，但会变得越来越重要。系统集成的要求以及超越传统研发能力的挑战都会迫使隐形冠军与其他公司进行合作。虽然战略同盟与传统的隐形冠军理念存在着潜在的冲突，但仍应作为一个战略选项给以慎重考虑。然而，还是有为数不少的隐形冠军企业出于其领导人的个人意愿，在将来会考虑加入战略同盟。

本章总结

深度是一个触及许多隐形冠军核心的问题。我们对此有以下几点认识。

☛ 隐形冠军在其精准定义的细分市场里往往会提供深度解决方案，因此其业务范围包括客户价值链的多个环节。

☛ 这种沿客户价值链的业务延伸是企业增长的一个关键动力，向上或者向下收购都有可能。

☛ 隐形冠军的平均价值创造深度是42%，远高于工业企业的平均水平。而隐形冠军的加工深度则更是高达50%，与此相对应地，工业企业的平均水平还不到30%。

☛ 许多隐形冠军有狂热的"自主制造"的情结，加工深度甚至达到70%以上。它们的"自制情结"似乎没有变弱，并将这个情结也带到了新产品的研制中。

☛ 当涉及核心业务时，隐形冠军通常显示出对业务外包持有怀疑的态度。与此相反，它们对非核心业务的外包则比较积极。

☛ 为数不少的隐形冠军甚至自主制造机器设备或者改装买来的机器设备用来生产自己的产品。它们把如此加工深度视作保持最终产品独特性的一个重要根源，同时也是保护知识产权的有效手段。

☛ 同样值得注意的是原材料和中间品的深度。这关系到决定是自己生产还是严格控制供应链中创造附加值的多个环节。

☛ 隐形冠军在研发中有着比在生产中对深度、独创性和封闭性更强烈的要求和追求。一方面是由于它们需要保持高度的专业化程度，另一方面是因为它们对知识产权的保护意识使然。

☞ 隐形冠军不愿意组成战略同盟，更倾向于单枪匹马面对竞争。但是，当面临的挑战超越了其具有的传统知识和能力范围的时候，隐形冠军会表现出比较大的开放性。然而即使只是部分放弃自主权对于隐形冠军来说也不是那么容易的事。

有必要将隐形冠军的深度与它们的专注战略联系起来分析，这两个方面是成为世界一流公司的前提条件。谁要是以为没有深度也可以成为隐形冠军，那无异于痴人说梦。收购很少能带来竞争优势。独特性的基础在于自主制造并且具备深度。

注　释

1. Vgl. Henri Bergson, Zeit und Freiheit, Jena: Verlag Diederichs, 1911.

2. Wertschöpfung am Bruttoproduktionswert 2005, Statistisches Bundesamt.

3. Vgl. Enercon aktuell, 26. April 2012.

4. Enercon ist der einzige größere Hersteller dessen Anlagen ohne Getriebe auskommen. Damit entfällt ein wesentlicher Störfaktor, da die Getriebe von Windanlagen besonders störanfällig sind.

5. VDI-Nachrichten, 13. April 2007, S. 35.

6. Für mich gilt Ferrero als leuchtendes Vorbild, Interview mit Andreas Land, Absatzwirtchaft, April 2012, S. 14.

7. Vgl. Eine Pistole namens Glock 17, Welt am Sonntag, 11. März 2012, S. 17-20.

8. Die Marke Lorenz wurde nach der Realteilung der Bahlsen-Gruppe für das von Lorenz Bahlsen übernommene Salzgebäck-Geschäft eingeführt. Das Geschäft mit Süßgebäck wird von seinem Bruder Werner Bahlsen unter der Marke Bahlsen geführt. Beide Firmen sind heute unabhängig voneinander.

9. Kate Linebaugh, The New GE Way: Go Deep, not Wide, *The Wall Street Journal*, 7. März 2012, S. B1.

10. Kate Linebaugh, The New GE Way: Go Deep, not Wide, *The Wall Street Journal*, 7. März 2012, S. B1.

11. Vgl. Stroke Victims Move Objects with Minds, *The Wall Street Journal* Europe, 17. Mai 2012, S. 8.

第 7 章

全球营销

　　如前所述，通过聚焦形成有深度的专注构成了隐形冠军战略的第一个支柱。这是实现和保持世界一流水平的前提。仅仅只是集中将会使市场变小。那么，怎样才能扩大市场呢？当然是市场全球化。它是隐形冠军战略的第二个支柱。隐形冠军的全球市场往往是它们本国市场的很多倍。一个家里坐等客户上门的企业是无法成为世界市场的领导者的。进军世界市场已经被证明是隐形冠军最重要的增长动力。隐形冠军在走向全球化的道路上异常坚定，它们在各个目标市场里设立自己的子公司，为世界各地的客户提供产品和服务。全球化过程需要几代人的努力，并且需要巨大的耐心。在此过程中，各地区的市场销售份额和员工数量会发生巨大的变化。德国的隐形冠军正慢慢从跨大西洋经营转变为真正的全球性公司，与此同时，亚洲市场变得越来越重要。准确制定未来市场的优先级别是相当困难的。一方面，企业风险会随着国际化而有所增加；但另一方面，如果不同的区域市场有着不同的成长周期，则也有助于分散风险。互联网加速了全球化的进程，特别是对于中小型企业来说。[1]从传统而言，一家企业在进入某个市场时，往往会采取注重成效的"干了再说"的方式，而新一代的管理者则越来越多地倾向于在进入新市场前进行专业化、系统化的准备。

全球化：第二个支柱

专注战略使得市场变小。温特霍尔特公司服务的酒店餐具清洗设备市场要比整个商用清洗设备市场小得多。瑞典的 Poc 公司专注于滑雪头盔，仅覆盖了整个头盔市场中极小的一部分。同样，作为隐形冠军 KTM 的拳头产品的越野摩托车也只占整个摩托车市场不到 1% 的容量。对于超级利基供应商和市场占有者来说，聚焦细分市场带来的影响更为显著。即使是在一个很大的国家，它们的市场容量也可能很小。难道隐形冠军就此注定一直要这么小吗？事实确实如此。因此，隐形冠军需要全球化作为第二个战略支柱为企业发展提供巨大助力。

基于应用、技术、目标客户群或者其他标准的狭义市场定义与地域层面上的市场定义密不可分。这构成了隐形冠军战略的两大支柱：应用、产品、专有技术的深度和地域的宽度。后者通常指全球化营销。福斯油品（Fuchs）是世界上最大的独立润滑油制造商。曼弗雷德·富克斯这样描述他心目中的公司战略："我们很早就意识到唯有凭借专业化和利基战略才能够在面对垂直整合的大型原油企业时保持真正的竞争优势。如此一来，需求方潜力被压缩了，国际化由此变得势在必行。毕竟德国国内乃至西欧范围的利基市场的容量很有限，企业唯有在更大的全球市场内运作才能获得合理的研发投入产出比。"[2] 与此相似，拥有世界领先整形技术的奥托博克公司这样解释他们的全球战略："奥托博克具有卓越的创新能力、技术领先地位以及全球化的销售服务网络。"带钢工厂设备制造全球范围内的龙头企业西马克（SMS）的 CEO 海因里希·魏斯说："作为一家从事设备制造的中型企业只有聚焦于一个狭窄的利基市场，活跃于世界各地，并竭尽所能地成为该市场的冠军企业时，才能获得成功。"[3] 图 7-1 显示了隐形冠军战略的两大支柱。

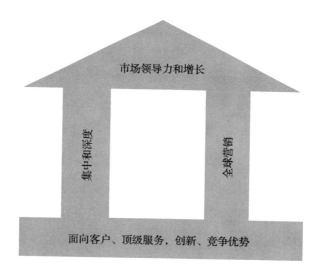

图 7-1　隐形冠军战略的两大支柱

这两大支柱都与市场相关：一个涉及内容，另一个涉及空间。两者都是以面向客户、追求卓越、创新和竞争优势为坚实基础的。隐形冠军战略的这些基石，我们将在下面的章节里详细地进行讨论。如果这些能够顺利实施，那么企业追求的增长和市场领导地位的目标也就能够实现了。

企业只有深入到广阔的全球市场，才有可能成为世界市场的领导者。曾几何时，只有大型企业才有可能做到全球营销。贸易壁垒、复杂的法律系统、旅行的困难、融资和运输问题、不尽如人意的通信手段，都使得建立一个全球性的业务系统变成一件很困难也很昂贵的事情。现如今，各种规模的企业都有可能进行全球范围内的营销。互联网在这方面做出了重要的贡献，但现代物流和金融体系的重要性也不应被低估。世界上最大的快递公司 UPS 的 CEO 迈克·埃斯丘（Mike Eskew）这样描述这一趋势："全球化最开始是大型跨国公司的发展趋势，而现在正成为中小型企业的发展趋势。我们看到中小型企业正在更努力地走向全球，在互联网上，它们看起来和其他企业一样强大。"[4] 作为生产工业连接器的世界市场领导者之一的浩亭（Harting）公司用短短的一句话清晰地表达出他们的愿景："我们要成为一家全球化公司。"

令人吃惊的是，对于绝大多数隐形冠军来说，这两大支柱战略并不是伴随着时间推移逐渐发展起来的，而是在公司发展初期就显现出来了。74% 的受访者称他们"从一开始"就从事出口业务，40% 的受访者甚至声称，在公司成立后就立即成立了在海外的子公司。福斯油品公司的曼弗雷德·富克斯这样说："假如我们的企业没有很早开始并坚持国际化，现在不可能如此成功。"[5] 福斯油品公司目前在所有主要工业国家里拥有 52 家子公司。生产针头的世界市场领导者格罗茨 – 贝克特（Groz-Beckert）公司早在 20 世纪 60 年代起就已经在印度开设了一家工厂。以 35% 的市场份额领先全球的捻线机生产商 Volkmann 公司也早在 1981 年就进入了印度市场。成为全球冠军的愿景和目标促使隐形冠军早早踏上了国际化的道路。

全球布局：现状和过程

根据一直以来的研究，我们估计目前隐形冠军平均有 30 个海外子公司。其中 1/3 的子公司是生产型企业，余下的 2/3 从事销售和服务。在进入新市场时，隐形冠军明显偏好凭借自己的力量，77% 的隐形冠军拒绝与其他公司合作联手，仅有 1/6 的隐形冠军说，它们经常与其他公司合作。因此，隐形冠军的海外子公司几乎都是 100% 属于母公司的独资公司。在没有独立的销售渠道的地区，隐形冠军通过销售合作伙伴进行销售。然而在合作之初，隐形冠军就怀有在合适的时间点收购这些销售合作伙伴的计划。2/3 的隐形冠军认为自己是各自市场上最全球化的公司，也就是说它们拥有业界最多的海外分支机构。

全球布局的背后是卓越的企业管理能力。如果一家公司已经实现了国际化并且运转顺利，那么它能够有这种表现通常就被认为是理所当然的，仿佛从来就如此轻松。在这个"生来全球化"的时代，信息技术、电信或者互联网市场中如雨后春笋般地涌现出新的企业或产品[6]，人们或许会忘记，建设经营全球化的组织需要有怎样的努力、毅力和对挫折的承受力。

凯驰公司成立于 1935 年，但其第 1 个国外子公司直到 1962 年，即在公司成立的 27 年以后才在法国出现。在接下来的 10 年里，这家公司也没有在国际化方面有什么大的进展。到 1974 年为止，它在海外一共只增加了 3 个新的分公司，分别设立在奥地利、瑞士和意大利。

1959 年，在公司创始人去世以后，他的遗孀艾琳·凯驰接管了公司。凯驰女士能讲五国语言，曾经做过梅赛德斯－奔驰汽车公司负责销售的董事会成员的秘书，如此经历对于凯驰来说难能可贵——她对国际商业运作驾轻就熟。从 1972 年起，她启动了凯驰持续化的全球化过程。此后，凯驰公司进入了几乎每年都增加一个或几个新市场的发展阶段。在 36 岁的新任 CEO 哈特穆特·詹纳于 2001 年掌舵公司以后，公司扩张继续有增无减。甚至 2007 年爆发的经济危机非但没有减缓反而加快了公司的全球化进程。

凯驰公司现在已经在 65 个国家拥有 105 家子公司。但是，凯驰公司的全球化进程在历经 50 年后还远没有结束。因为世界上一共有 200 多个国家。凯驰的 CEO 哈特穆特·詹纳说："我们的目标现在是将来也会是进入世界上每一个国家。每年我们都会发展 10 个新的国家进行直接销售。"[7] 一个真正的隐形冠军的长远目标是在所有重要的国家中都有业务。世界领先的压力和温度测量技术公司 WIKA 也遵循了一条类似的发展道路，但国际化比凯驰开始得晚。WIKA 公司 CEO 亚历山大·韦根说，目前 WIKA 已经在世界上 100 多个国家销售自己的产品，并计划继续每年在外国开设新公司。这些例子表明，建立全球市场需要几代人的努力和无尽的耐力。要实现全球布局没有坦途只有险径。挫折和坎坷并不鲜见，甚至是常态。就连像沃尔玛那样的美国零售业巨头也在德国和韩国铩羽而归。可想而知，对于一个中小企业来说开展全球业务是多么困难。取得全球化的成功需要漫长的时间，经受住如此长时间考验的前提条件是要有明确的愿景和远大的目标。

隐形冠军通过其子公司来经营国外市场的事实，构成了"深度"这个话题的另一个方面。产品和服务的复杂性导致它们需要直接与世界各地的客户打交道。这种与客户的直接接触增进了客户关系，促进了创新，而且为在服务、咨询和系统集成等方面建立竞争优势奠定了基础。与之对应地，把这些任务交给中间人或代理人的做法被证明常常对公司是不利的，如我们从下面这个例子可以看到的那样。在马来西亚，我们曾经和一个当地最大的楼宇清洁公司的经营者会面。我们问他，他的公司使用的是不是一家德国隐形冠军生产的机器（注：这里指的不是凯驰公司）。他回答说，以前确实使用过这家公司的产品，但提供该产品售后服务的却是一家马来西亚公司，他对这家公司的服务并不满意。后来他就采用日本产品取代了原来的德国产品，假如德国公司通过自己的子公司在马来西亚提供售后服务并注重服务质量，估计仍然可以留住它的这位客户。气动技术的全球市场领导者 Festo 公司的领导人埃伯哈德·维特这样说："亚洲客户对服务和优质交付的要求与欧洲客户并无差别。"[8]

隐形冠军诸如凯驰、德国劳氏船级社（Germanischer Lloyd，集装箱船舶认证）、Knauf（石膏）、捷孚凯（GfK，市场调研）、安德里茨（Andritz，纸张 / 纸浆生产设备）或 RHI（耐火材料），如今在国外已有超过 100 家子公司。在 2013 年德国劳氏船级社与挪威船级社 Det Norske Veritas 合并前就拥有 130 个船旗国的授权执行法定职责，目前在全世界有近 400 个分支机构。

同样令人感到惊奇的是规模较小的隐形冠军也有着强劲的国际化表现。纽伦堡的会计事务所 Roedl & Partner 除了在德国有 25 家办事处以外，还在 50 个国家有 83 家办事处。隐形冠军在世界各地以多种形式销售它们的产品。比勒费尔德市世界领先的织物和地毯公司 JAB Anstoetz 在 80 多个国家拥有展厅。世界最大的葡萄酒和烈酒运输公司海蓝德有 73 家海外分支机构，其中 47 家为全资子公司，涵盖了所有重要国家。总之可以说，隐形冠军无论规模大小在国际市场上都有着令人瞩目的表现，它们已经在通往全球化的道路上走了很远，但对于它们中的大多数来说还有许多工作要做。如果隐形冠军已经布局的国家市场数量平均为 30 个，那意味着还有 170 多个国家市场是空白的。尽管并非要在所有这些国家市场都设立一个子公司，但我们相信由于隐形冠军与客户保持直接和紧密接触的努力，最终将会在世界上几乎所有国家设立自己的子公司。许多隐形冠军比很多典型的大型企业有着更全球化的市场表现和企业文化。它们将整个世界视作自己的市场，并通过开设新的子公司在全球市场中的地位变得越来越显著。

全球化作为增长动力

一个有趣的问题是全球化为隐形冠军的增长发挥了多大的贡献？许多海外的分支机构也有可能经营不善，反而会成为母公司的负担。作为隐形冠军第二个战略支柱的"全球营销"到底意义何在？隐形冠军的销售组合在全球营销的过程中又会发生怎样的变化？

对全球化的重要性无论给予怎样高的评价都不为过。在第 1 章中我们已经给出了许多统计数据和图表说明全球化会给企业带来怎样巨大的增长机会。特别值得一提的是图 1-1 所显示的全球人均出口额爆炸式的增长。

隐形冠军为德语区国家的出口做出了令人难以置信的卓越贡献。隐形冠军平均出口 62% 的生产值，出口货物均值为 2.02 亿欧元。我们样本范围内的 1 533 家德语区隐形冠军的出口总额达 3 100 亿欧元。占到德国、奥地利和瑞士三国出口总额的 1/4 强。[9] 这个数字证实了我们的观点——隐形冠军对德语区国家的出口业绩具有突出的重要性。

图 7-2 显示了隐形冠军的市场怎样强劲地扩展到了欧洲和世界范围。在这里，市场容量被作为一个指标，德国市场被设为 100。

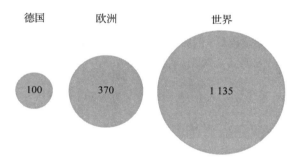

图 7-2　市场在全球化背景下的扩张（德国市场 =100）

图 7-2 显示了欧洲一体化和全球化带来的剧烈的市场扩张。从德国扩张到欧洲，市场规模增长了将近 4 倍，而世界市场更将带来高达 11 倍的市场潜力。随着新兴国家的经济实力持续高速增长，世界市场的潜力空间还在不断增加。这清楚地证明了我们在前文提到的一个观点——即便再小的细分市场在全球范围内也有可观的市场潜力。

简单地观察一组数据就可以了解市场扩张的重要性。假设一个中型企业至今依旧只活跃在市场总量为 2 亿欧元的德国市场，营业额达到了

1 亿欧元，相当于占有了 50% 的市场份额。如果这家企业扩张到了欧洲市场，那么它就会面临 7.4 亿欧元的潜在市场。以目前的 1 亿欧元的营业规模，其在欧洲市场的份额会下降到 13.5%，也就是说还有 86.5% 的市场增长潜力。如果它再进一步进入到世界市场，市场容量将上升至 22.7 亿欧元，那么这家企业相应的市场份额将下降到微不足道的 4.4%。如果企业具有国际市场上的竞争力（鉴于它在德国市场占有一半的市场份额，这很可能是真的）[10]，全球化营销为企业提供了几乎无限的发展机会。企业的受众市场从一个德国的小市场变成了全球的大市场。

对于无数隐形冠军企业来说，国际化已成为其主要增长动力。伯特·布莱谢尔在 20 世纪 90 年代中期从他岳父手中接管了霍夫曼（Hoffmann）集团，如今霍夫曼以将近 10 亿欧元的营业额成为高质量工具的欧洲市场领导者。"企业的国际化很吸引我们。"他如此说道，并且克服了来自公司老员工的阻力成功推行了公司的国际化。不仅如此，布莱谢尔认为即使在未来，持续全球化也将是企业的主要增长动力。[11]

对于汽车涂料喷涂设备厂商杜尔来说，它在新兴市场的扩张为其发展提供了最强劲的动力。它的国际化始于 20 世纪 60 年代进军巴西，如今它 40% 的订单来自中国。医疗产品制造公司保赫曼（Paul Hartmann）在俄罗斯、中国、印度和南非等国家实现了高速增长。因为保赫曼公司生产尿布等对运输成本要求比较高的产品，所以它在全球范围内增强销售能力的同时也投资建设新的产能。农业机械制造公司克拉斯（Claas）宣布在中国和泰国增建新的工厂，并扩建在印度和俄罗斯的现有工厂。

盖米是世界领先的高质量阀门、测量及控制系统制造商，创建于 1964 年，2019 年销售额 34 亿欧元，比 5 年前增长了 50%，保持了稳健的发展步伐，其专业定制化创新能力助推盖米把触角深入到全球 50 多个国家和地区。历经 55 年的发展，盖米集团在德国、瑞士、中国、巴西、法国和美国成立了六大生产型子公司，并设有 27 家独资子公司。回顾近年来的投资与发展，可以看到盖米矢志不渝的全球化足迹：2009年，GEMÜ Dome 作为开发和创新中心在德国成立；2012年，盖米在瑞士 Emmen 建立了洁净室工厂；2013年，在德国 Kupferzell 落成服务全欧洲的物流中心；2015年，中国新工厂于上海建成投产；2018年，盖米在德国的表面技术处理中心竣工投入使用；2019年，盖米工业蝶阀生产技术中心在上海落成，引进了大量的智能化制造设备，尤其是在机加工和阀体表面喷涂的两个工艺上做了很大的投资。在中国，盖米集团本土化实践的突出表现就是 20 年业绩增长 250 倍，员工人数从最初的几人销售队伍发展到如今涵盖研发、生产、管理、物流、服务的整建制规模团队 200 多人，盖米中国还建成了先进高效的生产基地、物流仓储中心以及蝶阀生产中心。盖米中国的全球影响力不断扩大，并已经成为盖米集团全球采购基地及亚太区研发、生产、销售和物流仓储中心。

营业份额的区域间转移

在经济危机爆发前，进入新市场以及在现有市场中的不同增长率就已经导致了营业份额在地区间的显著转移。直到危机爆发前夕，人们仍然可以认为德语区的隐形冠军主要是跨大西洋的跨国企业，西欧和美国是它们最重要的销售市场，为这些隐形冠军企业贡献了 2/3 的销售收入。这个比例相比 20 世纪 90 年代中期已经有所下降，当时的西欧和美国的销售贡献占到 80%。早在 1995～2005 年，东欧和亚洲所占的销售比例就分别增长了 125% 和 67.3%。这一增长趋势在危机中以及危机后得到了显著的加强。以机器制造企业为例，经济危机前预测亚洲的销售额要到 2020 年才会超越欧洲，而实际上这一目标在 2012 年就已经实现，营业份额的区域间转移速度之快由此可见一斑。如果这种趋势继续下去，在不久的将来，隐形冠军近一半的营业收入将来自亚洲和东欧等东方的市场。今天许多公司已经实现了这种转变。贺利氏（Heraeus）公司销售额的 55% 来自亚洲，它是从一个跨大西洋的跨国企业转型为跨欧亚的跨国企业的例子。

由于销售份额总数是常值（合计 = 100），所以可能出现有些地区绝对销售额增长，但相对销售额下降的情况。然而，这可能只是一个暂时现象，因为从中期来看，非洲和南美洲的增长率将回落到亚洲过去几年里的增长率水平。全球化营销是对隐形冠军的人力资源和资本运作的重大挑战，中型企业可能会力有不逮。隐形冠军的全球化之旅将延续脱离对跨大西洋地区的依赖，而进一步转向亚洲、非洲和南美洲。不仅仅是营销，整个价值创造链也将随着全球化的进程发生转移。

各个市场的战略意义

规模和销售金额只是市场的战略重要性的一个方面。市场不同，客户习惯、竞争态势和市场环境也都有所不同，这对市场的取舍和资源投入有着巨大影响。国际化是一个训练的过程，在这个过程中企业会变得越来越适应全球化的竞争。世界领先的整形技术公司奥托博克称："全球化的基因是我们一个重要的竞争优势，它使得我们在全球范围内能够建立稳定的合作关系网络，增加了我们的灵活性，平衡了不同地区间经济周期的差异。我们在所有的市场都与客户保持密切的合作伙伴关系，这有助于我们了解不同地区的客户差异化的要求以及产品终端用户的需求。"在许多行业中，每个国家的客户要求都是不同的。全球化也意味着从单纯的出口贸易，升级到在海外投资建设研发和生产能力。唯有如此，才能生产出符合当地国家需求的产品。世界领先的家具配件公司海福乐（Häfele）在美国的产品目录中有85%的产品在德国本国找不到相同的产品。领先的空调部件生产商Trox的产品以静音的最高标准闻名。然而美国人习惯于"听"到空调工作的声音。鉴于美国市场不看重静音效果，Trox对在美国销售的产品进行了相应的调整。

那么隐藏冠军认为的最多、最大和最苛刻的客户在什么地方？表7-1给出了答案。

表 7-1　按地区分的客户画像（排名）

名次	最多的客户	最大的客户	要求最多的客户
1	德国	美国	德国
2	欧洲其他地区	德国	亚洲，特别是日本
3	美国	亚洲	欧洲其他地区
4	亚洲	欧洲其他地区	美国

隐形冠军的大多数客户都位于德国和欧洲其他地区，但最大的客户却来自美国。德国客户对于质量方面的要求最为严苛。同时，亚洲特别是日本客户的要求也很苛刻。在可以预见的将来，中国在上述表格中也将占有自己的一席之地。事实上，为数不少的隐形冠军的最大客户已经是中国客户了。从战略角度来看，在多个地区开展业务是有利的。由于隐形冠军很多的客户都是来自欧洲，因此欧洲是德国隐形冠军不可或缺的核心市场，而美国的大客户自然也不能放弃。日本市场能够对改善质量管理起到重要作用，因为日本企业对质量要求出了

名的严格。这些与销售和增长并非直接相关的影响构成了全球化的重要组成部分。不同市场的客户有着不同的特征和需求。隐形冠军不仅仅将这些客户差异性视作提升服务水平的挑战，更是一次学习的机会。

隐形冠军应该在世界领先的市场占有一席之地还有另外一个重要原因。一家企业如果想保持世界冠军的地位，那就必须是在全球范围内最重要市场的领导者。三一重工收购普茨迈斯特（Putzmeister）公司（昵称大象公司）的事件就是基于这一逻辑。过去十几年间中国基础建设市场经历了一个高速增长的阶段，尤其是 2008 年全球经济危机期间中国政府 4 万亿元的财政刺激计划，对市场打了一剂强心针。要知道在 20 世纪 90 年代后期，两家德国的企业普茨迈斯特公司和施维英（Schwing）公司曾拥有中国混凝土泵市场高达 2/3 的份额。令人唏嘘的是，不管是大象还是施维英都没有获取中国市场高速发展的红利，反而渐渐丧失了竞争力和市场领导地位，并先后被中国企业三一重工和徐工收购。时间快进到 2012 年，当三一重工收购大象的时候，大象在中国的市场份额已经跌落到了不足 5%；同时，中国却消耗着世界混凝土的 60%。我们很难想象一家公司如果失去了中国这个市场，还如何能够去赢得全球市场。"[12]普茨迈斯特公司于 2012 年被三一重工接管。谁要是失去了最大市场中的领导地位，也就意味着失去了全球市场的领导地位。巴斯夫（BASF）公司的前 CEO 尤尔根·哈姆布莱希特有过如下评论："如果在最重要的市场里不寸土必争的话，如此情况的确会发生。"言简意赅，不过如此。

全球化与风险

在本书中，我们已经讨论了风险的不同维度。我们发现，专注战略固然会引发对一个狭窄的市场过度依赖而带来的风险，但同时也降低了竞争风险。类似地，全球化也是一把双刃剑。一方面，全球化显然带来了许多额外的不确定性因素，看上去增加了风险。典型的顾虑有在海外市场经营失败，或者知识产权遭到剽窃。随着海外销售额的提升，汇率和财务风险也会相应增大。另一方面，全球化使得企业通过减少对个别国家市场的依赖从而分散了经营风险，前提是各区域市场处于不同的经济周期。由于汽车工业在欧洲、美洲和亚洲的投资周期交错进行，世界领先的汽车涂料喷涂设备公司杜尔（Dürr）通过在上述地区的布局受益良多。2009年金融危机期间，亚洲由于经济周期与欧美地区不同步，为跨洲运营的企业提供了有效的风险分散机制。得益于彼时中国政府4万亿元的财政刺激措施，那些在中国拥有强大销售网络的公司明显比其他公司能够更好地应对危机，并更快地从危机中走出来。

但也有一些在全球范围内经济周期基本同步的行业，比如电子制造业。21世纪初自动化装配全球市场暴跌了近70%。在如此行业，即便是全球化也无法起到风险缓冲作用。一般来说，电子相关行业比传统行业呈现出更明显的全球范围内同步化的发展周期。因此，国际扩张对企业经营风险分散的作用不能一概而论。

互联网与全球营销

互联网对于全球营销以及隐形冠军战略的重要性毋庸置疑。特别是中小型公司通过互联网打开了通往世界的大门，赢得了新的发展契机。一方面，企业可以不受时间和地点的限制向现有和潜在客户"推送"产品信息；另一方面，客户也可以不受时间和地点的限制从他们感兴趣的企业"提取"相关信息。与传统的沟通方式相比，互联网的成本基本可以忽略不计，并且交流更简单和更准确。随着微信、Facetime、Zoom等通信技术的成熟，远隔大洋的实时沟通变得越来越容易，减少了很多麻烦又昂贵的旅行。而且我们可以预见互联网通信的质量会进一步提升，成本也会越来越低。互联网的出现使得营销的效率和效果出现质的飞跃。[13] 全球市场领先的工业用空气加湿器制造公司 Munters 的前 CEO 伦纳特·埃弗瑞尔恰如其分地说明了互联网给企业带来的好处："Munters 公司利用互联网销售给 100 个客户所需的资源只相当于之前 5 个客户的量。"[14]

但互联网同时也给企业在销售、搜索引擎优化等方面带来新的挑战。对于一个业务全球化的企业来说，使用客户的语言向他们提供信息是一项理所当然的任务。世界领先的奥地利家具配件公司 Blum 的官网有 40 种不同的语言版本。门控技术世界市场领导者多玛（Dorma）公司有针对 39 个国家的不同版本。即使是很小的专业公司，比如腾德（Tente）——世界第一的医院病床床脚滚轮制造公司的主页也提供 35 种不同的语言。多语言对传统平面媒体也同样重要，不仅现在，将来也会如此。世界领先的灌装系统公司克朗斯（Krones）股份公司的企业季刊每期有 40 000 份的发行量，以德语、英语、西班牙语、汉语、俄语和日语出版。市场领先的传感器公司西克（Sick）的客户杂志以 12 种语言在 27 个国家发行。这种多语言的管理对于中型企业来说，不仅是一份艰苦的工作，也是对组织管理的一项真正的挑战。

互联网给全球营销带来的最大便利在于内容数字化，将数据信息分发到世界各地任意数量客户的成本几乎为零。谷歌、Facebook、苹果、Youtube或亚马逊公司将互联网的这种优势发挥得淋漓尽致。iTunes或网飞上提供的音乐或电影几乎可以在世界任何地方收听到或者观看到。电子书同样如此，读者可以购买后几分钟内下载到图书。呼叫中心、远程维护或医疗诊断等许多服务可以通过数字管道在全球范围内远程实施，为中小企业开辟了新的市场寄予。对于销售实物产品的互联网零售商而言，信息传播和销售同样可以在全球范围内进行，只是物流还需要线下进行。只有那些相对于自身重量而言具备高附加值的产品进行跨境贸易才有利可图。正如我们在第1章中所讨论的那样，虽然世界还没有完全变平，但互联网的力量使得世界在扁平化的道路上又更进一步。

价值创造的全球化

我们一再被问到过同一个问题："有多少德国隐形冠军已经在中国安家落户了？"我们总是一成不变地回答："所有！"这个答案可能并不完全符合事实，但也应该很接近事实真相了。中国市场对于这些市场领导者中的大多数来说都是不可或缺的市场。中国对于它们不仅是极其重要的销售市场，同时也是重要的生产基地。约半数进入中国市场的隐形冠军都实现了生产本地化。这一比例在过去10年间增幅显著，且仍处于上升通道。世界领先的纺织机械制造公司卡尔迈耶（Karl Meyer）有超过半数的销售额在中国实现，并且在当地拥有一个巨型工厂。"中国是一个巨大的市场，对小企业有巨大的吸引力。"[15]《法兰克福汇报》在多年前这样报道过。"基本上，没有一家中小企业能够承受失去中国业务的严重后果。"[16] 德国工商协会说。

德国制造企业已经深入中国。德国汽车主机厂在中国大约有 200 个生产基地，这个数字在过去 15 年内翻了 3 倍。[17] 相比大企业在中国的运营规模，隐形冠军也毫不逊色。许多隐形冠军在中国拥有多个生产基地和为数众多的员工。Netzsch 公司是泵 / 研磨和分离技术的领导者，在中国有超过 23 个生产基地。保护性包装生产厂商 Storopack 在不同地方拥有 3 个生产基地，公司全员 2 600 名，其中有超过 1 000 人在中国。来自科隆的世界级的焊接技术公司 IBG 在中国也有 3 个生产基地。世界领先的拖车底盘制造公司 AL-KO Kober 在中国有 4 个生产基地。我们观察到除了制造企业之外，越来越多的服务供应商和软件供应商也进入了中国市场。工业服务商 Dussmann 集团在中国的 10 个地点有近 3 000 名员工。德国会展公司（Deutsche Messe AG）为了更好争取本地参展商以及在本地举办展会，早在 1999 年就在上海成立了汉诺威展览会（中国）有限公司。其他德国会展公司也活跃在中国，近年来除了设立办事处以外，也更多地采用并购中国企业的方式以快速进入市场。这种现象背后反映的是企业业务和价值链向新兴国家转移的大趋势。

隐形冠军对深入中国市场显示出很大的决心。达姆施塔特市的隐形冠军 Schenck Process 工程公司是工业测量和工艺控制领域的领军企业，它把其矿业部门的总部迁到了北京。中国是全球矿业兵家必争之地。Schenk Process 认为这一举措将更有助于相关业务的发展。我们看到越来越多发达国家公司将它们的研发职能转移到新兴国家。多项世界冠军伏伊特（Voith）公司在中国成立了"企业服务中心"，在那里驻扎了法律、人力资源以及采购方面的专家。该公司 CEO 胡伯特·林哈德解释这么做的原因："这使得我们能够更加融入当地，更像一家本土公司一样运作。"博世力士乐（Bosch Rexroth）公司是全球领先的液压传动和控制技术公司，它在江苏武进拥有一个研发中心。这家公司早在 20 世纪 90 年代就在中国开设了一家工厂。公司总裁卡尔·特拉格如此评论将研发中心放到中国："这不是核心竞争力的转移，而是核心竞争力的开发。"凯傲（Kion）公司是世界第二大叉车制造公司，在全世界有 11 个研发中心，其中 4 个在中国、印度和巴西这些经济快速增长的国家。凯傲公司的研发团队中有 30% 以上在中国工作。[18] 在 2014 年来自山东的潍柴动力股份有限公司收购了凯傲，进一步推进了凯傲在中国的发展。还有些隐形冠军在中国本地化的道路上走得更远。比如，来自美国的领先的科学仪器制造公司 Perkin Elmer 将公司的首席科学家的岗位设置在中国，以便尽可能多地向中国人学习。来自德国斯图加特的美施威尔（M+W）集团，是高科技生产设施设计和施工的全球市场领导者，它将其第 2 个全球总部设在新加坡。沃尔沃（Volvo）汽车公司将其液压挖掘机业务的总部搬到了韩国首尔。卢森堡的人工钻石全球市场领导者 Element Six 公司也在中国设有生产工厂，彼时的公司总裁克里斯琴·胡尔特纳说："大多数厂商都担心中国人窃取它们的点子。我们的做法正好相反。在我们中国的工厂里，我们有中国管理者、中国工人和中国机器设备。我们在这家工厂里用的都是纯中国的技术。我们从中国人身上学到了很多东西。"

迁移整个价值链带来的风险就更显而易见和严峻了。即使没有在新兴市场里进行生产或研发，产品遭到抄袭的风险也很大。理论上，模仿者通常只需要购买该产品，就可以进行逆向研发和再制。然而海外建厂会使得侵权风险急剧上升，因为工厂的存在大大方便了工业间谍的活动，员工可能被挖走，或者员工离职后自己进行创业。如果研发也同时在当地进行，那么风险将会更高，尤其是如果没有充分的知识产权相关法律作为保障的话。爱纳康公司在印度与其合资公司的股东就有过很不愉快的合作经历。为了防止知识产权流失，全球领先的传感器制造公司西克（Sick）把亚洲研发中心设在新加坡。新加坡为他们提供了一个稳定的法律环境。而有些问题国家的知识产权保护状况始终得不到有效改善，这使得很多隐形冠军不敢向这些国家转移它们的核心能力。

全球化的落地

隐形冠军在进入一个新的市场之时需要采取哪些具体的措施？特别是在企业发展的初期，国际经验匮乏，进入一个语言不通的新国家是一项很大的挑战。我们也无法提供什么独家秘方。参照我们自己的经验，尽管西蒙顾和管理咨询公司已经积累了在超过 25 个国家运营的经验，然而每次进入一个新的国家依然是一场冒险。

早年，隐形冠军在拓展海外市场的时候往往采用一种大无畏的勇士模式。公司创始人会更偏爱这种模式，尤其是在"二战"以后。接下来我们用 20 世纪 60 年代的两个案例来展开说明一下。克朗斯（Krones）股份有限公司是生产灌装瓶设备的世界市场领导者，该公司的创始人海尔曼·科龙赛德这样描述他当年是如何进入美国市场的："1966 年一位美国商人给我们打了个电话。4 周后我们飞去了美国，一个侄子与我们同行，他会讲英语所以可以做我们的翻译。那是我们第一次去美国，我们被震惊了。那一回，我们去了纽约、芝加哥、底特律，最后还去了密尔沃基。途中我们就决定我们需要在美国有自己的子公司。两天后，我们就在密尔沃基酒店的一个房间里成立了克朗斯有限责任公司（Krones Inc.）。"那之后过了好几年，美国子公司的发展才走上正轨，其间还发生了好几次员工大换血。碧然德过滤水壶在进入美国市场的时候也开启了"勇士模式"。公司创始人海因茨·汉卡玛如是说："在盐湖城有人对我们的产品表现出兴趣，我们就飞了过去，想要确定碧然德滤水壶在美国能否卖出去。我们进了一间零售药房，询问我们是否可以在那里摆一张桌子。我们用碧然德滤水壶滤过的水来泡茶，与路过的消费者交谈，并销售我们的滤水壶。3 天以后我们就了如指掌，什么在美国能行、什么不行。那已经是 10 年以前的事了，如今我们在美国的年营业额达到 1.5 亿美元。4 周前我们去了上海，做了同样的事。上周我们去了阿尔巴尼亚的首都地拉那。我们总是想零距离地去了解市场情况。"

企业国际化的坚定意愿化作一种隐形冠军的本能，使得它们可以捕捉到不经意间出现的一些机会。碧然德公司的创始人海因兹·汉卡玛讲述了他的另一个经历："我们赞助的一家足球俱乐部有一次接待了一支来访的俄罗斯球队。我们因而结识了其中一位俄罗斯球员的母亲，她讲英语而且看上去颇有企业家的风范。她启动了我们在俄罗斯的业务。仅仅一年以后，我们在俄罗斯的公司就拥有了 25 名员工，并创造了 100 万美元的营业额。这是一个不坏的开始！"

"二战"后成立的隐形冠军的创始人往往没有高中文凭，也几乎不会讲任何外语。但这并没有妨碍"勇士们"越过祖国的边界去建立全球化的商业帝国。在过去的几十年间，隐形冠军创始人的文化水平有了显著提升。现如今年轻的创始人大多接受过大学教育，并有在海外留学、实习或者工作的经验。当他们进入一个新市场时，往往会更系统化、更专业化地来做策划和实施计划。

然而无论如何，全球化还是有无法规避的风险，那就是人才。人才是全球化进程的瓶颈，全球化要么有合适的人选，要么得找到合适的人选。吉姆·柯林斯曾说过："企业卓越表现的根源似乎更多来自于关于人的决策而不是关于战略的决策。"[19] 这一说法对于全球化来说真是一语中的。隐形冠军在开拓一个又一个新的国家市场的叠加过程中，关键员工起到的作用远比系统或战略重要。这也就能解释为什么完成这一过程需要这么多年。在初始阶段，企业的国际经验非常有限，能够外派胜任设立海外分支机构的员工很少。随着时间的推移，企业内部越来越多的员工具备海外经验，全球化进程会开始加速。当全球化经验积累到临界点后，隐形冠军的全球化进程会发生飞跃。凯驰公司之所以可以现在在一年之内开设 5 家或更多的海外子公司，就是因为它已经积累了足够的国际经验。全球化进程不会是一帆风顺的。企业几乎会在每一个新进入的国家里遭遇到严峻问题甚至是危机。

全球化的初衷从何而来并不重要；全球化这个过程毕竟是要依靠目标和意愿来驱动的。关键是，一旦隐形冠军尝到过一次甜头，它们就会坚定不移地推动全球化进程。企业全球化进程初期受管理瓶颈和资金限制，速度往往较慢，但是随着时间的推移，全球化速度会加快。那些执意打造全球化的企业文化的隐形冠军对自己的员工提出很高的要求。生产啤酒花的世界市场领导者、来自纽伦堡的公司 Barth 要求公司的管理人员能够讲三门外语。彼得·巴特在他担任公司总经理的时候说过："我们的理念是，每一位经理至少应该会说三门外语，因为这对一个人的思维方式很重要。当人们学习一门外语时，就会开始理解该国的文化。这是我们与世界各地的客户拥有良好的客户关系的真正基础，毫无疑问也是我们主要的竞争优势。我们公司在德国只是出于偶然，但思想上我们是国际化的。"在这里我们找到了孕育全球化文化的土壤和种子。生产缝纫针的格罗茨－贝克特（Groz-Beckert）公司的总裁托马斯·林德纳甚至说："我们很有可能是最后一代只用英语一种外语就可以过关的管理者了。"[20] 但是外语不应当仅限于管理者，服务和维护人员往往要在全球范围内提供服务。世界领先的传感器技术公司巴鲁夫（Balluf）为所有员工开发了一个语言学习课程软件，这个软件还赢得过若干技术创新奖。针头制造商格罗茨－贝克特公司更进一步，资助公司所在地阿尔布斯塔特市的施洛斯贝格初级中学开设中文课程。格罗茨－贝克特公司的人事专员尼古拉·韦德曼说："我们真正的回报出现在有一天当这个学校的学生加入我们公司，我们对他进行培训，然后他再为我们去中国工作。"全球化听起来很现代化，也很不错，但实现这一目标需要拥有一批具有国际化思维方式和掌握各种外语的员工。企业全球化始于员工思维方式的全球化，后者必须先于前者几年乃至几十年的时间。

本章总结

在这一章里，我们看到了隐形冠军迈着坚定的脚步走向全球化。其中有不少已成为真正的全球性企业。它们将整个世界作为自己的市场，以巨大的毅力将自己的市场领导地位拓展到越来越多的国家和地区。在这个过程中，它们积累了对许多其他公司来说珍贵而实用的经验。

● 全球化是隐形冠军战略的第二个支柱。它使得一个很小的细分市场也能有足够大的增长潜力。平均而论，隐形冠军企业的世界市场是其德国市场的11倍大。全球一体化的市场使得再小行业的企业也有机会实现规模效应。

● 全球化是隐形冠军最重要的增长动力。任何公司要成长都必须把握这个机会。

● 这一战略成功的实质性基础是一个行业内不同国家的客户有着类似的需求。隐形冠军的经验表明，在不同地区的相同市场里扩张要比在同一地区的不同市场里扩张更为容易。

● 隐形冠军很早就开始进军国外市场，并且更喜欢自己单枪匹马。它们看重先行优势，通过子公司与客户建立直接的联系，并视之为其取得成功的重要因素。

● 全球化需要几代人的努力，而且需要一个很长远的目标以及巨大的毅力。过程中间遭遇挫折在所难免，企业家需要有巨大的抗压能力。

● 在全球化进程中会发生销售额在地区间的转移。那些目前为止大部分收益都来自于跨大西洋地区的公司要想成为全球性公司，其亚洲业务的比重需要大大加强。这就需要在文化和人力资源方面进行重新定位和布局。

● 伴随销售额的地区间转移而来的企业资源配置重组优化是非常困难的，因为往往同时有好几个具有吸引力的未来市场在竞争有限的资源。针对是应该在一个市场上达到一定的成绩再进入下一个市场，还是应该同时进军几个市场的问题，没有办法给出统一的答案。这需要企业家仔细斟酌。

● 特别令人印象深刻的是隐形冠军很早就进入了中国市场并且有出色的表现。如果把这些活跃于中国的企业作为标杆，那么可以说一家跨国经营的企业绕不开中国。

● 全球市场带来了额外的风险，但是通常也分散了风险，至少在不同地区的行业经济周期时间交错的情况下是如此。

● 互联网促进了全球化，特别对于中小企业，其促进作用更加明显。然而，全球范围内的互联网营销也给企业带来了新的挑战。

统的方式所代替。国际化本身应该理解为一个学习的过程。

☞ 以前普遍以"勇士"方式占领新市场的做法，现在更多地被专业和系

☞ 全球化的前提和结果都是文化和思维方式的延伸。全球化的瓶颈往往是人。

世界即市场。隐形冠军已经证明了这句话不仅适用于大企业，同样也适用于中小企业。视野的开阔开辟了意想不到的增长机会，帮助企业实现了飞跃式发展。但经验表明，全球化是一个持久的需要定力的过程，这个过程的核心力是跨越国家文化的界限，成为世界公民的企业家和员工。隐形冠军作为全球化的榜样鼓舞着全世界范围内的其他企业也走上同样的发展道路。

注　释

1. Vgl. Pankaj Ghemawat, World 3.0, Boston: Harvard Business School Publishing 2011.

2. Kundennähe auf fünf Kontinenten. Weltmarktführerschaft in strategisch bedeutsamen Nischen, Unternehmer-Magazin, September 2006, S. 28.

3. VDI-Nachrichten, 22. Dezember 2006, S. 12.

4. What's next, *Fortune*, 5. Februar 2007, S. 26.

5. Kundennähe auf fünf Kontinenten. Weltmarktführerschaft in strategisch bedeutsamen Nischen, Unternehmer-Magazin, September 2006, S. 28.

6. Als "born global" bezeichnet man Märkte, Unternehmen oder Produkte, die von Beginn an global sind. Ursachen sind globale Standards, quasi "mühelose" Ausbreitung, zum Beispiel per Internet oder massiver Kapitaleinsatz zur schnellstmöglichen weltweiten Penetration des Marktes. Beispiele aus der jüngeren Zeit sind Microsoft, Google, Wikipedia oder iPhone und iPad von Apple. Die Hidden Champions-Produkte gehören nur selten zur "born global"-Kategorie, da sie u. a. erklärungsbedürftig sind, den Aufbau von Distributions- und Servicesystemen erfordern und die finanziellen sowie personellen Ressourcen beschränkt sind.

7. Kärcher expandiert, Frankfurter Allgemeine Zeitung, 16. April 2012, S. 16.

8. Georg Giersberg, Der Einzug der Roboter, Frankfurter Allgemeine Zeitung, 23. April 2012, S. 13.

9. Die Exporte zwischen den drei Ländern sind bei dieser Betrachtung nicht herausgerechnet worden. Die Rechnung ist insofern etwas spekulativ, als in der angegebenen Exportquote auch Exporte aus weiteren Ländern und nicht nur aus dem Heimatmarkt enthalten sein können. Das ist uns im Einzelnen nicht bekannt.

10. Solche Unternehmen gibt es tatsächlich, meines Erachtens sogar in beträchtlicher Zahl. Vor Jahren hatte ich einen Klienten, der in Deutschland in einem speziellen Segment der Sicherheitstechnik einen Marktanteil von 80 % besaß. Auslandsgeschäft: mit Ausnahme einiger kleiner Umsätze in Österreich Fehlanzeige. Es kostete große Mühe, die Unternehmensspitze zur Internationalisierung zu überreden. Die mentalen Barrieren waren hoch. In wenigen Jahren wurde dieser Hidden Champion die Nr. 1 in Europa sein. Wer in Deutschland 80% des Marktes beherrscht, der packt es mit an Sicherheit grenzender Wahrscheinlichkeit auch anderswo. Denn Deutschland zeichnet sich in vielen Märkten durch sehr anspruchsvolle Kunden und intensiven Wettbewerb aus.

11. Werkzeuge haben sehr viel Charme, Frankfurter Allgemeine Zeitung, 12. März 2012, S. 17.

12. Persönliche Mail von Dr. Di Deng vom 29. Januar 2012.

13. Vgl. Hermann Simon, Die Wirtschaftstrends der Zukunft, Frankfurt: Campus 2011.

14. Vgl. Peter Marsh, The New Industrial Revolution – Consumers, Globalization and the End of Mass Production, New Haven – London: Yale University Press 2012, S. 115.

15. Frankfurter Allgemeine Zeitung, 6. Februar 2007, S. 16.

16. Frankfurter Allgemeine Zeitung, 6. Februar 2007, S. 16.

17. China ist Deutschlands wichtigster Handelspartner, Frankfurter Allgemeine Zeitung, 2. Februar 2012, S. 13.

18. Kion will Toyota überholen, Frankfurter Allgemeine Zeitung, 23. Juni 2014, S. 23.

19. *Fortune*, 27. Juni 2005, S. 50.

20. Elisabeth Dostert, Chinesisch in Schwaben. Die Ausbilder von Albstadt, Süddeutsche Zeitung, 21. April 2007.

第 8 章

贴近客户

　　隐形冠军最大的优点是与客户的紧密关系，这甚至比技术还重要。这些中小企业与客户之间的"组织间距离"要比平均水平短很多。隐形冠军企业中与客户有定期联系的员工数是大型企业的 5 倍。隐形冠军得益于较小的公司规模、交叉的企业分工以及产品和服务的复杂性，与它们的客户保持了非常紧密的关系。尽管有 3/4 的隐形冠军采用了直接销售的模式，然而它们往往并非市场营销专家，很少企业拥有专门的市场调研部门、市场营销部或者市场营销相关岗位。但我们观察到较大规模的隐形冠军的市场营销专业化水平正在逐年提升。很大一部分的隐形冠军依赖于若干个客户。然而，这种依赖不是单向的，而是双向的。许多隐形冠军通过与行业头部客户的紧密合作在提升产品质量的同时也打响了知名度。头部客户的特点是更看重质量而不是低价。隐形冠军不仅回报它们高科技含量的优质产品，还为其提供越来越完善的服务及系统解决方案。与客户保持紧密关系的方式方法因行业不同而不同，不能一概而论。与客户的紧密关系固然是当前的一个时髦话题，但只是简单的模仿却是行不通的，因为隐形冠军与客户之间的关系千差万别。

紧密的客户关系

隐形冠军与它们的客户保持紧密的互动关系。世界领先的厨房设备企业 Rational 如是说："我们与我们的目标客户密不可分。"其主要原因在于，Rational 提供复杂的产品和配套项目，乃至系统解决方案，这决定了它们向客户出售的不是制式化的产品而是定制的解决方案。在定制过程中需要与客户进行深入和充分的沟通。很多隐形冠军会针对单个客户提供定制服务。世界领先的监控设备公司哥特布吕克（Geutebrück）的总经理凯瑟琳·哥特布吕克称："我们出售的设备中大约有 95% 是为客户定制的。"[1]与个性化需求和销售相匹配的是直接销售的方式。83% 的隐形冠军采用的是直销模式，29% 的隐形冠军通过经销商进行间接销售。这两种方式百分比之和为 112%，大于 100% 的原因是因为有些公司同时采用两种方法。不过可以确定的是大约 70% 的隐形冠军为了与客户保持深入持久的合作关系只采用了直销模式。基于同样的原因，隐形冠军倾向于通过自己的子公司而不是进口商或者代理商来开发海外市场。易福门电子（Ifm Electronic）公司作为生产过程自动化行业的世界领导者，其 90% 的产品是通过在 70 个国家的分公司销售的，只有大约 10% 的产品由渠道商销售。直销模式是隐形冠军与客户保持紧密关系的重要因素，这不仅给客户带来便利，也能同时获得有用的客户反馈信息。连接器隐形冠军浩亭（Harting）公司的总经理安德烈亚斯·斯塔克强调说："浩亭只采用直销模式。这样我们可以把客户在应用产品中积累的知识转化成浩亭的知识。"[2]

从客户角度出发的下述指标体现了良好的供应关系的重要性。大约有 2/3 的客户：

- 非常重视相关产品的采购；
- 与供应商保持长期的合作关系；
- 表现出对产品非常熟悉；
- 有很高的信息需求。

从"定期购买 VS. 一次性购买"这一指标来看，两者所占比例大致相同。原因在于隐形冠军覆盖的产品线非常长，从需要定期购买的产品到极少购买的资本货物。这种多样性也体现在产品的使用寿命上。几乎一半的隐形冠军所提供的产品使用寿命超过 10 年，只有 13% 的企业销售纯消费品。

隐形冠军与客户相关的竞争优势（1～7 级评分中的 6 或 7 级）体现在以下各个方面。

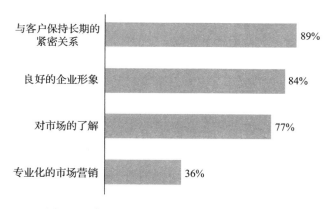

图 8-1　隐形冠军与客户相关竞争优势一览表

隐形冠军将与客户保持长期的紧密关系视作自己最大的优势。这项指标不仅仅在上述的几项客户相关指标指数中独占鳌头，即便是隐形冠军其他几项名声在外的优势（比如领先的技术、员工的专业水平及忠诚度等）也比不上与客户保持长期的紧密关系的重要性。世界领先的缝纫针制造商格罗茨－贝克特（Groz-Beckert）曾说过："我们的客户哲学是客户至上。当我们谈及公司哲学时，我们说的其实是客户哲学。因为我们始终把客户的期望和成功放在首要位置。"图 8-1 中位于第 2 位的是良好的企业形象，这是企业迄今所取得的成就的外在效应，其中也包括企业的"品牌"。隐形冠军虽然在公众眼中名气不大，但是在它们的直接客户那里却享有极高的知名度和声望。它们的影响常常是全球性的。许多隐形冠军在其细分市场内成就了强大的世界性品牌。

隐形冠军对市场的熟悉程度很高。熟悉市场不仅包括了解市场的量性数据，也包括对市场、市场发展趋势及客户需求的"敏锐的直觉"。世界传感技术领导企业 Sick 公司称："我们通过客户的需求预测未来的发展趋势。我们能够处在世界领先地位，是因为我们的产品走在客户期望的前面。"生产胶原蛋白的世界尖端企业嘉利达公司也说过："我们非常清楚我们客户需要克服怎样的挑战。"巴斯夫公司总裁尤尔根·哈姆布莱希特也颇有同感："一家成功的创新企业不仅需要了解客户能够做什么，也需要了解客户能力的局限。"尽管隐形冠军面临的市场是分散的、难以量化的，但它们凭借紧密的客户关系获得对市场的深入洞察。与其他指标相比，隐形冠军市场营销的专业化水平差强人意，隐形冠军自认为尚且算不上市场营销专家。许多隐形冠军不会进行系统性的市场调研，没有专门的市场营销部门或从事市场营销的专职人员。与之形成鲜明对比的是，大企业往往有高度发达的市场营销机制，却缺乏像隐形冠军那样与客户的紧密关系。

如果用企业中与客户定期联系的员工比例来衡量与客户关系紧密的程度，大企业的这个比例大约是 8%，而在隐形冠军中这个比例平均值为 38%。以此为依据，我们可以断言隐形冠军客户关系的紧密程度是大企业的近 5 倍。类似地，超过 60% 的受访者认为"我们最主要的信息源是与客户面对面的交流"。在大型冠军企业中保持与客户紧密关系的典型代表是伍尔特（Würth）公司，它有超过半数的员工在世界各地从事销售外勤工作。在伍尔特的竞争对手 Berner 公司那里，8 500 名员工中的 2/3 在销售外勤岗位。以直销模式为主的 Bofrost 公司或者 Vorwerk 公司情况也与之类似。在位于德国埃森市的生产过程自动化生产隐形冠军企业易福门电子公司里，4 300 名员工中的 1 600 人是销售工程师。如果把负责客服或其他对外工作的员工数也计算在内，这家高科技企业中超过半数的员工与客户定期保持联系。注重服务的隐形冠军企业中与客户进行直接联系的员工比例也很高，例如德马克起重机（Demag Cranes）公司的服务部门有 2 200 名员工，约占所有员工数的 1/3 强，其服务贡献了德马克起重机总营业额的 31%。

一个有意思的话题是随着隐形冠军企业规模的变大，与客户之间的关系和市场营销专业化程度会不会随之发生变化。可以观察到的是，隐形冠军市场营销的专业化程度会随着企业规模的变大而提高，这种趋势是合理的，也是不可避免的。加速的全球化进程使得企业经营变得异常复杂，如何管理为数众多的区域和细分市场是一个棘手的问题，尤其是当管理者需要面对新市场或者新产品的时候。通过企业家或者少数高管的主观判断来把握市场动态变得越来越不现实，对未来重点市场优先级的选择变得越来越困难。诸如如此困难抉择需要坚实的数据基础。那么，市场营销的专业化会威胁到隐形冠军的传统优势——与客户的紧密关系吗？毫无疑问，这种风险是客观存在的，隐形冠军的管理者对此也是心知肚明。他们一再强调，不管企业规模多大，也不能牺牲与客户的紧密关系，以及与之相关的迅速的反应能力、对客户愿望的关注和对市场与客户的洞察。为了达成上述目标，管理者求助于分权这一正确且唯一有效的办法。同时我们也发现在有些隐形冠军企业中，所有重要决策仍然一如既往地是由总部甚至某个个人来做出的，伴随企业规模的扩大，客户关系可能不再如往常一般紧密。

另一方面，大型企业很久以前就意识到它们在客户关系方面的不足，并曾试图采取应对措施。通用电气公司的前 CEO 杰弗里·伊梅尔特说：“基于长线思维的与客户的紧密关系真的很重要。”[3] 每个大型企业都有旨在促进客户关系的一系列举措。然而如果没有真正实施分权机制，所有举措都会只是流于表面而起不到实际作用。从客户的感观而言，大企业往往给人一种阶级分明的感觉。大企业员工与客户之间的平均距离要大于中小企业员工。过于细致的分工阻碍了与客户交流和服务客户的整体性。大型企业需要正视以上事实；而隐形冠军则要避免重蹈大企业的覆辙。

由此，我们可以得出以下阶段性结论：隐形冠军与客户保持高度紧密的合作关系，并将长期的客户关系视为它们最大的优势。怎样在企业规模扩大的同时保持与客户的紧密关系的优势，是隐形冠军需要面对的重大挑战。

客户的要求

隐形冠军的客户们要求很高，而且比较复杂。图 8-2 显示了 14 项客户要求的重要性。

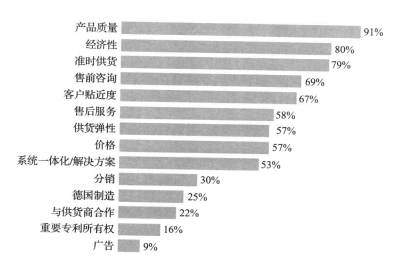

图 8-2 客户各项要求的重要性

　　"产品质量"以显著的优势位于首位。超过 90% 的隐形冠军把"产品质量"这一指标归入最高的两个等级（1～7 级中的 6 或 7 级）。这表明隐形冠军的客户是非常苛刻的。"经济性"位于第二位，和"准时供货"几乎不相上下。产品以外的服务类指标如"售前咨询""售后服务"和"供货弹性"都高于平均水平。"价格"和"系统一体化 / 解决方案"只是略高于所有指标的平均值。所有数据表明，隐形冠军并不需要依靠价格来竞争。相比单纯的价格，客户更看重的是质量和经济性。因此，"广告""与供应商合作"及"分销"（隐形冠军大多采用直销模式）就显得没那么重要了。客户关心的是供应商提供的交付的质量，并不关心交付是如何实现的。总体而言，图 8-2 中的多项指标的得分都很高，这意味着隐形冠军想要让客户满意并不容易。它们在何种程度上满足客户的要求不仅仅是一个绝对问题，更是相对于竞争对手的相对问题。我们接下来还会看到，隐形冠军在那些对客户特别重要的指标方面都占有明显优势，而在价格方面却处于劣势。

客户依赖性和风险

在介绍"专注战略"的时候，我们已经了解到隐形冠军的盛衰与它们服务的细分市场息息相关，市场风险偏高。同时，我们在前面也提到，专注战略所带来的集中效应可以降低竞争风险。全球化一方面起到了同样的分散风险的作用（前提是各个区域的市场周期弱相关），但另一方面也带来了其他的风险（如汇率风险、经营失败、专业知识流失等）。考虑种种风险因素，专注战略的优劣难以一言概之。客户结构决定了企业对于（少数）客户的依赖性，这同样也是一个需要考虑的风险因素。一家大部分营业额都来自少数几个客户的企业对于客户的依赖性及相关风险显然要高于那些营业额分散于多个客户的企业。在极端情况下，一个客户的流失就能使一家公司陷入困境。

隐形冠军的客户营业额分布非常不平均。表 8-1 显示了隐形冠军前五大客户贡献的营业额比例。

表 8-1　前五大客户贡献的营业额比例

前五大客户的营业额比例	隐形冠军企业中的所占比例
超过 50%	10%
20%～50%	28%
5%～20%	37%
1%～5%	19%
少于 1%	6%

有 10% 的隐形冠军的前五大客户贡献了超过一半的营业额。例如，印刷技术供应商 Technotrans 公司有 60% 的营业额来自业界领先的两大印刷机制造商——海德堡（Heidelberg）和高宝（Koenig & Bauer）。航空系统公司 Diehl Aerosystems 作为生产航空电子体系和机舱内饰及系统零件的世界领导者，其营业额的大部分源于两大飞机制造商——空中客车公司和波音公司。很明显，上述这些企业对少数客户有很强的依赖性；但正如前所述，这种依赖性并不一定是单向的。这类企业大多服务于集中度很高的行业，如汽车、航空、风能发电、化妆品或者饮料行业（特别是啤酒、软饮料）。表中第 2 组数据显示的是前五大客户营业额贡献在 20%～50% 的企业，依然属于客户依赖度较高的类别。属于这个类别的隐形冠军占到整体的 28%，明显高于第 1 组。值得注意的是，这组中的客户分布情况比第 1 组更为分散。典型的客户行业包括机械制造、泛制造业、医药科技、电子和化工。快速消费品是另一个重要的客户行业，这或许会让人感到惊讶。然而这里隐形冠军的客户不是终端消费者而是贸易商。许多市场（例如食品、建筑市场、药品、电子消费产品等）的贸易商集中程度很高。因此，快消品制造商也不得不依赖于若干个大型贸易商。

第 3 组隐形冠军提供多种多样的产品和服务，它们只有不到 20% 的营业额来自前五大客户。这些企业的共性是拥有多个目标客户群。它们聚焦的基础是产品、技术或者服务能力，而不是目标客户群。相应地，它们服务的客户群往往是多元化的。第 4 组隐形冠军只有少于 5% 的营业额来自前五大客户，它们的客户群往往非常分散，数量众多。

以上数据显示，隐形冠军的客户依赖度和相关风险是差异化的。有不少隐形冠军十分依赖少数几个重要客户，但有更多的隐形冠军拥有多样化的客户群体。即使在一家企业的内部也可能同时出现这两种状况。例如，德马克起重机（Demag Cranes）公司的两个部门情况就截然不同：Gottwald Port Technology 是生产移动式港口起重机的世界领先企业，国际市场份额为 45%，公司 39% 的营业额来源于 10 个最重要的客户，涵盖世界上大型的集装箱码头和集装箱运输公司；而德马克的工业起重机部门则拥有来自不同行业的 10 万多个客户，其中没有一个客户贡献超过 3% 的营业额，前十大客户的营业额占比仅为 9%。隶属于杜尔（Dürr）集团的两家隐形冠军企业也有类似的结构差异：它的汽车涂装设备公司属于表 8-1 中的第 2 组，即前五大客户的营业额比例为 20%～50%；而在平衡测控设备公司中前五大客户的营业额还不到 10%。

德马克起重机公司和科尼集团（Konecranes）为在业务集中化的企业如何降低风险提供了范本。德马克公司 1/3 的营业额，约 11 亿欧元，来自于为该公司 66 万台起重机提供的服务。其竞争对手科尼集团为 30 万台起重机提供保养维护服务，相关收入占公司营业额的 43%，在这个领域雄踞世界首位。科尼集团自称"全方位服务提供商"，可以为不同生产厂家的起重机提供"超一流的维护保养"。这家公司在全球 50 个国家设有 500 个代表处，拥有 3 500 多名技术服务人员，负责维护和保养起重机、码头装备和机床。对科尼集团而言，服务并不是产品的附属品。服务业务的周期性没有新产品业务那么强，所以提高服务的业务比重能够显著降低运营风险。这在起重机领域尤其如此，因为法律明确规定必须对起重机进行定期检修。事实上，许多隐形冠军活跃于服务密集型的工业领域，这可以帮助企业减少经济周期波动的影响并降低风险。在经济危机中，这种风险分散的优势得到充分体现。相比那些服务只占很小比例的企业，服务占比较大的企业在经济危机中遭受营业额下滑的冲击要小很多。[4]

分销体系也能够降低风险。当企业的产品通过多种经济周期错开的渠道进行销售时，风险也就相应地降低了。凯驰公司 CEO 哈特穆特·詹纳说："跟汽车生产商那样的企业不同，我们拥有不止一条销售渠道。我们针对不同市场和不同顾客群，有多种不同的产品和销售渠道。多元化经营体系是我们的优势，经济危机对我们几乎没有造成任何影响。"[5] 多渠道战略对隐形冠军而言正变得越来越重要。虽然这么做的初衷是对目标客户群体的渗透，但多元化经营事实上也起到了分散风险的作用。[6]

客户依赖性的另外一面不容忽视。许多情况下，客户对于作为供应商的隐形冠军的依赖程度很高。当一家公司占有很高的市场份额时，它的客户几乎不可避免会对其产生很大的依赖，即便这仅仅是由行业产能导致的依赖。这也是规避风险的一种方式，因为客户无法轻易放弃这样重要的供应商。当全球顶尖的汽车后视镜生产商 Schefenacker 公司在几年前陷入财务危机时，这不仅仅是该公司及其股东和债权人的问题，同时也是整个汽车产业的问题。[7] 在全球范围内销售的每三个汽车后视镜中就有一个是 Schefenacker 的产品。而后视镜玻璃的最大供应商也是一家德国企业，名叫 Flabeg，它拥有 60% 的世界市场份额。[8] 尽管后视镜并不是什么高科技或者高价值的汽车配件，却是汽车不可或缺的组成部分。占全球生产总量 1/3 的公司陷入危机而造成的供给缺口是无法在短时间内轻易解决的。为了解决这个难题，那些大型汽车制造商不得不伸出援手。[9] 近年来在汽车供应商行业类似案例不胜枚举，主机厂为了保障生产不得不对它们的供应商提供支持。由此看来，过分压榨供应商价格并非明智之举。2012 年的案例可以证明一个行业对一家隐形冠军的依赖性有多大。2012 年赢创（Evonik）旗下的一家工厂失火，这里生产的是特殊的耐高温材料 PA12，是汽油输油管的原材料；全球汽车业近一半的对这一原材料的需求均由这一家生产厂来满足。[10] 失火停产不可避免地带来了全球范围的原材料紧缺。

许多隐形冠军有意识地采取相应的策略，使自己成为客户的，特别是大客户的不可替代的合作伙伴。世界顶尖的立式钻孔机制造商隐形冠军 Pietro Carnaghi 公司的 CEO 弗拉维奥·雷迪斯说："利基市场的小型供应商务必要努力使自己成为大客户不可或缺的合作伙伴，这些大公司往往是它们最重要的客户。"他还说："对于我们的客户来说，我们的产品属于战略工具，以一种独一无二的方式加工金属制品。"[11] 针对这个话题我们曾在一次午餐期间与通快（Trumpf）公司的两位管理者尼古拉·莱宾格-卡穆勒和马蒂亚斯·卡穆勒有过一场发人深省的讨论。席间有人问："一家典型的日本出口商和一家典型的德国出口商之间的区别究竟在哪里？"典型的日本出口商我们以丰田公司为例，典型的德国出口商以通快公司为例。"假如这两家公司的产品突然都消失了，将会发生什么事情呢？"参与讨论的人对此有一致的答案：丰田公司的客户将选择另外一个汽车品牌，因为整个汽车行业存在严重的产能过剩；而假如通快公司的产品突然不存在，世界上大部分的金属加工工厂都将面临停产。由此可见，隐形冠军的许多产品（至少在中短期）是不可替代的。不可替代性使得客户对于作为供应商的隐形冠军产生依赖，有助于降低隐形冠军的经营风险。即便经济危机也无法动摇隐形冠军产品的不可替代性。客户可能会推迟购买时间，但他们最终还是得买。

对客户依赖性和相关风险的判断不能一概而论。不同的隐形冠军在这一方面呈现出很大的多样性。即使是同一家企业，面对的客户细分市场不同时也会遇到不同的情况。考虑到客户对作为供应商的隐形冠军的逆向依赖，隐形冠军比大型企业或者客户集中度较小的企业承担更大的风险的说法站不住脚。聚焦和高市场份额不一定意味着高风险。为了能够对源自客户方的风险进行可靠的评估，必须进行更深的挖掘和个案分析。

如何实现与客户的紧密关系

自从 30 多年前全球畅销的《追求卓越》(*In Search of Excellence*) 出版以来，很少有比"与客户保持紧密的关系"更流行的概念了。[12] 然而在大多数企业中，要实现"与客户保持紧密的关系"却是一如既往的困难重重。本章开头我们已经看到，与客户保持紧密的关系是隐形冠军的显著优势——尤其是与大型企业相比的话。

那么隐形冠军是怎样做到与客户保持紧密的关系的呢？这里我们收集了一些案例。显然，隐形冠军得益于它们有限的企业规模，这是其得天独厚的优势。虽然不是所有的中小企业都与客户关系紧密，所有的大企业都与客户关系疏远，但不可否认的确存在如此趋势。规模较大、分工细致的企业通常难以做到与客户保持紧密关系。规模较小的企业要做到这一点则相对容易一些。

之前提到的与客户保持定期联系的员工比例也是一个明确的信号。

当然，企业规模并不是决定客户关系紧密度的唯一因素。隐形冠军在组织、运营和文化层面采取了大量措施，确保企业在增长的同时保持与客户的紧密关系。

通过去中心化实现与客户的紧密关系

一个行之有效的做法是去中心化的组织结构。许多隐形冠军由多个部门组成，有时甚至采用独立法人的形式，由每个分子公司分别专门服务一个特定的客户群。欧洲嵌入式电子产品业的尖端企业 Exceet Group S.E 就是由 3 个业务部门组成。组织结构中的第二级由 13 个独立法人公司组成，专攻某个专业产品或者某个细分领域，包括医疗技术、自动化、能源、安全技术等。每个公司都有自己的总经理，他们最熟悉自己的客户群体。在组织设计方面，这些独立的部门或公司基本上可以做到自给自足，具备一家企业的主要职能如研发、生产和销售等。这么做的目的在于缩短整条价值链与客户之间的距离，并确保所有的资源都用于满足客户的需求。去中心化往往萌芽于公司发展早期，例如西蒙顾和管理咨询公司在 20 世纪 90 年代初，公司成立后的第 5 年就开始按部就班地按客户行业进行部门划分，并且在之后不断进行更细致的划分，以更好地服务于我们的目标客群。

德国弗戈传播集团同大多数隐形冠军企业一样，紧密地贴近客户，并提供定制化服务，如展会直播和客户活动直播等，同时设立大客户经理，负责与大客户的合作，保持与大客户的直接沟通，并积极参与客户活动及大型行业展会，及时做好活动的传播报道和客户传播效果反馈报告。

去中心化在组织内部可以下沉到项目层级，即以一个相对独立的小公司的经营方式来经营一个项目。提供生产系统的领军企业戈珞曼自动化设备（Grohmann Engineering）的创建者兼CEO克劳斯·戈珞曼这样描述他的做法："我们有意识地没有安排任何销售人员。我们的经理对他们的项目全权负责：他们负责销售、报价、开发解决方案、完成整个项目的执行。每个项目经理需要具备一家企业管理者应有的所有能力。每个新项目都会成立一个项目组，项目组的运行方式与一家小公司并无差别。每个项目组成员都对项目全局了如指掌，这使得我们可以与客户建立特别紧密的联系。"

生产铯和锂原色的世界领导企业凯密特尔（Chemetall）公司也采用类似的系统。销售工程师承担对客户的所有技术和商务责任。通过放权给与客户直接联系的员工，不仅提高了企业与客户的紧密关系，同时也提高了工作流程的效率，前线的工作人员不必再向公司总部或者上级请示，从而避免了时间的损耗。不过，要使得这个去中心化的贴近客户的管理体系能够正常运转，有一个必不可少的前提条件，即所有参与者必须对整家企业运营有完整的认知。

许多隐形冠军的管理者本人与客户保持紧密的关系并熟知客户的情况。有超过3/4的受访者认同"我们的最高管理层与客户保持紧密的个人联系"。管理层将与客户的直接联系视作他们的重要任务，尽管这意味着他们需要经常出差，例如，世界顶尖的洗衣设备生产商Kannegiesser公司的总经理马丁·坎内吉瑟尔曾不辞万里亲自出现在专业展会Texcare的会场。"那些经过公司展台的美国人和法国人都想见一下总经理"。[13] 而总经理就在现场。一位隐形冠军的经理人说道："我们认识并亲自拜访过我们在世界各地的每个客户。通过面对面的拜访所建立起来的直接联系的价值是不可估量的。"一次我们在美国中西部旅行时,在一份报纸上读到,某个汽车制造商的当地的喷漆厂遇到了麻烦:一线工人使用的发胶中所包含的某种金属颗粒落在了汽车的油漆上。我们把那篇文章剪下来并寄给了世界领先的汽车涂装设备生产商杜尔公司的董事会主席。他这样答复我们:"我们了解这个情况,因为我们曾亲自去过那家工厂。他们现在使用的设备来自我们的一个竞争对手,他们对金属颗粒这个问题束手无策。我们已经研究出了解决方案,相信下次我们有机会在这家工厂拿下订单,对此我们非常乐观。"这就是高级管理层与客户保持紧密的关系的典范。一位在德国的营收逾10亿欧元的企业的高管不仅清楚地知道远在美国的一家客户的某处喷漆工厂遇到了什么样问题,而且还亲临现场并找到解决方案,尽管这个问题还是竞争对手的设备造成的。"在中小型企业里,品牌和信任建设都是高管的职责。"一篇关于中型企业与客户的紧密关系的文章中如是说。[14]

全球装配和紧固件市场的领头企业伍尔特公司的创始人莱因霍尔德·伍尔特是与客户保持直接联系的坚实拥护者。他说:"根据我们的经验,一天的外勤比开一周的会有用100倍。与客户的交流能带来无数的想法和创意。"而拜访客户的另一个效果在于,高管亲自参与客户交流工作向员工释放了一个积极的信号。这能使员工重视客户和与客户的紧密关系,进而激发员工的积极性。

由于隐形冠军的市场非常集中化,所以通常不需要特别的客户贴近方案。大多数的高层管理人员与客户频繁往来,并且对产品信息了如指掌,客户也更愿意跟他们交流沟通。如前所述,隐形冠军中与客户定期交流的员工数是大型企业的5倍。可以说,与客户保持紧密的关系已经融入了隐形冠军业务的各个层面。

当然，隐形冠军的多样性生态决定了例外的存在。硬金属行业的世界尖端企业攀时公司（Plansee）总裁迈克尔·施瓦茨科普夫就非常遗憾地说，他很少跟客户打交道。"客户的高级管理层对我们提供的类似小配件或者剪切工具等产品丝毫不感兴趣。对客户中的专业人士而言，我们又没有能力跟他们讨论技术问题。"这个案例说明，没有解决客户问题的万能方案。深入了解公司业务流程总是必要的。就算是当前流行的"客户至上"和"与客户保持紧密的关系"如此话题，也并不是什么普遍适用的标准方法。

通过行为准则实现与客户的紧密关系

许多隐形冠军都有为实现与客户的紧密关系以及客户导向的行为而特别制定的规定和原则。例如，拖链和塑料滑动轴承双料世界冠军易格斯公司内部就有这样的规定：在没有上级经理的许可前不得拒绝客户的任何要求。我们以日常业务中出现的一个状况来说明这一个规则：有一名客户来电订货，但要求在极短的时间内交货。按照正常生产计划是无法实现客户要求的交付时间的。我们能想到的电话销售人员的正常反应会是跟客户解释公司无法做到提早发货，也就是拒绝了客户关于"发货期"的要求。但在易格斯公司，销售不允许给出如此否定回答。与这名客户通话的员工必须首先征求他上级经理的意见。只有在后者也认为无法满足客户要求时，他才允许对客户说"不"。根据公司总经理弗兰克·布雷泽的经验，普通员工认为办不到的事情中有 80% 在经理层面可以得到解决。而我们的猜测是，这种做法提高了员工的主观能动性，使他们首先尽力自己解决问题，而不是马上求助于上级经理。客户导向的企业与员工行为通过如此方式得以实现。

"客户是所有工作的重心，而不是产品"是定制金属件加工领域的佼佼者 Arnold 公司的企业格言。还有一个口号在 Arnold 广受欢迎："做不到？这是不存在的。"Arnold 公司帮助客户实现各种设计建筑部件、金属雕塑和其他特种用途的金属件，生产的产品被广泛用于高层建筑、机场、展馆等。几乎每个项目对他们而言都是全新和独一无二的，需要 100% 的客户导向。

全球烘焙原料行业的领先企业爱焙士（IREKS）公司的总经理斯特凡·索依尼要求他的员工"全心全意，不惜余力地维护客户关系"。爱焙士公司有保障这项雄心勃勃的企业计划的底气，400 名外勤员工（总员工数 2 300 人）都是经过认证的专业面包和甜点烘焙师。他们的个人经验大大拉近了与客户之间的距离。这里值得注意的是，企业标语是否华丽并不重要（事实上许多企业都是这么做的），关键在于是否能做到在日常工作中践行与客户的紧密关系。

与客户全方位的互动

在许多生意里，与客户的关系不仅局限于供应商和客户双方，还包括许多对客户关系有影响力的人，比如中间人或者其他起到乘数效应的人等。如何管理这个关系网对于实现与客户的紧密关系提出了特别的挑战。欧洲市场照明技术的尖端企业奥德堡（Zumtobel）公司的一位经理人这样描述奥德堡与客户的互动："我们与客户保持着非常紧密的关系，我们以不同的方式与他们进行各种合作：一名国际知名的设计师为我们设计了一款灯具，我们在产品推广时会提到设计师的名字。我们帮助客户实现他创意的技术落地。如果成功了，这种新的解决方案将会成为我们新的常规产品。我们和设计师共同举办展览，介绍他们的设计理念以及我们的技术解决方案。我们也用类似的方法对待其他客户群体，并且会针对他们的特殊状况和需求做必要的调整。"奥德堡非常用心地经营着这个客户网络。在这家隐形冠军企业的主页上可以找到许多它的合作伙伴和行业协会的简介和链接。全球领先的家具五金产品制造商的海蒂诗（Hettich）公司也跟采购过程中的所有参与者保持紧密合作，包括建筑师、规划师、木匠、家具制造商、渠道商、最终消费者等。瑞典学派非常强调复杂市场的网络特性，并对此有深入的研究。[15] 鉴于许多隐形冠军从事情况复杂的业务，这种网络特性对实现与客户的紧密关系至关重要，并得到了充分重视。

向顶级客户而生

在与戈珞曼自动化设备的创始人兼 CEO 克劳斯·戈珞曼的谈话中我们第一次意识到隐形冠军客户导向特殊的一面：迎合特别严苛或者困难的客户的要求，换言之，以顶级客户为导向。这类客户总是特别苛求，提出最高的要求并迫使供应商不得不持续提高自己的产品和服务质量。然而，顶级客户同时也是最好的背书人。戈珞曼公司把公司奋斗的目标明确为成为目标行业领域中所有顶级客户的供应商（无论客户身在何处）。如果一家供应商能够向行业顶级客户持久供货，让世界上最苛刻的客户满意，那它要征服市场中的其他公司就变得容易得多。戈珞曼公司最初专注于电子业并且取得了巨大成功，所有领先的电子业企业都成了它的客户。戈珞曼公司是少数几个获得英特尔公司颁发的"持续质量进步供应商奖"（Continuous Quality Improvement Award）

的欧洲企业之一。如今由戈珞曼公司为客户量身定做的生产系统广泛应用于汽车、家电、生物技术等领域。与容易满足的客户不同，挑剔的客户从不满足，总是要求更好的产品和服务，但这也正是推动企业不断向上发展的原动力。从这个意义上来说，顶级客户是隐形冠军的创新伙伴。令人唏嘘的是，2017年1月德国隐形冠军戈珞曼被它最挑剔的一位来自美国的客户收购了。这家公司是电动汽车新锐生产商特斯拉。

一位经理人这样形容描述顶级客户："我们不喜欢他们，但我们也清楚地知道，是他们使得我们不断地改善产品和服务。"有意识地利用客户作为企业前进的动力是一种值得重视的观点。虽然跟不怎么挑剔的客户合作要简单许多，但这不会使企业走向真正的成功。要想成为世界顶尖企业或者保持领先地位，就必须赢得顶级客户的青睐并与之长久地合作下去。之后自然会有要求较低的企业会主动寻求成为客户，或者甚至可以不再需要这些要求低的客户。以顶尖客户为导向同时也意味着，客户到哪里，我们就跟到哪里。

本章总结

隐形冠军身体力行与客户保持紧密的合作关系，这是它们战略的一个核心要素。以下是本章内容的总结及为其他企业提出的建议。

☛ 所有指标都体现出隐形冠军与客户之间的紧密关系。隐形冠军的产品通常较为复杂，所以也要求它们与客户之间保持紧密的互动关系。

☛ 直接销售是实现紧密的客户关系的最理想的模式。超过3/4的隐形冠军都采用直销模式。

☛ 隐形冠军企业中与客户有定期联

系的员工数是大型企业的 5 倍。与大型企业相比，市场营销是隐形冠军的薄弱环节。随着企业规模的扩大，市场营销的专业化会变得越来越重要，但同时企业仍应保持与客户的贴近度。大型企业需要在促进客户关系方面多做努力。

☛ 隐形冠军较小的规模和较为粗线条的分工更容易实现与客户的紧密关系。此外，许多隐形冠军采取去中心化的经营方式，使得它们可以更贴近目标客户的需求以提供更优质的产品和服务。

☛ 隐形冠军的高管非常重视与客户进行直接、定期的交流。这种做法带来很明显的好处，一方面有助于管理层获取一手信息，另一方面也有助于提高员工的积极性。

☛ 需要区别对待隐形冠军与客户相关的风险评估。尽管许多隐形冠军高度依赖少数几个客户，但同时这些客户对作为供应商的隐形冠军的逆向依赖程度也很高。隐形冠军与客户之间的关系更像是一种共生关系。

☛ 隐形冠军的客户通常看重的是高品质的产品和服务，而非低廉的价格。

☛ 要想成为市场领导者并保持市场领导者地位，就必须赢得顶级客户，并为它们提供自始至终的令人满意的产品和服务。许多隐形冠军都以顶级客户的需求为导向。这有两方面的优势：一方面，顶级客户对内推动业务水平的提高；另一方面，它们对外形成强有力的背书。市场领导者必须拥有顶级的客户。

以上这些观点和建议看似理所当然，但要付诸实践却并非易事。在客户关系管理方面，中型企业和大型企业之间、好的企业与差的企业之间的差别迥异。隐形冠军得益于有限的规模和有针对性的措施，与它们的客户保持着一种互惠互利的紧密关系，这种紧密关系无时无刻不体现在员工行为、企业组织与管理中。在与客户保持紧密的关系这方面，隐形冠军无疑是其他企业的楷模。

注　释

1. Technik aus Windhagen für den Kreml, General-Anzeiger Bonn, 12. November 2011, S. 9.

2. Andreas Starke, Das Original ist mehr als ein Patent, Frankfurter Allgemeine Zeitung, 16. April 2012, S. 12.

3. General Electric, Annual Report 2011, Fairfield, CT, 2012, S. 4.

4. Vgl. Hermann Simon, 33 Sofortmaßnahmen gegen die Krise, Frankfurt: Campus 2009.

5. Kärcher expandiert, Frankfurter Allgemeine Zeitung, 16. April 2012, S. 16.

6. Robert Friedmann, Sprecher der Konzernführung von Würth, misst hybriden Vertriebs- bzw. Multi-Channel-Konzepten für die Zukunft große Bedeutung zu, Brief vom 17. Januar 2012.

7. Die Firma heißt heute Samvardhana Motherson Reflectec (SMR).

8. Flabeg steht für Flachglasbearbeitungsgesellschaft, die Firma produziert Autospiegel in Deutschland, Brasilien, UK, USA und China. Auch bei Solarspiegeln hat Flabeg eine führende Marktposition, weltweit ist die Firma der einzige Lieferant für gekrümmte Solarspiegel.

9. Vgl. Frankfurter Allgemeine Zeitung, 10. Februar 2007, S. 16.

10. Vgl. In der Autoindustrie werden Benzinleitungen knapp, Frankfurter Allgemeine Zeitung, 21. April 2012, S. 19 und Frank Wiebe, Die Grenzen der Globalisierung und der Arbeitsteilung, Handelsblatt, 9. Mai 2012, S. 12.

11. Zitiert nach Peter Marsh, The New Industrial Revolution – Consumers, Globalization and the End of Mass Production, New Haven – London: Yale University Press 2012, S. 100.

12. Thomas J. Peters/Robert H. Waterman, *In Search of Excellence. Lessons from America's Best-Run Companies*, New York: Harper & Row 1982.

13. Hendrik Ankenbrand, Der Versöhner, Frankfurter Allgemeine Sonntagszeitung, 20. Mai 2012, S. 42.

14. Annette Mühlberger, Erfolgsmotor Mittelstand, Sales Business, März 2012, S. 8-11.

15. Vgl. Hakan Hakansson/Jan Johanson (eds.), Business Network Learning, Kildington, UK: Elsevier 2001; Mats Forsgren/Jan Johanson (eds.), Managing Networks in International Business, Langhorne, PA: Gordon & Breach 1994.

第 9 章

提供最优质的产品与服务

我们在前文讲到，隐形冠军的客户对产品和服务质量有很高的期待，对价格相对不敏感。本章我们将关注隐形冠军提供给客户的全套解决方案，既包括有高科技含量的优质产品，也包括售前和售后的高品质服务。近年来隐形冠军发展的最重要的一个趋势是转向为客户提供全面的系统解决方案。从曾经单纯的产品到如今复杂的解决方案，供应商与客户之间的联系也变得越来越紧密。从广义上来说品牌也是产品的一部分。许多隐形冠军在各自的行业领域成功地打造出了世界知名品牌。隐形冠军通常可以收取明显高于市场平均水平的价格。较高的价格定位与隐形冠军的产品品质相匹配，也是合理的。不过面对日益剧烈的国际化的竞争要求隐形冠军对自己的价值价格定位进行定期的分析和必要的调整。廉价细分市场的出现和发展也值得隐形冠军关注。为客户提供的解决方案不是孤立的，需要在竞争环境下进行评估。我们将在后面的章节中详细讲述关于竞争优势与劣势的相关话题。在本章接下来的部分，我们将分别就产品、服务、系统集成、品牌和定价等几个相关话题展开讨论。

产　品

人们大多认为隐形冠军生产的应该都是高科技产品。这种猜测正确吗？隐形冠军制造的究竟是高科技产品还是低科技产品呢？事实上，答案已经再清楚不过了：有 4/5（准确地说是 79%）的受访者将其产品归入高科技产品的范畴。不过令人吃惊的是，70% 的受访者称其运用的技术已经处于完全成熟的阶段。我们有必要在这里澄清一下，高科技不一定等同于新科技或者颠覆性创新。实际情况往往截然相反。《金融时报》的记者彼得·马什在他的《新工业革命》（*The New Industrial Revolution*）一书中清楚地指出："大部分的技术创新都能在成熟的产品和工艺中找到根源。系统性的进步和成功的创意都是历史经验的延续。"[1] 现实中，高科技往往与成熟技术相辅相成，为企业奠定未来发展的坚实基础。

对于产品所处生命周期阶段的评估可以借用对技术水平的评估。图 9-1 展示了隐形冠军处于不同生命周期阶段的产品比例。

处在萌芽期和衰退期首尾两个阶段的隐形冠军产品比重很小，超过 90% 的产品处于成长期或者成熟期。这一方面说明，有很少的隐形冠军活跃于全新的市场。这里的例子有开发汽车共享系统的 Invers 公司和云计算公司 Scopevisio。另一方面，这种现象或许与隐形冠军的定义也有关系。全新的市场中往往还没有出现明确的市场领导者，更不用提全球范围内的领导者；有时候甚至无法对新出现的市场进行合理的定义和界定。此外，图 9-1 还说明隐形冠军并不用担心面临市场消失的风险。与文献中常见的说法不同，产品周期的存在不一定导致一个行业或者企业的覆灭。即便处在成熟期的隐形冠军产品也并不意味着即将进入衰退，其中只有少数的产品可能会变得可有可无。大部分产品的市场需求将长期存在，而不会进入衰退期。巴斯夫公司称之为"不朽的产品"，意思是市场永远需要、永远不会被淘汰的产品。我们不排除现有的客户需求或者问题随着新技术有了更优的解决方案的可能性。关键问题在于隐形冠军能否及时拥抱新技术。通快公司是一个完美转身的典范，它成功地从机械切割技术的领导者转型为激光切割技术的领导者。另一个相似的例子：全球专业摄像器材领导者 ARRI 公司也成功地从模拟技术过渡到数字技术。当然也有公司没能挺过新技术带来的冲击，例如曾经的幻灯机全球领导者 Reflecta 公司。

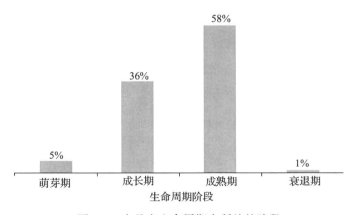

图 9-1　产品在生命周期中所处的阶段

全球化加速发展使得技术完全成熟的产品可以在传统工业国家市场饱和的情况下开拓新的市场空间。在全球化的大熔炉下几乎不存在市场饱和的现象。图 9-1 关于产品生命周期阶段的展示补充了前面章节中对隐形冠军面对的产品生命周期风险的分析。处于衰退期的隐形冠军比例仅为 1%。这说明：一方面隐形冠军不必担心它们的市场进入衰退；另一方面它们也不必面对与萌芽期相伴的高风险。绝大多数隐形冠军的生存基础相对稳定。超过 1/3 的隐形冠军认为自己正处于明显的增长期。关于产品质量，我们将在竞争章节中再做展开，只有通过与竞争对手产品的比较才能判断产品质量的高低。

服　　务

服务对隐形冠军正变得越来越重要，这几乎是所有受访者的普遍观点。对产品相关服务的重要性进行量化评估是很难的。但这不妨碍我们得出客户对服务的质量和及时性的要求越来越高的结论。在上一章讲述客户关系的时候我们已经介绍过服务包括售前咨询、售后服务和运输服务等对于客户来说是排名靠前的重要指标，并且各项服务的重要程度在近年来有普遍提升。其中一个重要原因在于产品本身的差异化正在变得越来越困难，企业不得不依靠产品以外的因素去赢得客户。此外，服务还构成了系统解决方案的不可缺少的组成部分。对此我们会在下文中进行详细的解释。

服务收入占总营业额的比例是反映服务重要性的指标之一。然而许多企业并没有将服务在账目中单独列出，因此也无从统计服务收入。去除大约 10% 没有记录服务收入的隐形冠军，剩下的隐形冠军中平均有 15% 的营业额来自服务及配件销售。这些企业平均营业额为 3.26 亿欧元，那么在服务方面企业有将近 5 000 万欧元的进项。重要的是，根据经验，服务利润率通常要高于产品利润率。

全球领先的风能发电制造商爱纳康公司是现代服务领域的典范之一。爱纳康的"爱纳康合作伙伴方案"(Enercon Partner Konzept，简称 EPK) 保证客户设备交付后 12 年内设备正常运转率保持在高水平。从维护保养，到安全检测和整修，所有可能的服务保障都在一份合同中全面覆盖了。爱纳康全球员工总数为 13 000 人，其中超过 3 000 人从事服务领域的工作。而且随着销售的增长，设备装机量会越来越大，这确保未来能够收获更多服务收入。

全球第二、欧洲第一大的专业清洁设备制造商 Hako 公司的设备销售收益只占总营业额的 20%。大部分营业额则来自其完善的服务体系，包括设备租赁、维修、项目规划和咨询服务。Hako 公司为客户提供项目预算，并对所估算的成本数值提供保障，以此与客户一起承担运营风险。公司总经理贝恩德·海尔曼说，Hako 公司从本质上而言已经不再是一家工业生产企业，而是一家"为服务企业服务的服务企业"。

培训作为服务的一个组成部分变得越来越重要。一方面是因为产品的复杂程度不断提高，另一方面是因为隐形冠军进入的一些海外市场中与相关设备打交道的客户员工的教育水平相对较低。隐形冠军每年开设不计其数的培训课程，并在世界各地设有数千个培训中心。有些公司甚至将培训从其他业务中剥离出来，成立独立运营的公司。全球工业气动领域的领军企业费斯托 (Festo) 公司早在 1967 年就成立了专门的费斯托培训公司 Festo Didactic。如今这家公司已经成为全球范围内在工业制造和生产过程自动化领域最好的培训公司之一。Festo Didactic 公司在全球 70 多个国家运营，培训内容广泛，不仅限于 Festo 的产品，也为非本公司客户提供相关课程培训。全球领先卫浴科技企业汉斯格雅（Hansgrohe）也是如此。汉斯格雅在巴西圣保罗开设了一家培训与展览中心，命名为"Aquademie"（意为"水学院"），每年有超过 10 000 名客户和销售伙伴在这里接受培训。

在世界各地设立服务代理机构已经是必然趋势，此外，还要有能力将国际服务业务网络化。在 20 世纪 70 年代就有许多在高端市场提供卓越服务的成功典范。全球印刷机制造业的标杆企业海德堡印刷设备和木材加工设备业的领头企业 Weinig AG 公司很早就在日本建立了全面的服务网络，并享有很高的声誉。全球领先的缝纫针制造商格罗茨 – 贝克特（Groz-Beckert）公司在服务方面的承诺是："快速、直接、可信赖，遍及全球所有大洲。客户在哪里，我们就到哪里。"如今，完善的服务网是保证企业在高度发达的市场上取得成功的不可或缺的条件。即使如印度这样的大国，不仅是隐形冠军，而且大企业也需要很多年的时间才能达到如此水准。在中国拥有 24 家分支机构的德马克起重机（Demag Cranes）在这方面为其他公司树立了榜样。然而，对 21 世纪的服务业的要求远不是设立服务网点这么简单。更重要的是，无论客户身处何地，都能保证为其提供可靠的支持。世界领先的家具配件供应商海福乐（Häfele）与世界领先的门控技术公司多玛（Dorma）携手获得了建造 800 多米高的世界第一高塔——哈利法塔的门锁系统的合同。多玛负责提供门禁；海福乐则带来了它们在国际项目管理方面积累的解决各种门禁系统问题的能力。因为韩国三星公司是这栋高楼的承建商，所以海福乐在韩国、迪拜和中国香港的分支机构一同参与了这个标杆项目。如果一家企业能提供如此跨国界服务，那它在全球化竞争中已立于不败之地。

如今，跨国公司要求对于特定的服务项目能够在世界各地达到统一的标准。广告公关公司、会计事务所乃至如西蒙顾和这样的专业咨询公司对此要求早已非常熟悉。全球统一的服务标准在其他行业也变得越来越普遍。跨地域的本地服务网络为企业带来网络优势。我们用接下来的几个例子来说明全球化服务网络为客户创造的价值，以及伴随全球化服务网络产生的竞争壁垒。

- 作为全球办公室租赁的先行者，雷格斯（Regus）公司在全球120个国家拥有3 000个服务办公室中心。因为它的客户经常需要在多个国家租赁办公室，雷格斯公司为客户提供全球统一的框架合同。近年来如雨后春笋般涌现的联合办公空间公司如WeWork和裸心社（naked Hub）（前者在2018年收购了后者）等也基本遵循了全球统一的定价原则。
- 位于新加坡的International SOS公司，是全球领先的医疗救援服务机构，在世界各地帮助陷入困境的客户，包括用飞机帮助他们撤离。
- 倍尔复是全球火灾、水灾及风暴灾后清理重建领域的顶尖企业，也是唯一一个能在全球范围内提供此项服务的企业。
- Micros Fidelio是世界一流的服务于旅游业、零售业、旅行社以及游轮公司等的软件公司，其IT全面解决方案及在相关领域的标准化规范受到客户及员工的普遍认同和欢迎。
- 奈特捷（Netjets）是世界上最大的提供所谓"分式产权"的飞机

租赁商，向客户提供世界各地 700 架私人飞机的使用权。奈特捷的规模比其 4 家最大竞争对手的总和还要大 3 倍。奈特捷公司属于投资家沃伦·巴菲特旗下的伯克希尔 - 哈撒韦集团，使得客户可以以基本等同于头等舱机票的费用享用私人飞机的服务。每年奈特捷的飞机在超过 120 个国家执行逾 35 万次飞行任务，经停世界各地的 5 000 个机场。

● 爱彼迎是网络经济和全球化汇集的典范与最大受益者之一。它为旅行者提供全世界 191 个国家超过 6 万个城市的分享民居，尽管它自己本身并不拥有一间客房。这家成立才 10 年的公司与拥有超过 120 万间客房有着将近 100 年历史的万豪酒店集团的市值相差无几。

以上这些服务项目都具有新颖的服务内容和全球化的运营模式，利用网络经济，优化成本，提升客户效益。如今客户对服务不仅要求高质量，而且包罗万象，可以在全世界各地以同样的标准实现交付。

对中型企业而言，在世界不同的地方提供统一并快速的服务构成巨大挑战。与大企业不同，不是所有中小型企业都有财力，在每个国家组建一支完备、能干的专业服务团队。它们唯有以快速灵活的反应弥补这一缺陷。克朗斯（Krones）的创始人赫尔曼·科容泽德尔曾非常形象地描述了这一挑战："每时每刻，我们都有 250 名客服和安装技术人员在全球范围内忙碌着。有时他们几个周乃至几个月不能回家。对客服部门及其负责人而言，协调这些工作人员的时间表几乎是不可能完成的任务。然而，我们可以自豪地说，我们从世界各地得到的反馈是我们的客户服务是全球最好的。这是我们成功的关键，这归功于我们 250 名客服专家。"科容泽德尔进而谈到他们的备件供应体系："每一台设备的数据都储存在我们的服务器中心里。在全球各个角落都可以获取这些数据。这些数据会直接导入数控机器，确保备件的及时生产，无论白天还是晚上。如果客户在早晨7点前预订备件，我们通常可以在当天下午用卡车将备件运到法兰克福机场，然后在当天晚上走空运发往目的地国家，同时马上就可以办理清关手续。"如此服务在如今可能算得上是标准服务，不足为奇。可是要知道这是已过世多年的科容泽德尔在1993年说的这番话，当时克朗斯公司已经采用了在现在看来还是非常先进的服务体系。[2] 当年，科容泽德尔的服务理念远远领先于他的世代。如今，全球范围内的远距离检测和保养已经成为标准服务项目了。我们迄今为止见过的最先进的服务系统之一是在三一重工。公司总部有一个大厅，类似宇宙飞船的控制中心。在一张巨大的电子地图上，客服工程师正在服务的设备的所在地都一目了然。这里与在服务体系内的设备保持着在线联系，可以随时进行诊断，甚至可以进行远程故障排除。

另外一家中国企业陕鼓动力股份有限公司在从传统的生产型制造企业向现代服务型企业转型过程中取得的成就同样令人刮目相看。2006年，陕鼓正式对外发布远程监测运营服务中心，通过对设备机组的振动、温度等参数的监控，来预判基础设备的健康情况。陕鼓2017年开始创新打造能源互联岛运营中心，它是根据用户侧精准需求分析，结合供给侧的资源禀赋，配合互联网及大数据分析，按时、按需、按质向用户端提供分布式清洁能源综合一体化的解决方案，包括风电、光伏、可再生能源的利用以及固废物质的资源化综合利用等，形成整体的智能一体化解决方案。2017年陕鼓服务和运营板块完成了销售收入约43亿元，占总销售额的3/4强。

技术进步不仅给大型企业，也给隐形冠军带来了巨大的服务领域的机遇。如今，即使是规模最小的企业也必须具备在全球范围内提供服务的能力。这不禁让我们想起 Klais Orgelbau 管风琴公司。尽管这家公司只有 65 名员工，但它可以在世界任何角落安装或维修公司的管风琴。根据订单数量的多寡，每年任何时候都有 1/5 到 1/4 的员工在世界的某个地方出差，出差时间通常长达几个月。一家全球性的企业应该意识到，客户关心的不是供应商的所在地，而是需要在他们需要服务的地方得到好的服务。现代信息和交流技术的进步为企业满足客户对服务的高需求提供了更简单且更廉价的保障。

系统集成化

系统集成化是隐形冠军业务形态演变最重要的趋势之一。系统集成本身是一个模糊的概念，内容包罗万象。用通俗的话来说，可以理解成是一个"全面的问题解决方案"。不管定义如何，系统集成的重要性日益提高毋庸置疑，其原因是多方面的。

- **供应商数量减少**：当客户要求供应商提供模块或者组件而不是简单的产品时，就会发生供应商数量减少的情况，结果是供应链出现层级分化（一级、二级等）。处于供应链顶端的一级供应商必须能够提供集成化的产品系统。这种模式是现今汽车业的主导模式。在航空、机械制造、能源等领域层级化的供应链模式也变得越来越普遍。
- **生产供应链重组**：曾经的生产型企业转型为纯粹的工程服务型

企业，生产外包给其他企业。例如从事铝板轧机设备制造的世界领先企业阿亨巴赫（Achenbach Buschhütten），以及从事钢铁生产设备制造业的世界领先企业 SMS，在很多年前就开始了去生产的转型。

- **横向一体化**：世界领先的缝纫针制造商格罗茨－贝克特如同在它的公司主页介绍的那样"从一个生产针织机和编织机用针的厂家转型成为一家重量级的精密部件系统供应商。业务领域逐渐拓展到缝纫机用针、刺针、结构用针、簇绒针一直到织布机配件这一重要领域"。

- **复杂程度提高**：这里的复杂程度有两重意思。一方面指由软硬件融合带来的更高的技术复杂性。IT 服务商 Bechtle 公司就专门为软硬件融合提供系统解决方案。另一方面指技术复杂性溢出到其他相关领域。例如，工业自动化引发了对员工职业培训需求的提升。费斯托顺应市场需求，为客户提供产品与培训相结合的系统解决方案。我们在纯粹的服务型企业也观察到类似趋势。例如，世界最大的咖啡生豆供应商 Neumann 集团公司，不仅经营咖啡种植园，进行生豆加工，还负责产品进出口的物流。

- **更高的客户效用**：隐形冠军通过优化整合系统内各个部件从而创造更高的客户效用。例如，温特霍尔特不仅为其餐饮业客户提供特制的洗碗机，同时还提供水处理系统、自有品牌的洗涤剂以及相关服务。世界最大的胶原蛋白生产企业嘉利达的定位是"不仅仅是产品供应商，我们为客户提供整体解决系统，全面支持客户创新产品的研发、实现以及营销"。嘉利达的整体解决系统包括创新支持、应用技术咨询、流程分析和生产优化，并在全球范围内协助客户通过相关部门的审批，包括与相关部门的沟通。世界洗涤技术的龙头企业 Kannegiesser 公司早在 20 世纪 80 年代就把"洗衣服务"定义为"一整套完整体系"，终结了"烫衣机及其他配套设备相隔离"的旧时代。Kannegiesser 开发出一套针对工业洗涤行业的完整系统方案，优化整合了洗衣的各个环节，并借此一跃成为行业的龙头企业。世界最大的牙刷生产商 M+C Schiffer 为客户提供的也是完整的牙刷解决方案，涵盖安全卫生的外包装和内包装、包装研发以及宣传展示。Lantal 是全球客机机舱装潢领域的领先企业，为航空公司提供全面的系统服务，包括满足客户特殊需求的整体舱内设计以及座椅套、隔帘、壁纸、枕巾和地毯的生产等。[3] 西蒙顾和管理咨询公司为其客户在全球范围内提供量身定制的提升营收管理绩效和能力方面的咨询服务。

- **解决客户的难题或提供更优方案**：Biomet 是全球领先的制造人造关节及创新关节替代物的矫形科技公司。更换人造关节涉及手术、住院及术后复建等多方面。Biomet 通过一个名为"Joint Care"（意为"共同关爱"）的项目，为医院和医疗保险公司提供优化的手术及复建流程。患者所有治疗及复建环节在治疗开始前就会进行规划，其平均住院时间不仅可由 14 天缩短到 7 天，复建时间同样也缩短许多。这是一个多赢的局面：医院受益于可以增加其手术台数，提高了运营效率和经济效益；同时，保险公司得益于低于传统治疗方法的治疗费用也节约了开支；而患者也只需要支付相当于传统治疗费用一半的费用。Biomet

为使用其人造膝关节、髋关节的医院免费提供 Joint Care 解决方案。

- **认证与担保**：Lantal 的案例同样适用于这里。飞机内饰对安全有很高的要求。Lantal 得到了欧洲航空安全局（EASA）和美国联邦航空管理局（FAA）的授权，为在机舱内使用的织物和地毯出具官方检测证明。2013 年与挪威船级社合并的德国劳氏船级社是集装箱船只认证的世界领先企业，它为客户提供广泛的系统解决方案——针对船东、造船厂和供应商的全面技术服务：船级分类相关的咨询和工程服务、认证、培训乃至软件解决方案。在认证与担保这样比较敏感的领域，从客户角度出发，通常都更倾向于从一个供应商那里获得全套解决方案。

- **安全与效率**：当一家供应商可以提供全面解决方案时，客户的安全与效率将得到极大提升。澳大利亚公司 Orica 是世界领先的商用炸药供应商，它为矿业公司提供全面解决方案。Orica 不仅出售炸药，还对岩石进行分析、钻孔和爆破。在如此业务模式下，Orica 可以直接为客户开采矿石，并据此计算费用。因为每个解决方案都是为客户量身定做的，所以客户很难将其价格与竞争对手比对。同时，客户订单的金额以及效率和安全性都大大提高了。客户本身不再参与矿石开采的过程，因此通常不会轻易脱离合作关系去寻找其他的替代方案。

- **新的商业模式**：通用电气航空是世界领先的喷气发动机制造企业。它不仅在技术方面独占鳌头，并且在商业模式创新方面也领先一步。它是世界上第一家按照发动机运转时间收费的企业。它的航空公司客户不再为发动机付费，而是为其产生的推动力付费，通用电气航空全权负责发动机的正常运转。这是按产出或者说效果付费的商业模式。类似地，全球第一的汽车涂料喷涂设备厂商杜尔公司和汽车油漆领域的世界冠军巴斯夫合作，向汽车制造商按照每辆车以固定价格收取喷漆费用。近年来，按使用付费（pay-per-use）渗透到越来越多的行业中。

我们从以上这些例子中不难看出，促成系统集成的因素有很多，可能是多种产品的组合，可能是产品和服务的组合，也有可能是供应链重组乃至全新商业模式的出现等。以上所有这些情况都能在隐形冠军身上找到。系统集成包括服务延伸的战略意义不容小觑。

- 系统集成一般情况都伴随价值创造的深化，由此创造了新的增长潜力。"我们覆盖了全价值创造链。"Neumann 公司的 CEO 彼得·西尔曼这样说道。
- 系统集成为提升客户效用和强化客户关系创造了绝佳机会。一个众所周知且得到反复验证的事实是，那些从一个供应商那里购买多种产品或者整个系统的客户不会像只买一种产品的客户那样轻易、频繁地更换供应商。
- 对于新进入市场的竞争对手而言，系统化的市场的进入壁垒要比单个产品市场高得多。系统集成是用来提高市场进入壁垒以及巩固市场领先地位非常有效的手段。
- 此外，系统集成化似乎是行业头部企业的必经之路。系统集成对组织协调及综合能力等各方面都提出很高的要求。一般情况下，头部企业相比那些规模偏小的竞争对手更有可能具备应付复杂业务的能力。

基于以上原因，系统集成或系统化的解决方案似乎为隐形冠军铺设了一条前景光明的道路，可以帮助它们稳固甚至扩大市场领先地位。但是我们需要在此指出，系统集成也会给企业带来负面影响和额外风险。我们的研究发现系统集成化对于组织管理提出了很大的挑战。设想一家企业由多个部门组成，如果它想要为客户提供跨领域的产品和服务，那它必须具备一个矩阵式的组织，并带来一系列相关组织结构、流程或激励政策的变革。提供产品和提供服务遵循完全不同的流程，不管从决策或者规划角度而言差别都非常大。专业清洁及护理设备的世界领导企业 Hako 不再是一家典型的工业企业，它的大部分员工分散在世界各地的分公司为客户提供各种服务。系统销售和交叉销售常常由于员工缺乏相应的培训或销售动力而失败。因此，隐形冠军的风险在于，系统集成化可能会威胁到它们原本明晰的业务重点和竞争优势。我们想要建议企业不要盲目追风系统集成，而应该谨慎考虑系统集成对于企业自身意味着什么，需要进行哪些步骤的调整，并要高度重视在组织内部的调整措施和转型。

品　　牌

隐形冠军在它们狭窄的细分市场外是默默无闻不为人知的，但对它们的目标客户群体而言，隐形冠军的名字和品牌却享有极高的知名度和声望。全球化对品牌战略和传播提出了极大的挑战。在本土市场的名牌美誉度无法想当然地简单复制到海外市场，要实现并保持全球的领导地位要求企业建立一个甚至几个全球性的品牌。市场与市场是不同的，品牌建设也不能一概而论。在那些只有少数几家客户（例如汽车工业或者航空业）的市场，全球性的品牌建设相对容易。这些市场中的隐形冠军在全球范围内面对的始终是这几个客户，而这些客户也可以对作为供应商的隐形冠军提供的产品和服务进行全面的评估。对它们来说，建立全球性品牌耗费的时间和资金是有限的。然而，目标客群越大越复杂，销售渠道越长，建立全球性品牌就越困难、昂贵和耗时。采取集中战略的企业在这方面具备独特优势。一家专注于某个狭窄细分市场消费品的公司相对那些服务大众市场的公司来说在打造全球品牌方面要容易些。不少从事消费品行业的隐形冠军在全球范围内的品牌建设方面已经取得令人瞩目的成就。美诺（Miele）的 CEO莱哈特·辛康说："我们成功地将品牌价值输出到那些完全陌生的市场。如今美诺在全球范围内都是高档电器的代名词。美诺成为追求品质的标志和代表某种地位的象征。"越来越多的澳大利亚、中国或者日本的房地产开发商使用美诺电器为它们开发的高级公寓配套，这是个了不起的成绩。与家电巨头如伊莱克斯、海尔或者博世 – 西门子相比，美诺只能算是个小品牌。隐形冠军企业卡德维（Kaldewei）、唯宝（Villeroy & Boch）公司、高仪集团（Grohe）以及汉斯格雅（Hansgrohe）公司在全球或者欧洲的卫浴领域也极负盛名。凯驰公司在专业清洁领域也享誉全球，对第一方程式赛事的赞助无疑为凯驰打造全球性品牌起到了推波助澜的作用。汉斯格雅拉丁美洲区负责人路易斯·维勒先生说："品牌是我们最大的资本。"TetraMin 牌鱼食对全世界观赏鱼爱好者来说耳熟能详；ARRI 牌摄影机和萨拿三角架几乎是所有专业摄影团队的首选。类似地，每个歌手或者音乐技师都知道森海塞尔（Sennheiser）和 Neumann 的麦克风；没有任何一个农场主不知道克拉斯牌的拖拉机；每个土豆种植者都熟悉世界领先的Grimme 马铃薯收割机；每个牙医都对西诺德（Sirona）、Kavo（牙医装备）或者 Comet（牙钻）这些品牌如数家珍。

对于汽车供应商而言品牌的意义也越来越重要，尤其是后市场业务。Sachs 是少数几个在公众间享有很高知名度的汽车零配件品牌。品牌优势在后市场至关重要。汽配厂的技师往往能够影响车主对零配件产品的选择，而 Sachs 是受到技师普遍认可的出色品牌。凡是在那些有众多中间商、技师或者服务提供者参与的行业，品牌都会对客户的购买决定有非常大的影响。我们可以肯定地说有些隐形冠军在树立全球品牌方面已经遥遥领先。显然，时间以及 22 年（隐形冠军保持市场领导地位的平均时间长度）的市场领先地位构成强大品牌的重要支柱。毕竟品牌和企业形象都需要时间的沉淀。

维持高市场份额的一个有效方法是采用多品牌战略。这种方式在隐形冠军中并不少见。一方面，两个或三个不同品牌可以服务于不同价格水平的细分市场。例如，伊维氏集团（iwis-Gruppe）的主品牌伊维氏（IWIS）是面向高标准客户的正时链轮；集团的第二个品牌 Eurochain 面向相对较低标准的需求的客户（例如农业机械），这些设备在生产成本和价格定位相比主品牌都有明显的落差。世界领先的照明技术公司奥德堡（Zumtobel）在全球范围内拥有 6 个品牌：索恩照明（Thorn）、奥德堡（Zumtobel）、锐高（Tridonic），acdc，Reiss 和 zgs，每个品牌都具备不同的特点和优势。JK 集团是专业日光浴晒黑机领域的全球领导者，它在主品牌 Ergoline 之外还有面向年轻群体的价格低廉的品牌 Soltron。位于德国图特林根市的 Binder 公司是全球医用和生物研究用控温箱的市场领导者，为抵御来自廉价竞争对手的冲击建立名为 Advantage Lab 的子公司。

品牌的第 2 个作用不仅仅在于服务不同价位的细分市场，有时还会和主品牌同场竞技，这对于提升总体市场份额不失为一种有效的办法。例如，美地亚（Media）和 Saturn 是同属 Media Saturn Holding 集团的两个品牌，它们价位相似，甚至常常在同一个地方设立零售网点。当一位顾客货比三家的时候，这种双品牌店的策略大大提升了顾客最终购买 Media Saturn Holding 集团产品的可能性。全球第二大叉车生产商凯傲（中国潍柴动力的子公司）也实施多品牌战略，其两个顶尖品牌林德（Linde）和 Still 也处于激烈的竞争状态。此外，凯傲公司还有价格较低及区域性的品牌，例如 OM（意大利市场）、鹰牌（Fenwick）（法国市场）和保利（Baoli)(中国市场）。

瑞士钟表业最能体现品牌的巨大价值。瑞士本土生产的钟表数量仅占全球市场钟表总数的 2%。然而其销售额却占全球销售总额的 50%。一只瑞士手表的平均价格为 680 欧元，而全球手表的平均价（包括所有的仿制品）可能只有 10 欧元左右。瑞士钟表业的海外销售额为 170 亿欧元。主要由隐形冠军组成的瑞士钟表行业是位于医药／化工和机械制造之后的瑞士第三大工业产业。客户认可和购买意愿大部分可以归结为品牌效应。"Swiss made"（"瑞士制造"）是非常关键的标记，这代表着生产成本中至少有 60%（对于机械表来说至少是 80%），是在瑞士本土产生的。[4]

隐形冠军另外一个愈发重要的品牌发展趋势是所谓的"内部要素品牌建设"（ingredient branding）。使用这一战略最著名的案例是英特尔公司的"intel inside"。所有使用英特尔芯片的计算机上都会在明显的位置放置"intel inside"的标志。许多隐形冠军的产品并非最终产品，而是为最终产品提供的部件。因此，对它们而言，部件品牌建设具有特殊意义。戈尔特斯（Gore-Tex）通过几十年的努力打造出一个家喻户晓的品牌，其核心产品是一种特氟龙薄膜，可使衣服外部防水且内部透气。它的知名度有时甚至比使用其的服饰或者鞋子的品牌还要高。这种品牌优势不仅仅体现在市场份额上，还体现在客户愿意接受的高价位上。

隐形冠军的品牌优势如此明显，以至于它们即便是在被其他公司（通常是规模更大的企业）收购后依然被保留了下来。例如，博世在收购力士乐（Rexroth）、布德鲁斯（Buderus）和勇克士（Junkers）后选择在相关产品上延续使用这些品牌。博世清楚地意识到这些品牌在它们服务的目标群体中享有极高的声望，保留原先的品牌无疑是明智之举。

定　价

绝大多数隐形冠军的市场战略以满足客户的高要求为导向，而摒弃低价竞争。几乎所有的受访企业都强调高端定位是它们企业战略不可缺少的组成部分。我们经常听到诸如"我们依靠高质量的产品和服务而不是低廉的价格取胜"或者"质量先于价格"的说法。

许多市场中都存在着巨大的价格压力（如汽车供应商行业、电子行业、食品零售业等），行业价格处于持续下滑的趋势中。但许多隐形冠军似乎有办法在一定程度上摆脱价格压力。在问及过去 10 年间价格变化的趋势时，63% 的受访者表示价格水平基本保持稳定；24% 的受访者称价格有明显下降；同时，有 13% 的受访者称价格明显上涨了。实现明显价格上涨的企业看上去比例不大，但是考虑到整体的行业环境，有超过 1/8 的隐形冠军能够做到这点依然令人刮目相看。

隐形冠军的经营者不愿谈及他们产品溢价的具体金额，这情有可原。总体来说我们发现隐形冠军一般可以实现高于市场平均水平 10%～15% 的溢价，20% 的情况也不在少数。例如，风能发电设备技术的世界领导者爱纳康的竞争溢价高达 15%～25%。同时，爱纳康依然能够保持极高的市场份额（在德国近 40%）。它能在竞争如此激烈的市场中实现如此高的价差的根源在于爱纳康风能涡轮机的技术结构独具优势，尽管售价高但是从经济角度来看仍然是很好的投资。美诺电器相比竞争对手也至少有百分之十几的溢价。但美诺客户的复购率高达 90%。美诺产品的质量和使用寿命不是其他竞争对手可以超越的。

即便是价格敏感的产品或客户群，隐形冠军仍然可以实现 5%～10% 的溢价。市场领导者的溢价并不是什么新闻，大部分市场中的竞争不是同质化产品的竞争，而是差异化产品间的竞争。客户对不同产品的支付意愿差异导致了同一市场内的价格差异。产品或服务的优越性体现在更高的价格水平上。如果客户（或者大部分的客户）更看重质量而非价格，那么价高者得到更多的市场份额也就顺理成章。这是隐形冠军所处的典型环境。这个观察与负斜率的需求曲线并不矛盾。

尽管隐形冠军的价格水平高于市场平均值，但这绝不意味着它们可以对价格战免疫。隐形冠军在需求曲线上独享有一片"垄断区域"，但一旦离开区域，它们依旧要受到一般价格机制的约束。我们发现当价格差距触及 28% 的情况下，会有 50% 的客户转投其他供应商。这个区域内的价格弹性为 1.78（50%/28%）。这说明销量下降百分比是价格上涨百分比的 1.78 倍。根据我们的经验，这是一个偏高的价格弹性，也就是说尽管隐形冠军可以要求一定的溢价，但前提是在它的"垄断区域"内。我们进而推测，隐形冠军还没有充分利用它们应得的价格空间。价格潜力的进一步挖掘需要企业更好地量化客户效用，这是价格精准差异化的基础。同时，隐形冠军需要更重视定价过程。隐形冠军大多从事 B2B 的生意，定价过程与销售过程紧密相关，价格的实现需要与客户反复的沟通和协商。我们发现大部分企业在这一领域还有很大的改进空间，包括价值销售、信息获取、竞争态势量化、销售准则和工具的运用以及对销售人员的激励等。

有那么一部分隐形冠军并不遵循上述的溢价战略，而是采用低价甚至是攻击性的低价战略。Fielmann 是欧洲眼镜零售分销领域的市场领导者，至少与传统眼镜店相比它采用了攻击性的价格战略并取得了持久的成功。汽车后市场服务商 A. T. U. 这样描述自己："在汽车后市场中我们是价格最优惠的优质服务提供商。"不仅如此，这家公司还明确地使用"除了昂贵我们什么都有"作为自己的宣传口号。生产办公室座椅气弹簧的领先企业 Suspa 同样在宣传中强调"优惠价格"和"价格优势"的说法。类似地，世界顶尖的人体解剖学教学用具制造商 3B Scientific 公司采用"极具竞争力的性价比"作为宣传标语。卡德维是欧洲钢板浴缸领域的第一品牌，它们为自己的高效率和低成本而自豪。还有顶尖的螺栓制造商 Böllhoff 因其高度自动化在价格及成本上有很强的竞争力，即使与亚洲供应商相比也毫不逊色。医用研究领域控温箱的生产商 Binder 引入第二品牌 Advantage Labs 来应对激烈的价格竞争。公司 CEO 彼得·米歇尔·宾德认为凭借第二品牌，Binder 具备相当的价格竞争力："我们觉得其他企业不太可能在生产此类设备时具备明显的成本优势。"

然而总体而言，只有少数隐形冠军采用低价战略并以此为卖点。采用低价战略的企业只有持久地保持对竞争对手的成本优势，才可能以低价赚取利润。能满足这个前提条件的企业不多，而在隐形冠军中这样的企业就更少了。

价格战对大多数隐形冠军而言是个禁忌话题。超过 40 个国家逾 2000 名企业决策人和经理人参与了西蒙顾和管理咨询公司 2017 年的全球定价调研。他们中的 75% 认为他们企业面临的价格压力正在上升，更有近一半受访者认为其公司正身处价格战之中。[5] 典型的隐形冠军显然与参与定价调研的受访企业（通常是一些规模较大的企业）有所不同。隐形冠军很少主动采取攻击性的价格行为、过激的折扣或者类似的有触发竞争对手报复行为导致全行业利润率受损的举措。隐形冠军的市场战略基于优质的产品与服务，而非以毁灭性的低价取胜。这是隐形冠军得以实现超过平均水平的利润率的根源所在。价格战是绝对的利润杀手。[6] 另一方面，隐形冠军有时不可避免地会被卷入竞争对手发起的价格战中。

因此企业非常有必要密切关注价格及其动态变化。2008 年经济危机的一个结果是市场信任缺失和由此而生的风险厌恶情绪。沟通交流、价格保障以及在重新分配买卖方之间的风险的措施可以帮助企业应对这一挑战。爱纳康采用了具有创新性的商业模式，改变定价方式的同时也将危机转化为机遇。依据爱纳康合作伙伴方案（EPK）框架，客户可以选择签订保养、安全服务及修理合同。在此情形下，爱纳康的收费来自于客户使用风能发电设备所获收益的分成。换言之，爱纳康分担了客户的运营风险，大大降低了客户使用风能发电设备的收益不确定性的风险，得到了客户的普遍认同——有85%的客户选择了EPK的签约方式。如同所有包括风险承担及保证条款的合同一样，提供这样合同的企业也必须考虑成本问题。基于技术优势的高品质，EPK的额外成本对爱纳康而言在可控范围内。爱纳康是世界上唯一一个不使用变速箱的大型风能发电设备生产商。变速箱因为其技术特点，故障率和维护难度都很高。正因为爱纳康采用的技术不需要变速箱，它可以保证提供给客户的97%的正常运转率。因为爱纳康的产品实际正常运转率可以做到98%以上，97%的担保不会给爱纳康造成任何额外费用。这是一个在供应商与客户之间风险再分配的绝佳案例，实践证明可以大幅度降低客户的购买阻力。

　　在全球化的大背景下，有两个方面的因素对隐形冠军的定价策略构成越来越重要的影响。一方面，来自发展中国家的竞争对手在过去十几年间正在迅速赶超西方国家先进企业，不管是在产品质量、供货能力、服务乃至综合能力方面都有了飞跃式的进步。例如在全球范围内B2B和B2C领域都取得卓越成绩的华为和收购了世界最大的混凝土泵生产商普茨迈斯特的三一重工这两家中国企业都是典型例子。随着这些全球化中后来的竞争对手产品服务品质的提升，隐形冠军价格溢价空间会不断被压缩，对此有两种应对措施。一种是通过创新保持或重新拉开产品差距以维持原有溢价。大多数隐形冠军首选捍卫其在高端位市场的领导地位。但是实际情况中，如果新晋企业赶超的速度和力度太快，这一战略就难以奏效。这时，隐形冠军就必须要想办法法削减成本，包括优化产品设计、取消不必要的功能或者将生产转移到低成本地区。为了能够在全球化背景下保持持续的竞争优势，隐形冠军必须适应与新晋企业在相同竞争条件下的竞争。成本优势不是发展中国家企业的专利。隐形冠军同样有办法在成本方面战胜来自发展中国家的竞争对手，比如将生产转移到成本更低的国家（如印度、孟加拉国或者缅甸）。事实上，过去几年中许多欧美国家的跨国企业正在实践这一战略，在处于成本上升区间的国家有选择性地收缩生产线，而向更低生产成本的国家转移。

我们由此转向第二个对隐形冠军定价策略产生重要影响的因素，即发展中国家中出现的超低价市场。两位印度裔的美国教授指出了这一现象的存在。得克萨斯大学奥斯汀分校的维贾·马哈延教授在他的《86% 的解决方案》（*The 86 Percent Solution*）一书中将超低价市场称作"21 世纪最大的市场商机"。[7] 书名中提到的 86% 指的是占全世界人口总数 86% 的家庭年收入低于 10 000 美元。这个收入区间的群体消费不起高度发达国家的那些典型商品（例如汽车、身体护理产品等）。2010 年逝世的战略专家 C. K. 普拉哈拉德在《金字塔底层的运气》一书中也强调了在迅速增长的低价格领域里的商机。[8] 新兴国家的持续增长使得以百万计消费者的收入不断增加，逐渐他们也会开始使用发达国家消费者喜闻乐见的产品，尽管产品可能还处于最低的价位区间。德国驻孟买商会的负责人本哈特·施泰因吕克对印度整体市场的超低价格有清楚的认识："欧洲的价格在这里完全行不通。"[9] 超低价的细分市场增长速度远超隐形冠军所在的高端市场的增速，并且预计在可预见的将来会保持高速发展。面对这个诱人的机会，每家企业都必须自行判断是否应该参与到这个市场之中。要在极低价格情况下还能实现盈利要求隐形冠军必须采取与以往截然不同的战略。

超低价市场的发展趋势不仅局限于亚洲，也出现在东欧等其他地区。例如，雷诺汽车公司在罗马尼亚生产的廉价品牌汽车达西亚（Dacia）就是一个非常成功的案例。达西亚的入门级款仅售 7 200 欧元。不同型号的达西亚轿车年销售超过 100 万辆。[10] 一辆典型的大众高尔夫的价格是其两倍还多。法国人称之为"廉价化"（loganisation）。然而，新兴国家市场的超低价汽车的价格上还要远低于达西亚。印度的塔塔集团（Tatagroup）公司生产的小型廉价车 Nano 引起了全世界的关注。它的售价大约是 2 500 美元。2008 年年初上市之际塔塔集团包括市场对此寄予厚望，预计其将以高于市场平均速度两倍以上的增长速度增长。许多以高品质产品著称的德国汽车供应商也无法对这个超低价汽车项目无动于衷，它们积极参与了 Nano 的研发和生产并起到了重要作用。博世在印度为 Nano 研发了一种极度简单化的同时价格又特别低廉的高压共轨燃油直喷技术，占整车价值比例超过 10%。博世、大陆（Continental）、科德宝（Freudenberg）、舍弗勒（Schaeffler）、马勒（Mahle）、采埃孚（ZF）、Behr、巴斯夫和 FEV 等 9 家德国供应商都参与了 Nano 项目。这表明，德国企业能够参与超低价市场的竞争。然而难点在于在实现销售之余还要盈利。Nano 项目在经过 10 年的市场检验后，证明想要盈利并不容易，市场对超低价产品的需求也没有项目肇始时那么乐观。

隐形冠军在进入低价甚至超低价细分市场时要慎重考虑。这意味着，不仅要在中国及其他新兴市场进行生产，还要在那里进行研发。霍尔格·恩斯特教授清楚地指出，在德国生产超低价商品是一种幻想。[11] 恩斯特教授在他的书中给出了大量不同行业的公司案例。奥拉夫·普吕特纳在他的《全球市场应对战略》一书中也深入分析了这种挑战。[12] 高文达亚兰和特兰博更进一步。他们将"反向创新"（reverse innovation），即将在发展中国家出现的创新反向输出到发达国家的举措，视为对发达国家成熟企业最大的威胁之一，甚至包括像西门子或者通用电气这样的大型企业也会受到影响。维贾·高文达亚兰说："中型企业应该关注贫穷国家的客户并为他们研发产品。"[13] 对隐形冠军而言把增值链转移到新兴目标市场是使得它们能够在超低价市场取得成功的唯一出路。捍卫在中高端细分市场的市场地位的最有效途径往往是主动向下渗透到较低端的细分市场，并在那里站稳脚跟。而进入超低价市场的另一个选择是收购有运营成本优势的本地供应商。隐形冠军布勒是研磨技术领域的世界领导者，为了能在低价位的中国市场站住脚跟，并适应产品简单化的趋势，它已经收购了若干家中国企业。公司总裁卡尔文·格里德尔表示，通过这种方式可以更好统一供给和客户需求，这比直接将昂贵复杂的原装瑞士设备引入中国要合适得多。还有世界第一的假肢技术厂商——顶尖的隐形冠军奥托博克，也选择了通过并购当地企业进入巴西和中国市场。公司总经理汉斯-格奥克·奈德声称，通过这个决策更好地保障了公司的市场领先地位。还有世界最大的水泵供应商凯斯比（KSB）公司也强调了"加强对标准款水泵及阀门市场的关注"的必要性。[14] 这些举措的背后几乎都隐藏着一个双重战略，既要保持高端产品和高价位领域，同时也要把握新兴的低价市场的巨大增长机遇，保持与潜在竞争对手之间的优势差距。

　　隐形冠军卡尔迈耶占据全球经编机 76% 的市场份额，占据绝对的统治地位。它在过去几年间也采用了上述的双重战略，其目标在于保障卡尔迈耶公司在高端市场及其面临日益严峻的竞争挑战的低价市场的市场地位。为了达到这个目标，卡尔迈耶制定了如下研发战略：在保证同等品质情况下标准机械成本降低 25%；高端机械在保持相同价格情况下品质提升 25%。公司总裁弗里茨·迈耶称，这个雄心勃勃的目标已经实现。卡尔迈耶以其价格和品质的竞争优势组合在低端和高端市场的市场份额都得到了大幅扩展。随着新的研发战略的成功实施，卡尔迈耶进行了大幅的产能扩张，尤其是在中国和越南等新兴国家。凭借其全新的产品系列和高度现代化的工厂，卡尔迈耶在过去的几年间重新夺回了原本的市场份额。

　　2010 年逝世的斯沃琪（Swatch）表业的创始人及 CEO 尼古拉斯·哈耶克在好几年前就提出警告，不要将低端市场拱手让给来自低工资国家的竞争对手。哈佛大学商学院研究创新的学者克莱顿·克里斯坦森也强调不要忽视来自低端市场竞争对手的威胁。[15] 每家企业都应该从历史中汲取经验教训，重视那些向中高端市场突破的来自低价市场的竞争对手。

本章总结

　　隐形冠军提供顶级的产品和服务，并始终以满足客户需求为导向。以下观点应该引起重视。

☛ 隐形冠军要有目的地满足客户在产品质量和服务方面的高标准的要求。

☛ 隐形冠军的产品体现了高度的趋于成熟的技术水平。超过90%的产品处于增长期或者成熟期。这意味着继续增长的前景和稳定性，仅有1%的受访者的产品处在衰退期。

☛ 服务对隐形冠军越来越重要。广义上的服务项目，例如内容丰富的服务套装、培训、全球化网络变得越来越不可或缺。部分隐形冠军已经在此服务升级的过程中从工业生产型企业转型为服务型企业。

☛ 众多隐形冠军，特别是年轻企业，越来越重视网络经济，它们通过全球销售和服务网络为客户提供统一的优质服务。在全球运营的隐形冠军自身也要求它们的供应商提供全球统一的服务。然而构建全球性的服务网络对于中型企业而言，不管在组织能力还是资金上都是巨大的挑战。

☛ 系统集成化是一个重大发展趋势，很多隐形冠军都在推动系统集成化。系统化的解决方案往往可以在提高客户效用的同时有效地抵御竞争对手。市场领导者似乎注定要走上系统集成的道路。然而向系统化解决方案的转变提高了组织管理的复杂性，也可能威胁到构成隐形冠军核心优势的集中战略。这种形式的业务扩展必须慎重考虑。

☛ 隐形冠军在它们自己的细分市场中拥有强大的品牌。许多企业的品牌已经成为全球性的品牌，还有些企业正在往这个方向努力。为了维持高市场份额或者为了覆盖多个价位的细分市场，隐形冠军更多地采用了多品牌战略。因为许多企业只是中间产品供应商，因此"内部要素品牌建设"对它们而言也很重要。

☛ 隐形冠军通常不以价格作为竞争砝码。与它们所提供的高品质的产品和服务相对应，其价格明显高于市场平均水平。然而它们必须留意新兴国家的竞争对手在产品品质和技术能力上正在迅速赶超并且威胁到隐形冠军的溢价。新兴国家的超低价市场不断壮大，孕育了很大的发展机遇，隐形冠军不能对此视而不见。参与这个新兴领域要求隐形冠军在产品策略、研发、生产和销售等方面制定全新的战略。

总之，隐形冠军的产品和服务处在一个持续转变的过程中。一方面，它们处于相对舒适的生命周期，大约 90% 的产品处于成长期或者成熟期，没有进入衰退期之虞。另一方面，产品和服务 / 系统集成之间的比重正在发生变化。在价格方面来自新的竞争对手的压力持续增加，特别是来自新兴国家的竞争对手。捍卫价格优势是它们所面临的最艰难的挑战之一，这只能通过提供优质的产品和服务才能实现。只有保持足够大的品质差距，才能保障价格优势。超低价市场为隐形冠军提供了新的机遇。然而对隐形冠军而言，这是一个全新的领域，它们必须为此开发新的技能、顶尖的产品和服务，不管是在过去、现在还是将来都是捍卫市场领先地位最有效的办法。

注　释

1. Peter Marsh, *The New Industrial Revolution-Consumers, Globalization and the End of Mass Production*, New Haven–London: Yale University Press 2012.

2. Hermann Kronseder, Mein Leben, Neutraubling: Krones AG 1993.

3. Vgl. Wohnlichkeit in der Flugzeugkabine, Neue Zürcher Zeitung, 5. Februar 2007, S. 7.

4. Vgl. Große Pläne mit kleinen Pretiosen, Frankfurter Allgemeine Zeitung, 12. März 2012, S. 14.

5. Vgl. Simon, Kucher & Partners, Global Pricing Study 2017, Bonn: Simon, Kucher & Partners 2017.

6. Vgl. Hermann Simon und Martin Fassnacht, Preismanagement, Wiesbaden: Gabler 2008.

7. Vijay Mahajan, The 86% Solution–How to Succeed in the Biggest Market Opportunity of the 21st Century, New Jersey: Wharton School Publishing 2006.

8. C.K. Prahalad, *The Fortune at the Bottom of the Pyramid, Upper Saddle River*, N.J.: Pearson 2010.

9. Bernhard Steinrücke, Ich sehe Quantensprünge für Firmen in Indien, Absatzwirtschaft, Oktober 2010, S. 9.

10. Renault's Low-Cost Cars Take Front Seat, *The Wall Street Journal* Europe, 16. April 2012, S. 19-20.

11. Vgl. Holger Ernst, Industrielle Forschung und Entwicklung in Emerging Markets–Motive, Erfolgsfaktoren, Best Practice-Beispiele, Wiesbaden: Gabler 2009.

12. Vgl. Olaf Ploetner, *Counter Strategies in Global Markets*, London: Palgrave Macmillan 2012.

13. Der Innovations-Tango, Frankfurter Allgemeine Zeitung, 30. April 2012, S. 12.

14. Pumpenhersteller KSB steckt ambitionierte Ziele nicht zurück, Frankfurter Allgemeine Zeitung, 31. März 2012, S. 16.

15. Clayton M. Christensen, *The Innovator's Dilemma*, Boston: Harvard Business School Press 1997.

第 10 章

持续创新

　　创新，而不是模仿造就了世界冠军企业。唯有创新和不断精进才能立足于巅峰。隐形冠军是卓越的创新者，它们的研发投入是一般公司的 2 倍。而更能说明问题的是：隐形冠军平均每个员工的专利数比大企业高 5 倍；同时，每项专利花费的费用却只有大企业的 1/5。如果我们综合考虑投入产出，隐形冠军的创新效率是大企业的 25 倍。其中只有少数创新属于重大的技术突破。这类创新一般平均 10～15 年才出现一次。更多的创新属于一种对现有技术的持续完善。每一个创新的进步看来可能微乎其微，但是聚沙成塔，成就了隐形冠军顶尖的产品和服务。相比大企业，隐形冠军的创新更好地结合了客户的需求和技术。它们的研发预算通常比较小，且往往以小团队的形式来攻克技术难关。企业高管也亲自参与研发。这种特别的创新方式的结果是更短的研发时间。在一个普遍重视投放市场速度的时代里，这是一个关键性的优势。隐形冠军的创新不仅仅体现在技术和产品上，也体现在运营流程、管理体系、市场营销和服务上。隐形冠军在过去几年里能够不断提升其竞争优势（无论以绝对的还是相对的市场份额来衡量），创新无疑是一个决定性的因素。

创新意味着什么

创新必须能够提高客户效用，或者能够以更低的成本达到同样的效用，最理想的状态是两者兼备。说到创新，我们通常首先会想到科技和新产品。事实上，科技对于大多数隐形冠军来说确实是它们创新能力的核心要素。世界领先的起重链条公司路德说："一直以来，保持技术上的创新领先地位是我们企业战略及发展远景的重要组成因素。"隐形冠军的技术往往远远领先于其他竞争对手。Rational 公司是世界最大的专业厨房设备供应商，占有 54% 的市场份额。据公司 CEO 君特·布拉什科估计，竞争对手与 Rational 在技术上的差距在 6～7 年。奥幂是凑型测试仪的世界市场领导者。公司 CEO 诺伯特·诺尔德说："价值创造不在于生产，而在于创新和研发。我们的客户看重我们在技术方面的领导力。"奥幂公司为了能在将来保持技术上的领先地位，大约有 40% 的员工直接或间接地从事与研发相关的工作。全球化运营的锚固系统生产商慧鱼（Fischer）甚至有这样一句座右铭："谁寻求创新，就会找到慧鱼。"该公司拥有 2 000 多项专利，可见他们的座右铭可不是一句空话。

然而，创新不仅仅局限于技术和产品，还包括隐形冠军商业活动的方方面面。其中运营流程创新尤为重要。流程创新关注的重点不仅仅是降低成本，还常包括提升产品质量、缩短响应时间、为客户创造便利从而提升客户效用。对于许多隐形冠军来说，流程创新甚至比产品创新更为重要。约尔根·图曼（Jürgen Thumann）是这样描述电池金属外壳世界市场领导企业 Heitkamp & Thumann 的流程创新的："我们的企业是流程驱动的，我们的核心能力更多在于流程持续优化，而不是产品技术。"

那些能够降低客户成本的创新在市场上取得成功的机会更大。易格斯是传动链条和塑料滑动轴承领域的双料世界冠军，它创新的重点方向就是降低成本。易格斯的创新力很强，它每年会推出 1 500～2 000 种新产品或者产品迭代。易格斯企业极具成本意识，自称比以成本控制能力闻名于世的中国企业还要擅长控制成本。易格斯还为此申请了商标注册保护。

物流、销售和营销领域的创新也同样重要。相当数量的隐形冠军成就于这些领域的创新或者借此实现业务的持续增长。高效的销售和物流体系构成了伍尔特（Würth）的核心竞争力，而这个体系中的一个关键组成部分是一个名为 ORSYMAT 的装备——伍尔特在其大客户的工厂里安置的设备（设备名源自秩序（Ordnung）、体系（System）和自动化（Automat）的缩写）。这些设备里储藏了客户所需的各类零部件，并且与伍尔特的各分公司实时联网。一旦存放零部件的抽屉被打开了，系统会自动生成相应账单和新订单。伍尔特的员工会在下次拜访客户时根据系统数据自行补货。这一产品存货管理的创新将客户从要处理几百个不同零部件的麻烦事中彻底解放了出来。Bofrost 是欧洲领先的冷冻食品直销企业，它将食品直接运送到消费者的冷柜中，保持冷链的完整，为客户带来了极大的便利。

2019 年，盖米对于研发和生产的投资率几乎翻倍，达到了 14.1%，处于业界领先地位。盖米将创新作为企业发展的源动力，始终坚持在产品优化、新产品研发及技术创新方面不断加入投资，每年将超过 5% 的销售额用于研发与创新。2018 年，盖米参加 ACHEMA 展会，以其独特的 PD 设计斩获当年设计发明大奖。在数字化发展方面，盖米在 RFID 无线射频基础上研发了 CONEXO 这项应用技术，帮助企业推进无纸化进程，让企业工厂的运行与维护趋于智能化与网络化，可以无缝接入客户已有 ERP 等系统中，同时还利用 VR 技术，使用户能够身临其境地学习盖米产品的各项操作，体验领先的技术应用场景。此外，盖米在新产品推广时融入了 AR 技术，通过电子设备随时随地观看产品 3D 演示、内部剖面结构及视频动画演示，更直观便捷地让用户了解熟悉盖米新产品。作为阀门和组件提供商，盖米是全球第一批真正将工业 4.0 落到实处的技术先行者。

安内·博达实现了一个划时代的创新。1952 年，她首先在已经创办两年的时尚杂志 Burda 中加入了衣服剪裁样板，使女性读者能够自己在家中做出杂志中展示的时装。虽然衣服剪裁样板自 19 世纪开始就十分知名，但是杂志和衣服剪裁样板的结合却是一个突破。早在 1961 年 Burda 就成为世界上最大的时尚杂志。如今，Burda 的杂志有 16 种语言版本，行销 99 个国家。

费斯托是工业气动技术的世界市场领导者，它不仅在科技方面，而且在市场销售方面也具备很强的创新能力。费斯托致力于打造以客户为导向的组织，在此过程中摒弃了从前行业的通用产品目录，开发了针对不同行业的专用产品目录。这一转变使得针对各个行业的沟通变得更有效，客户更加认同费斯托对行业的了解和专业性。如今，费斯托更进一步基于客户的历史购买行为和需求，为客户提供个性化产品目录。现代化信息技术的进步使得这些解决方案无须太高的成本即可实现。互联网为类似的市场营销创新提供了肥沃的试验土壤。

创新还常常能够延伸价值链。全球最大的电动工具制造商博世电动工具在大型建材市场里引入了"店中店"的概念，目前已经有 700 余家这样形式的创新店铺。同期，博世电动工具在采用店中店模式的建材市场的销售额增长速度是那些没有店中店形态的建材市场的近 2.5 倍。博世也将这种理念推广到电子商务中，打造博世电动工具的线上"店中店"。销售和产品的创新为博世电动工具的发展发挥了重要的作用。博世公司的 IXO 牌电动螺丝刀是全球最畅销的电动工具。在欧洲建材市场销售的每 20 件电动工具中有 16 件是博世的产品，其欧洲市场份额在短短几年间由 25% 上升为 35%。[1] 欧洲领先的户外运动装备零售品牌 Globetrotter 将门店打造成新颖的户外探险场景，给消费者提供了一种浸入式的购物体验。不仅如此，Globetrotter 还特意只选择那些户外运动爱好者作为雇员。

在提到创新的时候，人们通常不会想到定价，然而定价也可以有创新。瑞安航空是欧洲廉价航空业的先驱者，也是业内首家引入对托运行李额外付费的航空公司。许多传统航空公司也逐步采纳了这一定价策略，并且价格在过去几年中呈持续上升态势。爱纳康在技术、服务乃至定价等多方面展现出卓越的创新能力。爱纳康的合作伙伴方案（EPK）所收取的费用取决于客户的风能发电设备的收益。另外，爱纳康在为期 12 年的合作合同的前 6 年仅收取一半的服务费用。

对有些隐形冠军而言，设计是最重要的创新因素。如何将功能和外观完美地结合起来是一项特殊的挑战。克劳斯·格罗（Klaus Grohe）是领先的卫浴科技厂商汉斯格雅的监事会主席，他说："我们的任务是将科技融入设计。"汉斯格雅与世界顶尖的设计师合作,如菲利普·施塔克、安东尼奥·西特利奥以及鲍莱克兄弟等。汉斯格雅在一年内可以注册近 300 个专利、产品式样以及商标,对于一家中型企业而言这是一个非常可观的数字。

系统一体化同样也能带来巨大的创新业绩。由几家汽车供应商,包括 Behr、海拉(Hella)和法国公司 Plastic Omnium 一同组建的 HBPO 公司是全球唯一一家集汽车前端模块研发、组装机物流于一体的系统集成商。这一创新系统打通了照明技术、散热技术、气体动力学、行人保护以及碰撞管理技术上的功能连接,在提高了客户效用的同时,通过简化流程降低了成本。HBPO 公司创建于 2004 年,7 年后就以 440 万套模块部件的产量实现了过 10 亿欧元的销售额。另外一家合资公司 Behr-Hella Thermocontrol(BHTC)公司是汽车空调控制器和遥控器创新的领导者。BHTC 的全面调控方案提供了前所未有的个性化的空调舒适度。如今,BHTC 在欧洲、美国、中国、印度及日本市场为客户提供创新解决方案,提高客户效用始终是公司的重心。海拉公司本身就是德国最具创新性的公司之一。它是氙气灯领域的世界领导者。德国专利局的统计显示,2012 年海拉公司申报 141 项专利,位于第 36 位。

简单化也是创新的一种,并呈现出多种形态。宜家家居的产品简单化使得消费者自己就能把家具组装起来。这样既节约了生产成本,又降低了最终消费者的花销。尽管宜家家具的价格相比传统家具非常低廉,但是它依然实现了令人咋舌的超过 10% 的毛利率。光伏设备制造商大多关注太阳能发电板的能量转换率和光伏组件的价格,却很少关注搭建和组装的问题,而这些问题极易导致太阳能发电板相当一部分的费用和复杂度。从事铝箔全面管理的创新企业 RBB Aluminium 与亚琛工业大学（RWTH）和 TÜV 莱茵公司合作研发了一套使得在平屋顶上安装光伏装置变得极为简单的系统。这一以"quickFix"（意为"迅速解决"）为注册商标的创新产品利用空气动力效应实现装置的稳定性，从而使得屋顶钻孔和螺栓连接都变得多余。整个安装过程只需要一件工具，这不仅极大地简化了安装过程，也缩短了安装时间。"自从投放市场和亮相世界上最大的光伏博会 Intersolar 后，对我们产品的需求持续上升。"公司的创立者莱纳·博伊如是说。

尽管服务业企业通常不能通过专利来保护创新，但创新对于服务业仍具有重大意义。倍尔复创建了全球化的火灾、水灾和风暴灾后清理重建系统，是这一领域世界市场的领导者。国际 SOS（International SOS）是世界最大的医疗救助企业，在全球范围内提供救护飞机、急救中心和医院服务。奈特捷是"私人航空"市场的全球领导者，它首创的私人喷气飞机分式产权缔造了一个全新的市场。隐形冠军如倍尔复、国际 SOS 公司和奈特捷公司都可以被视作先驱性服务创新的典范。

以上案例显示了隐形冠军创新的多样化，创新的动力和方式方法多样且复杂。这些市场领导者在过去几年中展示出它们创新能力的强大和持久性，我们有充分的理由相信这种趋势会延续下去。

创新机器运转中

企业的创新能力可以用不同的指标来衡量，如研发经费、专利数量或者新产品占整体销售的比例。不过就算是熟知经济的内行人也可能对企业的创新活动产生错误的预期。一项德国经济研究所（IW）的调研很有启发。[2] 调研对象是来自各个领域的 3 171 家企业，涵盖创新企业和非创新企业两个组别。创新企业的归类标准是在过去的 3 年内是否推出了新产品或引进了新的生产流程，约有 30% 的企业被纳入非创新企业。调研结果发人深省：企业创新并非理所当然。大约 1/3 的企业按照旧模式经营企业，只生产那些传统的产品；3/4 的非创新企业压根儿就没有任何研发活动；甚至是在所谓的创新企业中也只有 26% 的企业间歇地进行研发；只有 40% 的企业将研发作为企业运营的日常工作在做。

研发强度

德国经济研究所的研究报告显示企业年平均研发投入占年销售额的 1.8%，这个比例可以称作研发强度。如果我们聚焦到那些在做研发的受访企业可能更具说服力，它们的研发强度为 3%。弗劳恩霍夫研究所（Fraunhofer Institut）的一个调查显示，德国的机械制造企业平均的研发投入为 3.5%。[3] 博斯咨询公司（Booz & Company）在一项全球性研究中调查了 1 000 家研发上投入最多的上市公司。这 1 000 家公司的研发强度是 3.6%。

以上这些数字与隐形冠军的研发强度形成鲜明对比。隐形冠军平均在研发上的投入为 6%，是德国经济研究所调查覆盖的创新企业平均数的 2 倍，是世界上 1 000 家研发投入最多的企业的 1.66 倍。图 10-1 展示了这些数字关系。

可以明确的是，隐形冠军的研发强度要远远超过其他企业的平均水平。不少隐形冠军的研发强度甚至超过了 10%。但是我们也需要指出，隐形冠军的研发投入的绝对金额与大企业相比，还是有一定的差距，这是由企业规模的差异决定的。同时，我们在用研发强度比较企业创新能力的时候要慎重，因为不同行业的技术发展周期，或者不同市场的经济运转周期阶段不同都会对研发强度产生实质性的影响。

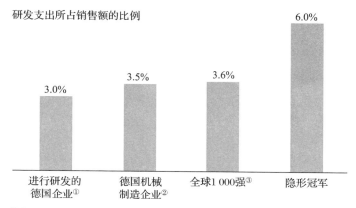

图 10-1　研发投入占销售额的比例

专　　利

　　研发的投入只反映了硬币的一面，硬币的另一面是研发的产出。一个相关的衡量尺度是申请专利的数量。不过，我们需要指出不同专利在不同行业的作用和意义不同。根据德国经济研究所的调研，只有1/3的企业拥有专利，其中又只有3/4被投入商用。就算在典型的技术驱动的行业中，专利的使用也存在很大的差异。欧洲专利局的一项调查显示，积极从事研发的中小型企业中仅有1/3申报专利来保护其创新成果。[4]其中的原因有很多。最重要的原因是中小型企业困扰于申请专利过程中的官僚主义、高昂的费用或者漫长的时间。其他原因还有它们担心专利在面对强大的竞争对手或者在陌生的司法管辖区未必能够起到应有的保护作用；同时它们担心申报专利可能会泄露相关的技术知识。极具创新性的戈珞曼自动化设备的克劳斯·戈珞曼的话语很好地代表了这一观点："我们从不申请任何专利。我们没有人来做这些事。我们讨厌官僚主义。另外，专利申请的时间太漫长，完全跟不上我们创新的速度。专利其实并不能帮到我们，在我们申请的专利批下来之前，我们很可能已经有新的创新出现了。专利是马，而我们是以喷气式飞机的速度前进的。"许多中小型的隐形冠军同意他的观点，特别是那些创新能力强的企业。有些隐形冠军不申请专利的最重要的原因就在于专利申请的速度太慢。美国专利局的平均审批时间是 2.1 年，德国专利局甚至需要 2.3 年。

众所周知，企业申请专利不单单是为了自己使用，有时也当作阻碍竞争对手的预防措施。德国的一项研究显示这两者的比重相仿：60.2% 的受访企业认为专利的排他性带来的经济效益很重要；56.4% 的受访企业申请专利的主要动机是预防竞争。[5] 企业申请专利的目的还包括获取专利授权收入和交叉许可证，后者或许对隐形冠军更为重要。在美国专利还有一个独特的属性，有些美国企业申请专利并非为了在产品中应用相关专利，而是为了从违反专利者那里索赔。从事这个行业的公司被称为"专利流氓"。

有不少隐形冠军，对它们来说专利具有特别重大的意义，相应地，它们的研发强度也极高。这部分企业占整体的比例大约 1/13。例如克拉斯公司这样表述："自从 1913 年公司成立以来，我们平均每周申请一个专利。"位于南蒂罗尔的 Durst 公司，今日是喷墨技术的世界性领导企业，自公司 1936 年成立以来共申请了 1 400 多项专利，这对于一个仅有 200 名员工的企业而言相当可观。2015 年在德国专利商标局（DPMA）申请专利最多的 50 家企业中有 17 家是隐形冠军。

我们比较隐形冠军和大型企业在专利方面的表现，得到了很有启发性的结果。图 10-2 展示了两个关键指标。[6]

图 10-2 中的数据表明，与技术领先的大企业相比，隐形冠军展现出更胜一筹的创新能力。小型企业的人均专利研发强度比大型企业的高，这并不是什么新闻，然而我们在这里看到的差距之大的确令人吃惊。大型企业中，每 1 000 名员工的专利产出为 6 个，而隐形冠军达到 31 个。在专利产出这个指标上，隐形冠军是大型企业的 5 倍。隐形冠军的专利产出与大型企业相比也呈现出巨大差异。少数创新能力超强的隐形冠军在人均专利数的表现令人刮目相看。易福门电子是生产过程自动化的世界领先企业，它有 4 300 名员工和 580 个专利，平均每 1 000 名员工拥有 135 个专利。位于德国科隆市附近玛尔市隶属大陆集团（Continental Group）的 Emitec 公司是世界领先的金属催化转换器供应商，它在全球范围内有大约 1 000 名员工，专利数高达 2 700 个。

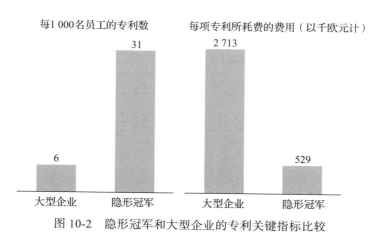

图 10-2　隐形冠军和大型企业的专利关键指标比较

平均每项专利所投入的研发费用也大不相同。隐形冠军平均每个专利的研发费用为 52.9 万欧元，而大型企业需要花费用多达 270 万欧元，足足 5 倍有余。每项专利蕴含多少市场潜力不得而知。没有文献证明"大型企业的专利有着更大的市场潜力"的猜测是正确的。恰恰相反，有一项研究表示："更大型的企业并不像我们猜测的那样拥有更有价值的专利。"[7]

我们可以从欧洲专利局的统计中找到按行业和国别划分的专利数量。表 10-1 给出了德国专利最集中的几个行业。

表 10-1　按行业划分的德国专利数 [8]

行业	专利数
汽车	2 052
电子机械	1 874
测量技术	1 379
有机精密化工	1 328
医疗技术	1 323
传动设备、泵、涡轮	1 278
特殊设备	1 190
机械零部件	1 178
建筑技术	1 032
基础化工	1 008
机床	983
仓储 / 运输技术	873

很明显，许多专利来源于隐形冠军主导的行业，例如，测量技术、医疗技术、机械零件或者传动设备、泵、涡轮等。虽然也有几个典型的大型企业主导的行业，但是除了汽车工业，这些大型企业的专利数量有限（例如，化工、医药）。按行业划分的专利数量分析来也可以证实隐形冠军是非常活跃的创新者。

有些隐形冠军把创新及相关专利视为企业核心能力。爱纳康是一个很合适的例子。阿洛伊斯·沃本是爱纳康的创始人，自 1984 年公司成立以来他就把所有精力都投入到创新中。爱纳康的网站主页就像是一本技术手册。爱纳康是世界上拥有风能生产领域最多专利的企业，是业界当之无愧的技术领导者。哪怕是世界领先的风力发电机企业维斯塔斯（Vestas）或者像西门子和通用电气如此巨型企业都要依赖爱纳康的技术许可。与许多其他隐形冠军一样，爱纳康在解决技术问题的时候另辟蹊径，不同于竞争对手，爱纳康的风能发电设备采用了不使用变速箱的设计。这意味着更短的起动时间、更低的故障率和损耗。因此爱纳康被视作风能发电设备中的"梅赛德斯"。爱纳康拥有一支由特种船只组成的运输船队，专门运输自己的风能发电设备。在这个领域爱纳康的技术也相当领先，如 E-Ship，这一先进的运输船目前正在全天候适用性试航中。爱纳康主要用它将制造出来的风能发电设备的部件运往世界各地。该船的动力系统除了有传统的柴油发动机外，还有4 个爱纳康研发的 Flettner 旋翼。每一个高 27 米，直径 4 米，其内部一个滚筒绕竖轴旋转。[9] 这样一个 Flettner 旋翼能比同样面积的船帆多产生 10～14 倍的推动力。E-Ship 在环保和废气排放等方面独具优势。"E-Ship 开启了货物船运的新篇章。"负责 E-Ship 运营的航运公司 Arkon-Shipping 有限责任公司的总经理托斯顿·韦斯特帕尔如是说。

专业舞台麦克风的世界领导者森海塞尔（Sennheisser）创新力极强，并且具备十分专业的专利战略。森海塞尔绝大部分的销售额来自于少则 1 项多则 5 项专利保护的产品。诸如飞利浦或者索尼等大型消费电子企业，它们更多地服务大众市场而不是一个特定的高端细分市场，它们有专利保护的产品的比例在 20% 以下。没有专利保护，它们的产品很容易被竞争对手模仿。森海塞尔对侵害它专利权的竞争对手绝不姑息，几年前与德国零售连锁巨头 Tchibo 的纠纷就是最好的佐证。彼时 Tchibo 推出了一款新耳机，森海塞尔认为此产品侵犯了它的专利，紧接着森海塞尔不仅要求立即停止该产品的销售，并且没收 5 万只已经出厂的耳机。作为大型企业的 Tchibo 在中型企业森海塞尔严谨专业的侵权防范团队面前毫无招架之力。如果 Tchibo 的管理层事先对这家隐形冠军有更充分了解的话，就不会这么手足无措了。森海塞尔有世界顶尖的专利专家，在他们的专业领域绝对寸步不让。

技术导向的隐形冠军对专利的看重还体现在专利管理人员在组织中的地位。在许多此类企业中，公司 CEO 往往会直接负责专利事务。根据专利律师克劳斯·吉奥肯的了解，没有任何一家大型德国股份公司的董事会中有专人负责"知识产权"工作。在大型企业中，这项工作一般由某一部门具体负责。克劳斯·吉奥肯估计，负责专利部门的主管中只有很少数能够直接向最高决策者汇报。

专利是反映创新产出的技术成果的指标，但无法直接反映经济效益。因为专利数不说明实际使用情况，经济意义更无从判断。发明或创造不等同于创新。一项调查显示，有 75.6% 的专利被使用，[10] 每个专利的价值大约为 15 万欧元，美国专家给出了相类似的估价，认为 10 万～20 万美元是典型的工业专利价值的区间。[11] 有近 1/4 的专利被束之高阁。对于规模较小的企业，资金不足是最主要的原因；对于规模较大的企业，产品和市场成熟程度不够则是专利不被使用的更主要的原因。据有经验的专利律师估计，小型企业使用专利的比例要显著高于大型企业。这个数据证实了我们的猜测，即以隐形冠军为代表的规模较小的企业如与大型企业相比，不仅在专利研发强度和成本控制上更有效率、更加成功，而且在研发和专利的价值产出方面也同样如此。

新产品

一项创新只有投入市场实现商用后才能算成功。高研发强度和专利数量并非创新成功的保证。索尼公司与苹果公司之间的对比可以证明这一观点。索尼的研发投入占销售额的 5.9%，苹果公司为 2.2%。索尼在 1993～2016 年获得了大约 21 500 个专利，苹果公司获得了大约 9 700 个。2016 财年，索尼实现销售额为 679 亿美元，税后利润 6.7 亿美元；苹果销售额为 2 516 亿美元，税后利润 457 亿美元。[12] 隐形冠军的新产品在市场上的表现如何呢？各家企业新产品的表现很难量化或者比较。实践中的惯例是根据不同情况考察那些上市时间小于 3 年、4 年或者 5 年的产品对整体销售额的贡献比例。以这个标准来看，许多隐形冠军都具备很强的创新力。就如上述德国经济研究所的调查研究显示，德国企业平均 23% 的销售额是通过新产品实现的，创新的隐形冠军的这个百分比要高得多。凯驰 85% 的销售额来自上市不到 5 年的产品。世界领先的伺服驱动系统公司威腾斯坦（Wittenstein AG）也达到了同样的比例。Durst 是欧洲市场最大的喷墨技术供应商，其销售额的 68% 来自 3 年内上市的新产品。博世电动工具作为全球行业领军者，其销售额的 48% 来自于上市短于 2 年的产品。世界领先的卫浴企业高仪集团的 CEO 大卫·海内斯称高仪的产品线是业内"最新鲜的"，其销售额的 67% 来自于上市 5 年内的产品。领先的工业机器视觉解决方案提供商锐多（Vitronic）公司超过一半的产品投放市场时间不超过 3 年。

以新产品收入占比作为创新指标有其局限性，因为如何定义"新产品"并无定论。对于那些不进行批量生产，而是进行个性化生产的企业，如装备制造业，新产品比例没有意义。每一次交付的项目都可以被定义为新的，因为它与之前的项目或多或少都会有所区别。原则上每次新项目都会有持续改善，从这个意义上来说，每个项目都可以称作一个新产品。这样一来，新产品比例可以说是100%，尽管这有违我们分析新产品比例的初衷。由于上述的原因，尽管我们很难进行新产品比例的判定和比较，但是我们能够肯定，隐形冠军在产品方面极具创新力，不管其处在发展阶段市场还是成熟阶段市场。

以下几个例子体现了不同发展阶段市场上的创新。卡尔蔡司为芯片工厂提供平版光学印刷系统，拥有世界最先进的生产平版光学印刷系统的工厂。荷兰隐形冠军 ASML 公司是全球领先的硅晶片生产平板印刷机的供应商，也是一家隐形冠军企业。在过去几年间，ASML 借助内置蔡司产品的平板印刷机成功成为该领域的市场领导者，前世界市场领导者日本的尼康和佳能的市场份额则大幅下降。

凭借性能卓越的创新，森海塞尔击败了来自美洲和亚洲的竞争对手，赢得了高端麦克风、耳机和无线传输系统全球市场的市场领先地位。如今森海塞尔的全球市场份额约为25%。[13]

一个划时代的创新是 Carbon Sports 的轻质自行车车轮，这是由工具大师鲁道夫·迪尔和他的一名合作伙伴共同开发出来的产品。Carbon Sports 公司的主页上这样写道："他们在绝对严格的保密措施下制造自行车轮。工作室里所有的窗户都被涂黑，从来没有一扇门会敞开着。这间工作室对外完全封闭，尽管没有人从外面会想到这堵围墙后面是自行车运动的武器工厂。然而正是在这间工作室里造就了一大批传奇的高技术产品。"在第一个自行车街道赛冠军使用轻质车轮取得冠军以及扬·乌尔里希使用这种车轮赢得环法自行车大赛之后，车轮的发明者就开始无法应对职业选手对轮胎的热情高涨的需求了。该公司的网站上接着写道："世界上最好的车手竞相上门求助。长达一年的交货期，以及哪怕是专业选手、世界冠军或者环法大赛的冠军都必须要一次全额付清一套车轮的费用的事实都无法阻挡全世界各地顾客的热情。"仅仅为了完整性，上述那段话之后又补充到近几年所有环法大赛冠军使用的都是 Carbon Sports 的车轮。2012 年 Carbon Sports 推出的命名为"高速公路"（AUTOBAHN）的碟片式公路赛车车轮的宣传语是如此："我们从几个关键词开始：进取、速度、空气动力、轻便、坚固、敏捷。是的，毫不妥协。"原本我们现在可以停止描述了，因为 AUTOBAHN 不是一种碟片式车轮，而是一种武器，一种与时间抗衡的武器。"即使在未来，世界上最好的赛车手依然可以信赖来自于德国弗里德里希哈芬市的 Carbon Sports 公司的非同凡响的创新产品。"

来自德国杜伦市的 GKD Kufferath 公司是金属编织物行业的世界领先企业，它开创了将建筑物外墙用作广告媒体的可能性。它在固定在建筑物外墙的不锈钢编织物内部装上了发光二极管（LED），且每个二极管均可以单独控制。通过这种方法，就可以全天候播放影像了。这种创新的不锈钢织物同时还可以起到为建筑物防风防光的作用，它完全透明且耐燃。隐形冠军 Glasbau Frerichs 为其客户提供类似的名为"独立玻璃媒体幕墙"（Onlyglass Mediafacade）的创新产品。Glasbau Frerichs 这个公司也借助于这项独特的创新才得以出现。这种透明的媒体外墙是与德国布伦瑞克工业大学（TU Braunschweig）合作研发的，广告媒体直接内置于玻璃中，而不需要额外的媒体幕墙。2012 年投放市场的元年，Glasbau Frerichs 的客户就已经遍及五大洲。[14]

矫形外科技术的发展也在不断提速。奥托博克走在世界最前列，在公司发展早期即为市场提供了许多具有划时代意义的创新技术，如肌电控制的假臂或者新的肌电假肢。肌电技术致力于解决"人们能够按自己的意愿来控制自己的假肢"的问题。

即使是在成熟市场上，创新也层出不穷。克拉斯生产的 Lexion 型收割机是世界上最具创新性、最有效率的联合收割机。Lexion 有效切割宽度 12 米，能在 10 小时内为一个拥有 350 万居民的大城市收割一天所需的粮食。这个机器配备各种高科技，由通过卫星导航的机载计算机来控制，收割机司机只需要进行监控。这一产品也完美体现了创新的全球导向，它是专门为北美洲和东欧大面积种植的农场设计的。这台机器对于德国来说太大了。仅在俄罗斯就有着比整个欧盟还大的农耕面积。克拉斯投放市场的创新产品往往都成为行业的新标准。克拉斯还有世界一流的农作物收割机、饲料收割机以及茎秆压捆机。克拉斯推行的"针对全球市场的产品创新"实际上也是大多数隐形冠军奉行的原则。56% 的隐形冠军认为它们的研发针对的是海外市场，只有 10% 的隐形冠军说它们的产品主要针对国内市场。

海瑞克（Herrenknecht）也展现了出色的创新能力。这家在 1975

年由马丁·海瑞克创办的公司在 25 年内就成为隧道挖掘机领域毫无争议的市场乃至技术领导者。他们一直为隧道挖掘机技术设立新的标杆，例如为建造 Gotthard 隧道（位于瑞士境内，长达 15 公里），或者为南京长江隧道工程所投入的世界最大的隧道挖掘机。海瑞克的子公司 Herrenknecht Vertical 专注于采集地热用的深度钻探，它开发的设备可深入地下 6 000 米。这是一个极具发展潜力的市场。

德语区国家的隐形冠军的创新不仅仅局限传统行业，如机械设备制造、汽车零配件、医学技术或者化学领域等。我们观察到一些年轻的隐形冠军企业也是新市场领导者的有力竞争对手。例如，ip.labs 公司在新兴的数字照片服务市场凭借其快速的用户友好的创新占据了市场领先地位。来自锡根市的 Invers 公司以其颠覆式的创新成为汽车共享体系的世界领导者。

类似的创新案例我们还可以举出很多。这些例子印证了我们的推测，即隐形冠军处在一个创新高度活跃的阶段，并将在可预见的将来保持创新活力。隐形冠军的创新精神似乎在最近几年达到了新高度。在许多领域，隐形冠军都已经超越了日本以及部分美国公司，（重新）占据了技术领先地位。另外一面，来自新兴国家尤其是中国的企业在创新方面也不遗余力，并且通过并购国外先进企业（包括很多德语区典型的隐形冠军）的方式实现弯道超车。上工申贝集团收购 Dürkopp Adler、三一重工收购普茨迈斯特、潍柴动力收购凯傲叉车、美的集团收购库卡（Kuka）等都是活生生的案例。我们在下文还将对中国企业与德国隐形冠军的交集做更深入的讨论。

创新推动力

对创新推动力分类的一个最简单办法是看这个刺激是外来的还是内生的。最主要的外来刺激来自客户，同时，供应商、竞争对手或者合作伙伴都可能无意中贡献新的想法。内生刺激主要来自管理层、研发部门或者来自其他部门的意见。德国经济研究所的调研显示了不同创新推动力重要性。[15] 图 10-3 展示了调研结果。

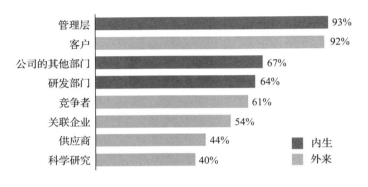

图 10-3　创新推动力的重要性

图 10-3 的调研结果证明，内生和外来刺激都是创新不可替代的推动力来源。在我们自己的调研中我们会问，企业的创新能力是以技术驱动为主还是以市场驱动 / 或者客户需求为主，或者这两种推动力同样重要。

我们还调查了部分大型企业作为参照物。鉴于隐形冠军在之前讨论过的诸如研发强度和专利数等创新指标方面的表现是如此抢眼，我们事前猜测隐形冠军的创新可能更多的是技术推动的。但图 10-4 却显示了一个截然不同的结果，恰好有一半的大型企业认为自己企业的创新是市场驱动的。这感觉像是一个政治正确的回答。大约 1/3（31%）的大型企业认为技术是主要的推动力，只有 19% 认为技术和市场同样重要。对于隐形冠军而言情况则完全不同，大约有 2/3 认为市场和技术是同样重要的推动力，只有 21% 的隐形冠军认为它们的创新主要是由市场驱动的，选择技术驱动的则更少，只有 14%。

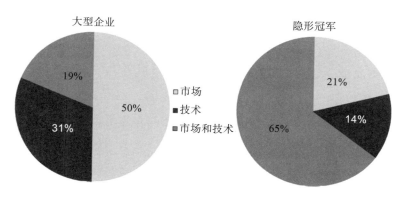

图 10-4　大型企业和隐形冠军的创新推动力

自 20 世纪 50 年代以来，在关于企业战略的书中一直存在着对"资源基础论"和"市场中心说"两大学派的讨论。巴尔尼和黑斯特里合著的《战略管理和竞争优势》对相关讨论有深入和基于现实情况的阐述。[16] 资源基础论认为，一家企业的战略应该立足内部，也就是由它的资源来驱动。因此最重要的是核心竞争力与能力的培养与发展。[17] 相反地，市场中心说认为，必须时刻关注市场带来的机会，并以市场为准绳进行战略决策。换言之，市场中心的核心思想是发掘市场机遇，并通过为客户提供更好的体验获取竞争优势。那么，隐形冠军更接近这两大流派的哪一方？它们又教会我们什么呢？大型企业中，有 81% 的企业有明显的市场（市场中心）或者技术（资源基础）倾向，而隐形冠军则没有显现出如此清晰的倾向。它们中的 2/3 选择了中庸之道，将市场和技术放在了同等重要的地位。世界领先的购物车制造商旺众这样精确地表达了市场和技术兼备的中庸战略："着眼于我们将来的发展和扩张，我们将兼顾产品导向和客户导向。"欧洲水基涂层的市场领导者 Alberdingk Boley 公司声明："通过市场和技术的融合，我们发挥出内部综合能力和外部市场机会的理想的协同效应。"相较于偏重于一端，这种技术和市场的融合具备很多方面的优势。市场导向和技术导向不应该是互相对立的，应是互相补充的。[18] 世界领先的泵／研磨和分离技术企业 Netzsch 的诺波特·盖博哈特恰如其分描述了两者的平衡："我们与客户打交道时，既需要市场导向，也需要技术导向。销售人员对技术细节了解不深，同样，工程师在交流方面也不是专家。我们的目标是结合两者的优势。"

上述分析表明，隐形冠军采用的综合思维方式是必要的也更具优势。但难点在于综合的思维方式使得战略的制定变得更为复杂。与单一地依据市场或者仅从自身能力出发的战略不同，综合思维方式要求管理者能够在需要的时候跳出自己的思维定式，从另一个角度去思考战略。战略制定的起点可以从市场出发或者技术出发。但是必须在战略分析的早期中就自问：

- 我们是否有足够的能力来开拓或者培养这个有吸引力的潜在市场？或者反之；

- 适合我们自身能力的市场是否存在，或者我们是否可以开发出这样一个市场呢？

如果我们观察下面列举的创新案例，就能确定，一般情况下，隐形冠军都会先偏重于一个出发点，然后很快转向兼顾市场和技术的综合理念。一些案例涉及企业创办的初衷。对于隐形冠军是如何诞生的这个问题，我们都想知道答案。

创新的诞生

创新以及隐形冠军诞生的历史各式各样，没有规律可循，所以也很难进行分类。运气和巧合常常是隐形冠军历史的一部分。有时起点是捕捉到未被满足的客户需要，有时是首先有了技术，然后再去寻找能够用它解决的问题。对于隐形冠军来说，不管起点如何，市场和技术两方面的视角总是会很快地交汇在一起，而这种融合恰恰构成了企业创新能力的核心。

1972年彼得·维克勒（Peter Weckerle）在一家美国机床企业Cincinnati Millacron工作。当年他有一次在雅芳化妆品公司一个工厂参观时发现，制造口红的很大部分工作是由人工完成的。他坚信，自己可以设计出更好更合理的生产流程，随后他发明了生产口红的机器设备。雅芳购买了样机。转机出现在1980年，苏联人想要为当年在莫斯科举办的奥林匹克运动会提高口红的产量，并拜访了雅芳的工厂。在那里他们看到了维克勒生产的机器并马上订购了20台。如今世界上85%的口红生产设备都来自于Weckerle公司。此外，Weckerle也是世界上最大的口红生产商。发现客户问题的能力和技术能力在企业家彼得·维克勒身上得到了完美体现，并在他的儿子托马斯·维克勒身上得到了延续。

20世纪60年代，拜尔研发出了一种离子交换剂，但企业内部并未看到该产品的应用市场。海因茨·汉卡玛当时是一名家具销售员，他从一个熟人那里了解到了这个创新。不久后，他就开始在加油站销售这个可以用来准备为电池使用的净水的过滤剂。这就是家用滤水器世界领导者碧然德家用滤水器生产公司的前身。最初有的只是一项技术创新，企业家汉卡默逐步地找到了不同的应用市场并进行了成功的开发。戈尔（Gore）的起源与碧然德颇有相似之处。创始人比尔·戈尔当时在大型化学企业杜邦的实验室工作并且参与了特氟龙（PTFE）材料的研发。1958 年他创办了自己的公司，目的是开拓 PTFE 的应用市场。时至如今，戈尔在基于 PTFE 应用的创新领域均十分出色，例如休闲服领域（Gore-Tex 注册商标）、电子以及环境和药疗技术，并且在上述许多领域中都是世界市场的领导者。戈尔公司现有 1 万名员工分布在全球超过 25 个分公司，年营收达 30 亿美元。

许多隐形冠军的创新源于创始人自己在生活中遇到的难题。克劳斯·希普（Claus Hipp）缔造的同名公司（Hipp，中文译作喜宝）是德国婴儿食品的市场领导者。希普回顾喜宝诞生的故事："我们的祖母没有母乳可以喂她的两个双胞胎孩子。她的丈夫，一位来自普法芬霍芬的糕点师傅约瑟夫·希普灵机一动，把牛奶、面包干和水混合在一起给双胞胎小孩吃。这对双胞胎活了下来，他们是第一代的喜宝面包干糊糊的客户。他们万万没有想到，当初这个迫不得已的意外之举成就了日后德国最畅销的婴儿食品品牌。"[19] Tetra 的创业史与之有异曲同工之妙。公司创办人乌尔里希·班驰在撰写他关于热带鱼的博士论文时发现，热带鱼的饲养很困难，因为当时在市场上没有合适的饲料。因此他亲自研发了热带鱼专用的即食鱼饲料，并创建了 Tetra 公司。这家公司是全球最大的欣赏鱼饲料企业，市场份额是其最大竞争对手的 3.6 倍。喜宝和 Tetra 都诞生于一个没有解决的问题，它们的创始人——一位糕点师傅和一位生物学家基于自己的专业知识开发了创新的解决方案，将客户需求和技术创新融合在一起。

福莱希的创始人兼 CEO 曼弗雷德·博格丹也有着类似的创业故事。博格丹发现他只有在使用一条很僵硬的遛狗链时才能把他的狗控制住，否则就只能任由它不受控制地乱跑。这件事情使得他很困扰。为什么没有一家厂商能生产出兼顾两者的灵活的狗绳呢？这是对需求的最初认识。博格丹当时是电锯生产企业 Dolmar 的一名有经验的工程师。[20] 他从电锯启动发条上得到了灵感（电锯启动时拉出的钢索会由一个螺旋弹簧将其自动拉回到电锯内部）设计出 Flexi 伸缩遛狗链的原型。完美融合了客户需求与技术创新的福莱希如今以 70% 的市场份额成为世界最大的遛狗链公司。

颠覆式的科技突破是创新管理的最大挑战——新技术的出现可能重新书写原有成熟市场的运作规律。在之前章节我们就已经提到过一些隐形冠军是如何应对此类挑战的。这里我们再举一个例子。CEWE Color 是欧洲最大的相片服务公司，它经历了一番惊心动魄的结构性市场变革。CEWE Color 最初的业务领域是胶卷照片的冲洗。但随着数码科技的发展，越来越少的消费者选择冲洗照片，他们要么在家里用打印机打印照片或者根本不再打印或者冲洗照片。2005 年，CEWE Color 共冲洗了 43 亿张胶卷照片，到了 2010 年这个数字直落到 8 亿，业务量锐减 80% 以上，直接威胁到公司的生存。面对挑战，CEWE Color 采取了一系列的创新举措，引入诸如照片书、照片日历等其他新业务，重新赢得了生机。其中照片书的销量在 2005 年还是 0，2006 年为 53 万册，2016 年则为 620 万册，2013 年公司的销售额达到了创纪录的近 6 亿欧元。

位于意大利南蒂罗尔地区的隐形冠军 Durst 在过往的 30 多年间甚至经历了几次如此过山车式的发展阶段。这家成立于 1936 年的公司是照片扩印设备的世界领导者。随着小型照片工作室和数码摄影的出现，公司营业量骤降 70%。Durst 公司 1 400 个专利储备拯救了公司。1995

年，Durst 生产出世界第一台数字放大设备，至今全球的、政府和机密部门仍然使用这一产品。使用用这台设备我们可以拍摄 70 公里外的一部汽车并能辨别车牌号。后来，Drust 转而研发用于陶瓷、木材、塑料和纺织品的喷墨技术的创新。今天，它是这个领域欧洲市场的领头羊，世界范围内的第三大企业，并一如既往地保持了极高的创新力，平均每 18 个月实现一次产品迭代。Durst 最近的一个创新项目是给太阳能发电板喷上涂层，使得发电板能够在外表上与屋顶、瓷砖或者墙壁融为一体。Durst 宣称："我们从不抱怨由于技术创新所导致的不断的市场变化。相反，我们喜欢它们，这是我们的积极参与到影响世界市场的技术创新中的机会。创新太慢或者太少所带来的风险是我们的推动力，敦促我们不断前行。"[21]

然而能够实现成功转型的案例是少数，更多的企业在转型中不幸失败了。位于德国黑森林地区的 Welte & Söhne 早在 1904 年就推出能够记录并反复还原艺术家弹奏的钢琴，轰动了全世界。"这件乐器的成功对于艺术家和听众来说都是史无前例的。它实现了最大胆的梦想，真正成功地把音乐家演奏的曲子录下来再重新演奏出来。当时许多音乐界的名人，例如理查德·施特劳斯、爱德华·格里格、克劳德·德彪西以及古斯塔夫·马勒等都被它征服，并且赞不绝口。[22] 1912 年 Welte 公司甚至在美国开设了工厂。然而随着唱片的出现，公司开始走向没落，接下来的许多创新尝试都以失败告终，1952 年公司最终破产。如今只有位于弗莱堡市的一堵纪念墙还能让人想起那辉煌一时的世界级企业。在市场转型中折戟沉沙的还有世界领先的幻灯机制造商 Reflecta、德国打字机生产商奥林匹亚（Olympia）公司和 Triumph Adler。后两家企业都曾在 20 世纪 60 年代的世界市场上名列前茅，但是在市场转向电子和个人电脑时代时，它们失败了。尽管它们曾经非常成功，并且曾经的市场和客群也都还存在，但是它们缺乏电子科技方面的创新能力，没有办法适应变化的市场环境和客户需求。以上案例证明：创新要想成功，内部的自身竞争力与外部的市场机遇两者缺一不可。

在企业的生命周期中，难免出现颠覆性的技术变革的情况。在如此情况下，唯有依靠彻底的创新才能够生存下来。Durst 的 CEO 理查德·皮奥克给出如下建议："我们一定会再次遇到某个业务领域终结的时候，之前是摄影设备，是相片扩印设备，今后也很可能是喷墨技术。当这一天来临的时候，我们必须拓展新的业务领域。为了实现新业务的跨越，我们一方面需要有热情、激情和能力的新同事加入，来拉着其他人往前走；另外一方面，我们也还需要老员工保持着思维的开放性和灵活性。"[23]

持续改进 vs. 颠覆式创新

说起创新，人们常常会联想到颠覆式的新产品或制造工艺。如此突破性创新比较容易被关注，并会被媒体大肆宣传。然而，在现实中突破性创新总是很少见。通快的贝特霍尔德·莱宾格认为，在通快从事的行业中差不多每 15 年才会出现颠覆式的创新。典型的创新过程是由许多不会出现在新闻标题上的小幅改进组成的。虽然很难用数字证明，但隐形冠军的创新多为持续性的小改进，而非颠覆式的创新。这也是本章题目"持续创新"想要表达的含义。世界领先的购物车制造企业旺众说："旺众的历史是一部持续创新的历史。"意思是旺众的历史是一个持续改善的过程。不难想象，购物车或者行李车的颠覆式创新是小概率事件。森海塞尔如是说："进化（evolution）而不是革命（revolution）使企业变得强大，因为许多技术突破是持续改善、厚积薄发的自然结果。"[24] 人造水晶的世界市场领导者施华洛世奇至今坚守创始人的格言："把好的做得更好。"世界领先的胶原蛋白生产商嘉利达（Gelita）将其"激情"融入公司格言"我们所有人始终只想做到最好"中。美诺的座右铭是"永远更好"，表达了他们要生产世界市场上顶尖产品的诉求。持续创新是美诺公司运营的立足之本。美诺客户的复购率达到了惊人的 90%。来自慕尼黑附近加兴市的 M. Braun 公司是世界领先的惰性气体手套箱生产商，它也有类似的志向。M. Braun 公司在有机电激光技术领域具有极强的创新力，受英国国家印刷技术中心委托建造了一台全球独一无二的设备。[25] 这家公司在世界范围的竞争对手寥寥无几。M. Braun 公司的格言是："苟日新，日日新，又日新。"

有诸多迹象显示，实践中持续不间断的创新是创新的主要形式。研究科技发展的学者纳塔涅尔·罗森贝格（Nathaniel Rosenberg）观察到，绝大部分的工业研发都是在既有技术的基础上进行优化。[26] 这是不赖的创新方法。许多隐形冠军的竞争优势来自它们对细节上的关注比竞争对手做得更好。它们的产品和服务几近完美，而这一结果往往是一系列永无止境的改善而非一蹴而就的创新所带来的。

创新管理和组织

隐形冠军的创新管理和组织有很多独到之处。接下来，我们将逐一讨论并提供相关案例。

高层管理者的角色

如我们在图 10-3 中看到的那样，管理层是创新的主要推动力之一，这个对于隐形冠军而言更是如此。时任菲尼克斯电气 CEO 的克劳斯·艾塞特（Klaus Eisert）先生，钟情于创新，拥有多项技术发明专利，即使现已 84 岁高龄，依然坚持每周参加公司的创新会议。琥崧创始人李源林本身就是一位技术专家，拥有几十项发明及实用新型专利，经常深入研发部门参与技术讨论，推动创新。隐形冠军经营者亲自管理创新，这不仅局限于企业初创阶段或早期，而是贯穿始终。这一点在生产单一产品的企业中体现得尤为明显。福莱希是世界领先的遛狗链生产商，其创始人兼 CEO 曼弗雷德·博格丹亲自过问所有产品开发的细节。同样还有世界排名第一的图钉生产商 Gottschalk 的企业家罗尔福·哥特沙尔克（Rolf Gottschalk）。哪怕是已经形成较大规模的多产品的隐形冠军企业，高层管理者介入创新管理也是寻常事。美诺的 CEO 彼得·辛康几十年来一直是推动创新的领导者典范。1946～2013年，汉斯·里格尔领导黄金小熊橡皮糖企业哈瑞宝，他任职期间始终是创新的大力推动者。阿洛伊斯·沃本把爱纳康造就成风能发电行业的佼佼者。凡事关创新和改善，领导们往往亲自出马。世界灌装瓶系统市场领导者克朗斯（Krones）的创始人赫尔曼·克龙泽德尔以自己的亲身经历完美诠释了企业经营者在创新中的角色："当安装工人想要对设计师说'你造的东西一团糟'的时候常常感到不太自在。几年前起我们规定在我们公司，每次安装工人在为用户安装好设备返回公司时，必须当着我们的面对设计师说清楚在安装设备时出现了哪些问题，更重要的是要指出设备设计中有哪些必须要解决的问题以及设备应该如何改进。安装工人一般总是有一个清楚的想法，只是很难将想法付诸实施，也就是说，他很可能自己画不出图纸，但他会准确地知道问题的关键在哪里。在许多工厂里，安装工人很少有机会向设计师报告他们的经验，他们根本没有机会去设计师那里。在我们这里，这种谈话我们基本都在场。不然的话，安装工人很可能会迫于压力而轻易放弃。设计师通常会比安装工人更强势，也更能言善辩。安装工人可能到最后没有说出自己想要说的话就离开了，并且会想：'你们爱谁谁吧。'但在克朗斯绝不允许如此情况发生！安装工人也不喜欢写很长的安装报告。为什么？因为他们常常写错别字。当他们把报告交给装配主任，报告首先得由秘书阅读并改正书写错误，就像在学校里被老师改正一样，常常还是用红笔。这种带有羞辱性质的行为会使安装工人感到愤怒和尴尬，结果就是他们不愿意再写任何报告了。"魔鬼存在于细节中。克龙泽德尔的经验是，直接面对客户的员工和研发人员的沟通过程中充满陷阱。克朗斯的决策无疑是正确的，即决策者亲自介入到这个沟通过程中，这大概就是成功的创新者和不成功的创新者之间的差距了。

很多时候创新的灵感来自于观察客户是如何工作的。螺栓和链接固定技术的专家莱因霍尔德·伍尔特（Reinhold Würth）有一次在造访一个建筑工地时找到了个新点子。在那里，他听到一个工人抱怨，要读出工具和对应螺栓上的尺寸数值是多么困难。通常，这些数值都被冲压在金属上，很难辨认。伍尔特用不同的颜色记号取代了号码，这样工人们就可以很方便地根据不同的颜色对工具和螺栓进行匹配了。这一颜色标号系统获取了设计专利，并获得了巨大成功。伍尔特还注意到工厂工人们抱怨工具设计有问题导致身体某些部位肌肉和筋骨的负担特别重。过去从未有人想过，老虎钳或螺丝刀如此常规工具的设计是否符合人体工学。伍尔特发现，有些工具 100 年以来其形状都没有发生过变化。因此，它们几乎不可能符合现代人的身体构造。他发起了一个研究项目，并开发出一整套新的工具设计方案，其中一些新设计的工具所减轻的身体实际负荷超过了30%。它们取得了巨大的成功。

企业经营者积极参与创新的前提是对细节的深入了解和长期以来对各类问题的熟悉程度。专注以及对业务和技术的深刻了解才使得与客户的紧密关系以及对技术的深入了解成为可能。在拥有许多不同业务线的大企业中，作为企业经营者的CEO要扮演如此角色是难以想象的。随着隐形冠军企业规模的扩大和业务扩展，CEO势必会越来越脱离具体的创新活动。隐形冠军有意识地通过分权式管理散化来应对这一趋势。这样相对独立的各业务线负责人可以专注和深入他们从事的业务，并成为创新的重要推动力。

人才重于预算

隐形冠军用有限的研发预算和小规模团队实现的创新令人印象深刻。大型企业倾向于"砸钱解决问题"，小企业只有有限的资金和较少的人员，必须精打细算。事实证明，小企业的创新效率往往更高。托马斯·斯特隆曼是医药企业Hexal的创始人，如今也是一位多元化的投资者，他说："我们不相信恐龙般行动迟缓臃肿的研发部门。庞大的组织结构中诞生不了创新。只有小团队才有效率。"[27]

我们已经知道隐形冠军的相对研发费用（相对收入而言）较高，但与大企业相比在绝对金额还是小巫见大巫。锐多（Vitronic）是一家领先的工业机器视觉解决方案提供商，例如，德国卡车过路自动收费系统站（Tollcollect）的桥梁上就装备了它的系统。虽然锐多将相当

8 300万欧元营业额的10%以上投入研发，但这也只有800万余欧元的预算，相对于大企业来说实在不算多。然而，用创始人诺贝特·施泰因的话说："锐多可能聚集了这个行业最多的专家。"专利分析证明，隐形冠军从用于研发的每一欧元中获得的创新产出远比大型企业要多。员工的素质不但影响到最终结果，也影响创新的速度。博斯咨询公司曾得出以下结论："卓越的创新成效来源于一个组织的创新流程的质量而不是创新经费。"[28]

隐形冠军的创新力取决于员工的素质而不是预算的多少。一个人或少数几个人如何能把一家企业打造成为全世界的技术领导者？问题的答案一方面在于专注和深度，另一方面在于持久性。大型企业的实验室工作常常只是个人事业攀升的一个中间阶段。在隐形冠军中，常常能找到倾其一生致力于产品持续改善和再发展的"专家们"。但这些关键创新者的新老交替，同企业领导层的接班人一样，也存在挑战。

普遍接受的战略

如果一个团队众志成城地往一个方向努力，那么企业的内耗会降到最低。如果我们问中型企业的管理层他们将百分之多少的精力投入到克服内部阻力中，答案通常会是20%～30%。而大型企业对同样问题的回答通常是50%～70%。森海塞尔对内部政治的态度很明确："虚荣和部门间的权力斗争是绝不允许的。我们必须与索尼或飞利浦如此巨头竞争，我们不能把时间浪费在权力斗争上。"战略成功的90%取决于落地实施，隐形冠军在这方面优势明显。对大型企业和隐形冠军都有着丰富经验的专利律师克劳斯·尤尔根说："隐形冠军通常都比其他企业更加清楚自己的中长期目标是什么。持续的战略定位使得它们更容易实施符合企业情况的创新战略。这一战略优势显著提升了企业效率，并且持续地扩大与竞争对手之间的竞争优势。"

如果所有技术和销售部门的员工都理解并接受企业战略，那么他们相互之间就能开诚布公地讨论想法和意见。总部和分部之间的关系亦是如此。分工明确的大型组织中更容易出现部门相互之间的倾轧和争斗。销售视技术、生产和其他职能部门为敌人，反之亦然。在总部和分部之间也时常充满火药味。这种情况对创新毫无益处。一项被企业内部普遍接受的战略不仅会有利于发现更好的解决方案，也利于方案的实施。

与其他职能部门的合作

隐形冠军的经营者们反复强调研发部门与企业其他职能部门之间的合作对成功创新的重要性，特别是与生产和销售过程相关的创新。克恩－里伯斯公司（Kern-Liebers）的"最高原则"是："成功并非偶然，而是所有参与者合作的结果。"克恩－里伯斯公司有 7 400 名员工，是安全带弹簧领域的世界市场领导者。克恩－里伯斯与中国的渊源颇深，它是最早在中国太仓设厂的德国企业。2018 年是克恩－里伯斯在中国开厂 25 周年，也是第 2 个工厂的奠基。

世界领先的电池金属外壳生产商 Heitkamp & Thumann 的执行总裁约根·图曼说："为了能够保持世界市场领导者的地位，我们需要生产和研发部门之间进行紧密的相互配合。只有在个别情况下，才允许研发在安静的小房间里独立进行研究。一般情况下，研发需要靠近生产。"

与此相似，为了确保创新能够最大限度地符合客户需求，技术与销售之间的合作也非常重要。森海塞尔的市场营销负责人苏珊·赛德尔女士评论说："从研发到生产再到市场销售，这一过程中不允许有任何延迟。研发和市场销售必须紧密结合。"[29]电锯市场领导者斯蒂尔（Stihl）每年都会推出大量的创新产品，以至于销售负责人罗伯特·迈尔根本无法将它们全部推向市场。他说："我们有这么多的创新，我们真的不确定，我们的客户是否需要、期望或者能够接受这些创新。正因为我们在技术上的创新性，我们必须围绕客户需求来进行研发。对一个高科技企业而言实现这一点并非易事。"博斯的研究证明了跨职能部门的合作对创新成果的重要性："成功的创新需要研发、市场、销售、服务和制造部门非常紧密的合作。合作不利可能会对创新过程造成毁灭性的影响。"[30]

鉴于隐形冠军普遍较小的企业规模以及较粗放的分工，它们与大公司相比在跨部门协作方面有着天然优势。前文提到的与客户的紧密关系以及生产或研发人员深入客户现场为跨部门协作起到了关键性的作用。

与客户一同研发

客户是非常有价值的创新灵感的来源。麻省理工学院教授艾瑞克·冯·西普尔早从几十年前起就一直推崇这一说法。[31] 他的理念是："仔细倾听客户诉求，报之以满足或者超越他们期望的新产品。"对许多隐形冠军而言，与他们的客户一同研发意义重大。在装备制造业或工业配套行业，几乎每个项目都避免不了要与客户一同进行研发。在如此合作中，与客户的紧密关系、长期的合作关系以及由此产生的相互之间的信任十分重要。合作研发不仅对供应商有益，同时也对作为甲方的客户有益，因为这种方式不仅可以提高最终产品的质量，同时也缩短了研发的时间。J. D. Power 公司的一项研究也证实了这一假设。[32] 世界领先的高纯度硅晶片制造商 Siltronic 明确表示："在新产品开发过程中，我们自始至终都跟客户保持紧密协作，一直延伸到量产。"隐形冠军企业 Diametal 公司邀请其客户尽可能在其产品开发早期联系 Diametal。Diametal 是高精密切削工具的技术领导者，它生产的工具用于制造钟表内部的齿轮传动装置。如果顾客能够在产品研发早期及时把需求传达给 Diametal，后者就可以为钟表结构、设计或者生产过程提供创新的解决方案。在这种情形下，Diametal 甚至可以保证其产品的工序时间和完成工件数量。世界领先的香精香料生产商奇华顿（Givaudan）的愿景是"通过与客户在产品开发、创造和完善过程中的合作对话，成为客户开发香精香料可持续性方案的重要合作伙伴"。[33] 隐形冠军 Pöttinger 是全球第一的干草拖车制造商，拥有 60% 的全球市场份额。它的理念是："我们不遗余力地保持与客户的紧密关系，并在研发中与客户保持积极合作。"很多 Pöttinger 自己的员工都有自己的农田，可以说客户始终在企业中。[34] 为机械制造业客户提供组件或完整模块的 Deutsche Mechatronics 公司说："如果客户能够在研发设备早期及时与我们一同进行研发，我们可以帮助客户节约超过 20% 的成本。"这里的关键因素是研发与生产的融合，供应商与客户之间的紧密合作缺一不可。Schott 凭借 Ceran 品牌电陶炉成为该产品的世界市场领导者。Schott 有一个专门的研发团队与电器、炊具、清洁剂生产商以及设计师等保持长久的合作，持续改进产品。Ceran 的历史是一条连续的创新链，所有参与者都做出了自己的贡献。

欧洲领先的照明技术企业奥德堡将自己定位为"将照明和建筑融

于一体的照明系统供应商"。为了实现这个目标，奥德堡与建筑师紧密合作，由此诞生了许多有意思的创新。其中一个例子是一个能够实现照明最大灵活性的智能照明控制系统。现代建筑往往要求尽可能保持空间的灵活性，在建筑项目初期往往还不清楚，建成后的空间会用来做办公室、零售商铺还是健身中心。除了照明方面，建筑公司通过模块化设计在很久以前就解决了客户对于灵活性方面的诉求，然而照明方案是一个短板。奥德堡从中看到了商机，通过与规划师和建筑师的研讨开发出了"按需调光"的解决方案。方案背后能满足各种不同需求的光控模块。默认激活的只有基本功能，其价格也比较亲民。如果之后空间应用发生变化，客户需要启动新的照明方式或者功能，灯控模块可以很容易地实现指定的功能，客户只需要支付一定的额外费用即可。特斯拉和宝马等汽车厂商也越来越多地开始运用类似的方法，使用软件模块控制硬件表现，客户可以随时通过支付额外费用开启更多或者更优的功能（比如，发动机功率）。Hako 是世界第二大的专业清洁设备生产商，它在项目规划和报价阶段就开始对其客户（专业的清洁公司）提供支持，并可以向客户保证预估的项目费用符合实际情况。与客户的协同研发以合作双方的充分信任为前提，唯有如此才能够避免知识产权被窃取。在这方面隐形冠军优势明显，它们往往与客户保持持久且紧密的合作关系。

研发速度

　　许多隐形冠军都强调它们在创新方面比那些大块头的竞争对手行动更快，实际上它们也做到了，其原因在于已经提到过的顺畅的跨职能部门合作、专注、较粗线条的分工、较短的决策过程，特别是高管的决策速度，员工素质也起到了十分重要的作用。在谈及子公司卡尔蔡司 SMT 半导体公司时，卡尔蔡司多年的 CEO 迪特·库茨说："公司受益于我们精密光学技术人员常年积累的经验。集成电路行业惊人的创新速度只有杰出的专业人员才能跟得上。新市场不断带来成为市场领导者的机遇。"在那里起决定性作用的常常是速度和合适的时机。Westfalia Separator 凭借快速创新在生物柴油离心机这一新兴市场上获得了 80% 的世界市场份额，远远超过了它在其他传统市场的市场份额。用 Westfalia Separator 自己的话来说，成功原因在于："在恰当的时机把合适的创新产品投入市场。"世界领先的博世电动工具将新产品的研发周期由原来的 24 个月缩短到 12 个月，整整节省了一半时间。欧洲领先的园艺灌溉和园艺器械企业嘉丁拿（Gardena）也为自己的研发速度感到自豪。Gardena 特别之处在于在产品开发的同时也制造生产该新产品的设备，这大大节省了时间。

本章总结

创新是隐形冠军市场领导力的根基之一。隐形冠军展现了持久的活跃的创新力，它们持续不断地创新。创新是隐形冠军在过去几年中能够提高市场份额的主要原因。隐形冠军的高研发强度和高效率使得它们的未来也一片光明。我们的发现如下。

☛ 唯有依靠创新才能获得并保持市场领导者地位。纯粹的模仿是远远不够的。

☛ 创新必须提高客户效益并且／或者降低成本。为了做到这两点，创新应不仅局限于产品和技术。商业活动的各个方面都可以作为改善的切入点，事实上隐形冠军也做到了这一点。

☞ 在产品创新、研发及专利特别重要的行业里，隐形冠军在各项创新指标上均遥遥领先于行业平均水平和大型企业。

☞ 同样，在工程及服务行业也不乏创新的隐形冠军。然而与产品不同，我们在这些行业难以量化创新指标。

☞ 成功的创新需要市场和技术这两种推动力的融合。2/3的隐形冠军实现了这种融合，而只有19%的大型企业做到了这点。

☞ 不应该只是追求轰动的颠覆性创新。许多隐形冠军之所以成功，正是因为它们持续地一步步地实施微创新，聚沙成塔地形成顶尖的产品和竞争优势。

☞ 技术发展的突飞猛进对企业的创新能力提出了极高的要求。一部分企业成功地翻过了障碍物，有些甚至是多次地翻越了障碍物。然而，很多企业在科技转型期间失败了。

☞ 企业经营者应该亲自介入创新管理，积极地推动创新以及创新的商业化。能够做到这点的前提是关注和深度。只有在企业经营者足够熟悉了解所有细节时，才能有效地推进创新。

☞ 一个内部普遍接受的战略和顺畅的跨职能部门合作可以简化并加快创新过程，特别是对于流程创新而言。

☞ 要获取创新成功，员工的素质比预算更重要。连续性是持续改善和实现完美结果的充分条件。

☞ 顾客是创新理念非常重要的源泉，因此应当在创新过程中与客户紧密合作。相互信任是必不可少的前提条件。

尽管人力和财力资源有限，但隐形冠军还是证明了它们是优秀的创新者，它们的创新效率比大型企业高出若干倍。隐形冠军的秘诀在于它们的创新管理有别于大企业。虽然全球化是隐形冠军企业增长的主要驱动力，但隐形冠军的竞争优势源于创新，并且面对世界范围内的创新竞赛做好了充分的准备。

注　释

1. Vgl. GfK-Panel DIY Superstores EU, 2011.

2. Vgl. Institut der Deutschen Wirtschaft, Forschung und Innovation, Panel Report 2/2006, Köln: IdW-Verlag. Vgl. auch Oliver Koppel, Das Innovationsverhalten der technikaffinen Branchen. Gutachten für den VDI, Köln: IdW-Verlag, April 2006.

3. Vgl. Steffen Kinkel/Oliver Som, Strukturen und Treiber des Innovationserfolges im deutschen Maschinenbau, Karlsruhe: Fraunhofer-Institut für System-und Innovationsforschung ISI, Nr. 41, Mai 2007.

4. Vgl. Frankfurter Allgemeine Zeitung, 2. Dezember 1994, S. 15.

5. Oliver Koppel, Das Innovationsverhalten der technikaffinen Branchen. Gutachten für den VDI, Köln: IdW-Verlag, April 2006

6. Ausgewählte Großunternehmen: Siemens, Bosch, Daimler, Volkswagen, BASF; ausgewählte Hidden Champions: Voith Paper, Behr, Koenig & Bauer, Giesecke & Devrient, MAN Roland, Sick, Heidenhain, Brainlab, Qiagen, Tracto-Technik.

7. Oliver Koppel, Das Innovationsverhalten der technikaffinen Branchen. Gutachten für den VDI, Köln: IdW-Verlag, April 2006, S. 22.

8. Europäisches Patentamt: Erteilte Patente 2007-2016 nach Gebiet der Technik und (Wohn-) Sitzstaat des Anmelders.

9. Der Flettner-Rotor ist ein alternativer aerodynamischer Antrieb in Form eines der Windströmung ausgesetzten, rotierenden Zylinders, der durch den Magnus-Effekt eine Kraft quer zur Anströmung entwickelt. Als Schiffsantrieb besteht ein Flettner-Rotor aus einem senkrecht stehenden, hohen, rotierenden Zylinder aus Blech, dessen größere Endscheiben die Strömung am Rohr halten und dadurch eine sonst deutliche Verringerung des Wirkungsgrades am Ende des Rotors verhindern. Der Rotor wird durch elektrischen Antrieb mit einer an die herrschende Windgeschwindigkeit angepassten Geschwindigkeit gedreht.

10. Oliver Koppel, Das Innovationsverhalten der technikaffinen Branchen. Gutachten für den VDI, Köln: IdW-Verlag, April 2006.

11. Shira Ovide und John Letzing, Patents Soar in Value, The Wall Street Journal, 11. April 2012, S. 21. Für spezielle Patentportfolio (wie beispielsweise in der Informations- und Internettechnologie) werden allerdings deutlich höhere Preise gezahlt. So hat Microsoft im April 2012 für 1 100 AOL-Patente 1,1 Milliarden Dollar, also 1 Million Dollar pro Patent gezahlt.

12. 2016 年苹果年报，2016 年索尼年报。

13. Vgl. Frankfurter Allgemeine Zeitung, 3. Januar 2007.(http://www.promedianews.de/Audio/ Business/Business-Sales/Sennheiser-Bilanz-2009-Optimismus-trotz-Weltwirtschaftkrise)

14. Vgl. Michael O. Kröher, Ein Schlüssel für den Weltmarkt, Manager-Magazin, März 2012, S. 104-105.

15. Vgl. Institut der Deutschen Wirtschaft, Forschung und Innovation, Panel Report 2/2006, Köln: IdW-Verlag. Eine Studie der Wirtschaftswoche kam zu ähnlichen Ergebnissen, vgl.

Wirtschaftswoche, 26. März 2007, S. 94.

16. Vgl. Jay B. Barney und William S. Hesterly, Strategic Management and Competitive Advantage, 4th Edition, Upper Saddle River: Pearson 2012. Vgl. auch Rudi K. F. Bresser und Christian Powalla, Practical Implications of the Resource-Based View, Zeitschrift für Betriebswirtschaft, April 2012, S. 335-359.

17. Eine facettenreiche Darstellung kompetenzorientierter Strategien findet sich in Robert Zaugg (Hrsg.), Handbuch Kompetenzmanagement. Durch Kompetenz nachhaltig Werte schaffen, Bern: Haupt 2006.

18. Vgl. dazu Barry Johnson, Polarity Management, Identifying and Managing Unsolvable Problems, Amherst, MA: HRD Press 1992.

19. Vgl. Frankfurter Allgemeine Zeitung, 27. Januar 2007, S. C3.

20. Dolmar bezeichnet sich als »eines der weltweit führenden Unternehmen in der Motorgeräteindustrie«. Die Firma führte 1927 die erste benzingetriebene Motorsäge ein. Seit 1991 gehört sie zur japanischen Makita-Gruppe.

21. Homepage Durst.it, 15. April 2012.

22. Vgl. Siegfrieds-Musikkabinett.de sowie den Wikipedia-Eintrag »M. Welte & Söhne«, beide 15. April 2012.

23. Eva Fischer, Pioniere damals wie heute, Wirtschaft im Alpenraum, 14. April 2011.

24. Thomas Ramge, Klingt gut!, *brand eins*, 7/2006.

25. OLED steht für Organic Light Emitting Diodes und hat das Potenzial, die Beleuchtungstechnologie der Zukunft zu werden.

26. Nathaniel Rosenberg, *Perspectives on Technology*, Cambridge: Cambridge University Press 1976, S. 24.

27. Die Pharmabranche geht durch ein blutiges Tal, Frankfurter Allgemeine Zeitung, 10. April 2012, S. 15.

28. Barry Jaruzelski/Kevin Dehoff/Rakesh Bordia, Money Isn't Everything, Booz Allen Hamilton–Strategy+Business, Winter 2005, S. 54 ff.

29. Thomas Ramge, Klingt gut!, brand eins, 7/2006.

30. Barry Jaruzelski/Kevin Dehoff/Rakesh Bordia, Money Isn't Everything, Booz Allen Hamilton – Strategy + Business, Winter 2005, S. 54 ff.

31. Eric von Hippel, The Sources of Innovation, Oxford/New York: Oxford University Press 1994; vgl. auch Stephan Thomke/Eric von Hippel, Customers as Innovators. A New Way to Create Value, Harvard Business Review, April 002, S. 74-81; vgl. auch Eric von Hippel, Democratizing Innovation, Cambridge: The MIT Press 2005.

32. Vgl. *Harvard Business Review*, November-Dezember 1994, S. 177.

33. Givaudan.com, Vision, 18. Mai 2012.

34. Vgl. Robert Wiedersich, Österreichs unbekannte Weltmarktführer, Gewinn, Juni 2010, S. 70-74.

第 11 章

贯彻竞争优势

　　读者应该一点儿不会惊讶，隐形冠军创造并能够充分利用属于自己独特的竞争优势。如果隐形冠军没有竞争对手无法比拟的优势，它们也无法跻身于世界一流企业的行列，更不用说稳稳占据行业领先地位。不过我们不禁要问：这些隐形冠军面对的到底是怎样的竞争环境和结构？它们又是如何应对的？它们运用了怎样的竞争战略？它们拥有怎样的战略性竞争优势？在下面我们将深入探讨以上的这些问题。

　　首先，隐形冠军大多处于"寡头市场"。即便在全球范围，它们的竞争对手也屈指可数，但竞争强度非常高。竞争主要集中在产品服务质量和创新层面，而非价格层面。正如在之前第 9 章中介绍的那样，隐形冠军的企业战略是建立于提供给客户的顶尖服务而非低廉价格的基础之上。产品质量一直都是它们传统的竞争优势，也是让它们在市场称霸多年的"撒手锏"。除此而外，在咨询、系统集成以及员工培训等"软实力"方面，隐形冠军也比其他竞争对手棋高一着。由于这些"软实力"是源于企业内部竞争力，并没有整合到产品里，因此这些"软实力"就很难被模仿，同时也提高了新的竞争对手的进入门槛。尽管隐形冠军有着很强的竞争优势，但是对成本控制还是不能掉以轻心。更优质的质量和高溢价之间的平衡点需要企业精准地拿捏。来自新兴市场的竞争对手正在迎头赶上挑战隐形冠军的技术优势。未来发展潜力巨大的超低价细分市场也需要隐形冠军二次研发更简单、更廉价的产品才有机会分得增长红利。尽管全球范围内的竞争愈来愈激烈，但对德国的隐形冠军来说，邻近的竞争对手依旧保持了在战略考量中举足轻重的位置。正如我们之前观察到的那样，与本地区相邻对手之间的"近身搏斗"迫使企业不断提升竞争力。不过我们还是要建议对竞争对手要重视但不要过度重视，后者这种情形在隐形冠军身上也偶有发生。

市场结构和竞争状态

典型的隐形冠军的竞争对手数量有限。表 11-1 展示了几个竞争环境相关指标。从中我们可以看到，隐形冠军值得重视的直接竞争对手数量在欧洲平均是 4 个，在全球范围内也就只有 6 个而已。[1]

表 11-1　隐形冠军的市场和竞争结构

	市场领导者	市场份额	直接竞争对手数量	有不足 10 个竞争对手的	有 20 个以上竞争对手的
全球	66%	33%	6	60%	13%
欧洲	79%	38%	4	79%	7%

绝大多数隐形冠军都处于寡头市场，可以预见它们和竞争对手之间存在互相依存的关系。只有极少数隐形冠军有 20 个以上的竞争对手，处于多极化市场。寡头市场在现实中其实并不少见。即便是在汽车、航空、能源、通信或者计算机这样的巨型行业中，在全球范围内也很难找到超过 10 个或者 20 个值得重视的竞争对手。

隐形冠军显著的竞争优势体现在以下几个方面。

- 市场份额：在过去 10 年中，84% 的受访企业认为它们的市场份额有所增加，只有 12% 的企业认为市场份额有所下降。
- 市场份额波动：只有 8% 的受访企业认为市场波动幅度比较大，30% 的企业认为市场份额稳定。
- 竞争对手：62% 的隐形冠军遭遇的总是那几个"老冤家"。
- 行业经验：近半数（54%）的隐形冠军比其最主要竞争对手的相关行业经验要长得多。
- 出现新的竞争对手：只有 8% 的隐形冠军会经常受到新的竞争对手的挑战。
- 未来的竞争对手：在不久的将来，只有 28% 的受访企业认为"新的竞争对手可能或者很可能出现"。
- 未来竞争对手的威胁：只有 8% 的受访企业认为这种未来出现的竞争对手对自己来说是个威胁，而 38% 并不这样认为。

一个很有意思的问题：隐形冠军觉得它们最强的竞争对手会来自哪个国家？ 2/3 的隐形冠军认为会是来自国外的公司。事实上，隐形冠军的竞争对手来自全球各个地方，并不局限于德国本土市场。图 11-1 展示了被隐形冠军视作最强竞争对手的来源国。

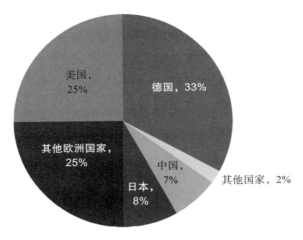

图 11-1　隐形冠军的最强竞争对手地域划分

　　从图 11-1 中我们可以看出以下几点。第一，1/3 的隐形冠军认为他们最强的竞争对手就在德国本土，这也意味着激烈的竞争环境。按照迈克尔·波特教授的理论，这种激烈的本土竞争恰恰是企业培育全球竞争力的一个前提条件。[2]第二，美国和其他欧洲国家的企业旗鼓相当，都是隐形冠军在海外最主要的竞争对手。美国公司的竞争力不容小觑。一方面，美国中型企业在国际化进程中不可避免与德国的隐形冠军发生遭遇战；另一方面，随着越来越多的隐形冠军进军高科技行业，它们也不得不与美国公司短兵相接。在全球范围内，美国有着举足轻重的地位，这不仅仅是因为其巨大的市场潜力，同时其也是磨炼企业的绝佳的训练场。我们在前文就提到过，西蒙顾和管理咨询公司为了适应全球竞争环境，将第 2 家分支机构就设到了美国。不可否认的是，很多隐形冠军无法适应美国市场激烈的竞争，折戟而归。第三，相对而言，日本企业的重要性明显要小很多。另外，我们关注到中国企业正在快速赶超，大趋势上越来越多的隐形冠军将中国企业视作真正的竞争对手。总之，长远看来，隐形冠军主要竞争对手的国家分布情况会保持基本稳定。只有在个别情况下，隐形冠军的最强竞争对手会出现在其他的国家或地区。如果有的话，也会主要集中在澳大利亚、南非和巴西等国家。此外，隐形冠军的竞争战略应当更加向全球化的竞争环境倾斜。就像企业应当在全球范围内紧紧跟随大客户的脚步那样，企业必须时刻提防在世界任一个角落的竞争对手，不能任由它们野蛮生长，给予它们占领全球市场的机会。普茨迈斯特就是一个活生生的案例。在中国这个全球最重要的市场中，普茨迈斯特面对三一重工输得一干二净，从此埋下了普茨迈斯特日后失去全球市场的导火索。[3]

基于上述我们关于隐形冠军竞争环境的分析，读者可能会有以下两个假设：隐形冠军与它的竞争对手非常相似；隐形冠军所处的市场上竞争并不是那么激烈。事实上，以上这两个假设并不成立：在图 11-2 中，受访的隐形冠军比较了它们和其竞争对手的相似性。

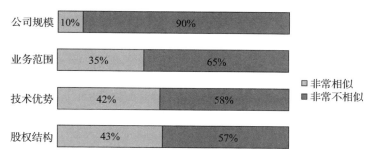

图 11-2　与主要竞争对手的相似性比较

以上结果出人意料。在公司规模、业务范围、技术优势以及股权结构四个标准中"非常不相似"的比例远远高于"非常相似"。这该如何解释？一种可能性是人的天性使然，倾向于被外界视作"不同的""有些特别的""难以比较的"，甚至是"独一无二的"。但无论如何，我们可以认为隐形冠军各自情况不同，不能一概而论。即便同一个行业的隐形冠军也呈现出不同的特点。

关于竞争强度的实际情况也出乎我们意料。尽管隐形冠军的竞争对手屈指可数，新竞争对手的威胁十分有限，但是隐形冠军面对的市场竞争却依然很激烈。2/3 的受访者认为行业竞争非常激烈，只有极少一部分（5%）的受访企业认为市场竞争程度非常低。在访谈中，受访企业经营者经常会强调他们的竞争对手同样强大，甚至非常优秀。盲目认为企业未来的市场领导地位坚不可摧是非常危险的。例如，温德默勒与霍尔舍公司（Windmöller & Hölscher）是专业从事纸袋生产设备的企业，它在全球市场的占有率高达 90% 以上。它的企业经营者如是说："尽管我们的竞争对手屈指可数，但我们面对的市场压力一点也没有因此而变小。"和大公司不同，我们很少会在隐形冠军身上见到自我膨胀的倾向。隐形冠军大都有很强的忧患意识，清醒地意识到为了维护自己在市场的领导地位，它们都要时刻准备着投入到新的战斗中去。

竞争优势

竞争优势必须满足以下三个条件[4]：

（1）对客户来说是重要的；
（2）客户能切实感知到的；
（3）保持的不易被模仿的。

如果一个产品的包装对客户来说并不重要，那再好的包装都不能成为你的竞争优势。如果一个产品的使用寿命非常长，但客户却感知不到这个优点，那么这个优点在客户在做购买决策的时候也不成为优点。同样，如果一家企业降价牺牲了利润率，那么它的低价战略往往也不能持久[5]。要同时满足"重要的""被感知到的"以及"持久的"这三个条件对企业来说是一个重大挑战。

竞争优势的共性

隐形冠军具备怎样的竞争优势？为了弄清楚这个问题，我们在调研中向这些隐形冠军提了一个封闭式问题和一个开放式问题。图 11-3 反映了在各项指标上隐形冠军认为自己优于竞争对手的百分比。这是一个封闭式问题，所有问到的这些竞争优势都是提前设定好的。在所有这些指标中，产品质量是最普遍的竞争优势，有 58% 的受访企业都认同这一点。正如我们在第 5 章中提到的，追求卓越的品质是隐形冠军自我认定的重要组成部分，这与这里提到的产品质量的竞争优势是一致的。从排名第 2 位起出现不少产品以外的竞争优势，比如相关的服务和软件等，排名最后的是与营销相关的广告与价格。隐形冠军中具备这两项竞争优势的比例最小，不足 10%。换言之，只有少数隐形冠军认为它们在广告和价格方面优于竞争对手。

我们在调研中也设计了关于竞争优势的开放式问题（没有事先给定竞争优势选项）。受访隐形冠军的回答同样很具启发性，尤其是关于在过去 10 年间竞争优势的变化趋势。图 11-4 中展示了在过去 10 年里日趋重要的几个竞争优势。

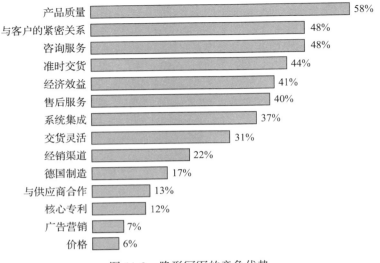

图 11-3　隐形冠军的竞争优势

重要性增加百分点（%）

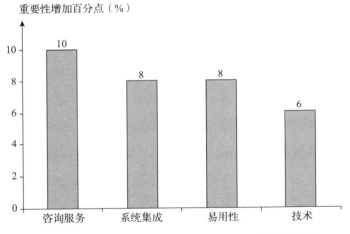

图 11-4　竞争优势的重要性变化趋势（开放式问题）

　　咨询服务是重要性增长最快的竞争优势，10 年内增长了 10 个百分点。系统集成和易用性的重要性也都有 8 个百分点的增长。同时，技术的重要性增加了 6 个百分点。西奥多·莱维特教授在 20 世纪 80 年代提出了"强化产品"的概念[6]。他指的是对产品进行更广泛的定义，即产品边界的拓展，包括产品相关服务、软件和信息技术等。系统集成也是产品边界扩展的一种。这种产品观念的转变具有重大意义，竞争从狭义的产品转向广义的"强化产品"。不过，这并不意味着"产品质量"之类狭义的产品属性不再重要了。如果，隐形冠军的产品要得到客户的认可，这些狭义产品属性从来都是必要条件。然后在相同产品的情况下，附加于产品上的那些无形的属性会形成竞争差异化，从而给企业带来更多机会。相比那些"植入"产品内部并且可以被复制的属性相比，无形属性更难被模仿和抄袭。确实，如果竞争对手想要在"员工培训"等软实力方面赶超隐形冠军，它们需要花更长的时间。而通过创造咨询服务、系统集成、易用性等无形的竞争优势，隐形冠军进一步夯实了竞争护城河。

竞争优势矩阵

所谓的"竞争优势矩阵"包括两个维度：一个维度是客户感知的重要性，另一维度是相对竞争力。在图 11-5 中，竖轴表示的是客户感知的重要性，横轴表示的相对竞争力。落在中线左边的点代表的是那些隐形冠军弱于其最强大的竞争对手的产品属性；出现在右边的点代表的是那些隐形冠军强于其最强大的竞争对手的产品属性。中线右侧的点代表企业的竞争优势。出现在矩阵右上方象限的产品特性属于"战略性"竞争优势，这些产品属性从客户角度出发相对重要（重要性在平均值以上），并且企业具备更强的竞争力。图 11-5 竞争优势矩阵图中包含大量信息，并且可以一目了然地看出隐形冠军的整体竞争优势。我们需要指出，这里展示的是所有隐形冠军的平均值。不同隐形冠军的竞争优势矩阵会存在差别。

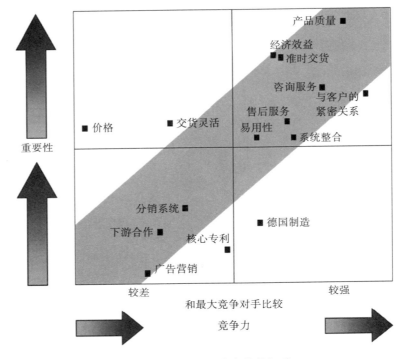

图 11-5　隐形冠军竞争优势矩阵

　　隐形冠军的竞争优势非常显著。作为市场领导者，隐形冠军同时具备多项战略性优势。其中，产品质量、与客户的紧密关系、准时交货、咨询服务和经济效益这五项尤为关键，因为这五项是客户认为非常重要的产品属性，同时隐形冠军又具备优于竞争对手的表现。除了这五项外，隐形冠军在售后服务、系统整合和易用性[7]等方面也领先于竞争对手，只是这些属性对于客户的相对重要性较低。易用性是值得隐形冠军关注的一项产品属性。科技越复杂，客户对易用性的要求就越高，优化潜力巨大。苹果公司就是凭借 iPad 和 iPhone 等产品而重新崛起，它成功的一个核心原因在于其提供的卓越的用户体验。正所谓"他山之石，可以攻玉"，隐形冠军应当借鉴这些经验成果。

隐形冠军与竞争对手相比只有一个显而易见的竞争劣势，那就是价格。价格这个特性，在重要性这个维度上，只能算勉强超过平均值，隐形冠军在价格上体现出极其差的竞争力。不过，我们认为价格劣势是隐形冠军有意为之，属于"战略性"竞争劣势。正如前文分析的，大部分隐形冠军采取溢价战略，不通过价格取胜。并非所有的隐形冠军都与竞争对手有着如此之大的价格差距。但原则上，隐形冠军的高价是合理的，它体现了隐形冠军相对竞争对手的竞争优势。从隐形冠军在经济效益（即性价比）这个指标上的优越表现也可以看出我们应当辩证地看待价格高低的问题。即便如此，隐形冠军在制定价格战略的时候仍须谨慎。一方面，要避免与其他竞争对手价格拉得太大带来的风险；另一方面，一旦竞争对手在其他产品属性方面进行赶超，隐形冠军的溢价战略也将失去持续的根本。

相对而言，其他的产品属性就显得不那么重要，客户对供应商在这些方面的表现关注程度不高。"德国制造"对于本来总部就设于德国的公司来说轻而易举，可是那些也在德国进行生产的海外竞争对手也具备同样的"德国制造"的优势。"核心专利"的作用对每一家企业都不同。图 11-5 中显示的只是隐形冠军的平均情况。正如我们在前文讨论过的那样，专利在某些行业中至关重要，而在另一些行业中却无关紧要。在图 11-5 中看到的平均值背后存在许多不同的情况。"广告营销"与"核心专利"的情况类似。对于那些和客户直接打交道的隐形冠军来说，广告营销的意义不大；而对那些并不与客户直接打交道的企业而言，广告营销却意义重大。

根据竞争战略一致性原则，企业在各项产品属性的竞争表现应当与其重要性相匹配：企业应当力争在重要的产品属性上做到最好；相反，对于那些对客户而言并不重要的产品属性，企业大可不必那么在意，相对较差的表现也是可以接受的。如果企业花费大量资源改善一个客户并不看重的产品属性，那就得不偿失了。企业应当把钱花在刀刃上，集中资源优先改善对客户来说重要的产品属性。图 11-5 中对角线处的阴影区域形象地反映了我们在这里讨论的竞争战略一致性原则，我们将这个区域为"一致性区域"。从图 11-5 中不难看出，隐形冠军牢牢遵循了竞争战略一致性原则。隐形冠军绝大部分的产品属性都落在这个区域里，意味着重要性和竞争表现是相匹配的，而"价格"是唯一的例外。我们在前文就对此有过解释。高价或者溢价本身不是问题，只是隐形冠军的价格属性偏离一致性区域的程度乍看之下不免令人有些咋舌。我们建议隐形冠军对价格水平和合理性保持持续性关注，并在必要的时候对价格进行必要的调整。

竞争优势的持久性

除了客户感知的重要性和优越性能之外，持久性是战略性竞争优势的第 3 个条件。

隐形冠军在这个方面又表现如何呢？从图 11-6 中我们可以看出各种竞争优势的持久性与根源之间的关系。

隐形冠军

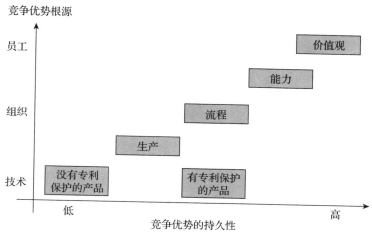

图 11-6　竞争优势的持久性及其根源

　　植入产品且缺乏专利保护的竞争优势是最容易被抄袭和模仿的。通常情况下，少则几周多则几个月的时间，竞争对手就能通过"逆向工程"进行复制，使得原本的竞争优势荡然无存。同样的情况下，如果这个产品有专利保护，那么企业就能够比较长久地保持这个竞争优势了。相比专利更持久的是企业那些鲜为外人所知的生产和组织流程方面的竞争优势。比如说，对于卡特彼勒的竞争对手而言，仿制它最新的压路机或许不是最难的事，难的是要达到卡特彼勒在全球零配件物流体系的水平。比起前者，后者需要花费更多的时间和金钱。最难被竞争对手模仿并且最持久的竞争优势当属来自组织内部员工的能力和价值观。这些植根于组织内部的属性是外人绝难模仿的。前文所提到的"系统集成"或者"咨询服务"等隐形冠军的新培育的竞争优势都属于这个范畴。

　　综合考虑图 11-5 的竞争优势矩阵和图 11-6 的竞争优势的持久性，我们可以得出以下结论：隐形冠军可以保持产品质量的优势地位。竞争对手无法对隐形冠军的产品优势构成实质性的威胁。不过，每家企业对此的感受又是冷暖自知，结论也大相径庭。我们问了隐形冠军这样一个问题："在将来继续保持品质领先地位是会更容易一些还是更难一些？"受访的隐形冠军中，大约25%认为会更加困难，只有4%认为会更加容易一些。大部分的隐形冠军（71%）选了中间选项，即"既不会更难，也不会太容易"。正如我们在前面的第10章中所提到的：基于它们的创新优势，隐形冠军的竞争优势将会变得更加持久。它们中的许多企业可以借此拉大和竞争对手的差距。不过在全球化的浪潮中也会有一大批的隐形冠军企业被来自以美国企业和中国企业为代表的企业迎头赶上，从而丧失市场领导地位。

与强化产品相关的竞争优势更为明显。我们观察到特别是咨询服务和系统集成等方面的重要性和隐形冠军的竞争表现都明显增强了。因为这些竞争优势源于员工能力和企业文化，因此会更为持久。另外，提升"准时交货"和"与客户的紧密关系"这两个方面的表现也有助于提升企业竞争力的持久性。受益于这些无形的产品属性上的卓越表现，隐形冠军大大地提高了行业的竞争门槛。总体而言，和10年前相比，现在想要成功打入隐形冠军的市场要困难多了。

许多人认为，隐形冠军的竞争地位正在日益受到更严峻的挑战，但我们对此不敢苟同。相反，我们倾向于认为隐形冠军在诸多方面的竞争优势反而变得更加牢固持久了。事实上，竞争对手比任何时候都更难以模仿隐形冠军的竞争优势。

"亮剑"竞争优势

企业一旦成为全球行业的翘楚，难免被外界寄予厚望。第一，人们期待"世界冠军"展露出优越的竞争力、精益求精的态度、开拓进取的精神，乃至于能人所不能的超人能力。第二，隐形冠军有机会参与到所谓的标杆项目中，并且借此机会向世人展示其卓尔不群的实力。没有什么比出色地克服标杆项目中的种种困难和挑战更能完美体现隐形冠军的独特竞争优势了。理想情况下，隐形冠军会被视作能够交付标杆项目的唯一供应商，这对企业的宣传大有裨益。不过，大项目的风险也不容小觑。这些项目往往会成为整个行业和客户们关注的焦点，一旦在执行过程中出了问题，会产生极大的负面影响。正所谓"成也萧何，败也萧何"，这或许是隐形冠军必须要承担的风险吧。

隐形冠军通过大量的标杆项目来展示自己的竞争优势。"最好的""第一名"和"行业翘楚"如此美誉，不仅对市场来说是绝佳的官宣，对企业员工来说同样如此。"我们是第一"如此口号很简洁明了，人人都能理解。隐形冠军充分利用这些众所周知的标杆项目向它们的目标客户证明它们是最棒的；与此同时，企业员工在执行标杆项目时也充满自豪。只有最佳供应商才有这样宣传的可能性，这是其他竞争对手无法享有的竞争优势，从而形成一个良性循环：隐形冠军凭借它们杰出的能力获得标杆项目，反过来，这些标杆项目为隐形冠军创造了绝佳的宣传机会并且印证了它们被感知到的竞争优势，从而又进一步为它们创造新的商机。只要隐形冠军能在竞争中保持他的优势地位，"实力—口碑—机遇"这样良性的循环将永远持续下去。在表11-2中，我们列举出一些案例。这些企业都是通过参与标杆项目来展示自己的竞争优势的。

贯彻竞争优势

表 11-2　通过标杆项目展示企业的竞争优势

公司	主打产品	标杆项目
Orgelbau Klais	管风琴制造	全球/菲律宾唯一的竹制管风琴制造商、吉隆坡国油管弦乐厅、德国科隆大教堂、北京国家大剧院、日本京都音乐厅、德国科隆和慕尼黑爱乐乐团
嘉特纳	大厦外墙	台北 101、哈利法塔（828 米高）
普茨迈斯特	混凝土泵	创纪录的长达 600 米的圣哥达隧道、创纪录的巴塞罗那 1 661 米的饮用水输送管道、混凝土垂直运输 532 米的世界纪录、参与了 1986 年切尔诺贝利和 2011 年福岛的核事故救援工作
倍尔复	（火、水）灾后复原	维也纳大学火灾后对 10 万册书籍修复、参与飓风"卡特里娜"和"丽塔"造成的密西西比州和路易斯安那州的灾后复原
海瑞克	隧道挖掘机	圣哥达隧道（2×57 千米，自 2005 年起世界最长的铁路隧道），应用于穿越南京长江隧道的全球最大隧道挖掘设备（直径 15.43 米）
森海塞尔	舞台麦克风	碧昂丝、尼纳、格罗内迈尔、美国橄榄球超级碗、里斯本世博会、都灵冬奥会、奥斯卡技术奖、艾美奖、格莱美技术奖
汉氏展柜公司（Glasbau Hahn）	博物馆展览柜	所有世界知名的博物馆
Sport-Berg	运动器材：铁饼、链球	奥运会和世界杯的供应商
Von Ehren	大型活体树	伦敦的特拉法加广场和国家美术馆、欧洲迪士尼乐园、慕尼黑机场、柏林选帝侯大街
杰里茨（Gerriets）	舞台帷幕和装置	纽约大都会歌剧院、巴黎巴士底歌剧院、伊斯坦布尔和台北歌剧院、波士顿博赫王安剧院
凯驰	高压清洁设备	一系列引人注目的清洁项目：里约热内卢的基督雕像、纽约的自由女神像、拉什莫尔山的总统像、阿拉斯加港湾漏油事件
多玛	门锁系统	哈利法塔
西克	传感器	卢浮宫蒙娜丽莎像的保护
Robbe & Berking	银器餐具	文莱皇室、德国联邦总理府、高档餐厅和酒店
力士乐	液压传动	北京国家大剧院、莫斯科大剧院、杭州大剧院
Carbon Sports	轻质自行车轮	诸多环法自行车赛以及其他世界级自行车赛事冠军的选择

只有当企业在标杆项目中的表现名副其实并且其市场地位坚不可摧时，才能达到理想的传播效果，不然那些所谓的标杆项目也就变得毫无意义了。在这个方面，普茨迈斯特是一个很好的例子。2011年3月日本福岛海啸灾难后，救援团队使用普茨迈斯特全球最大的凝土泵来冷却过热的核反应堆，普茨迈斯特因此名噪一时[8]。尽管普茨迈斯特参与了许多标杆项目，但是它最终也无法逃避被三一重工收购的命运。一旦一家企业的市场地位或者竞争力被削弱了，参与再多的标杆项目也于事无补。

品牌即品类名

当一个产品或者一家企业的名字成为自然语言的一部分或者成为某类产品的通称时，这家企业无疑具备了竞争对手难以企及的竞争优势和广泛的知名度。比如，德语动词"röntgen"（意为：X光透视）来源于X光的发明人的名字Röntgen。胡佛（Hoover）牌吸尘器在英国家喻户晓，英国人用"to hoover"来表示吸尘。在网络世界里面，我们搜索用"Google一下"来表示。还有不少隐形冠军的例子：凯驰是世界领先的德国高压清洁设备企业，它的名字得到了法兰西学院严苛的审核，作为动词"karcher"正式被法语化。浩亭是位于北莱茵－威斯特法伦州东部的工业连接器生产商，在专业的声学技术领域内，"Harting接头"是一种通用的标准术语[9]。另外一个具有时代色彩的成为通用术语的品牌是赫赫有名的"Inbus螺钉"（内六角螺钉）了。"Inbus"来源自德文"Innensechskantschraube Bauerund Schaurte"首字母的缩写。其中"Innensechskantschraube"是德语内六角螺钉的意思；"Bauer und Schaurte"就是当时坐落在德国诺伊斯市的一家领先的螺钉生产商，过去几年中经历不少起伏后现更名为"RUIA Global Fasteners"。而在美国，人们把这种内六角螺钉叫作"Allen螺钉"（Allen Screws）。这种说法源于美国著名的螺钉生产商"Allen Manufacturing Company"。

除了企业的名字被用作行业术语，同样让众人心悦诚服的是一家企业被客户或竞争对手当作行业龙头的"代称"。这个现象中最知名的例子恐怕就是"梅赛德斯"（Mercedes）。当人们想强调某个产品是市场上最好的时候，常常会将其与梅赛德斯做比较："美诺是洗衣机里的梅赛德斯！""爱纳康是风力发电机里的梅赛德斯！"哪怕是竞争对手在宣传自己产品的时候也往往会与行业龙头进行横向比较："我们和×××一样好！""我们和×××几乎一样出色，但是更便宜。"艾本德（Eppendorf）是生产实验室系统和产品的隐形冠军。它的竞争对手的销售人员常常会说："我们的产品和艾本德的其实差不多。"在浩亭所从事的工业连接器领域，它的顾客定义产品要求的时候，经常要求"浩亭或者同类接口"。上述例子告诉我们，不仅仅是大公司能够制定新标准、创造新术语和建立行业标杆，规模较小的隐形冠军也能在自己的专业领域做到这些。

奖状和荣誉

在展现企业竞争优势方面，企业的"奖状和荣誉"也具有类似的宣传效果。"奖状和荣誉"记录了一家企业在所属的行业里面所享有的名声，并且有业内专家的专业评论来作为佐证。许多隐形冠军收获多如牛毛的奖杯，例如：Arnold&Richter 集团因为它优良的摄影器材和持续的技术创新总共斩获了 16 项奥斯卡技术大奖；Rational 是世界领先的自动烹饪设备生产商，2003～2013 年短短 10 年间总共在全球荣获 69 项奖杯；Ludo Fact 是欧洲闻名的桌面游戏产品生产商，在 16 年间 13 次斩获"年度最佳游戏大奖"；Lobo Electronic 是激光秀提供商，公司成立 30 多年，总共获得 130 多项奖杯，并常年占领国际激光展协会颁奖排名的首位。来自北威州的菲尼克斯电气，其成长过程被无数奖杯和荣誉环绕。其所设计的雷电监测系统是划时代的技术革新，于 2012 年成为赫尔墨斯技术革新奖（Hermes Creative Awards）唯一获奖者，该奖有全球"工业界奥斯卡"的美誉。这一系统被用于迪拜的"哈利法塔"和北京故宫等建筑。此外，公司在员工的健康管理和培训方面也曾屡获殊荣，被多次授予"最佳雇主奖"，在中国荣获"全国模范劳动关系和谐企业"称号。福莱希是全球领先的遛狗链生产商，在欧洲、北美以及亚洲都获奖无数；艾本德（Eppendorf）也因为它对年轻生物科研人员的倾力资助而多次受到表彰。这些奖状和荣誉证明了隐形冠军的卓尔不群。

传统同样也能成为释放竞争优势的有力的宣传手段。比如说，成立于 1761 年的辉柏嘉是全球领先的铅笔制造商，它有无数赫赫有名的客户："铁血宰相"俾斯麦用辉柏嘉铅笔书写文件，凡·高称赞它为"著名的黑色"，马克斯·利伯曼直呼其为"最好的"。没有任何一种营销或者广告能够买到这样举世无双的美誉。成立于 1835 年的施德楼（Staedtler-Mars）是辉柏嘉最大的竞争对手。这两家多年前的一次纷争充分反映了传统的价值。为了纪念由弗里德里希·施岱特勒（Friedrich Staedtler）生产了世界第一支铅笔 333 周年，施德楼在 1994 年举办了声势浩大的经销商竞赛。辉柏嘉公司马上对此提出了抗议，声称自己才是业内历史最悠久的企业。成立于 1806 年的艺雅（Lyra）铅笔厂也提出了抗议，指出自己公司的历史比辉柏嘉更悠久。再看看那些大牌的奢侈品牌吧，它们大多都有着悠久的历史。历峰集团（Richemont）是全球第二大奢侈品集团，拥有 20 个左右的著名奢侈品牌，其中绝大多数历史都非常悠久：成立于 1845 年的朗格（Lange & Söhne）、成立于 1803 年的名士（Baume & Mercier）、成立于 1847 年的卡地亚（Cartier）、成立于 1906 年的万宝龙（Montblanc）、成立于 1755 年的江诗丹顿（Vacheron Constantin），等等。历峰旗下只有 3 个品牌的历史不足百年。传统作为竞争优势的特殊性就在于它是无法抄袭或者模仿的。不管你花多少钱在广告营销上，都永远无法买来这实实在在的"百年历史积淀"。正所谓，品牌就是时间的积累和凝结。而在隐形冠军中，38% 企业的历史都超过 100 年，是实至名归的"百年老店"，传统也是它们独一无二的竞争优势。

竞争力和成本

按照迈克尔·波特知名的竞争战略体系的定义，隐形冠军的竞争战略通常都属于"差异化专注战略"，也就是说它们的战略不但专注在某个狭小的目标市场上，而且在一个或多个方面有卓越的竞争力[11]。它们的价格通常都比竞争对手要高。迈克尔·波特定义的成本领先战略指通过市场最低的成本或者最低的价格来竞争。隐形冠军中罕有企业采用这种竞争战略。不过也有例外，比如欧洲赫赫有名的眼镜经销商 Fielmann 就采用了成本领先的战略。相对而言，隐形冠军更常使用

"聚焦的成本领先战略"。它指的是企业在某个细分市场上提供最廉价产品的竞争战略。全球领先的合同制药生产企业 Aenova 的 CEO 海涅·霍普曼曾这样讲："在欧洲，我们就是成本冠军!"[12] 依托高度自动化的生产线和训练有素的专业工人，即便是在德国工厂生产的产品，也具备很大的成本优势。Kohlpharma 是欧洲领先的药品平行进口商，它的核心竞争力建立在低成本上。隐形冠军 Schmitz Cargobull（专业半挂车生产商）、3B Scientific（专业解剖学教具生产商）、Suspa（专业空气弹簧生产商）还有 Böllhoff（专业螺栓生产商）等公司都反复强调自己在成本和价格方面的竞争优势。即便如此，我们不禁要追问下去：毕竟这些对企业产品质量的要求是很高的，在这种情况下，纯粹的成本领先战略究竟是否存在。与阿尔迪（Aldi）超市、宜家家居还有瑞安航空的那些执行激进的成本领先战略的企业进行比较，我们可以清楚地看到在隐形冠军中几乎没有一个是采用纯粹的成本领先战略的。

然而，这并不意味着成本对于隐形冠军的竞争战略无足轻重。事实上，情况恰恰相反。首先，激烈的市场竞争迫使隐形冠军不得不更加注意成本的控制和优化。另外，隐形冠军的溢价战略无法脱离市场的规模效益和绝对价格水平的限制。换言之，价格、成本和质量三者是紧密相关的。一名荷兰客户对一家德国设备供应商的 CEO 说过的一段话很好地反映这个问题。他说："你的报价是 125 万欧元，而意大利的那家供应商的报价只有 75 万欧元。我们虽然承认贵公司的产品更好，但并没有好到 60% 那么多，因此我们也不会多花 60% 的钱。"最终这个荷兰的客户采购了来自意大利的设备。我们许多在中国的德国客户也跟我们抱怨他们的客户对于德国产品的溢价有着类似的态度。正如我们在前文提到的，溢价不是一成不变的，企业需要对此进行密切关注。

事实上，最优秀的隐形冠军一直坚持不懈地（大幅）削减成本。Schmitz Cargobull 的前任 CEO 贝恩德·霍夫曼曾经这样讲："由于德国人工成本比较高，我们就不得不通过提高我们的生产效率来降低产品的成本。当单个产品成本下降了之后，我们才能给客户报出比较低的价格。只有这样，我们才会更加有竞争力，并借此来增加我们的产品销量以及扩大我们的市场份额。并且，我们的这些努力立马会体现在企业的利润和投资回报上。"不过，贝恩德·霍夫曼明确地强调他们是不会走"最低价战略"这条路的。因此，更确切地说，Schmitz Cargobull 采取的其实是一种"混合竞争战略"，这包括两个方面：一方面是"技术创新、高品质和以客户为中心"，另一方面是"成本领先、规模效益、高效生产和对固定成本的控制"。类似地，全球知名的激光切割设备供应商通快也选择采取极富挑战性的"差异化服务 + 成本领先"的混合战略。CEO 妮克拉·莱宾格 – 卡姆穆勒是这样评价的："我们必须在各方面都比其他人更快、更优秀，并且价格上还要更低廉。我们将生产一台机器的周期由之前的 12 周缩减到现在的只有 5 周。除此之外，我们也是业内为数不多的能够在传送带上完成设备总装的企业之一。"其次，正如在第 9 章讲到的那样，为了能够在较低端的细分市场更具竞争力，越来越多的隐形冠军开始使用第二品牌战略。那些凡是由于必要的技能知识选择或者必须在高成本国家进行生产的企业无法逃避长期面对巨大的成本压力的命运。总而言之，尽管存在上述的种种情况，隐形冠军也不会把竞争优势转移到成本和价格方面，而它们降低成本的目的在于不会因为产品的价格太高丧失市场。

对质量要求较低的市场对低成本的诉求更强烈。在如此市场里，溢价战略和高成本包含以下两个风险：其一，企业可能会错失很大一部分的市场潜力；其二，其他低成本／低价格供应商逐步改善产品质量，从低端市场逆袭上游。正如我们在第9章介绍的，新兴市场中出现的"超低价"细分市场对隐形冠军来说一方面是个机遇；另一方面从长期来看，很可能是在培育新的竞争对手。

按照迈克尔·波特的理论，企业必须在"差异化"和"成本领先"之间做一个"非此即彼"的抉择。然而真实世界远非如此简单。尽管隐形冠军有着出类拔萃的产品和服务，但它们绝对不会忽视成本控制。在竞争更激烈的全球化市场上，隐形冠军为了捍卫市场地位，也必须"剑走偏锋"，适时采取一些"非传统"的竞争战略。

竞争训练伙伴

关于这个话题，迈克尔·波特曾经在《国家竞争优势》中的"本土市场的激烈竞争以及如何创造并维持自己的竞争优势"一章中讨论过[13]。在德国有许多隐形冠军聚集的"产业集群"。隐形冠军同场竞技，常会竞争同一个订单，是典型的"零和游戏"。可是尽管如此，这些竞争对手也自觉或不自觉地扮演着各自训练伙伴的角色，这并不意味着它们和竞争对手之间一团和气。然而，这些互相竞争的企业想要继续生存下去，就必须让自己变得更强。这么看来，隐形冠军和竞争对手的关系和那些同台竞技的顶级运动员很类似：尽管他们并不是在一起接受训练，但争夺冠军的雄心壮志会不断激励自己和对手达到更高的竞技水平。在竞技体育中还有另外一个与隐形冠军类似的情形：某个体育项目中最好的运动员通常都是来自同一个地区的。我们曾经在科隆观看过一次田径运动会，在这次比赛中诞生了800米和3 000米障碍赛跑方面的新世界纪录。在 3 000 米的比赛中，有 4 位运动员打破了之前的世界纪录。他们均来自同一个国家：肯尼亚。不仅如此，参加比赛的运动员中一共有 12 名是来自肯尼亚的。由此可见，在同一个地区内的高强度竞争有助于产生最好的成绩。同理，很多地方也会因为激烈的竞争而出现某个行业的"世界冠军"集群。其中让人最难忘的一个例子是美国印第安纳州的沃索市。在这里，有 3 家全球领先的专门生产人工关节产品的企业：Zimmer、DePuy 和 Biomet。在美国中西部地区一个只有 12 000 人的小镇，居然有 3 家相同高新科技行业的隐形冠军。沃索市当之无愧地被称为"世界骨科之都"。如此密集的竞争环境对于隐形冠军来说绝非个例，而是常态。

在密集的竞争环境中，隐形冠军之间的关系不尽相同，从和睦相处到剑拔弩张各种情况都有。在不少情况下，隐形冠军新的竞争对手是由公司前员工创立的。比如说，阿尔伯特·伯尔内（Albert Berner）在创业前是伍尔特的员工。2011 年，他的公司 Berner 的营业额第一次突破了 10 亿美元，一跃成为全球第二，仅次于老东家伍尔特。还有，在创立博太科（BARTEC）之前，莱因霍尔德·巴里安曾经是 R. Stahl 公司的研发经理。现在两家公司都是世界领先的防爆产品和系统制造商。

尽管今日的隐形冠军都是在全球的大背景下审视其竞争环境，但同时它们却丝毫不敢低估那些在家门口虎视眈眈的竞争对手。试想奔驰、宝马和奥迪这汽车三巨头如果不是在本土市场上进行近身肉搏般的竞争，它们能站在全球汽车行业的第一阵营吗？如果没有罗氏（Roche）与诺华（Novartis）之间的激烈竞争，瑞士巴塞尔的医药行业还会在全世界举足轻重吗？如果没有彪马（Puma）的话，阿迪达斯（Adidas）会有今天在全球的地位吗？不过，我们不禁思考：对一家企业的长期发展而言，到底周围有个"强敌"好呢？还是有个"弱旅"更好一些？一名孤独的优秀运动员获得金牌的可能性不大；那些长年累月和顶尖运动员较劲儿的年轻人更容易获得辉煌的成就。事实上，一项运动顶尖的选手往往会选择在同一个地方训练比赛。但凡足球运动员都希望在如英超和西甲这样的顶尖联赛效力，但凡篮球运动员都希望在美国职业篮球联盟（NBA）打球，这都是同一个道理。企业竞争的情况不应该也是类似的吗？能否形成良性竞争的关键在于企业竞争的是不是产品品质和技术创新。倘若竞争被简化为价格竞争，结局往往是参与角力的双方两败俱伤，或者以其中一家被收购收场。隐形冠军之间的竞争也是如此。例如，路德是起重链条领域的佼佼者，在和它的老对手 Erlau 公司经过漫长的"世纪大战"之后，终于将 Erlau 收入囊中。不过，Erlau 作为一家企业和品牌还继续存在下去，并且 Erlau 依旧是轮胎防滑链方面的世界冠军。类似地，金属网织品领军企业 GKD Kufferath 吞并了本地的最大竞争对手 Dürener Metalltuch 公司。两家香精生产企业 Dragoco 和 Haarmann & Reimer 合并成就了一个新的隐形冠军德之馨（Symrise）。在表 11-3 中，我们罗列了那些与竞争对手近在咫尺的隐形冠军。

表 11-3　隐形冠军与附近的竞争对手

产　品	竞争对手	地址（邮编／城市）	备　注
床脚轮	腾德（Tente） Rhombus	42 907 / Wermelskirchen 42 907 / Wermelskirchen	全球第一
购物车	旺众 Siegel	89 340 / Leipheim 89 341 / Jettingen	全球市场领导者 劲敌
香精香味剂	奇华顿（Givaudan） 芬美意（Firmenich）	CH 1214 / Vervier CH 1211 / Genf	全球第一 全球第二或第三
饮料香精	德乐（Döhler） 威尔德（Wild）	64 295 / Darmstadt 64 214 / Eppelheim	两者都是欧洲市场的佼佼者

（续）

产　品	竞争对手	地址（邮编 / 城市）	备　注
半挂车	Schmitz Cargobull Krone	48 612 / Horstmar 49 757 / Emstdetten	欧洲第一 欧洲第二
刷子制造机械	沙郎斯基 （Zahoransky） Ebser	79 764 / Todtnau 79 764 / Todtnau	全球第一
电量和用水量检测	Techem Ista	65 760 / Eschborn 45 131 / Essen	两者都是世界领先企业，年营业额都在5亿欧元左右
风能发电	爱纳康 维斯塔斯	26 605 / Aurich 8 900 / Randers（DK）	德国第一，全球第三 丹麦第一，全球第二
装配和紧固件	伍尔特（Würth） Berner	74 653 / Künzelsau 74 653 / Künzelsau	全球第一 全球第二或第三
防爆产品	R. Stahl 博太科（BARTEC） CEAG Sicherheitstechnik	75 638 / Waldenburg 97 980 / Bad Mergentheim 69 412 / Eberbach	三家企业都是业内领先的企业
柔性包装	温德默勒与霍尔舍 （Windmöller & Hölscher） Bischof / Klein	49 525 / Lengerich 49 525 / Lengerich	两家都是业内领先的企业
商用洗碗机	温特豪德 （Winterhalter Gastronom） 迈科（Meiko） 高达（Hobart）	88 074 / Meckenbeuren 77 652 / Offenburg 77 656 / Offenburg	三家企业都是业内领先的企业
牙医装备	西诺德（Sirona） 卡瓦 (Kavo)	64 652 / Bensheim 88 400 / Biberach	两者都是业内领先的企业
接口元件	菲尼克斯电气 浩亭 魏德米勒 （Weidmüller） 万可电子（Wago Kontaktechnik）	32 825 / Blomberg 32 339 / Espelkamp 32 758 / Detmold 32 423 / Minden	四家企业都是业内领先的企业
焊接技术	宾采尔（Binzel） 克鲁斯（Cloos）	35 418 / Buseck 35 708 / Haiger	两者都是业内领先的企业

　　我们一定很少听到哪位企业家埋怨市场竞争太少了。不过，在隐形冠军那里，情况却略有不同。比如有一家非常成功的设备生产商，

它全球的市场份额在过去 10 年间从 40% 一跃达到 75%。该企业的 CEO 曾经对我们说："现在让我们头疼的问题是我们的竞争对手太弱了，而且我们的员工也开始变得自负。在之前的一些项目报价中，我们有意识将价格定得高一些，好让竞争对手的报价好看些。借此我们想让我们的员工重新学会谦逊一些。就我们个人而言，我们希望有更强大的竞争对手。"在和另外一位来自黑森林地区的 CEO 的谈话中，他也有些遗憾地告诉我们，他的公司的竞争对手现在实力大不如前，他的许多员工因此丧失了关键的工作动力。事实上，尽管这让企业有些时候不舒服，但是企业可能更希望有"强度适中"的竞争对手，也就是说不是特别强但还称得上强的对手。总而言之，通过与周围竞争对手的赤身肉搏般的竞争，隐形冠军一定会练出一副好身板儿。因此可以认为，这些"近敌"不只是"劲敌"，还是"训练伙伴"。这哪怕在全球化的时代也是颠扑不破的真理。

本章总结

与我们在杂志和畅销书上看到的情形不同，并不存在普遍适用的所谓的"隐形冠军竞争战略"。企业必须依照自身的情况量身定做适合自己的竞争战略。

☛ 隐形冠军所处的市场大部分都是寡头垄断市场。在全球范围内，它们平均也只有 6 个构成实质性威胁的竞争对手。只有很少的隐形冠军认为自己在全球范围内有超过 20 个以上的竞争对手。

☛ 隐形冠军的竞争结构和竞争状态相对是比较稳定的。

☛ 在一个行业里，"老江湖"企业

之间的竞争是很激烈的，并且竞争的主要层面是在品质和创新上，并非价格。

☛ 隐形冠军出乎意料地认为，自己和竞争对手并不相似。这反映了隐形冠军们强烈的自我意识。

☛ 隐形冠军的竞争态势很复杂，但基本上它们都同时具备多项战略优势，并且在市场竞争上能够将其贯彻下去。

☛ 产品质量是隐形冠军重要的竞争优势之一。不过，价格却是一个竞争劣势。

☛ 通过更广泛的系统服务，隐形冠军大大地增强了它们的竞争能力。新的竞争优势主要是在"系统集成"和"咨询服务"两个方面，并且"易用性"也变得越来越重要。

☛ 隐形冠军新的竞争优势是很难被竞争对手复制的，这就提高了竞争的门槛。我们推测隐形冠军的竞争力由此变得更加持久了。

☛ 凭借遍及全球的标杆项目，隐形冠军充分地展现出它们卓越的竞争优势。每家企业都应该牢牢把握住机会，并以此作为对内和对外宣传的绝佳官宣。

☛ 其他具备竞争优势的表现：企业或品牌名成为某一类产品品类的代名词，多次荣获奖状、被竞争对手当作比较的对象以及拥有悠久的历史。

☛ 即便是隐形冠军也要坚持不懈地控制和降低成本。然而这样做的主要目的并非将价格和成本作为竞争优势的基础，而是为了避免定价过高而失去整个市场。

☛ 尽管全球化大行其道，但是家门口的竞争对手一如既往地帮助隐形冠军保持其强大的竞争力，那是因为它们作为训练伙伴扮演着非常重要的角色。

竞争是永远的生存之战。隐形冠军与其他企业一样面临着生死存亡的危险，它们手中掌握的武器也与他人的别无二致，并不存在什么秘密武器或撒手锏。但是它们可能对人性理念的理解更胜一筹，可以将自己的竞争优势发挥到极致，它们为用户提供无可比拟的产品和服务质量，它们在日益重要但又难以模仿的竞争力如咨询服务、系统集成和易用性方面变得更强。对于如此服务水平，用户也愿意支付合理的报酬。当然这是有底线的，这也是为什么成本一直是必须得到控制。

　　隐形冠军一般不会只依靠一项优势，而是在很多方面都做得比别人好。当一家企业坚持这一理念并坚定地将其贯彻到底的时候，它在面对竞争时也就无须过分担忧。

注　　释

1. Wir verwenden hier den Median, um Ausreißereffekte zu eliminieren.

2. Vgl. Michael Porter, The Competitive Advantage of Nations, London: Macmillan 1990.

3. In den Jahren ab 2000 machte China etwa 60% des globalen Betonmarktes aus.

4. Vgl. zum Konzept der Wettbewerbsvorteile auch Vgl. Jay B. Barney und William S. Hesterly, Strategic Management and Competitive Advantage, 4th Edition, Upper Saddle River: Pearson 2012. Backhaus und Voeth sprechen im gleichen Sinne vom »komparativen Konkurrenzvorteil«, vgl. Klaus Backhaus und Markus Voeth, Industriegütermarketing, München: Vahlen 2009.

5. Vgl. dazu und zu weiteren Prinzipien des Managements strategischer Wettbewerbsvorteile Hermann Simon, Strategie im Wettbewerb, Frankfurt: FAZ-Buch 2002.

6. Vgl. Theodore Levitt, The Marketing Imagination, New York: Free Press 1983.

7. Das Ease of Use-Merkmal verzeichnete in der offenen Frage die berichtete, starke Bedeutungszunahme, war aber in der geschlossenen Frage nicht enthalten. Die Position in der Wettbewerbsvorteilsmatrix wurde deshalb geschätzt.

8. Die Betonpumpen, die von Putzmeister in den USA stammten, wurden dabei zum Pumpen von Wasser eingesetzt.

9. Vgl. Andreas Starke, Das Original ist mehr als ein Patent, Frankfurter Allgemeine Zeitung, 16. April 2012, S. 12.

10. Blitzeinschläge erkennen und messen, Frankfurter Allgemeine Zeitung, 23. April 2012, S. 12.

11. Vgl. Michael Porter, *Competitive Advantage, Creating and Sustaining Superior Performance*, New York: The Free Press 1985.

12. Vgl. Aenova stärkt die Tablettenfertigung in Deutschland, Frankfurter Allgemeine Zeitung, 13. Februar 2012, S. 12.

13. Vgl. Michael Porter, *The Competitive Advantage of Nations*, London: Macmillan 1990.

稳健的融资

融资是所有企业战略中的重要支柱。稳健的融资则是公司基业长青的重要前提，反之亦然[1]。使用自有资金是最稳健的融资方式，但前提是企业能够维持高利润率，隐形冠军在这方面做得出类拔萃。隐形冠军自有资金比例相当高，在经济危机中可以提供足够的弹药。企业成长发展对资金有持续的高需求。在竞争中，隐形冠军如何看待自己的融资方式？是优势还是劣势？保守的融资方式对于隐形冠军来说是否构成企业发展的瓶颈？是否能为隐形冠军追求宏远的增长和市场领先地位的目标提供足够的弹药？在未来，隐形冠军的融资比例是否会发生变化？隐形冠军又是如何看待私募基金和上市的？在这一章节里面，我们将详细探讨这些问题。

盈利能力

我们在隐形冠军调研中询问"企业在过去 10 年中的平均总资产收益率",平均结果是 14%。首先,如果我们假设隐形冠军自有资金率为 42%,债务成本为 6%,净资产收益率为 25%。我们进一步假设这家工业企业资金周转率为每年一次[2],债务成本(假设 58% 的外债率,债务成本 6%),那么可以得出税前利润率为 11%。最后,假设企业所得税在 30% 左右,那么我们可以得到 8% 的税后利润率。我们将上述盈利相关数据统计在表 12-1 中。

表 12-1　隐形冠军在过去 10 年间的盈利指标

指　标	数　值
税前总资产收益率	14%
税前净资产收益率	25%
税前利润率	11%
税后利润率	8%

与其他企业相比,隐形冠军体现出卓越的盈利能力。在过去 10 年中,德国工业企业的平均税后利润率为 3.3%[3],隐形冠军的利润率是它们的两倍以上。德国最大的 500 家家族企业的税后利润率在过去几年平均达到了 6.6% 的[4],与隐形冠军相比,逊色不少。在过去的 8 年中,《财富》世界 500 强企业的平均税后利润率为 4.7%,隐形冠军比这个数值高出 40% 以上。表 12-2 汇总了隐形冠军与参照企业的税后利润指标。

值得一提的是,从长期对比来看,隐形冠军的盈利能力也是非常出色的。以税后利润率为例,我们可以看出,隐形冠军的这一比例是德国企业平均值的两倍,并且也远远高于德国最大的那些家族企业和全球最大企业的平均值。隐形冠军的利润主要源于持续的创新和卓越的品质。另外，德国中小企业特有的成本意识也是隐形冠军能够实现高利润率的重要原因之一。健康的利润率是自有资本的基础。

表 12-2　税后利润率比较

隐形冠军与参照组	时间段（年）	税后利润率（%）
隐形冠军	10	8.0
德国工业企业	9	3.3
奥地利工业企业	9	4.5
瑞士工业企业	9	9.4
德国最大的 500 家家族企业	4	6.6
《财富》500 强企业	8	4.7

自有资本

所有人都在抱怨自有资金率是中小企业的一个软肋。根据德国经济研究所的数据，德国企业的平均自有资金率只有 24.6%，在 22 个主要经济体中排名倒数第三[5]。美国、英国还有日本等其他发达国家企业的这一比例达到了 35% 以上的水平。德国中小企业在自有资金率方面的表现尤其令人担心，据估计仅在 6%～22%。而英国、美国和日本的中小企业的自有资金率能达到 35%～38%。[6]

德国企业中隐形冠军的自有资金率出类拔萃，均值高达 42%。德国家族企业的自有资金率也较高，达到 36%，与隐形冠军相差不多[7]。其中，德国最大的 500 家家族企业的自有资金率甚至达到了 54%[8]。1/3 强的隐形冠军的自有资本比率达到 50% 甚至更高；只有不到 6% 的隐形冠军的自有资本率低于 20%。并且根据我们的了解，没有发现一家隐形冠军的自有资金率低于 10%。菲尼克斯电气的企业文化中"独立自主",即保持财务和经营独立性,不贷款、不上市、不盲目扩充,实现 100% 自主经营和稳健发展。传动装置领域的隐形冠军赛威传动(SEW Eurodrive)的自有资金率高达 70% 以上[9];世界领先的烹饪设备供应商 Rational 的自有资金率也同样在 70% 以上。闻名于世的电锯生产商斯蒂尔的自有资金率也高达 68%[10]。依据财务规范,应付账款被计入债务,也就是上述提到的这些企业基本上实现自给自足,不用依赖银行或者其他债权人。美诺公司的 CEO 莱因哈德·辛坎也曾说:"我们公司零负债!"

隐形冠军稳健的融资策略在经济危机时期体现出巨大优势。绝大多数隐形冠军在面临销售大幅下滑的情况下也不用补充自有资金。我们发现即使经历了经济危机,绝大多数隐形冠军的自有资金率也并没有发生实质性的变化。相反,正如德国信用评级机构信用改革联合会(Creditreform)描述的那样:"从 2000 年左右开始,中小企业并未受经济危机影响,延续了降低负债率的趋势。"[11] 隐形冠军的高自有资金率对资金成本也有直接影响,因为企业信用评级对企业贷款利率起到越来越大的作用。因此,隐形冠军可以以较低的成本进行贷款,并且相对于其他企业,隐形冠军受信贷紧缩的影响也较小。尽管我们还无法断定隐形冠军是否真的遭遇信贷紧缩。Sal. Oppenheim 银行的一份分析报告也指出:"现有数据结果并不能说明市场上存在普遍的信贷紧缩。"[12] 另外,IFO 经济信息研究所一直定期地调查那些抱怨"限制放贷"的企业的数量和比率,它们的数据结果也证明了这种趋势。所谓的"信贷障碍比率",对这些中小企业来说,已经从 2009 年的超过 40% 下降到了 2016 年的 15% 左右。德国的国家信用评级也发挥了重要的作用。IFO 经济信息研究所的主席汉斯 – 维尔纳·辛如是说："友好的融资环境是德国经济持续良性发展的重要基石。"[13] 全球最大的信用保险公司裕利安怡（Euler Hermes）的 CEO 维尔弗里德·费尔史泰特也持类似看法："伴随着德国企业几年来的良性增长，现在的情况比 2009 年的时候好很多了，并且企业在经济危机中积累了丰富的经验和教训，当时最大的问题是信贷紧缩。在过去的 2～3 年时间里，企业在管理现金流时变得更谨慎了，并且融资渠道也更趋于多元化。它们不再像从前那样只向一家银行借贷，现在它们要么实现完全市场化，要么至少同时和两三家银行进行谈判。"[14]

信贷紧缩是个热门话题，但事实上不同国家、不同行业和不同企业受到的影响不尽相同。不管如何，隐形冠军受信贷紧缩的影响似乎微乎其微。我们和他们的交流也反复证实了这一点。比如说，汉斯 – 格奥尔格·纳德是研发假肢的隐形冠军奥托博克的 CEO，他的观点就很有代表性。他说："银行的那些人整天在这里缠着我们贷款，其实我们现在根本不需要那么多贷款。"关于同样的话题，赛威传动的董事会成员汉斯·桑德曼说："银行要我们贷款只是在浪费时间。"所谓的信贷紧缩只会反映了那些实力不济的企业的资金情况，与隐形冠军其实并不相干。

战略性融资能力

长期来看，隐形冠军的融资能力如何呢？融资能力是否限了制隐形冠军的战略发展空间？隐形冠军是如何看待融资能力对企业战略的影响的？这些都是与企业战略高度相关的问题。鉴于大多数隐形冠军长期处于高速发展并在未来仍将持续处于高速发展期，一般认为融资往往会构成企业发展的瓶颈。许多企业尤其是那些年轻的企业认为融资是限制企业发展的稀缺资源之一。国际业务的扩张、全球销售网点的建立、研发活动的开展以及生产设备的投资等都对企业的融资能力提出了很高的要求。在这种情况下，企业的融资能力在很大程度上决定了企业能够采取的战略。特别是对于隐形冠军而言，融资能力能否帮助它们建立和维护市场领导地位，这一点至关重要。长期来看，对它们来说，融资成本并不重要，企业能否获得战略发展空间才是最关键的。

我们曾经问隐形冠军这样一个问题：它们究竟将其融资能力视为一种战略优势还是战略劣势？答案非常清晰：69%的受访者认为它们的融资能力相对竞争对手是优势，有40%的受访者甚至认为是显著优势。另外一个问题是：公司战略在财务方面是否有充足的回旋空间？其中2/3以上的回答都是认为回旋空间较大或者特别大。大多数隐形冠军认为，融资并不构成企业战略的瓶颈。与一般企业和媒体描绘的那些中小企业相比，我们可以毫不夸张地说，隐形冠军的融资能力绝对是出类拔萃的。

未来的融资渠道

隐形冠军在企业经营的各方面推崇自力更生，其中也包括融资。使用自有资金在过去绝对是隐形冠军最重要的融资渠道，将来也会是如此。在我们的受访隐形冠军中有79%报告在过去自有资金是企业最重要的融资渠道，同时有78%的受访者称在未来自有资金将是企业最重要的融资渠道[15]。相对而言，银行借贷的重要性明显下降了。62%的受访隐形冠军认为在过去银行借贷是重要的融资渠道，而只有44%

的受访者认为银行借贷在未来将保持重要地位。与之相对地，资本市场变得越来越重要。在过去，很少有中小企业会直接在资本市场进行融资。但在最近几年中，大量的中小企业选择在资本市场发债融资。很多情况下，资本市场的整体融资成本甚至比传统的银行借贷更高。隐形冠军选择在公开资本市场上融资的主要目的并不是获取更低的资金成本，而是降低对银行的依赖。[16]

与此同时，隐形冠军对私募基金和上市这两种融资形式依然持有怀疑的态度。如今天大概有 10% 的隐形冠军的股权属于私募基金。与20 世纪 90 年代相比，这个比例有显著提升，毕竟在当时，德国私募基金还属于新生事物。即便时至今日，我们还是依然发现许多隐形冠军的经营者对那些私募基金持怀疑态度。相对而言，他们更偏爱那些来自同行业或者有意长期关注于相关领域的战略投资人。这一态度恰恰反映关注长期效益的家族企业和注重短期利益的私募基金之间在本质上的矛盾关系。下面的这段评论就恰如其分地描述了这种潜在的冲突："投资公司一般在入股 5 年之后都会选择退出，这与家族企业的长期战略是相违背的。家族企业长久经营的观念与私募基金对于短期投资回报的追求始终站在对立面。"[17]

对隐形冠军来说，上市还是不上市一直以来都是一个极具争议的话题。尽管隐形冠军对上市的态度从 1995 年起就已经大幅缓和了。当时只有 2% 的隐形冠军是上市公司，现在这个数字差不多为 10% 了，私募基金控股的比例也相差无几。可是不管怎样，隐形冠军对上市还是以观望态度为主。过去 15 年间资本市场太多的跌宕起伏无疑加剧了隐形冠军对上市的怀疑。其中的一个标志性事件是 1997 年成立的承载诸多期望的"新市场"（Neuer Markt），它当时是德国效仿美国纳斯达克而建立的关注于新型公司的债权交易市场。1997 年 12 月 31 日，"新市场指数"NEMAX 为 1 000 点，短短两年后，NEMAX 指数就在 2000 年 3 月 10 日涨到了 9 666 点，比肇始高出 9 倍还要多。然而 NEMAX 之后也无法避开全球互联网泡沫破灭带来的冲击，暴跌不止。时至 2002 年 10 月 9 日，NEMAX 已然跌到 319 点，在短短两年时间内从高点下坠 95% 以上。2003 年 6 月，"新市场指数"黯然收场。此外，一时风光无限的光伏企业 Conergy、Q-Cells 和 Solarworld 等市值都曾达到几十亿欧元的水平，在 2010 年之后也遭遇了断崖式的市值缩水。除了非重量级的上市公司在资本市场的负面经历外，隐形冠军的一些基本观念很大程度上导致了它们对股市的抵触态度，诸如信息公告披露、股东追求短期利益、对投机者的厌恶、对对冲基金的恐惧等。上市是许多其他国家的企业家的梦想。然而，在德国，企业家对于通过此种方式进行股权融资持普遍怀疑态度。

许多隐形冠军的经营者所担心的上市带来的不良后果中有很特殊的一点，那就是面对客户以及员工时的信息透明化。一家上市的电子行业类隐形冠军的 CEO 给出的评论具有代表性："我们去拜访大客户时，我们的年报往往就在对方的办公桌上。这对于我们实施正常的价格带来很大阻力。"世界领先的灌装设备生产商克朗斯的创始人赫尔曼·科容泽德尔并不这么认为。他认为克朗斯的上市反而增强了他面对客户时的话语权 [18]。较好的利润率恰恰说明了企业并不依赖于某一个订单或项目；对客户而言，盈利的供应商也更能保证供货的长期稳定。公告义务无疑是隐形冠军最头疼的由上市带来的副作用，这实在有违隐形冠军低调的调性。不过，即使在这个话题上我们也发现隐形冠军中有越来越多的持反对态度的。世界知名的烹饪设备供应商

Rational 的创始人齐格弗里德·迈斯特认为，恰恰是信息透明化以及相关定期公告的要求是 Rational 选择上市的原因之一。上市可以帮助企业实现降低对创始人依赖的转型。Rational 是近年来德国最成功的上市案例之一。如今 Rational 的年营收大约为 6 亿欧元，市值近 50 亿欧元。如此高的市净率我们一般只会在互联网企业身上才能看到。

隐形冠军是否能够在股市上得到公允的估值也常常受到怀疑。这种怀疑有其合理性——绝大多数隐形冠军所从事的行业都是不为公众和投资者所关注的。很少会有分析师跟踪从事于"利基市场"或非大众行业的企业，以致隐形冠军股票的表现令人担忧。正是因为这个原因，不少隐形冠军在上市后也选择了主动退市。虽然也存在类似 Rational 这样的个例，但这绝非普遍情况。或许可以这么说，为了能够在股市的汪洋大海中崭露头角，与那些大公司相比，隐形冠军更需要能够吸引投资人的高光亮点。平心而论，抛开上市企业的光环，理性来看待上市的利弊，隐形冠军凭借其强大的造血能力和较高的自有资金率，其实不用指望上市。不上市的话，它的发展可能会相对慢一些，但隐形冠军普遍认为，相比快速增长，企业的独立性显然更重要。尽管有这样那样的观望态度和保留意见，从长远来看，我们预期上市的隐形冠军的比例会越来越高。一旦企业增长到一定规模，上市是必经之路。除此之外，对私募基金投资人来说，上市过去是今后也会是重要的退出机制。此外，大公司将其业务部门独立上市也是大势所趋，在未来也将会持续下去。

稳健的融资

本章总结

　　总而言之，隐形冠军在融资方面异常稳健。即便经济危机也并未对隐形冠军的融资战略产生实质性的影响。从长远来看，我们判断融资方式也不会成为制约它们发展的瓶颈。

☛　隐形冠军强大融资能力的基础在于其超出企业平均水平的盈利能力；隐形冠军的利润率是德国企业平均水平的两倍以上。

☛　自筹资金目前是并且将一直是隐形冠军最重要的融资渠道。它的前提是需要有足够丰厚的利润，这又再次提醒我们利润的重要性。这也就形成了隐形冠军在财务方面的良性循环。

☛　即便是在高速增长阶段，隐形冠军的融资也很稳健。隐形冠军的平均自有资金率高达42%。在未来，低负债率将对于信用评级以及由此决定的融资成本发挥更加积极的作用。

☛　隐形冠军未来的战略并不会受制于融资。与之相反，隐形冠军将自身雄厚的财力视为一种竞争优势。

☛　隐形冠军融资渠道的比重将发生改变。传统的银行贷款相对于直接的资本市场融资的重要性将逐步降低。

☛　私募基金投资人的比例在过去10年的时间内迅速增长，尽管大多数的隐形冠军对这种融资形式是持怀疑甚至抗拒的态度。

☛　隐形冠军对上市仍持保留态度。虽然隐形冠军中有一些非常成功的上市的例子，但绝大多数的隐形冠军并不会考虑上市。不过整体而言，我们预计未来的上市公司数量会上升。

　　隐形冠军许多保守的观点在融资方面尽览无遗。对那些本身就带风险的领域，它们基本上唯"稳"是从，非常在意"稳定性"。受助于其强大的财力，隐形冠军的谨慎和小心对企业发展并不会构成实质性的阻碍。

注　释

1. Vgl. Christian Stadler und Philip Wältermann, Die Jahrhundert-Champions, Düsseldorf: Handelsblatt-Bücher 2012.

2. Bei den Fortune Global 500 liegt der durchschnittliche Kapitalumschlag immer nahe an 1.

3. Errechnet aus den jährlich vom Institut der Deutschen Wirtschaft veröffentlichten Zahlen.

4. Vgl. Finanzkraft von Familienunternehmen, Nürnberg-Hamburg: Rödl & Partner, Oktober 2011.

5. Vgl. Institut der Deutschen Wirtschaft, Standort Deutschland, Köln 2010, S. 18.

6. Vgl. Stefan Orthsiefen, »Eigenkapitalbasis deutlich gestärkt«, VDI-Nachrichten, 18. Mai 2007, S. 27.

7. Matthias Redlefsen/Jan Eiben, Finanzierung von Familienunternehmen, Bonn: INTES Akademie für Familienunternehmen/WHU 2007. Der Durchschnittsumsatz in der INTES-Stichprobe lag bei 272 Millionen Euro, also in einer ähnlichen Größenordnung wie unser Durchschnittsumsatz von 326 Millionen Euro. Das spricht für eine gewisse Vergleichbarkeit beider Stichproben.

8. Vgl. Finanzkraft von Familienunternehmen, Nürnberg-Hamburg: Rödl & Partner, Oktober 2011.

9. Vgl. SEW Eurodrive investiert, Frankfurter Allgemeine Zeitung, 26. April 2012, S. 14.

10. Vgl. Presseportal.de, 23. April 2012.

11. Kriseneffekte beim Eigenkapital–Die Folgen der Rezession für die Kapitalausstattung des Mittelstandes, Creditreform, Beiträge zur Wirtschaftsforschung, März 2011, S. 1.

12. Vgl. Oppenheim Spezial, Eurozone vor einer Kreditklemme, Köln: Sal. Oppenheim, März 2012, S. 3.

13. Kredithürde für deutsche Firmen auf Allzeittief, Börsen-Zeitung, 27. April 2012, S. 7.

14. Vg. Für Spanien und Portugal sind wir pessimistisch, Frankfurter Allgemeine Zeitung, 13.4.12, S. 8.

15. Den Vorrang der Selbstfinanzierung in Familienunternehmen bestätigen auch andere Studien, vgl. Finanzkraft von Familienunternehmen, Nürnberg/Hamburg: Rödl & Partner, Oktober 2011.

16. Vgl. Laura de la Motte, Der aufwendige Weg an den Bondmarkt, *Handelsblatt*, 9. Mai 2012, S. 44.

17. BDI Forum Familienunternehmen »Familienunternehmen im Zeitalter der Globalisierung«, Berlin, 21./22. September 2006.

18. IPO steht für Initial Public Offering und ist ein Standardausdruck für Börsengang.

第
13
章

精简的组织结构

艾尔弗雷德·钱德勒有句名言："结构跟随战略。"这也是隐形冠军组织运营方面的指针。[1] 绝大部分的隐形冠军属于"单一产品、单一市场"的企业，比较适合采用职能型组织结构。不过在采取职能型组织结构的隐形冠军中也具备员工能力多元化的显著特点。随着目标客户群或者应用市场的增多，企业会更多考虑采用事业部制组织结构。如前文提到的，隐形冠军的经营者为了能在新的业务领域继续保持原有的"集中优势""专业深度"以及"与客户的紧密关系"等竞争优势，选择将权力下放。隐形冠军的流程管理相对简单，并没有大公司那么多的繁文缛节，它们大量使用现代化的信息技术作为管理辅助。隐形冠军员工的工作热情和对公司的高度认同感在一定程度上替代了复杂的组织结构。因此，隐形冠军的组织结构通常都非常精简。

职能型组织结构

典型的隐形冠军聚焦于某种产品和某个特定的细分市场，也就是所谓的"单一产品、单一市场"企业。[2] 50%的隐形冠军80%的收入来自主要市场；近1/3的隐形冠军90%的收入来自主要市场；超过1/4的隐形冠军100%的收入来自主要市场。尽管隐形冠军的产品在不同市场可能会有一定的差异化，但都基本上是基于同样的技术或者产品平台。隐形冠军中符合这种情况的有很多，比如说，生产牙钻的企业Brasseler、图钉生产商Gottschalk、热成型包装设备制造商莫迪维克（Multivac）、专业的苗圃植物企业Bruns植物出口公司、市场调研公司捷孚凯（GfK）、遛狗链生产商福莱希、紧凑型测试仪制造商奥幂等。专注有助于降低组织管理的复杂程度。正因为如此，几乎所有"单一产品、单一市场"的隐形冠军都采用了经典的职能型组织结构。这种组织结构的特点是责任清晰、简单明了。汉斯-彼得·斯蒂尔是世界领先的电锯生产商斯蒂尔的前任CEO和现任理事会主席。几年前他曾请我们去给他的公司进行组织管理方面的审核。项目的契机是斯蒂尔当时正面临管理层迭代承前启后的关键节点，希望有外脑对董事会成员的权责划分进行规划。在进行了一些分析和访谈后，我们很快就完成了客户给予的任务。我们建议斯蒂尔采用职能型组织结构：董事会由5名成员组成，各自负责一些常规的职能部门。斯蒂尔年营业额达35亿欧元，全球员工数量为14 900名，属于较大规模的隐形冠军。因此在董事会层面就进行了职能性分工。对于那些中小型隐形冠军来说，职能型分工一般发生在董事会下一层。其中一个重要原因是中小型隐形冠军的董事会成员往往寥寥无几，通常不超过两个。在我们调研的隐形冠军中，21%的受访企业只有一名董事总经理。这些企业的职能分工发生在第二层级的管理层。职能型组织架构几近为"单一产品、单一市场"的企业量身定做。隐形冠军在组织管理方面的特点一览无遗：简洁明了、流程简单、执行快速和强执行力。

员工能力多元化

在众多市场中都会遇到的一个管理难题在于如何有效协调外部不断变化的市场需求和内部资源的刚性。内部资源的刚性一方面源于国家法律规定（如劳工合同保护），以及其他限制公司灵活性的雇用约束规则，包括换岗调动、分配其他任务和工资调整等。但另一方面，企业对内部资源的刚性也有自己的责任，比如说劳资协定、经营协议、公司的政策、企业文化、严苛的人事规定、过细的分工、"按章办事"等。我们的印象是在现有的各种限制条件下，隐形冠军的企业组织体现了非常高的灵活性。其中一个重要特征是员工能够胜任多重角色，这在职能型组织结构下难能可贵。与大公司相比，隐形冠军内部的职能分工并没有那么"细致"，也没有那么"死板"。它们的员工往往接受过多方面的培训，相应地可以胜任多种工作。廉价航空市场的先驱者美国西南航空公司（Southwest Airlines）从一开始就要求员工能力多元化。该公司的员工最多担任 14 种不同的工作，从票务销售一直到行李托运。我们延续航空公司的例子。德国之翼航空公司（Germanwings）和瑞安航空也都是欧洲著名的廉价航空公司，它们也遵循同样的经营理念，不仅加速了工作流程，同时还极大地降低企业的运营成本。隐形冠军中灵活的人员安排和多面手司空见惯。譬如说，世界领先的图钉生产商 Gottschalk 的 CEO 罗尔夫·戈特沙尔克把他的员工称为精通各种工作的"全能员工"。Maestro Badenia 是世界知名的高品质音响系统制造商，它的所有员工必须能够胜任生产环节中的各个岗位。Maestro Badenia 的 CEO 托马斯·萨奥认为，如此安排能更有效地利用人力资源，同时多样化的工作环境对员工也能起到激励作用。世界领先的商用洗碗机设备制造商温特霍尔特也明确要求它的员工在必要时能够从事多种类型的工作。在隐形冠军企业中经常会出现生产部门的同事在忙季临时去服务部门支持的情况。再有，隐形冠军的工作分工和员工职责描述并不那么细致，详细的"岗位描述"其实并不多见；更寻常的是员工对企业的全局观和普遍的从事多岗位工作的自觉性。特别是在发生经济危机的时候，中型企业在这个方面更是表现出非凡的灵活性。[3] 例如，知名设计家具制造商威达（Vitra）在经济危机期间内勤人员也会从事电话销售工作。CEO 鲁道夫·普策称："一些内勤人员通过这次经历乐不思蜀，爱上了电话销售。"不仅规模较小的隐形冠军如此，那些像伍尔特这样规模较大的隐形冠军也是如此。伍尔特在经济危机期间为了加强销售团队，在短短的几个月时间内就将 10% 的内勤人员转岗换到了外勤部门。有研究显示，和那些不太成功的企业相比，那些成功企业的跨部门员工调动频度要高差不多5 倍左右。[4]

员工能力多样化的优势还体现在他们被外派到国外时的机动灵活性。随着国际化的不断深入，能够适应在不同国家地区工作的能力变得越来越重要了。这一方面是企业组织管理能力，另一方面是企业文化的问题。如今许多隐形冠军都拥有一批具备国际经验的员工，他们可以胜任在世界各地的工作。在全球化的大背景下这无疑是一个不可低估的竞争优势。即便是像管风琴制造商 Klais Orgelbau 那样规模特别小的隐形冠军，也能够开展全球业务，依托的就是它有丰富国际化工作经验的团队。Klais Orgelbau 的员工常常会被派往世界各地并且一待就是数月。

事业部式的组织结构

随着现有市场的强劲增长还有对新的细分市场的不断开拓，隐形冠军面临日益复杂的组织管理方面的挑战。其中一个典型的变化是，隐形冠军覆盖的市场越来越广，各个市场间的差异程度越来越大，从而导致目标客户的诉求也越来越不同。在这种情况下，隐形冠军怎样才能保持"与客户的紧密关系"等传统优势？答案是：事业部化。隐形冠军为了适应业务拓展需要而执行的组织调整坚定而敏捷。如前文中提到的，隐形冠军依据产品应用领域和目标客群来定义市场。隐形冠军在从职能型组织向事业部制组织转型的过程中遵循了同样的原则——新组建的事业部同样对某个产品应用领域或目标客户群有明确的聚焦。

伍尔特是采用依据目标客户群划分部门的先驱之一。20世纪80年代中期开始，伍尔特在几个比较大的国家根据木材、金属、建筑、汽车、工业等不同行业，成立了不同的独立手动工具部门。这一组织调整起到了一石多鸟的作用：更加聚焦于客户需求；销售人员具备更强的能力和经验；更有针对性的宣传资料，包括产品目录和宣传手册等。事业部式的组织结构不但帮助伍尔特实现了井喷式增长，而且加强了其在细分市场内的渗透。

另一个采用事业部式的组织结构的隐形冠军的例子是森佩理特（Semperit）。森佩理特是一家专业生产橡胶制品的企业，并在多个产品领域处于世界领先地位。世界上每两个自动楼梯的扶手中就有一个出自森佩理特；世界上每两个滑雪雪橇和滑雪板上使用的橡胶带中就有一个出自森佩理特；世界上每十双医用橡胶手套中就有一双出自森佩理特。森佩理特由四个主要的事业部组成，分别是 Sempermed、Semperflex、Sempertrans 和 Semperform。图 13-1 展示了该公司的组织架构图。

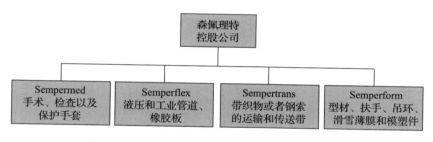

图 13-1　森佩理特——以目标客户划分的事业部

近年来越来越多的隐形冠军开始采用这种以目标客户群为导向的事业部式的组织架构。譬如说，高性能材料制造商攀时（Plansee）、传动和压缩机科技企业贺尔碧格公司（Hoerbiger）、焊接科技企业 IBG 等。克恩－里伯斯（Kern-Liebers）是贯彻去中心化的隐形冠军中的典范。克恩－里伯斯的主打产品是安全带弹簧，在这个领域它是绝对的霸主：全世界每三辆汽车中就有两辆使用的是克恩－里伯斯的产品；同时，它在其他产品领域也占据较高的市场份额，例如编织机和针织机专用金属零件以及手术刀具。克恩－里伯斯在全球总共有超过 50 家子公司，分属于 23 个被称为"能力中心"的事业单位。在这个庞大的组织机构后面却"只有"7.3 亿欧元的年收入，也就是说平均每个"能力中心"只有 3 200 万欧元的年收入。事业单位保持这样较小的规模，能够有效保证市场和技术资源的整合，以及维持企业与客户间的紧密关系。

组织的动态性

应用领域导向或目标客群导向的组织架构并不是万能的。企业的全球化进程对组织提出新的要求，并且随着时间的推移会出现越来越多的挑战。如果从事业部的角度来考虑公司业务，那么企业经营者应该将海外业务的拓展全权交付给各个事业部。如果遵循事业部的组织原则，那几乎就不可避免地在各个国家市场出现多个事业部的"总部"甚至独立企业，与之相伴的是重复劳动和成本劣势。事业部组织"高度专业化""更加灵活""与客户的关系更加紧密"等优势是否能够抵消这些劣势无法一概而论，需要具体问题具体分析。然而，分析并不容易。因为成本可以"硬数据"量化，但事业部式的分权式组织的优势基于无形的"软数据"，很难量化。因此，在实际中隐形冠军对于组织结构有着不同的考量和选择。例如，综合性工业企业贺利氏（Heraeus）选择遵循事业部政策，允许各事业部按照各自的部署来开拓市场，即使明知在有些情况下有可能会损失些节约成本的机会或者协同效应。与之相反，伍尔特随着国际化的深入，发现事业部制组织架构变得越来越捉襟见肘。伍尔特在各个国家分公司的负责人不仅承担了名义上的企业在该国家负责人的责任，还要负责本地区各业务部门之间的协调。伍尔特随之转变成矩阵型的组织架构，然后矩阵组织特有的各种弊病接踵而来，诸如双重汇报线、烦琐费时的沟通流程等。伍尔特委托我们做的组织架构审核的结论出乎意料。对于手工业者目标客群与本国其他行业手工业者行业的需求相比别国同行业更为相似。也就是说，如果我们把一个西班牙木匠、一个德国木匠和一个西班牙锁匠进行比较，我们会发现西班牙木匠和西班牙锁匠作为目标客群的需求更加相似。此外，我们还发现另外一个问题：对于那些身处事业部总部的事业部高管而言，对远在"十万八千里"之外的分公司正在发生的问题，他们很难判断，更不用说找到解决方案了。相比之下，伍尔特在当地市场的管理者更贴近市场，能更好地把握客户和员工的心态，因此也就能更有效地介入解决问题。基于上述考虑，伍尔特再次进行了组织架构的调整，将事业部式的组织架构转变为区域性组织架构。在新的组织体系下，各事业部主要起到协调作用，但没有直接命令权。伍尔特的一个优势在于个性化的销售，顾名思义，这样的销售方法需要销售人员对当地文化有充分的了解。由此看来，采用区域性组织架构对于伍尔特来说更合理。再比如说，Maquet 是世界领先的手术室设备供应商，它也选择了区域性的组织架构。各地医院的实际情况因地域不同而大相径庭，区域性的组织架构有利于 Maquet 保持与本地客户的紧密关系，在面对客户时也更具说服力。组织结构体现了企业管理的"冰山一角"，企业在成长过程中会遇到无数的挑战和迭代。伍尔特相当看重内部沟通、管理层协调会议以及跨事业部的任务，所以它的高管们在这些内部流程管理上倾注了大量的时间和精力管理，因为流程是企业文化的一部分，同时也反过来会影响企业文化的建设。隐形冠军经营者在完成业务工作之余，同时承担跨事业部的工作，起到组织润滑剂的作用。

企业组织结构并无定势，也可能发生反向的变化，下面这个事例

　　　　　　　　　　　　　　　　精简的组织结构

可以说明这一点。Era 电子技术公司是专业生产小型变压器的企业，其产品主要应用在汽车、空调暖气以及白色家电等领域。Era 采用的是传统的区域性销售组织。销售代表在自己分管的区域内不区分行业，拜访所有的客户。彼时 CEO 埃里希·埃歇勒感觉客户需求越来越高并呈现多元化态势，于是他聘请西蒙顾和管理咨询公司进行一次组织架构的梳理。[5] 基于我们的建议，Era 依据行业对销售组织进行了重新划分。通过这样的方式使得销售人员能够具备令人满意的知识储备和能力。诚然这种组织架构也有其劣势——销售人员与客户之间的物理距离变大了，导致差旅时间变长。这对销售人员而言意味着真正用来做销售的时间减少了。然而从实施效果来看，新的组织结构利大于弊。不管采用何种组织架构，都会有其优劣势，利弊权衡必不可少。

及时的业务拆分

隐形冠军在开始服务新的客群或引入新产品时，是如何保留它们的传统竞争优势的呢？答案非常明确：业务拆分。在开拓新业务或新市场时，隐形冠军遵循客户导向的组织结构理念，会尽早设立新的专门的业务单位。海瑞克是一个很具代表性的例子。它并没有将新的垂直深度钻探业务归在现有公司里，而是单独成立了一家新公司 Herrenknecht Vertical，专注于服务新的目标客户群，应对新的技术挑战。另，全球领先的唇膏设备生产商 Weckerle 采用了类似的措施：传统的设备生产业务保留在设备生产公司 Weckerle Machines，唇膏生产及为唇膏品牌商服务相关的业务纳入新成立的 Weckerle Cosmetics。世界领先的空中缆车制造商多贝玛亚（Doppelmayr）采用了类似的策略。它在两个新业务部门"交通技术"及"场内运输技术"拿到各自的第一个项目前，就已经分别成立了多贝玛亚缆车公司和多贝玛亚运输技术两个子公司。不过与此同时，多贝玛亚所有的子公司共享其遍及全球的销售团队和销售资源。以上这几个都是隐形冠军在早期就主动进行业务拆分的经典案例。

许多企业经营者跟我们说，如果新业务留在现有的组织架构里，那这些新业务始终都会是"孤儿"。顾名思义，新业务在起步的时候规模较小，如果不进行分拆，很难与主营业务部门竞争资源。维护与客户紧密关系是进行拆分的主要目的。与客户保持紧密关系一直以来都是隐形冠军最大的优点和竞争优势之一。人们一般会将客户关系与员工行为相关联。其实这是一种误解。在维持与客户的紧密关系这个方面，组织结构至少与员工行为同等重要。只有小规模的自主的业务单位才能确保与客户保持理想的紧密关系，是企业成功贯彻隐形冠军战略的基础。因此，成立一个独立的公司往往是迈向未来市场领导者的第一步也是最关键的一步，因为只有独立业务单元，才能贯彻执行隐形冠军的经营战略。

流程管理

至此我们主要讨论了隐形冠军在组织架构方面的选择。那隐形冠军在流程管理方面又是怎么做的呢？与大公司相比，隐形冠军虽然规模较小但同样复杂，它们是如何管理的呢？整体而言，隐形冠军对于流程管理的制度化水平处于中间水平。在1～7分的可能答案选项中，只有很少的受访者选择了最小值1分（企业流程制度化程度极低）或最大值 7 分（企业流程制度化程度极高），差不多 2/3 的受访者选择了居中的分值。所有受访者的平均值是 3.76，非常接近理论平均值 4 分。整体来看隐形冠军或略微倾向程度较低的流程制度化。一个有意思的发现是，隐形冠军的管理层相对而言比较精简。超过 1/5 的隐形冠军的董事会成员只有一名。隐形冠军无疑身体力行着"精益管理"。我们举几个例子来说明这种情况。

- 一家快消品行业的隐形冠军仅在欧洲就有 25 家销售公司。而所有这些都是靠一名董事会成员来统筹管理。除了管理销售公司，他还有许多其他的任务需要完成。
- 一家隐形冠军的公关部门做很多宣传活动，但只有两名管理者和若干名助理。尽管如此，他们还坚持亲力亲为，不使用广告代理机构。
- 许多隐形冠军的创新能力非常强。有些隐形冠军的研发部门只有一名研发人员和一个助理。和他们的产出相比，不管是研发预算还是研发部门的人数都不值一提。

虽然人数少后会增加工作压力，但也能很明显地降低沟通成本。我们可以用一个简单的比方来说明这个道理：参与沟通的人数越多，任意两者之间沟通的"双边关系"的数量就越多。[6] 比说，在只有 4 个人参与沟通的情形下，他们之间有 6 种可能的双边关系；有 10 个人参与的情形下，有 45 种可能的双边关系；有 20 个人参与的情形下，有 190 种可能的双边关系。因此，隐形冠军精简的组织使得流程更简单，有助于提高组织效率。虽然这个道理已经众所周知，但是大公司和官僚机构在这个方面却积重难返。隐形冠军是组织结构简化方面的先驱者和榜样。

Metrica 是全球领先的豪华室内扩建装修专业公司。它的总经理博多·昆恩也非常看重精简、高效的流程管理。Metrica 的目标是尽可能以总承包商的身份来承接项目。因为只有这样才能最小化项目进度和预算的不确定性。不过，这样一来项目管理的复杂程度就上升了。对此，昆恩说："为了让施工现场、项目管理和后勤部门三者之间能够顺利合作，我们在内部进行了深入的探讨，与所有团队一起反复研究修订了项目管理流程图。虽然到目前为止我们已经做得还不错了，但我们每天还是在不断地学习和提高。"[7]

然而事业制化和国际化还是给隐形冠军带来了许多管理上的挑战。在这里我们选取了两则案例说明隐形冠军是如何借助先进的信息技术找到应对挑战的方案的。

世界领先的焊接技术企业 IBG 集团[8]有 3 个事业部，分别是焊接技术事业部、零部件事业部和建筑化工事业部。其中，零部件事业部主要生产和销售焊接技术所需的零部件。2010 年集团销售额达 1.75 亿欧元，在全球共有超过 2 000 名员工。在 IBG 旗下一共有 70 家分公司，遍及全球 40 多个国家。IBG 集团公司为负责运营管理的控股公司，仅有 12 名员工。为了管理全球性业务，IBG 采用了网络型的组织架构，其最主要的特点如下。

- 将 500 名最重要的员工（差不多是全部员工数量的 1/4）的技能都记录在案并且储存在专门的技能数据库里。
- 企业内部所有的重要决定都要按照规则简单的"通用决策流程"（Generic Decision Process）来执行。
- 决策的发起者只需要在系统内输入关键词，系统就会搜索技能数据库，并依据"通用决策流程"，提供最佳团队人员的建议。

- 在一个事前规定好的时间节点之前，各团队必须做出相应决策。
- 在整个流程中，有一个中立的仲裁人会进行监督和详细记录。

信息技术是这样的网络型组织发挥作用的关键。为此，IBG 集团在它的所有分公司都配备了视频会议室，支持多方同时连线会议。借助这种方式，IBG 可以不分地域不分业务单位地实现信息的及时沟通和高效合作。IBG 的成功在于一方面通过现代的信息技术将世界各地的专家和知识连通起来，另一方面通过明确的流程管理机制使得决策更公正客观。

一家设备生产商也采用了非常新式的流程管理方式。它的管理层如是说："我们的流程管理方式好像机场控制塔管控整个机场一样。简而言之，首先，我们所有客户都可以连接到一个专门的视频平台（'控制塔'），同时我们所有的分公司也都可以连接到这个视频平台。公司所有的高管通过特别定制的计算机可以在全世界任何一个地方通过网络连接到这个控制塔上。所有项目的执行和整个公司的管理都依赖这个控制塔来完成。这就意味着一旦项目立项，所有任务和工作都会被分派到具体的个人身上。任何一个新项目中产生的变化都必须通过控制塔，由其重新定义相关任务步骤。这么做的目的为了减少现代通信技术带来的弊病。如今与客户的沟通十分快速和便利，电子邮件以及各种即时通信工具使得企业内部员工和客户之间的沟通就变得非常迅速和透明，然而对于企业管理来说如此多样化和频繁的通信往往会使得信息沟通失控。因此，我们就干脆把所有的通信都集中在这个控制塔里进行公司日常的事务管理和项目管理。"

对于去中心化的企业而言，企业组织奏效的关键在于员工对企业的认同，这无疑是隐形冠军的强项。我们将在接下来的章节深入探讨这个话题。员工对企业的认同感无论从哪个角度来看都对企业管理有深远影响。当企业员工拥有共同的价值观和目标，并能像一个团体一样精诚合作时[9]，企业就只需要一个精简的组织结构。大部分隐形冠军的企业都非常精简。有一家化工领域的隐形冠军，年营业额差不多在10亿欧元左右，税前利润在2.5亿欧元左右，并且业务处于持续增长通道。这位企业的CEO说在他的公司里并没有监督销售人员的体系，然而它们招聘销售人员的时候却十分谨慎和小心。可以这么说，它们的销售是由人来控制而不是由系统来控制的。这家企业的成功验证了CEO的这番话。

其他与组织相关的话题我们已经在其他章节中进行过讨论了，包括生产价值链、垂直整合、研发和战略同盟等。在这里就不必赘述了。

本章总结

战略决定组织，而组织反过来也会深深影响公司战略的实施、执行力、速度、与客户的紧密关系和成本等各个方面。组织包括结构和流程两部分，在此基础上企业为客户创造传递价值。在设计和运用这些组织结构和流程时，隐形冠军的独有特点是值得其他公司学习的。

☞ 聚焦的业务使得企业可以采用简单的组织结构，而这是一个不容小觑的优势。对于那些典型的"单一产品、单一市场"的隐形冠军，职能型组织结构是比较合适的。

☞ 和大公司相比，隐形冠军的分工并没有那么细致。员工能力的多元化是普遍现象，这使得隐形冠军更加灵活，员工承担的工作压力也更均衡。

☛　当公司业务因为服务不同需求的目标客户群而变得复杂时，隐形冠军往往会转为采用事业部制的组织结构。对于隐形冠军来说，保持与客户的紧密关系是重中之重。它们刻意回避使用大企业常见的矩阵型组织结构，而偏爱更专注于目标客户群的事业部制组织结构。目标客户群一般按行业或者地理区域划分。

☛　对于那些进军新业务领域的隐形冠军，组织管理变得更复杂。隐形冠军意识到这可能会使得它们丧失传统的竞争优势。作为应对措施，它们会在开拓新业务早期就将新业务从原有业务中单独拆分开来。

☛　一般情况下，隐形冠军会将新业务拆分到新成立的公司去，并尽可能避免矩阵型组织结构。因为隐形冠军坚定地实施新业务拆分，即使企业整体业务环境变得更复杂，它们依然能够保留聚焦的竞争优势。

☛　隐形冠军的管理层十分精简。隐形冠军通过依托于先进信息技术的组织流程来管理全球业务。不管对小公司还是对大公司来说，隐形冠军的流程管理都值得效仿。

简而言之，对典型的"单一产品、单一市场"的隐形冠军来说，职能型组织结构最为契合。跨业务领域的隐形冠军往往会通过及时的业务拆分来保持诸如聚焦、与客户的紧密关系和企业家精神等传统竞争优势。隐形冠军积极践行新科技来管理组织流程，充分挖掘利用先进的信息技术带来的机会。凭借上至管理层下至员工对企业的高度认同感，隐形冠军可以保持相对精简的组织结构和流程。

注　　释

1. Vgl. Alfred D. Chandler, Jr., *Strategy and Structure: Chapters in the History of the American Industrial Enterprise*, Cambridge, MA: MIT Press 1969.

2. Mit " einem " Markt meinen wir hier den inhaltlich abgegrenzten Markt. Wenn ein Produkt also in mehreren Ländern an die gleiche Zielgruppe vertrieben wird, so wäre das in diesem Sinne »ein« Markt.

3. Vgl. dazu und für weitere Fallbeispiele Hermann Simon, 33 Sofortmaßnahmen gegen die Krise, Frankfurt: Campus, S. 99 ff.

4. Vgl. Günter Rommel/Felix Brück/Raimund Diederichs/Rolf-Dieter Kempis, *Simplicity Wins*, Boston: Harvard Business School Press 1995.

5. Era-Elektrotechnik wurde später von der amerikanischen Firma Pulse Electronics übernommen, deren globales Headquarter in San Diego beheimatet ist, und firmiert heute unter Pulse Electronics GmbH in Herrenberg. Ein Teil des früheren Unternehmens ist bei Erich Aichele geblieben und firmiert heute unter dem Namen Aichele Group. Ein Unternehmen dieser Gruppe, Era-Contact, gehört zu den weltweit führenden Herstellern von elektrischen Bahnkupplungen und Fahrzeugverkabelung.

6. Die Zahl der bilateralen Beziehungen zwischen den Beteiligten ergibt sich als $n(n-1)/2$.

7. Persönliche Kommunikation vom 2. Mai 2012.

8. IBG steht für Industrie-Beteiligungs-Gesellschaft mit Sitz in Köln.

9. Es sei daran erinnert, dass Team auf Deutsch Gespann heißt. In einem Team ziehen alle Beteiligten in eine Richtung.

第
14
章

激发员工

　　我们在本章标题刻意使用了"激发"（inspire）这个词。在描述隐形冠军的员工工作动力和自我角色定位的时候，"激发"这个词比"激励"（motivate）、"鼓舞"（entrall）等字眼更准确。众所周知，员工的自我激励、身份认同以及主观能动性对公司的成功都有着决定性的影响。然而，隐形冠军与众不同之处在于它们能够持久地激发和保持员工的工作热情。这一点我们可以从隐形冠军的诸多方面观察到很多蛛丝马迹。隐形冠军的持续增长不断创造新的工作岗位，并且大部分增长发生在海外市场，是那些对员工技能要求较高的岗位。隐形冠军在员工绩效、病休缺勤和离职率方面的表现如何？隐形冠军往往信奉兵不在多而在精的原则，但正是精简的团队保证了高效的生产率和更透明的绩效表现。大多数德国隐形冠军都远离都市，处于偏远地区，员工和企业之间相互依存。然而在全球化的大背景下，曾经刻意的地域选择对隐形冠军招募到高资质的人才构成巨大的挑战。

雇用与新岗位

作为雇主，隐形冠军扮演着非常重要的角色。德语区内 1 533 家隐形冠军在全球雇用超过 320 万名员工，平均每家企业的员工量在 2 000 以上。在德国，隐形冠军雇用了 140 万名员工，几乎与德国的 DAX30 指数公司（全德 30 家最大的上市企业）的 160 万员工不相上下。

相比雇主身份，隐形冠军更重要的一个身份是新工作岗位的创造者。随着业务的持续增长，隐形冠军不断创造出新的就业机会。例如，科隆企业易格斯是世界领先的塑料轴承和传动链条生产商。1983 年时易格斯有 40 名员工，时至今日员工数已经增长到接近 3 000 名。在这 3 000 名员工中，有一半员工在德国，另外一半分布在易格斯全球 36 个子公司中。过去 10 年间，每个隐形冠军平均每年新增 75 个就业岗位。这意味着全德国 1 307 名隐形冠军平均每年创造约 10 万个就业机会，10 年内会创造约 100 万个新的工作岗位。表 14-1 展示了数量可观的德语区隐形冠军创造的工作岗位。

表 14-1　隐形冠军创造的工作岗位

国家	隐形冠军的数量	平均每年创造的工作岗位	平均每 10 年创造的工作岗位
德国	1 307	98 025	980 250
奥地利	116	8 700	87 000
瑞士	110	8 250	82 500
总计	1 533	114 975	1 149 750

过去 10 年间，德语区 1 553 家隐形冠军新增 110 多万就业岗位；而 DAX30 指数公司在过去 5 年间裁员 10 万人。[1]需要指出的是新增

的就业岗位并非局限于本土市场，而是全球范围内的新增岗位，并且大部分都出现在海外。足足有 2/3 隐形冠军企业中的新职位出现在它们海外的分公司里。尽管如此，德语区隐形冠军在过去 10 年里在本土市场也创造了 35.8 万个新岗位，其中在德国有 30 万个。鉴于德国市场规模有限，这是一个了不起的成绩。同时也由此可见，海外市场的发展并不一定要以牺牲国内的工作岗位为条件。隐形冠军的发展对于国内和海外就业市场都是利好消息。隐形冠军的海外投资并没有削弱其本土的业务，反而是增强了。

隐形冠军本土和海外的员工比例发生了巨大的变化。1995 年时隐形冠军中还有 61% 的员工在德国，到了 2005 年，这个比例就已经下降到 51%。但不管如何，本土的员工数量还是占大多数。2008 年经济危机后，情况发生了急剧变化。欧洲国家陷入持续经济低迷，而新兴国家的经济蓬勃发展。现在我们估计，隐形冠军的本土团队占到整体员工数量的 40%～45%。也就是说目前隐形冠军在海外雇用了更多员工，而且我们预期这个趋势将持续发展下去。

人才队伍的国际化不可避免地改变了隐形冠军的企业文化和企业特质。从员工构成来说，隐形冠军从单一国家企业转变为国际化企业。这种转变很早就已经在营业收入上体现出来了，海外市场贡献了隐形冠军 80%～90% 的营业收入。人才和价值链的国际化远远落后于收入的国际化，有超过几十年的差距。全球化加速以及经济危机后世界各个地区经济发展速度的差异变大，使得隐形冠军对本国市场的依赖程度越来越低。区域营业收入比重和员工数量的分布越来越吻合。目前，已经有不少隐形冠军有 3/4 的员工在海外。隐形冠军如 RHI、Elektroisola Dr. Schildbach、捷孚凯和嘉利达都是员工国际化做得比较好的企业，员工遍布全球。隐形冠军中全球化发生最缓慢的一个环节是管理层的国际化。我们将在后文中再深入探讨这个问题。

外籍员工的比例从侧面反映了企业全球化的进程，由不同国家地区和文化背景的成员组成的工作团队越来越多了。保时捷在斯图加特－祖文豪森雇用了来自55个国家的员工。[2]阿迪达斯的员工来自全球42个国家。在博朗，仅市场部门就有来自15个不同国家的员工。西蒙顾和管理咨询公司的1 200多名员工来自30多个不同国家。这样的员工结构在几十年前是不可想象的，但在未来全球化大背景下这将成为常态。此外，像研发这些传统上都会安排在本国靠近公司总部的职能部门，现在也越来越国际化了。比如说全球领先的智能传感器设备商西克公司，它在全球总共有13个研发中心，遍布全世界6个国家。世界知名的香精香料生产商奇华顿（Givaudan）在全球总共有39个"香料创造中心"和23个"香味创造中心"，分布于巴黎、班加罗尔、纽约、辛辛那提、上海、圣保罗、新加坡和南非。此外，叉车制造公司凯傲也在全球拥有11个研发中心。

当一家企业的大部分员工都在海外，这意味着什么？我们是否还可以以母公司的国籍来定义它们是哪一国的企业吗？如果按照未来学家约翰·奈斯比特建议的那样，将世界上的经济体不再以国别分类而是按照"域"来划分，会不会更合适？[3]一家企业源自于哪国比它属于全球哪个行业更重要吗？这样的问题很具争议性。虽然我们现在还说美国公司、日本公司、中国公司或者德国公司，但这种陈旧的观念已经脱离事实很远了。我们正处在一个从主权公司转型为全球公司的过渡阶段。如何在转型过程中保留自己的传统竞争优势对隐形冠军来说是一个很大的挑战。我们几乎无法预见转型过程中可能产生的变化。

一家企业 2/3 的员工来自其他国家或者其他文化，这会对企业产生什么样的长期影响？德国企业奥迪和丹麦企业丹佛斯（Danfoss）等国外企业宣称中国是它们的"第二故乡"。如果事实真是如此，那么"第二故乡"决不局限于销售和生产，而从长远来看应该包括公司管理的方方面面。丹佛斯会变成一家"丹中"企业吗？奥迪会变成一家"德中"企业吗？这又意味着什么？这些国际化的企业会成为"无源之水，无根之木"吗？

作为小结，我们可以肯定地说隐形冠军和大型的 DAX 上市公司在德国就业市场发挥着同样重要的作用。在过去 10 年里，德语区的隐形冠军创造了超过 100 万个新的就业岗位，其中 1/3 在本土，2/3 在海外，以亚洲为主。各地区就业岗位的分配和价值链结构发生了重大变化。如今，隐形冠军在海外雇用的员工比在本土的还要多[4]。团队的国际化对保持传统竞争优势和企业文化构成新挑战。隐形冠军在全球化的道路上逐渐形成新的身份，从最先关注本土市场转变为更具国际化视野的全球性企业。

企业文化

好的企业和差的企业之间真正的区别并不在机器、设备、流程或者公司结构，而在于企业文化。莱因霍尔德·伍尔特曾说过："和拥有崭新的厂房和设备但员工士气低下的企业相比，那些在简陋的作坊里用陈旧的机器生产但充满干劲儿的企业会取得更大的成就。"此外，彼得·德鲁克曾一针见血地指出了管理者面对的挑战："管理者需要向员工输入共同的目标并为他们提供持续发展的机会，唯有如此才可使团队发挥出应有的表现。"索诺瓦（Sonova）是全球最大的助听设备商之一，它用一句知名的瑞士谚语"Ooni Lüüt gaat nüüt"（没有人是不行的）将人对企业文化的重要性表达得淋漓尽致。企业文化指的是企业所有目标和价值的集成。理想状态下，企业的每一名员工都应该认同并践行企业文化。企业文化的核心作用在于使全体员工朝着同一目标和优先级去努力。

当前企业文化的重要性已经有了很大的提升并将变得愈来愈重要。与从前相比，那种单纯为了钱而工作的人越来越少了，更多的人，特别是年轻人，工作是为了追求更大的意义、乐趣、成就感和价值。在发达社会中，企业经营者要激励员工必须要满足他们在处于"人类需求金字塔"顶端的那些需求，特别是在服务和知识工作行业中尤为明显。工作难度越大，企业文化就越重要！一流知识工作者的绩效是难以直接测量和控制的。传统的管理方法对于这些专家是无效的，唯有通过激励和工作目标才能管理他们。从某种程度上说，企业文化代替了"考勤表"。

隐形冠军在企业文化和绩效方面的表现如何？在关于企业内部优势的问卷中，我们收到的答案如图 14-1 所示。在我们的问卷中，回答选项是按照不同的认同程度从 1～7 的 7 分制来规定，1 分为最低，7 分为最高。图中每个指标的百分比指的是对此"非常认同"的企业比例，也就是说 7 分制的答案中选择 6 分或者 7 分的受访者比例。

大多数隐形冠军都认为，与员工相关的特性普遍都是企业的优势所在。如图 14-1 所示，在对企业的忠诚度、员工资质、员工的工作动力这些方面更是如此。毫无疑问，隐形冠军的竞争优势植根于它们卓越的企业文化和员工的价值观。

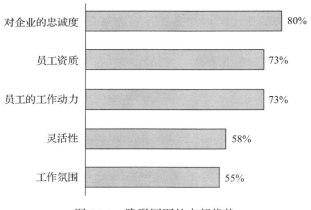

图 14-1　隐形冠军的内部优势

　　在我们和隐形冠军的交流以及它们的宣传册中谈到企业文化时常常会提到以下这些话题：个人责任、自由空间、团队精神、相互信任、熟悉的工作气氛、对话沟通、坦诚相向、工作乐趣、员工的独立思考和许多其他的文化因素。关于团队精神，Achenbach Buschhütten 的 CEO 阿克塞尔·巴腾这样说："我们信奉团队精神，组织层级并没有那么重要。"关于员工的独立思考，博医来（Brainlab）的 CEO 史蒂凡·韦斯麦尔说："我们无法忍受克隆人（没有自己想法的人）。"世界知名的洗碗机生产厂商铂浪高（Blanco）的董事长弗兰克·斯特劳布将上述这些和企业文化相关的话题简明扼要地总结为："我们不'压'，而是'拉'我们的员工。"人们或许会认为这只是假大空的口号。可是如果我们真的了解这些隐形冠军的话，你就发现这个并不是空洞的大话，它们确实是这么做的，也取得了实际效果。我们以员工缺勤率和离职率这两个具体的指标作为例子来说明。

员工缺勤率

企业文化和员工敬业度绝不是企业"锦上添花"的装饰，而是实实在在、可见的影响生产效率的关键因素。隐形冠军常年平均员工缺勤率很低，仅为 3.2%。与之对照地，普通德国企业在每 17 年中只有 1 年才能达到这样低的缺勤率。仅有 3% 的隐形冠军的缺勤率超过 5%。每 10 家隐形冠军中就有 1 家多年的平均缺勤率还不到 2%。缺勤率的高低受行业特性、工作条件、管理风格以及激励机制等多方面因素的影响，同时对企业的经营效益也会产生直接的影响。假设隐形冠军的常年平均缺勤率比德国平均水平要低 0.7%，对一个拥有 2 000 名员工的隐形冠军而言，也就意味平均每天生病缺勤的员工比一般企业要少 14 名。若每个员工每年创造 16 万欧元的销售额，由于这 0.7% 比较低的缺勤率，隐形冠军的年收入相应地就会增加 220 万欧元。假设企业的利润率为 11%，这也就意味着低缺勤率为企业带来了差不多 25 万欧元的额外利润。

员工离职率

从战略角度来说，员工离职率比缺勤率更重要。企业的一些关键员工具备的资质在人才市场上很难找到替代。若这些人才流失，企业将蒙受严重损失。如果是诸如会计这样的一般的职能岗位，在员工离职后产生的空缺比较容易填补。在我们的调研中，隐形冠军一再强调它们的员工在一些专业技能方面具备非常高的水平，离职率高对企业会非常不利。因此隐形冠军竭尽全力留住专业人才，并取得了非常好的成效。隐形冠军的常年离职率非常低，只有 2.7%，更有些隐形冠军声称做到了近零离职率。占据全球市场份额 50% 以上的咖啡烘焙设备商 Probat 的蒂芬·朗格如是说："谁要是感染了'咖啡病毒'，就再也离不开了。"通快德国的员工离职率仅为 1.7%，其在全球范围的离职率也只有 2.6%。如果我们将隐形冠军的员工离职率与国家平均水平进行对照，就更能显出隐形冠军的与众不同。我们在图 14-2 中对比了 3 个德语区国家、法国和美国的平均离职率，此外还列出了戴姆勒公司的平均离职率。

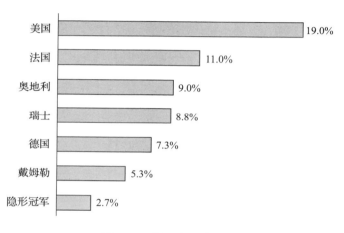

图 14-2　员工离职率对比

从图 14-2 中可见，在几个国家的比较中德国的平均离职率最低，只有 7.3%。然而，隐形冠军的离职率比这还要低近 2/3，比戴姆勒要低近一半。

隐形冠军的平均离职率为 2.7%，意味着平均工龄为 37 年左右（=100/2.7）。当一家企业的员工离职率达到 8%，平均工龄就缩短到 12.5 年，也就是比隐形冠军少了 25 年。隐形冠军和德语区企业的平均离职率相差 5 个百分点左右。这意味着什么？这意味着每年每 20 个人

隐形冠军

中就有超过 1 名员工带着他积累的知识和技术离职。另一个必然的结果是企业每年要花费更多精力寻找、招募和培训新员工。假设隐形冠军的平均员工人数为 2 000 人，隐形冠军相对于德语区一般企业：

- 每年有 100 多人的经验和技术会保留下来；
- 每年节省 100 个新员工的招聘安置和入职培训等相关的费用；
- 在 8 年后八成的老员工还会留在公司，而一般德语区企业在 8 年后将损失近一半的老员工。

尽管公众一般会更关注员工缺勤率。但从战略角度出发，我们认为员工离职率更重要。隐形冠军对于此也非常重视。其实对于所有企业来说，要积累和维护公司的经验和技术，没有什么比低离职率更重要，也没有什么能比高离职率更糟糕的事情了。特别是那些从事高技术含量业务的企业都应该把这个观念奉为圭臬。

计算得出的 37 年的平均工龄看上去高得吓人。但接下来人们不禁会问的一个问题是：该如何处理不称职的员工？那些不求上进的、偷懒耍滑的、碌碌无用的员工长久地留在团队里面，又有何意义？单纯追求员工队伍稳定并非目的本身。只有在团队里有适合的员工的时候，员工的高忠诚度和低离职率才有意义。因此，招聘时对员工的精挑细选是保证员工对企业的忠诚度这个体系的重要前提条件。在一次与水滤芯隐形冠军碧然德的创始人海因茨·汉卡玛的谈话中，他的一席话让我们恍然大悟："我们这里基本上没有什么人离职"，想了想之后他又补充道，"不过试用期的时候离职率比较高。"他接着解释道，他作为经营者倒是不用刻意在新员工试用期期间考察他们是否合格。团队会自发地做这件事。就好像在一支足球队里那样：现有的队员很清楚，如果他们容忍那些碌碌无为或者能力欠佳的新同事，对企业对自己都是有害无益。业界领先的机床生产商哈默（Hermle）的CEO迪特马尔·赫姆勒也表达过类似的观点："如果新同事无法融入，那他就得走了。"这与弗雷德里克·温斯洛·泰勒早在100多年前提出的泰勒科学管理理论不谋而合——选择正确的员工比组织、流程以及培训所有这些措施都更重要。前文提到过的欧洲领先的户外装备零售商Globetrotter深谙新员工选择的重要性，对新员工的背景有很清晰的要求。Globetrotter只招聘那些户外运动爱好者，他们中有登山爱好者、皮划艇爱好者或者自行车爱好者等，并且绝大多数在入职前就已经是Globetrotter的客户。Globetrotter的创始人彼得·莱希哈特和克劳斯·德纳特也是户外运动爱好者，他们会在加拿大和挪威亲自测试Globetrotter的装备。[5]难怪Globetrotter很容易就与目标客群打成一片。有一家来自柏林的隐形冠军，它有很强的盈利能力，利润率达25%。它的CEO曾经告诉我们，他把主要精力放在挑选求职者上。为了找到合适的人，这家企业对候选人的筛选非常严格。有时候求职者还会被要求提供学校老师的名字，以便企业去求证老师对候选人的看法。综上所述，团队稳定、低离职率以及"百里挑一"的人才甄选都是紧密关联的。隐形冠军深谙这个道理，并且身体力行。

活儿比人多

许多隐形冠军都以高产出和高效率而闻名。下萨克森州一家很成功的隐形冠军的销售总监告诉我们："我们之前在一家很大的贸易公司里面工作。光在总部就有好几千名员工。大白天在偌大的办公室里总是能看见有人在那里无所事事地翻看杂志，其他人也都见怪不怪。类似这样的情况在我们现在的公司是完全不可想象的。"一家位于南德的企业的 CEO 说道："我们有 120 名员工。每个人都得全力以赴，撸起袖子踏踏实实地工作。在我们公司，没人能混日子。那些逃避责任的人或许能在大公司混下去，但在我们这里肯定没戏！"我们不禁要问：隐形冠军是如何创造产生高绩效的条件的？如何解释与之相关的大公司和小公司之间的区别？我们认为大致有三个原因：员工数量、企业文化和组织结构。

企业获得高绩效的第一个条件就是员工数量。关于员工数量的问题，我们的第一印象或者说一直以来的印象是：隐形冠军的员工真的太少了。隐形冠军不但在管理层进行"精益管理"，而且在企业的各个级别都是如此。一位受访者曾如此描述他的企业的情况："我们这里一直都是活儿比人多，不过本来就应该如此。因为这样不但有助于提高生产效率，而且事实上员工也会更满意。相反，如果我们不去鞭策员工努力工作，他们将会把时间花在那些没有效用的事务上，比如，总结会议记录、写邮件、开那些可有可无的会议以及拟订不必要的规章制度等。一旦活儿比人多，那些在绝大多数大公司里司空见惯的钩心斗角和官僚主义也就不复存在了。"我们的观察和结论是，人手紧张有利于促进企业生产效率的提高。

反之亦然：人浮于事不但是企业生产效率的杀手，而且会使得员工产生各种不满情绪。当企业里人过多的时候，就会出现所谓的"帕金森定律"。[6]那些无所事事的员工就会开始寻找各自的"新工作"，他们在"发明"新工作方面非常有创意。然而这些所谓的"新工作"通常限于内部活动，很少或者根本不创造价值。随着组织的变大，出现如此"无用功"的风险就越大。"活儿比人多"或许是提升企业生产效率最有效的驱动力。当然，工作负担和工作力之间的关系需要平衡，也不应过度强调活儿比人多。更准确的表达应该是"活儿比人多一点儿"，不过这里的"一点儿"无法精准量化。如何才能创造"活儿比人多"的条件？最简单的办法就是成长。当企业处于成长期的时候，自然容易出现员工数滞后于工作量的情况，前提是谨慎的人才招聘政策。拥有多项隐形冠军的企业贺利氏（Heraeus）的公司主席尤尔根·贺利斯曾这样说："只有当我们需要第 3 个员工的时候，我们才会开始招第 2 个人。"企业业务萎缩的时候，创造活儿比人多的条件会更麻烦。只有通过预先对员工数量进行控制，才能避免人浮于事。随着企业员工生产效率的提高，即便销售收入保持稳定，同样也会出现人员过多的情况。在一家隐形冠军负责销售的董事会成员与我们谈到过这个问题："我们企业的生产效率每年都会提高 5% 左右，并且我们也希望员工数量至少保证稳定。这就意味着我们每年都必须要增加 5% 的销售额。一旦无法完成这 5% 的任务，那我们马上就会出现人员过多的情况。为了避免这个问题，我们唯有继续成长。"

高绩效的企业文化

企业获得高绩效的第 2 个条件就是企业文化。我们在前文提到隐形冠军是如何在试用期内甄选合适的员工的。对于隐形冠军来说，不仅管理层不会容忍不称职或者偷懒的员工，整个企业的团队也决定不会姑息这样的同事。就如同一支足球队，队员们知道那些不称职的队友不但影响企业的业绩，同时自己也会因此遭受"池鱼之殃"。因此，通常在一个足球队里面，球员是不会接受那些水平明显比别人差一大截的队友的。这样的队员会使得整个球队的竞技水平下降，从而面临降级风险。对企业而言，同样如此。隐形冠军的员工是绝对不会姑息我们在前文中提到的那家大型贸易公司中出现的员工无所事事的情形的。但凡那些认同公司理念的员工都会努力避免出现这种情况。毫无疑问，绝大多数的隐形冠军员工都对企业有这种认同感。此外，这种对不称职的和偷懒的员工"零容忍"的企业文化，恰恰也是企业达到世界一流水平的先决条件。最后，我们也应该公平地说大公司中也有高绩效企业文化的例子，例如德国企业博世和林德。

乡镇企业

隐形冠军大部分都地处城郊或乡镇。这个特点极大地增强了员工对企业的忠诚度。试想一下，世界上的那些顶级专家都在哪里？在麻省理工学院、哈佛大学、东京大学、加州理工学院、巴黎综合理工大学还是在伦敦帝国学院，或者还是在北京大学？的确，在这些地方有不计其数的杰出科学家，可是那些"实践专家"却分散在世界各个不知名的角落。比如说，假肢领域的专家在下萨克森州的杜德尔斯塔特镇工作。全世界优秀的风能技术专家在东弗里斯兰地区的奥里希镇潜心研究新的技术。在铝材轧机方面可能没有比生活在西格兰地区 Buschhütten 的人更有权威了。世界上最好的联合收割机就来自北威州的某处叫作哈尔塞温克尔的地方。如果你想要穿越长江或者想在洛杉矶建一条地铁的话，那你就得去巴登－符腾堡州的施瓦瑙镇打听一下了。谈到粉末冶金技术的研发，没有人能与蒂罗尔州罗伊特县的攀时相媲美。如果有人对瓦楞纸板有兴趣的话，那他应该去位于巴伐利亚森林中的魏黑拉梅尔镇，在这个小镇上，每年都有业界专家来参加世界领先的瓦楞纸板设备供应商博凯公司（BHS Corrugated）举办的客户大会。每两年，来自世界各地的洗涤设备专家都会前往东威斯特法伦州的弗洛托镇朝圣，参加隐形冠军 Kannegiesser 公司在那里举办的展会。

事实上，将近 2/3 的隐形冠军的企业总部位于乡镇。首先，在这样安静的"世外桃源"，那些痴迷自己使命的隐形冠军的经营者和员工可以专心致志不被打扰地进行他们热衷的工作。乡镇成就了隐形冠军，反过来这些隐形冠军也成就了这些乡镇。这样相互依存的关系对企业文化和员工关系都产生了深远的影响。绝大多数情况下，隐形冠军都是当地乡镇最大的雇主。和大城市相比，生活在这里的员工并没有那么多的工作机会可供选择。另一方面，乡镇的人才资源有限，隐形冠军必须要仰仗它的员工以及员工对企业的"青睐"。在这种情况下，雇主和员工之间相互依赖：隐形冠军需要员工的劳动付出，而员工也需要稳定的工作岗位，由此催生了一种互相认同并且关系融洽的工作关系。员工明白一旦雇主业绩出现问题，自己也会跟着倒霉；而企业家也清楚地知道企业的业绩取决于员工的工作动力。Krone 集团的 CEO 阿尔方·德维尔说："埃姆斯兰这个地方对我们来说非常理想。我们在这里可以找到足够多的勤奋敬业的员工，并且人工成本也处在一个合理的水平。我们的工厂位于乡间，对我们生产农业机械大有裨益。从这里我们也可以毫无困难地掌控遍布全球的销售网络。"[7]

通常情况下，企业的"东家"和员工们都在同一个地方出生并长大。在大城市里很少见到类似这样的雇主员工关系。在这里，一家好几代人同在一家企业工作的情形并非什么稀罕事。经营者和员工之间的距离就很近。在和那些隐形冠军的经营者参观工厂时，我们不止一次地发现他们可以随口叫上很多员工的名字，并且用"你"而不是"您"互相称呼。

隐形冠军和当地社区之间的关系也很有特点。当地的老百姓因为家门口有个世界数一数二的企业而感到自豪。而对于政府来说，隐形冠军通常都是当地的纳税大户，所以会非常关心隐形冠军的经营状况。比如说，上科亨市的市长曾经说："蔡司一咳嗽，我们全部人就得得肺炎。"在这个小镇里 7 800 人口中，有 6 500 人在蔡司工作。整个小城都尽心尽力地为蔡司服务，为这个纳税大户创造便利的发展环境；而蔡司也知恩图报地赞助当地各种社团、博物馆以及其他的文化活动。Fränkische Rohrwerke 位于巴伐利亚州柯尼斯堡市，是世界领先的波纹管制造商。它的 CEO 奥托·基什内尔这样评价道："我们是本市最大的企业，远超其他任何本地企业的规模，因此我们特别看重我们对本市的责任。"这种对企业所在地的责任感和依附造就了隐形冠军脚踏实地的气质。谈及菲尼克斯电气，公司 CEO 弗兰克·斯敦贝格如是说："这是一家私人控股的公司，96 年稳步地成长壮大并且屡创佳绩，但那种骨子里的质朴却从未丢失过。"

公司远离大都市还有另外一个好处，那就是可以避免分心和打扰。克劳斯·戈珞曼是戈珞曼自动化设备公司的创始人和经营者。最早是他的一席话引起我们对这个"优点"的关注。他说："我们是在杜塞尔多夫这个大城市长大的。我们的第一家企业也是在杜塞尔多夫，当时的工程服务业务做得也不错。但是我们现在从事的为电子行业以及行业提供的服务没办法在杜塞尔多夫这样的大城市进行。在大城市里，有太多让那些顶级专家分心的事情了。我们发现他们只有在安静的环境中才能静下心来潜心钻研技术。于是，我们下定决心把公司从杜塞尔多夫迁到了位于埃菲尔山区的小镇普吕姆。决定要搬迁的另一个原因是，我们想要在员工和公司之间建立一种持久稳定的关系。事实上，我们的确也做到了。我们现在的离职率只有不到1%。此外，我们不再会因为上下班堵车而浪费时间。我们住的地方在田边山下，当我们下班回到家，就可以沉浸在自然中得到彻底放松了。再者，因为这里的地价比较便宜，我们的员工也能在这里买得起大房子。当然，我们要从那些大城市招募人才的确比较困难。不过，这个问题对我们来说不算是最头疼的问题。"传感器专家西克公司的创始人埃尔文·西克也曾经把公司总部从慕尼黑搬迁到了以温泉出名的瓦尔德基尔希小镇。埃尔文·西克非常看重这个温泉小镇给员工和管理层带来的休闲价值。不过，我们也不需要把乡镇美化成一个理想的"伊甸园"或者"世外桃源"。乡镇作为企业住所有优点也有缺点：在企业文化和员工认同这些方面，它有着积极的作用，但是，在招聘那些专业人士和职业经理人的时候，就是另外一回事了，这方面的话题我们会在后面再展开。不过，那么多的隐形冠军在小镇和小村里"偏一隅而雄霸天下"，我们就当它们是在那里卧薪尝胆地激励自己思考吧！

深造和培训

在市场竞争中，企业成功的因素也因市场的不同而不同。如果一家企业销售的是那种无差别的标准产品，那么低廉的成本就成为企业成功的关键。在这种情况下，企业就必将其核心竞争力着眼于采购、生产和销售各个环节的低成本。这也就意味着企业要么拥有低廉的人工成本，要么拥有较高的自动化率。不过，即便是在打价格战的市场上竞争的时候，企业还是要保证起码的产品质量。

诚如我们之前介绍的，隐形冠军的竞争优势很少体现在低成本和低价格方面，更多地体现在产品质量、咨询服务、售后服务和系统集成等方面。要具备后者这样的竞争优势，隐形冠军迫切需要的不是低成本的劳动力，而是高技能的员工。在那些高度发达的市场，员工的教育水平和学习能力是企业能在行业里异军突起的前提条件。按照图 14-1 中所描述的，73% 的隐形冠军认为员工资质是它们非常突出的优势。基于如此判断，隐形冠军就一直马不停蹄地扩充它们的人才储备。现在，隐形冠军中差不多 20% 的员工都是大学毕业生，而这个比例基本上是 20 世纪 90 年代中期的两倍多。20 多年前，平均每个隐形冠军只有约 100 名受过高等教育的员工。在员工数量和大学生比例"双增长"的推动下，目前企业里大学毕业生的绝对数量已经翻了两番，达到了平均每家隐形冠军 400 名大学生的水平，甚至有 10% 的隐形冠军有一半以上的员工受过高等教育，并且绝大多数都是各自领域的专家。在这些企业里，集中了一大批知识丰富、智力超群的人才。在未来全球化的竞争中，更多的是人才的竞争，而非价格战。

除了大学毕业生，训练有素的技术工人同样也是隐形冠军力压竞争对手的"制胜法宝"。我们可以从图 14-3 中看到隐形冠军中的学徒比例高达 9%，这要比德国公司平均水平（6%）高出 3 个百分点。

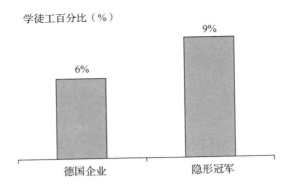

学徒工百分比（%）

6%
德国企业

9%
隐形冠军

图 14-3　德国企业和隐形冠军的学徒工比例

　　我们再来看一下绝对数值：20 世纪 90 年代中期的时候，平均每个隐形冠军有差不多 60 名学徒工。而现在，这个数字是之前的 3 倍左右，达到了 180 名学徒工。个别隐形冠军的学徒工数量特别高。内部培训的数量和质量对隐形冠军来说很重要，因为它们多数地处乡镇，寻找现成的专业技能人才有一定的困难。世界知名的印刷装订设备供应商柯尔布斯（Kolbus）的 CEO 凯·宾特迈尔对此是这么解释的："我们的企业在一个小城里。对我们来说，除了加强我们企业自身的内部培训，别无选择。如果不这样做的话，我们马上就面临劳动力短缺的问题。"另外，它们在公司的主页网站上是这么写的："鉴于本公司所处的位置，我们基本上不考虑从别的公司招聘员工。"

　　奇华顿是全球最大的香精和香料供应商，同时也经营着一家调香学校。奇华顿是这样介绍这所学校的："丰富的顶尖人才的储备是我们奇华顿事业成功的基石。"还有，"奇华顿调香学校以世代相传的知识、激情和专业来培养和激励未来的香水大师。学校自 1947 年建立以来，便成为全世界第一家拥有自己的调香学校的企业。学校被业界公认为香料培训领域的'西点军校'。奇华顿调香学校崭新的校舍位于法国的阿让特伊镇，这里毗邻奇华顿欧洲创新中心的所在地。也就是在这里，在塞纳河边的长椅上，莫奈完成了他早期的一些作品。我们的调香学校建立了全新的香水培训标准，它是一套能够让调香师系统地学习整个嗅觉谱系的系统，并能够记忆 1 200 多种不同的香味成分"。

此外，许多隐形冠军还把德国的双元制职业培训体系移植到它们在国外的分公司，以满足当地对技术人员的需求。世界领先的电锯生产商斯蒂尔将这一理念从德国带到了美国、巴西和中国。世界领先的安全带弹簧生产商克恩－里伯斯（Kern-Liebers）和全球第一的锚栓产品生产商慧鱼集团（Fischerwerke）联合在中国创立了"太仓德国企业专业工人培训中心"（简称 DAWT）。这是一个完全按照德国技术工人的培养方式组建起来的专业培训中心。在许多国家，尤其是在印度，类似的项目也在逐步上马。[8] 对隐形冠军来说，稀缺的熟练产业工人是它们在全世界发展的瓶颈之一。当市场上没有现成的技术工人的时候，隐形冠军就只能在培训方面"自己动手，丰衣足食"了。在员工的深造进修方面，情况也很相似。不过，只有当员工在培训之后还能在企业继续工作足够久的情况下，企业在培训和进修方面的大量投资才是有意义的。因此，我们应当在人员稳定的情况下再考虑培训的力度。当密集的培训和稳定的人员两者结合在一起的时候，才能保证有充沛的人才库，并且保证源源不断地将专业技术人员输送到企业中去，除此之外，企业也能够让经验和知识薪火相传地保留下来。

总而言之，在过去 10 年里隐形冠军员工中大学生的比例已经翻了两番多，并且这些企业在知识和技术水平上也有大幅的提升。另外，学徒工的比例和数量也远远高于德国企业的平均水平。隐形冠军舍得在培训方面花钱投资，再加上企业稳定的团队，就足以让公司的竞争力长盛不衰。当隐形冠军的业务类型变得越来越复杂的时候，人才的竞争力比以往任何时候都显得更加重要。

招募人才

员工的专业技能是隐形冠军的核心资源，如何招募并且留住"千里马"是隐形冠军的头等大事。留住人才对隐形冠军来说不是什么大问题，隐形冠军的员工对企业的忠诚度都非常高。然而它们在寻找优秀人才方面又做得如何？我们观察到隐形冠军在人才招募上确实遇到一些挑战。"冰冻三尺，非一日之寒"，挑战的出现有不同的原因。最重要的原因就是普遍意义上的工程师人才的短缺。世界知名的多轴自动车床生产商舒特（Schütte）的 CEO 卡尔–马丁·威克尔说："我们工程师短缺情况非常严重。"[9] 工程服务公司 Ferchau 拥有 5 000 名员工但还需要 800 名工程师。Ferchau 的 CEO 弗兰克·费肖这样说："我们在招聘方面的瓶颈阻碍了我们发展的脚步。"[10]

在争夺优秀的工科毕业生的"人才大战"中，隐形冠军引以为豪的"低调"竟成了明显的劣势。在针对毕业生进行的问卷调查中，我们发现学生们还是更喜欢那些知名的大公司，尤其是那些路人皆知的超大型企业。以下的一段话清楚地描述了这种情况："宝马公司在做的事情，连 3 岁的孩子都知道。除此之外，在最受欢迎的雇主排行榜中，那些汽车生产商一直遥遥领先，可是许多像格罗茨–贝克特这样的机械制造企业根本无缘在这个榜单上露脸。"[11] 不过情况也没有想象的那样糟糕。在我们对隐形冠军的调研问卷中有这样一个问题："你是如何评价贵公司在招聘高素质员工方面的吸引力的？"在我们7分制的答案选项里面（1分代表非常没有吸引力，7分代表非常有吸引力），高达74%的隐形冠军选择了最高的3个分值（5~7分），不过只有8%选择了最高的7分。总体而言，或许隐形冠军并不是最有吸引力的雇主，但仍然具备一定的竞争力。考虑到企业对高素质人才的巨大需求和人才市场白热化的竞争，隐形冠军在招募到合适的人才方面还是有些难度。

中小型企业一般都很难吸引到那些外地的高素质人才。和大公司相比，隐形冠军只有将人才招聘集中在某个大学的时候，才有较大的胜算。一般来说，这些大学都离企业或企业总部不远。在这些大学里，隐形冠军必须更有针对性、更自信地展示自身的优势。除了强调拥有行业领头羊的地位、核心技术以及成熟的国际化经验这些优势，隐形冠军在招募人才时还应该强调更快速的晋升和独当一面的职业发展机会。奇华顿招募人才时用的标语是"在业界领军企业工作的骄傲"。毋庸置疑，这样的宣传口号可能会吸引到更多年轻的、富有企业家精神的员工。

前文提到，身处乡镇的企业会让员工对企业更加认同，也更加忠诚。但是在招募新的精英人才的时候，地理位置就成了一个劣势。那些位于偏僻地方的隐形冠军时常会发现很难甚至是根本招不到应届毕业生或者职业经理人。蔡司也面临同样的难题：相对于科研人员和工程师而言，偏远的办公场所对于招募从事商务工作的员工来说是更大的障碍，因为一般情况下，科研人员和工程师更关注工作的内容，而不是工作的地点。对此隐形冠军应该如何应对？第一，正视问题就是积极解决问题的第一步。第二，一旦隐形冠军真的不能让那些外地的人才举家搬过来，那它们还有一个办法，那就是尽量从本地招募人才。许多隐形冠军正是用这种方法大获成功的。这是因为：首先，绝大多数的隐形冠军在那些小地方，都是口耳相传的好公司和好雇主；其次，"千里马"其实到处都有，只不过必须要提前发掘他们，并且通过实习或者其他类似的方法让他们和其他员工共同工作；最后，其实不少大学生完成学业后都会回到家乡。如此例子不少，例如坐落在上普法尔茨区帕尔克斯泰因镇的隐形冠军 Witron。拥有 2 800 名员工、年营收 4.89 亿欧元的 Witron 是在物流和订单拣选系统的世界冠军。公司的座右铭是"脚踏实地是我们可信度和成功的基石"，而这正好符合它身处乡镇的实情。对于企业面临的招聘问题，企业的创始人沃尔特·温克勒是这么解释的："我们的员工绝大多数都是本地人。很多这里的人在外上完大学后希望回到家乡继续生活和工作。脚踏实地的人在工作上会更敬业。"此外，为了能够让这些本地的年轻人熟悉全球化的管理者的角色，在职业生涯初期，他们就被派到海外分公司去工作若干年后再回到这里。而有了这样海外背景的管理人才，一方面懂得全球业务，另一方面保持对家乡的牵挂，在大多数情况下他们都会长期为企业效力。

但在招聘国外专业人士和职业经理人的时候，隐形冠军偏僻的地理位置成为更大的劣势。其中一个特别的问题是，小城市往往没有国际学校：试想一下，当那些外国的人才举家搬了过来，马上就有一个重要的现实问题：他们的孩子一般都不会讲德语，那么孩子们就没有合适的国际学校就读。一般而言，此类合适的国际学校只有大城市或者超大都市里面才有。无独有偶，英国《金融时报》也曾报道：有合适的学校已经成为招募国际顶级人才的重要标准之一。[12]

面对招聘困境，有些隐形冠军干脆采用了"三十六计走为上"的策略，也就是将公司从乡镇搬迁到大城市，这与我们之前描述的从大城市搬到乡镇的情况恰恰相反。比如说，卫浴设备方面的龙头企业高仪集团（Grohe）就将它的总部从偏远的乡镇搬到了杜塞尔多夫。按照高仪 CEO 大卫·海恩斯的说法，当时管理人才的招聘困境是促成企业搬家的关键动力。领先的"企业内容管理"提供商 SER 出于同样的原因，把公司从安静的诺伊施塔特小镇（Neustadt an der Wied）迁到了原西德首都波恩。

　　还有一个和招聘相关的特殊问题是高管的配偶。由于男性高管居多，因此这个问题涉及这些高管的妻子或女朋友。当这些高管整日忙于事业并且为了公司的利益而四处奔波的时候，对他们的妻子和家属而言，社交环境、休闲娱乐和周围环境就显得尤为重要了。那么隐形冠军是如何解决这个问题的呢？位于罗伊特县的攀时就是一个例子，它的 CEO 米歇尔·施瓦茨科普夫曾向我们解释他是如何对待这个问题的："我们知道，在招聘高管的时候，如果他的家人在这里感觉不舒服的话，那么就完全没有意义了。因此，我们会邀请他的家人也到公司里来，大家一起见见面、聊一聊，我们也会尽量给他们留下比较好的印象。只有当我们确信所有相关的人都满意的时候，我们才会发工作要约。"业纳公司（Jenoptik）也采用类似办法消除一些新招募高管对东德企业的偏见。[13]

　　如果我们能够说服这些高管和他们的家庭一起搬来，那么隐形冠军地处乡镇的优势又体现了出来。世界领先的移动动力供应和数据传输系统制造商 Wampfler AG 的克里斯托弗·弗里德里希说："我们这里的员工离职率非常低。谁一旦熟悉了这里的生活，就再也不愿离开了。"位于上科亨市的卡尔蔡司公司也持同样观点："一旦他们到了这里，就再也不愿意走了。"至此，我们完整地讨论了隐形冠军离职率的话题。

本章总结

　　一家企业的业绩主要是由企业的员工创造的，管理层"只是"引导而已。企业文化、员工认同和员工激励等是隐形冠军的"软实力"，但是它们的作用经常被低估。隐形冠军的文化有很强的自主精神。相反，它们则因为员工的忠诚、对懒汉的"零容忍"、试用期内的精挑细选和身处偏远乡镇等特点，而显得特立独行。以下我们总结本章的主要观点。

☛　在德国，隐形冠军作为雇主和那些大的上市的 DAX 指数公司一样重要。

☛　伴随着隐形冠军的持续增长，它们也在不断创造新的就业岗位。过去 10 年加总起来创造了超过 100 万个就业岗位。

☛　新增加的就业岗位中，约 1/3 是在国内，2/3 是在国外。

☛　现在隐形冠军的多数员工在国外，销售收入的全球分布与员工人数的全球分布日趋一致。隐形冠军团队的国际化趋势将持续下去。

☛　公司的发展壮大伴随着员工技能的不断提高。隐形冠军员工中，大学生的比例在 10 年中增长了 2 倍，已经达到了 20%，并且其绝对数量也差不多翻了两番。学徒工的数量也达到了之前的 3 倍，学徒工占整体员工的比例比德国企业平均水平要高出 50%。

☛　员工的责任心是隐形冠军在竞争博弈中的重要筹码。隐形冠军的品质、服务、咨询和系统集成等外部竞争优势都源于企业的内部竞争力。

☛　隐形冠军的员工缺勤率和离职率都是很低的。隐形冠军清楚地认识到，从战略角度出发，低离职率比低缺勤率更重要。虽然德国企业的离职率已经比其他国家要低很多，但是隐形冠军的离职率仅有德国平均水平的 1/3。较低的离职率会有利于企业传承知识经验、降低招募新人的成本，并且让在培训和进修方面的投资物有所值。

☞ 隐形冠军通常"活儿比人多"。这种情况减少了那种非生产性的活动和"无用功",并且是提高生产率最为有效的办法。

☞ 对高绩效的崇尚和对懒汉的零容忍是隐形冠军企业文化中的重要组成部分。和大公司相比,想要在隐形冠军里混日子就没那么容易,并且监管主要依靠团队,而不是管理层。

☞ 差不多2/3的隐形冠军坐落在偏远的乡镇。在这种情况下,雇主和员工之间有一种互相信赖的关系,有助于良好的团队协作。

☞ 如何招募到高素质人才是隐形冠军需要直面的一个重大挑战。在招聘人才方面,企业身处乡镇劣势,集中在本地或者某个区域招聘或是一种行之有效的方法。

隐形冠军通常用一些传统的价值观来激励员工,比如说辛勤劳动、精挑细选、对不称职员工的"零容忍"、高出勤率和高企业忠诚度(主要指对身处乡镇的企业的忠诚)。虽然所有这些听起来根本不是什么时髦概念,但是这些公司正是用这种方法创造了无数的高技术工作岗位。在未来全球化的竞争中,隐形冠军也正是遵循这些原则来全面武装自己的。

注　释

1. Vgl. DAX-Konzerne stellen wieder mehr Beschäftigte ein – Zuvor jahrelang Jobabbau in größten Unternehmen, AFP, 26. März 2012.

2. Vgl. " Wir freuen uns auf chinesische Ingenieure ", Frankfurter Allgemeine Zeitung, 24. April 2012, S. 15.

3. John Naisbitt, *Mind Set! Reset Your Thinking and See the Future*, New York: Harper Collins 2006.

4. Auch die DAX-Unternehmen haben im Ausland mehr Mitarbeiter als im Inland. Im Inland sind es 1,6 Millionen, im Ausland 2,2 Millionen, insgesamt 3,8 Millionen Beschäftigte. In 2011 war der Zuwachs im Ausland mit 60 000 deutlich größer als im Inland mit 16 000

neuen Arbeitsplätzen. Vgl. DAX-Firmen stellen Tausende ein, Manager-Magazin.de, 26. März 2012, und DAX-Konzerne stellen wieder mehr Beschäftigte ein – Zuvor jahrelang Jobabbau in größten Unternehmen, AFP, 26. März 2012.

5. Es geht um Natur und Abenteuer, Frankfurter Allgemeine Zeitung, 20. Februar 2012, S. 17.

6. Vgl. Cyril Northcote Parkinson, Parkinson's Law or the Pursuit of Progress, 1957. Das Gesetz besagt, dass sich Arbeit genau in dem Maße ausdehnt, wie Zeit für ihre Erledigung zur Verfügung steht bzw. in einer Variante: Mitarbeiter schaffen sich gegenseitig Arbeit, die die Zeit ausfüllt.

7. VDI Nachrichten, 16. März 2007.

8. Vgl. Hermann Simon, Trained by Germany, Manager-Magazin, Oktober 2010, S. 32.

9. Frankfurter Allgemeine Zeitung, 7. Februar 2007, S. 14.

10. Vgl. Ferchau sucht 800 Ingenieure, Frankfurter Allgemeine Zeitung, 25. Apirl 2012, S. 16.

11. Süddeutsche Zeitung, 21. April 2007. Groz-Beckert, Weltmarktführer bei Nadeln, ist ein Hidden Champion mit knapp 7 000 Mitarbeitern und rund 500 Millionen Euro Umsatz.

12. Vgl. Footlose Pupils Can Get Lost in Translation, *Financial Times*, 10. Mai 2012, S. 4.

13. Vgl. Bastian Berbner, Lockrufe aus dem Hinterland, Die Zeit, 5. September 2008.

第 15 章

有效管理

　　隐形冠军的企业家们是一个个单独的个体，我们不能"一刀切"地照一个标准格式来描述和定义他们。不过，他们也表现出很多共性，其中 5 个最重要的特质就是：个人与企业的命运共同体、专心致志、勇敢无畏、持之以恒以及强感召力。跟上一代企业家相比，年轻企业家具备更高的教育水平、更丰富的国际化经验和与之而来的成熟练达。隐形冠军的管理风格具有两面性：当涉及公司原则的时候是自上而下的"威权"模式；当涉及流程和细节的时候，它们体现出比大公司更大的参与度和灵活度。虽然，将近 2/3 的隐形冠军都是家族企业，但是非家族性的职业经理人的比重明显在提高，而且在将来会更高。在隐形冠军中，经营者大多来自内部提拔，不过从外部空降经营者的隐形冠军的比例正在不断增加。隐形冠军的一个最大的优点在于管理层的连续性：一般大公司的经营者在职的平均时间不到 7 年，而隐形冠军平均值达到 20 年之久。隐形冠军的经营者在年轻的时候就开始手握大权，这一点同样适用于来自家族外的男性职业经理人。与大公司相比，女性领导者在隐形冠军企业发挥着更大的作用，不过她们大多是企业所有者的家族成员。与北欧以及瑞士隐形冠军企业相比，德国隐形冠军的管理国际化水平还很落后，还处于初级阶段。虽然有一些土耳其裔或者亚裔的 CEO 出现在德国隐形冠军企业中，但那只是个别情况。如何安排接班人是摆在隐形冠军企业家面前切实的问题，并且是个不小的麻烦。隐形冠军应对接班人的情况喜忧参半，遭遇"滑铁卢"的企业也不在少数。

诚然，隐形冠军的基业长青并不是一两句话就能解释清楚的。不过，毫无疑问，它们成功最重要的原因之一就是这些领导着世界一流企业的经营者，不仅仅是那些第一批企业的缔造者，还包括那些励精图治、再续辉煌的一代又一代管理层接班人。

经营者

隐形冠军企业的经营者到底是谁？他们有着怎样的个性魅力？为什么他们能够如此成功？在数百次与隐形冠军经营者的接触后，我们发现他们风格迥异。有些性格外向，符合公众对典型的充满活力的企业家的印象；不过也有很多是极其内向的人。有些是天生的社交高手；有些却对抛头露面的活动深恶痛绝，更喜欢低调行事。在我们采访这些企业家的过程中，有些整天被一群随行人员簇拥着，然而有些却情愿一整天都待在自己的办公室里。

通过对这些经营者长期的观察，我们尝试着总结他们的特质中的一些共性。并非每个经营者都具备这些特质，而且每个特质在每个人身上的具体表现也不尽相同。图 15-1 描述了隐形冠军企业家个性特质的共性。

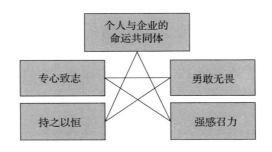

图 15-1　隐形冠军企业家个性特质

在下文中我们将简要介绍这些特质以及它们对公司管理的影响。

命运共同体

绝大多数的隐形冠军经营者与他们的企业融为一体，个人愿景和企业使命密切不可分割，比如哈瑞宝（Haribo）创始人汉斯·里格尔。很多人这样评价他："他和他的公司永远是一体的。"再比如，海因茨－霍斯特·戴希曼，当年他从父亲那里接手的公司，只是一个专门制作皮鞋的小作坊，多年之后他一手将其打造成为欧洲赫赫有名的鞋履品牌 Deichmann。他曾说过："当我们还在吮吸母亲乳汁的时候，我们就喜欢皮具所特有的芬芳。我们爱人类，我们爱鞋子。"企业家和企业之间如此亲密的联系，不禁让我们联想到许多艺术家和他们的工作："对于那些天才来说，工作就是生活，他们把自己的私人生活和工作几乎完全融为一体，连自己都无法将二者区分开。"[1]克劳斯·艾塞特先生热爱工作，在担任菲尼克斯电气的 CEO 期间，女儿曾建议他休假 2 周去旅行，他说："工作就是我的生活，休假 2 周，简直就是对我的惩罚。"同样的评价也适用于隐形冠军的企业家们。和那些受雇在大企业里的经理人相比，隐形冠军的企业家在企业里不是从事一份养家糊口的工作，而是经营当下的生活，追逐未来的理想。

隐形冠军的企业家对于工作的态度意味着，金钱不是他们主要的工作动力。对他们来说，工作动力主要源于对企业愿景的认同感和来自工作的愉悦感。跟这些相比，商业上的成就也是次要的。全球最大的汽车零配件企业博世的创始人罗伯特·博世曾说过："我们宁愿少赚钱，也不愿失去顾客的信任。我们永远都无法忍受的是：当客户用了我们的产品后告诉我们产品质量非常糟糕。"福特汽车的缔造者亨利·福特与他不谋而合："如果从我们这里出去的车出了问题，那一定是我们的责任。"企业家们全身心的投入和奉献赢得了员工和客户极大的信任和赞誉。对于工作，隐形冠军的企业家毫无保留，并且总是全力以赴、尽职尽责。因此，所谓的"有效管理"，绝非在众人面前装腔作势，而是真正来自企业家内心深处的。

专心致志

物理学家巴克明斯特·富勒和传媒学家马歇尔·麦克卢汉都是在各自领域名垂青史的人物，同时他俩也都是管理学大师彼得·德鲁克的熟人。彼得·德鲁克是这样描述这两位的："他俩一直向我们证明一心一意的重要性。只有那些一心一意的人，或者说是专注一事的偏执狂，才能成就伟业。而其他如我们般的芸芸众生，虽然或许会有更多乐趣，但是终究无法达到那些偏执狂能够达到的高度；像富勒先生和麦克卢汉先生这样的人，他们是为了使命而工作，而我们只是为了利益而奔波。自古至今只有偏执狂才能完成真正了不起的事。"[2] 把这些话用在描述隐形冠军经营者身上也恰如其分。他们是痴迷于自己工作的"偏执狂"，在这里我们把这种特质称为"专心致志"。在我们研究的隐形冠军经营者中这样的人不计其数。单一产品公司的企业家是最专心致志的人。例如，曼弗雷德·博格丹着迷于遛狗链（Flexi），而罗尔夫·戈特沙尔克则"深爱"着图钉（Gottschalk）。"着了魔障"的企业家往往出现在单一产品的公司。有这样的竞争对手是其他企业的大不幸。我们认识不少这样的隐形冠军经营者：如果深夜两点钟把他们从被窝里拉起来，问他们在想什么，答案只有一个：他们的产品，如何才能把产品做得更好或者如何才能更好地将产品提供给客户。正如彼得·德鲁克说的那样："在每一个旷世伟业的背后，总站着一个肩担重任、苦心孤诣的人。"隐形冠军的企业家就是这样的人。他们可能不比别人聪明，但一定是更沉浸于自己想法。总而言之，他们的专心致志使他们所向无敌。

勇敢无畏

勇气，是人们普遍认为企业家应该具备的一项性格特征。激光技术隐形冠军通快的贝特霍尔德·莱宾格认为"冒险的勇气"是企业家最重要的特质。相对于主动做一件事情的"勇气"，用"勇敢无畏"这个词形容隐形冠军企业家更契合。他们充分践行了"勇者不惧"。[3] 他们异于常人的勇气使得他们放开手脚施展他们的抱负。虽然许多隐形冠军的企业家并没有受过高等教育或者根本不懂外语，但这并不会妨碍他们在全球市场上攻城拔寨、所向披靡。另外，他们也不是孤注一掷的"赌徒"。

持之以恒

在隐形冠军企业家身上似乎有取之不尽、用之不竭的活力、精力和毅力，这些活力又从何而来呢？难道是来自对公司使命的认同？一位美国经理人这样解释："没有什么比一个清晰的目标和伟大的决心更能给一个人或公司提供源源不断的动力了。"[4] 而这就像一团熊熊烈火，自隐形冠军创立之初就开始燃烧，一直烧到他们退休或者更久。他们中的很多即使步入了耄耋之年，还在公司里生龙活虎地辛勤工作着。一位多次创业的中国企业家也曾对我们说过："我们的心里好像有一团火，有用不完的劲儿。"我们可能都有过"某人的气场充满整个房间"的感觉。在与这些隐形冠军接触的过程中，我们常常能体验到这种感觉，甚至有时气场强大到仿佛实质化，这一定是只有极少数人才能拥有的能量吧。

强感召力

在艺术圈，一个艺术家可能孤身一人征服全世界。可是在商场上，没有一个企业家能仅凭一己之力就创造一个全球领先的企业，他必须得有无数战友的支持：对规模比较小的隐形冠军而言，可能是几十个人；对那些规模较大的龙头企业来讲，可能是成千上万的人。如果工作热情只是在企业经营者体内燃烧，那是远远不够的。他必须把别人也"点着"，并且让这种热情持续"燃烧"，再蔓延到别人身上。著名的管理学专家沃伦·本尼斯理应知道企业管理是如何运作和影响经营成效的，然而他坦诚地承认到现在我们其实都不知道为什么人们会一直追随某些人，而不是其他人。[5] 强大的感召力或许是隐形冠军经营者最重要的一项能力——激励员工去完成共同的使命，并且使他们发挥出他们最大的能力。在这个方面，隐形冠军企业家卓有成效。感召力并不是来自口头说说的"表面文章"，毕竟很多隐形冠军的经营者不善言辞。我们认为，是隐形冠军身上的那些诸如与企业共命运、专心致志、持之以恒还有对工作的激情等特质感染和激励了员工。

其实，隐形冠军企业家的脾气秉性，都翔实地记载在浩如烟海的个人传记里面。我们个人常常在这些传记作品里发现很多很有意思的真知灼见，并且我们建议别人也去翻阅。[6]

新一代企业家

前面描述的是隐形冠军企业家性格中的"公约数"。上一代隐形冠军企业家大都是在 20 世纪 50 年代到 80 年代创业并开始拓展国际业务的。与他们相比，年轻的一代企业家身上又有些独有的时代烙印。直到最近 10 年左右，掌管这些隐形冠军的大都还是经历过"二战"的一代人，这些企业的创始人大多数没有受过正规的教育，例如，伍尔特的莱因霍尔德·伍尔特、克朗斯的赫尔曼·珂隆塞达、路面铣削机的全球龙头企业维特根的莱因哈德·维特根，还有饮用水滤芯公司碧然德的海因茨·汉卡玛。在这些企业家的第二代从父辈那里接管企业的时候，企业通常都已在国际化方面大有作为。而他们的任务就在于，一方面要紧随着市场的成长脉搏行之有效地管理公司，另一方面要在全球市场上循序渐进地填补市场空白。当然了，在这个阶段也有很多与开拓期不同的困难和挑战，如：如何在海外投资建厂、搭建覆盖全球的物流系统以及近年来兴起的在别国设立研发中心。

那么和老一代企业家相比，新一代企业家有何区别呢？

第一个区别，隐形冠军的新老两代企业家之间一个最明显的区别，就在于年轻一代接受了更好的教育。

老一代的企业家一般只是接受了一些实用的职业培训，而这些年轻的经营者却几乎都读过大学。在过去20年创业的企业家中，绝大部分都是有大学文凭的，其中有些甚至拥有博士学位。诺伯特·斯坦博士所创立的锐多公司（Vitronic）是世界领先的工业图像处理企业，而他本人之前就是学电子技术专业的。创立了爱纳康的阿洛埃斯·沃本博士和他的情况非常相似。诺伯特·诺尔德一手创立的奥幂公司是专业生产紧凑型测试仪的公司，他本人创业前是学习企业管理的。汉斯·朗格博士创办的EOS公司是世界领先的3D打印公司，他曾在著名的马普等离子物理研究所学习过，之后在慕尼黑大学获得了博士学位。

第二个主要区别在于国际化经验的不同。许多年轻的企业家全部或者部分是在国外完成其学业的，此外还有在国外的实习和工作经历。正因为如此，他们变得非常成熟练达，并且都精通英语，其中有不少还通晓其他的外语。"二战"后起家的那些企业家就很少有如此的经验和背景。和前辈企业家相比，这些新一代的企业家更加自然和淡定地迈上世界商业舞台。他们理所当然地认为，自己领导的企业就应该是全球市场的竞争对手。国际化是新一代隐形冠军企业家最重要的新特征。同时，我们发现新一代企业家依然保留了之前提到的企业与个人共命运、专心致志、持之以恒等上一代隐形冠军企业家的特质。他们清楚地意识到，必须继承和发扬隐形冠军企业的那些优势。宏伟目标、市场领先、专注专业、全球业务、技术创新、激发员工等依然是新一代企业关注的话题。与此同时，在他们身上还能看到管理全球化业务的企业家必备的能力，即国际化经验和视角，以及精通外语。

管理风格

要准确形容隐形冠军企业家的领导风格不是一件容易的事。第一，在隐形冠军这里，管理风格摇摆在两个极端之间：一端是从上至下的威压管理，另一端是依赖被管理者的自我管理。如果管理中过多地强调管理者的权威，人们就会将其称为"威权管理""指令经济"等。如果给管理者太多的自由空间，同时缺乏清晰的目标设定，那所有的工作都会缺乏协调和沟通，甚至弄得整个公司"天下大乱"。第二，如果过分强调管理者的权威，那么那些不习惯这种管理风格的员工就会士气低落，更糟糕的情况下，员工在自己的工作岗位上尸位素餐，除此之外，还会导致员工消极怠工或者干脆"炒经营者的鱿鱼"。隐形冠军不同，它是一种高效组织。而要实现这种高效率，隐形冠军就要求如此领导风格：一方面，它需要有清晰的目标方向和绩效要求，另一方面，要确保有持久的工作热情。隐形冠军是如何将这两个看似矛

有效管理

盾的要求整合在一起的呢？

答案很简单，就是"混搭"的领导风格。管理风格既是独裁的经营者威权管理，又是积极的全员共同管理。比如说，通快的贝特霍尔德·莱宾格将他的管理风格称为"开明家长制"。大家在谈论商业软件巨头SAP的联合创始人迪特马尔·霍普的时候，都认为他就是"一个正言厉色却又体恤入微的'教皇'"。一个隐形冠军企业家曾经告诉我们，他的管理风格既是以团队为中心的，也是一个人说了算的。当这些问题涉及企业的原则、价值观和目标，那就进入到"威权模式"，也就是说这些话题没有什么好讨论的，经营者的命令就直接由上而下地贯彻下去。不过，当涉及如何执行和具体细节的时候，情况就完全不一样了。在具体执行方面，隐形冠军企业家给予员工们较大的发挥空间和影响力。因此，在我们看来，与那些大公司的职员相比，在隐形冠军公司工作的员工就没有那么多条条框框的约束和繁文缛节的牵制。

在前文提到的隐形冠军在业务多元化时采用的分权政策的成功落地与这里提到的管理风格有着莫大的关联。那些进军新的细分市场领域，或者进行"软性"多元化的隐形冠军通常会成立或拆分业务单位，严格实施分权政策。新的业务单位会被赋予相当大的自由空间。只有权责匹配的情况下，分权政策才能发挥出它应有的作用。借用莱因霍尔德·伍尔特的话："越成功，自由度就越大。"此外，汤姆·彼得斯在论述"分权和责任"时说道："分权和责任密不可分。"

由此产生了另一个问题：谁来监督他们？俗话说："信任当然好，监督更重要。"监督可以是自上而下或自发的。在隐形冠军企业中，全员参与的公共监督和基于价值观的个人监督起的作用，比那些个人员工无足轻重的大公司要大得多。比如说，曼弗雷德·博格丹是全球专业生产遛狗链的福莱希公司的创始人，他在生产过程中就将质量控制的权力下放到一线员工手中。这种一线的质量控制已经成为生产流程的一个组成部分，并且曼弗雷德·博格丹自己认为，这种权力下放的方法比任何一种自上而下的质量控制系统要更加有效。这样一来，产品的瑕疵不会到生产最后一步才被发现，而会在发生的当下立马就被发现和解决。这种全员参与的监督管理是在许多隐形冠军管理方法中不可或缺的一环。

隐形冠军经营者"混搭的管理风格"体现在员工对待他们的态度上。在这些隐形冠军企业里，对企业管理层有截然不同态度的员工不在少数，所以一方面经常能听到他们抱怨"威权式管理"中经营者们的正言厉色和求全责备，可是另一方面呢，同样是这些员工，他们又毫不掩饰地对这些企业家啧啧称赞，并且他们也强调自己不愿意离开现在的企业另谋高就。这两种截然不同的观点，让我们想起了学生们对那些严苛老师的态度：学生们并不是特别喜欢如此老师，不过与此同时他们也很清楚"严师出高徒"这个道理，和那些要求比较低的老师相比，学生们能从严格的老师那里学到更多的知识。此外，《国家的选择：华盛顿与他的时代》的作者罗恩·切尔诺曾这样说过："所谓的领导，应当对大家既不能太陌生也不能太熟悉。大家不需要喜欢你，更不需要爱你，但是必须尊重你。"[7]而所谓的有效管理恰恰就是将这两方面有效地统一在一起。而在隐形冠军中，在许多企业家身上都能看到这种"矛盾统一"。

管理架构

所有权和领导权

在中小企业那里，企业的所有权结构和管理架构往往是紧密相连的。在隐形冠军中，大约2/3的企业是由家族控股，也就是说某个家族是大股东，而且就有了"家族企业"一说。正如在"稳健的融资"一章中所总结和描述的：长远看来，这些家族控制的企业的数量会略微下降。而这也是因为现在新一代的企业家比之前的更喜欢上市，更喜欢私募基金以及战略投资人。另外，悬而未解的企业继承人问题，也导致了这些家族慢慢脱离这些企业。

目前大多数的隐形冠军都是由来自家族外的职业经理人管理。不过，我们也应该注意到，这些经理人在通常情况下都持有私募基金或者上市公司的股份，也就说他们也是企业的股东。有一点可以肯定：家族在企业的所有权和管理架构方面的影响力有所下降。那些资本导向的股东和职业经理人在隐形冠军中变得更普遍了。正如前面章节所述，隐形冠军在业务发展、市场地位和盈利能力等方面的结果证明，这种变化对隐形冠军来说并非坏事。隐形冠军的成功并不在于企业所有权结构，更关键的是战略和管理问题。

经营者的教育

关于隐形冠军的经营者受教育的情况，我们有这样一组数据：几乎一半的都受过商科或者技术类的教育，只有大概10%是在其他专业领域接受的教育，并且有将近20%的企业家都获得了双学位，基本上是工程技术类和企业管理类两个学位的组合。因此，基本上可以这么说：隐形冠军经营者们的教育背景集中在商业类和技术类。除了受教育情况类似，他们分配给公司管理层的责任也都是比较少的。至少在1/5的隐形冠军企业里面，经营者是"一言堂"式的唯一董事会成员，即一人负责整个公司所有部门的业务。

内部提拔还是外部招贤

关于隐形冠军未来的掌舵人，绝大多数的企业更喜欢从内部提拔。在我们的调研中，差不多3/4的受访者持这种观点，只有不到10%的受访者认为管理层职位应主要靠外部招聘。另外，只有14%的少数受访者认为，外来管理者与企业的融合会成问题。将近40%受访者都认为这种融合并不会产生太大的问题。不过实际情况到底如何，有待我们进一步的考证。根据博斯公司的《CEO更替调查》，就CEO的平均在职时间而言，从公司内部提拔起来的CEO平均在位时间是7.1年，而从外面跳槽进来的却明显低很多，平均只有4.3年。[8]

从长期来看，隐形冠军从外部招贤纳士的情况会越来越多。有个别隐形冠军也效仿那些大公司，制定了具体的外部招贤指导方针。比如说，攀时是世界领先的用粉末冶金法生产高性能材料的公司，它将80%的管理层职位预留给内部提拔的员工，剩余20%的职位为"空降兵"准备。安德里茨股份有限公司（Andritz AG）是世界领先的制浆造纸企业，在公司的战略方针方面同样强调了内部提拔的重要性："在我们公司，绝大多数的经理都是来自公司内部提拔。"

我们对这个话题的看法是喜忧参半的。一般而言，由于隐形冠军自己独特的企业文化，那些外来的管理层要想融入企业中并不容易，并且在融合方面可能会出现很多的问题和麻烦，而这也是由多方面原因造成的，其中最重要的就是与企业经营者之间的私人关系。一旦外来的职业经理人能够与企业的关键人物和睦相处，那一切就会进展得很顺利，而这也就为彼此之间的长期合作奠定了坚实的基础。可是，一旦有了冲突和摩擦，虽然并不是什么大惊小怪的事情，但两者就会立马分道扬镳。正如在之前的"激发员工"中讲的："企业在刚开始的时候，人员流动比较大，而之后就非常稳定了。"对外来的职业经理人来说，情况亦然。在和隐形冠军企业的融合方面，那些之前在类似公司工作过的职业经理人明显比从大公司跳槽来的要轻松一些。这个并不奇怪：在管理流程和管理架构方面，这些以某个人为核心的隐形冠军和那些更加重视流程的大公司之间有着天壤之别。不过也不一定都是这样，比如说全球领先的生产电锯的公司斯蒂尔曾经有过的经验：他们第 1 个非家族成员的 CEO 并没有成功。不过有了前车之鉴之后，从大公司博世来的第 2 个非家族成员的 CEO 和汉斯 – 彼得·斯蒂尔领导的顾问委员会之间的合作却很顺利。一位研究中小企业的专家这样总结道："第一次的尝试难免会失败，会出岔子，这都是非常正常的。"[9]

　　在这里还有一个问题，它不仅与招聘员工相关，也和外来的职业经理人融入相关，那就是隐形冠军身处乡镇的问题。关于这个话题，我们之前在讨论人才招聘的时候有所涉及，而这个问题在管理层那里就更为突出。如果这些职业经理人的家庭不习惯住在公司附近，那他们就会一直生活在某种压力下，而其中一个主要的压力就在于公司和家之间的距离。许多职业经理人更喜欢在比较远的大城市里生活，在乡镇的公司上班，然后在两地之间来回跑，不少人都是每周往返一次。从长远来看，这是一种不稳定的状态，这是因为：如果他们纯粹为了工作才来到这里，这会妨碍他们融合到企业中去。除此之外，来自国外的职业经理人经常遇到的另外一个问题就是孩子入学。在乡镇，很难给那些不讲德语的孩子找到合适的学校。[10] 综上所述，很多人都建议这些隐形冠军和类似的公司直接从内部提拔合适的部门经理。可是尽管如此，隐形冠军总需要从外面输入一些新鲜的血液，因此攀时公司制定的"20/80 的原则"似乎是综合考虑了各个方面之后的一个合理方案。

管理层连续性

在我们这本书里，"坚定不移""长年累月"和"长期钻研"等类似的词汇反复出现。这些词不但表明了企业的发展目标和在市场上的领导地位，并且他们也意味着极低的离职率、相对稳定的公司框架和始终如一的企业价值观。其次，企业可持续发展的根基就在于管理层的连续性。例如，伏伊特（Voith）是在众多领域内占据世界领先地位的企业，它的前董事长赫姆特·科尔曼曾这样评价家族企业："一家企业的战略能否长久，取决于战略实施者本人和他在位时间的长短。"[11] 不过，我们也得承认，这种连续性有积极的一面也有消极的一面：倘若一个能力差的经营者在这个位置上时间太长，那对于企业来说显然是不好的。与之相反，若一个优秀的企业家能够长时间掌权，对企业来说未尝不是福祉。博斯咨询公司曾经连续多年追踪研究了全球最大的 2 500 家上市企业，其研究结果表明：目前全球各个公司 CEO 平均在职时间是 5.1 年，[12] 并且在过去 10 年中这个数据有明显下降的趋势。而德语区企业 CEO 的平均在职时间是 6.8 年，高于世界平均水平。[13]

在 CEO 在职时间方面，隐形冠军和其他企业的差异惊人。首先，隐形冠军的企业家平均在职时间是 20 年，这几乎是全球大规模上市公司的总裁平均在职时间的 4 倍。单单 "20 年" "6.8 年" "5.1 年" 这三个铁一般的数据，就充分诠释了隐形冠军企业家的 "长期和持续" 这项特征。让人匪夷所思的是，在管理学文献里面很少有对管理层连续性的研究。吉姆·柯林斯和杰里·波勒斯两人合著的《基业长青》是一个例外。在这本书中，作者将两组 CEO 在职时间进行了对比，一组是那些成功的、被他们称为 "高瞻远瞩" 的公司的 CEO，另外一组则是那些不太成功的公司的 CEO。[14] 在那些 "高瞻远瞩" 被作者称作最优秀公司的 CEO 平均在职时间能达到 17.4 年，而另外一组的平均在职时间是 11.7 年。

我们常常在隐形冠军企业中遇到在职时间特别长的企业家。比如说，汉斯·里格尔从 1946 年开始执掌哈瑞宝公司，直到他 2013 年去世，整整 67 个年头。还有，海因里希·德尔格（Heinrich Dräger）的企业从事医疗和安全技术，他领导着这个以他名字命名的公司（Dräger）长达 56 年。Geobra 公司因其儿童玩具品牌 Playmobil 而闻名于世，霍斯特·布拉德斯塔特领导这家企业 53 年。还有谢德尔（Scherdel）是全球生产阀门弹簧的翘楚，瓦尔特·巴赫管理这家公司已经 50 多年了，还依然坚持工作着。马丁·卡内吉塞（Martin Kannegiesser）也已经领导世界领先的同名洗衣设备企业将近 50 年了……这样的例子我们还能列出很多。如果仔细观察一下那些已经有好几代接班人的企业，同样也会发现隐形冠军管理层的连续性成了企业基因的一部分。比如，创建于 1889 年的谢德尔，总共经历了三代企业家，每一代平均执掌公司 41 年。生产变速箱的隐形冠军赛威传动（SEW Eurodrive）创建于 1931 年，管理层平均执掌公司的年限也达到了相同的水平，莱纳·布里克尔和尤尔根·布里克尔两兄弟是第二代企业家，他俩共同执掌企业。百年老店卡尔·耶格尔（Carl Jäger）是主要生产熏香和蜡烛等产品的业界知名企业，在过去的 110 年中只有三任 CEO，换言之，平均每任企业经营者的在职时间高达 37 年。还有，威茨曼（Witzenmann）是欧洲领先的生产柔性金属元件的企业，其悠久的历史可以追溯到 158 年前，在其超过一个半世纪的历史中只有过四任经营者。而这种长年奋战在领导岗位上，并且世代相传的企业接班人，在隐形冠军中并非个例。

企业的成功和管理层的连续性互为影响。显然，经营者超长的任职时间并不是隐形冠军获得成功的唯一原因。反而考虑到企业经营者的年龄和与之相关的接班人问题，经营者们在职时间太长有时也会带来负面影响。如果老一辈的企业家没有及时地给接班人"让位"，公司可能不得不面对生死存亡的问题。这里面有个很有意思的"鸡生蛋，蛋生鸡"的问题：一家企业难道是因为由同一个人执掌才会有蒸蒸日上的业绩吗？还是因为公司业绩的蒸蒸日上才让一个人长时间执掌公司呢？在我们看来，这两种因果关系都存在。然而，在这种因果关系中，相对于公司蒸蒸日上的业绩（管理层的连续性是"果"），毫无疑问管理层的连续性（公司的业绩是"果"）是更为重要的"因"。

在讨论管理层的连续性的时候，我们需要把它和公司的远景目标放在一起考虑。首先，当一家企业还年轻并且规模也比较小的时候，如果企业家设定了成为全球市场的领导者的宏伟目标，那么他必须考虑接下来几十年的发展。因为这些目标远非在若干年就能实现的。当然了，也有像在互联网以及新技术领域拥有"天生全球化的市场"的企业，它们能在短短的几年之内就迅速占领全球市场。其次，在通常的市场状况下，一家企业想要建立全球的分支至少需要几十年。而这里面的制约因素已经不再是资金或者技术，而是人才。而在所有这些能够让企业基业长青的条件中，管理层的连续性是一个无法取代的因素。在一家企业里，管理层的连续性再加上坚持不懈的努力，企业就一定能在市场上独领风骚。从另一个方面来说，若一家企业里出现了管理层的断代，那它一定不会在业界成为领导者。如果一家企业的政策方向和优先战略经常变来变去，如果一家企业的管理层每几年就来次"大换血"，那么它就不可能在企业绩效和市场地位上和隐形冠军相媲美。最后，就管理层的连续性而言，隐形冠军和那些大公司的最大区别在于：在那些大公司，管理层的位置是通向更高层位置的一个"经停站"。如果一个经理人在同一个位置上待的时间太久，他难免会坐立不安。

英雄少年

只有当企业家在年轻的时候就开始执掌公司，他们才能长久地掌管公司，讨论管理层的连续性才有意义。尽管理论上一个上了年纪的经营者还是可以再掌管公司若干年的，不过实际上如此情况可谓是少之又少。企业家之所以要较早地执掌公司，并不仅仅是考虑到公司管理层的连续性和公司的长期利益，也是考虑到企业家的工作动力和活力。我们观察那些创业者，发现一个显著的特征：这些企业家大多年纪轻轻就开始创业了。那些"二战"之后的隐形冠军尤其是这样。莱因霍尔德·伍尔特 19 岁的时候父亲去世，留给他只有一名员工的小作坊，而他也就从此开始子承父业并苦心孤诣地经营这家公司。此外，莱因哈德·维特根在 18 岁的时候创立了自己的公司。同样在 18 岁的时候，洛塔·波普（Lothar Bopp）创立了专业做激光多媒体的 LOBO 电子公司，现在业务已经遍布全球 60 多个国家。较晚创业的那些人大多都接受了高等教育，所以开始创业的时候大多接近或者已经超过 30 岁。史蒂凡·韦斯麦尔在 22 岁的时候创立了博医来（Brainlab），现在博医来已经是外科手术软件业界的领导者。拉尔夫·多莫穆特在 25 岁的时候创立了 United Internet 网络公司。约尔格·哈斯和吕迪格·威尔伯特两人在 25 岁的时候创立了 GWI 公司，现在是欧洲领先的外科手术软件公司。弗兰克·泰棱在 28 岁的时候开创了 Ip.labs 公司。乌韦·拉切 30 岁时在锡根大学就学时创立了全球第一家汽车共享系统公司 Invers。曼弗雷德·博格丹在 32 岁的时候，离开了当时生产电锯的企业 Dolmar 公司，创立了自己的生产遛狗链的专业公司福莱希。阿洛埃斯·沃本在 34 岁的时候创立了爱纳康。总而言之，创业的企业家大多很年轻，这也符合我们对创业者的普遍认知。

让我们吃惊的是，隐形冠军的企业家让他们的下一代在很年轻的时候就开始接班掌管企业了。在大公司，一般情况下能坐到高管位置的大多年纪都超过 50 岁。博斯咨询公司调研显示：CEO 的平均就职年龄是 52 岁。[15] 与之相反，隐形冠军的企业家不少在 20 岁左右，大多在 30 岁左右，最晚也就是在 40 岁左右，就执掌整家企业了。比如说，在斯特凡·维特根只有 26 岁，他的哥哥尤尔根·维特根 30 岁那年，父亲因车祸身亡，兄弟俩不得不肩负重担，开始接手经营父亲留下的公司。汉斯－格奥尔格·纳德接管奥托博克时，也只有 28 岁。海纳·魏斯在 29 岁的时候，开始掌管冷轧机全球领导者西马克集团。马丁·卡内吉塞也在 29 岁的时候，从父亲手中接手管理全球最大的洗衣设备生产公司 Kannegiesser。总体而言，这些家族成员在 20 多岁的时候就被委以重任。在 30 多岁时开始掌权隐形冠军企业的 CEO 中有不少外来的职业经理人。比如哈特穆特·耶纳在 34 岁时就出任全球最大的生产高压清洁设备公司凯驰的 CEO。罗伯特·弗里德曼在 38 岁时接手了全球装配工具界的领军企业伍尔特。家族外的职业经理人就职企业最高管理层时的年龄与管理层的连续性一样也是一个富有争议的话题。一方面，年轻就意味着充沛的精力和开放性、更长期的视角，但同时也意味着缺少业务方面的经验，存在拔苗助长的风险，缺乏沉稳。另一方面，年长的经理人的优点是更丰富的经验、更娴熟的管理风格和更成熟的个人性格。不过，这些所谓的优缺点都是一般情况，每个领导者各自的具体情况各不相同。不过我们倾向于认为，大公司的管理者在真正掌握核心决策权的时候年纪已经太大了。权衡各种利弊，我们认为隐形冠军的年轻化的管理队伍是一种优势。仅仅从企业发展和全球化的角度而言，年轻管理者给企业带来的活力就显得非常重要。或许可能存在年轻管理者不合格的情况，但是年轻对于从公司长远发展带来的积极效果还是利大于弊。我们在这里提及的企业还有许多其他的隐形冠军都用事实证明了这点。

女性管理者

女性在企业管理层的机会均等是大众热议的话题。事实上，在比较小的企业里面，女性作为管理者发挥着很重要的作用。在德国，员工人数少于 50 人的小企业总共有 380 万个，其中 29% 的企业的经营者是女性；在员工人数多于 50 人的企业中，也有 17% 的企业的经营者是女性。[16] 德国大型企业的情况则要糟糕得多：2007 年时，30 家 DAX 指数公司中无一幸免地没有一名女性董事。不过这种情况在最近几年发生了根本性的变化。与此同时，女性董事在西门子、巴斯夫、汉莎航空、德国邮政、戴姆勒、汉高还有德国电信也已经成为稀松平常的事情，只不过数量还是很少。在德国的大公司里面，女总裁一如既往地还只是凤毛麟角。在美国和法国情况就不一样了，女性作为企业的最高管理者大有人在。

然而，女性管理者在隐形冠军企业里的情况却大不一样，而且这种情况已经有些年头了：无论是在隐形冠军的生产运营管理方面和还是行政管理方面，女性在许多关键的领导岗位上肩负着各自的使命。另外，如果女性管理者能决定性地影响并且控制公司的命运，无非有以下的 3 种情况：

- 丈夫英年早逝后直接接管公司；
- 在监事会或者顾问委员会效力；
- 担任企业 CEO 负责企业整体运营管理。

丈夫英年早逝后直接接管公司的女性不胜枚举：1996 年，乔治·舍弗勒去世之后，其遗孀玛丽亚 – 伊丽莎白·舍弗勒开始领导当时全球第二大的轴承生产商依纳 – 舍弗勒（INA-Schaeffler）公司。当年企业的年销售额是 15 亿欧元，到了 2016 年增长为 133 亿欧元。即便是在全球金融危机的阴霾下，舍弗勒夫人也带领着公司勇敢渡过难关。在 1967 年丈夫康拉德・韦根去世后，乌苏拉・韦根开始接管威卡（WIKA）。如今的威卡是全球压力温度仪表领域的龙头企业。韦根夫人接管时的威卡年营业额在 1 000 万欧元左右，到了 1996 年她去世的时候，威卡的年营业额已经增长了 20 倍，达到了 2 亿欧元了，如今的销售规模已经超过了 8 亿欧元。此外还有凯驰的例子：艾琳・凯驰于 1959 年丈夫不幸去世后接手了凯驰。1972 年，艾琳・凯驰大胆地提拔当时只有 30 岁的罗兰・卡姆来领导公司，在随后的战略调整之后公司业绩取得了长足的增长。1974 年，凯驰公司的年营业额在 1 900 万欧元左右。而到了 2016 年，其营业额已经上涨了 120 倍，达到 23 亿欧元。1997 年，一场交通事故让莱因哈德・维特根撒手人寰，他的妻子吉塞拉・维特根在当时 30 岁的长子尤尔根・维特根和 26 岁的次子斯特凡・维特根的支持下开始接管公司，维特根集团（Wirtgen）的营业额从当年的 4 亿欧元发展到 2016 年的 26 亿欧元。

在这种飞来横祸的情况下，这些企业依旧发展壮大成为现在的隐形冠军，那些力挽狂澜的女性管理者功不可没。另外，在不少情况下，这些公司全球化的步伐，也始于这些遗孀接管公司之后。这些女性管理者所取得的丰功伟绩和那些白手起家的创业家是旗鼓相当。

在一般的家族企业中，监督职能和执行职能划分得并非那么泾渭分明。因此在隐形冠军的顾问委员会中，我们可以发现如此女性：她们在较年轻的时候就进入顾问委员会，并开始对公司的业务发展发挥重大影响。比如说，贝蒂娜・伍尔特，她在父亲的集团公司核心管理团队中积累了 5 年的经验后，2006 年成为伍尔特集团的顾问委员会主席，当时她 44 岁。2001 年，时年才 20 多岁的科特琳娜・克拉斯 - 穆尔豪泽就进入了克拉斯董事会，她对克拉斯的战略方向调整无疑有着巨大影响。杜尔（Dürr）是全球喷漆设备的霸主。2006 年，海因兹·杜尔让他的二女儿亚历山德拉·杜尔进入公司的顾问委员会。亚历山德拉·杜尔是两个孩子的母亲，拥有医学和人类遗传学专业两个博士学位，当时她是巴黎神经遗传学诊所 Hôpital de la Salpêtèrière 的负责人。

在隐形冠军企业的创始人中偶尔也有女性的身影。其中一个例子是伊娃–玛丽亚·吕尔，她在 1978 年创立了 DT & Shop，并且经过短短几年的发展，就在牙科产品的分销业务方面从行业新手成长为市场领导者，业务拓展到 70 多个国家和地区。另外，很多著名的玩具品牌企业都是由女企业家创立或者联合创立的。比如说德国人玛格丽特·史泰福，她于 1879 年开始了生产绒毛玩具的生意。1902 年，史泰福引入了"泰迪熊"系列毛绒玩具，由于得到与之同名的美国总统西奥多·泰迪·罗斯福的"间接帮助"，"泰迪熊"在美国的销售经历了井喷式的增长。仅在 1907 年就销售了 97.4 万只泰迪熊，而且泰迪熊的"耳朵上的圆形纽扣"这个标志在今天已经成为家喻户晓的史泰福泰迪熊的标志。欧洲市场领先的玩具娃娃和功能娃娃的生产商夏芙（Zapf Creation）在 1932 年由马克斯·夏芙和罗莎·夏芙联合创立。在夏芙公司诞生的地方勒登塔尔市还有大名鼎鼎的 Goebel 公司，而它最为出名的产品就是喜姆瓷偶娃娃，喜姆瓷偶娃娃的历史源自圣方济会的喜姆修女的作品。安内·博达的成就当得起创始人的称谓。1949 年，她接手管理小型出版社 Burda，把它做大做强，使其成为业务遍布全球的大出版社。1961 年，*Burda Moden* 已经成为全球最大的时尚杂志，以 16 种语言在全球近 100 个国家和地区发行。

在我们研究的诸多隐形冠军中有不少女性 CEO。其中当下最知名的莫过于妮克拉·莱宾格–卡姆穆勒：2005 年，她从父亲贝特霍尔德·莱宾格手中接管专业生产激光设备商通快。在她的领导下，员工们勇往直前、开拓进取，并且成功地度过了2009年的金融危机。如今，妮克拉·莱宾格-卡姆穆勒还是西门子和汉莎航空公司监事委员会的成员。此外，卡尔史托斯（Karl Storz）是内窥镜设备领域的领头羊，西比尔·史托斯是创始人的女儿，她从1996年开始领导企业，并且带领企业走上了一条持续增长的道路。2006年，欧洲妇女商业贸易理事会（CEFEC）将她选为当年的"欧洲杰出女企业家"。另外，Playmobil的唯一经营者霍斯特·布拉德斯塔特也将非家族成员的女性经理人安德莉娅·绍埃尔定为接班人。托马斯·哥特布吕克是专业生产监测摄像设备和移动监测设备的Geutebrück公司的经营者。1999年，他将时年32岁的女儿凯瑟琳·哥特布吕克定为企业的接班人，之后他就逐渐退出日常的企业管理事务，并最终把公司全权交给当时已有两个孩子的凯瑟琳·哥特布吕克。莱默尔（Erhard und Leimer）是全球领先的传送带测量和控制系统技术供应商，从1977年开始，汉内洛蕾·莱默尔作为董事会主席开始管理公司。ASB Grünland是全球最大的花卉土壤供应商之一。2008年，公司的创始人赫尔穆特·奥伦兹将公司的管理转交给女儿麦克拉·奥伦兹。

这样的隐形冠军的女性领导者我们还可以列出很多。作为女性领导者，她们在隐形冠军企业里发挥的作用比在大公司里的女同胞要大得多。不过我们也要注意到，和男性领导者不一样的是，这些女经营者大多是企业的控股家族成员，也有女性经营者是来自家族外的职业经理人。事实证明，女性经营者为全球化运营的企业创造了巨大的价值。不过，就女性被提拔到公司决策顶层的机会而言，隐形冠军企业比那些大公司要明显更好一些。我们也得承认，这主要是对那些家族中的女成员而言的。总之，我们的研究结果表明：如果在企业的管理层中缺少女性管理者的身影，那么这就意味着企业巨大的潜力还没有被完全开发出来。

管理层国际化

我们发现，在那些大型的跨国公司中具备国际背景的高管越来越多。截至 2013 年上半年，30 家德国 DAX 指数公司的董事会中有 29% 的成员不是德国人。在有些大公司里面，这个比例还要高。比如说，安联（Allianz）的董事会成员一共来自 4 个不同国家。费森尤斯医药（Fresenius Medical Care）的 7 名董事会成员来自 3 个不同国家。雀巢的管委会的 13 名成员来自 6 个不同国家。隐形冠军有 80%～90% 的收入来自海外，它们大部分的员工在国外工作。从这个角度来看，隐形冠军算得上是相当国际化了。隐形冠军的中层管理团队也非常国际化。我们曾经参加过许多隐形冠军的管理层会议，参加这种会议的人数也差不多是全员人数的 2.5%～5%，通常在 50～100 人，与会人员非常国际化，英语是主要的会议交流语言，而且基本上没有同声传译。

关于隐形冠军对管理层的任命，这又呈现出另外一幅情景。有些隐形冠军遵循如此政策：各个国家的分公司完全由当地的团队来管理。世界领先的制浆造纸企业安德里茨（Andritz AG）这样说："我们采用的是由各个本地团队管理的区域性组织结构。每个安德里茨分公司的业务经理和总监的国籍，就正好反映了公司和员工在全球的分工布局。每当我们收购一个新的公司，我们都会花大力气去融入当地的管理团队中去。"全球电气连接、电子接口和工业自动化的领先者菲尼克斯电气的执委会成员，包括中国公司总裁和美国公司总裁，其中国公司从1993 年成立以来就是 100% 本土团队管理。IBG 是焊接技术界的隐形冠军，它在海外的公司也从不派遣德国人去当经理。在中国有很多中国人在德国深造过并且会讲很流利的德语，他们也被提拔到隐形冠军的管理层岗位上。还有一些公司，它们高级管理人才的国际化程度已经很深了。其中一个例子就是海蓝德国际货代公司（Hillebrand AG），它是来自美因茨的全球专门经营葡萄酒和烈酒物流的企业。在它的董事会里一个德国人也没有，6 名董事中有 2 个法国人，1 个荷兰人，1个英国人，1 个美国人和 1 个瑞典人。在高级管理人员的国际化方面，瑞士的隐形冠军比德国更进一步：瑞士的奇华顿公司是赫赫知名的香料和香精供应商，在它由 7 人组成的管理委员会中有 4 个瑞士人，1个美国人，1 个法国人和 1 个瑞典人（女）。全球第二大奢侈品企业——历峰集团的 19 人董事会由来自 7 个不同国家的成员组成。全球第一的听力辅助设备供应商索诺瓦（Sonova AG）的管理委员会成员分别来自瑞士、德国、法国、意大利和英国。

在德国，外籍或者具有移民背景的高管在隐形冠军中比较少见，在大公司中就更少见了。世界领先的轻便小型设备制造商威克诺森（Wacker Neuson）的 CEO 是土耳其裔的杰姆·佩克萨格拉姆。在加入威克诺森前，他在博世效力，职业发展一帆风顺、平步青云。汽车变速器技术的隐形冠军格特拉（Getrag）在全球拥有 15 200 名员工，年营业额在 32 亿欧元左右，它的 CEO 是印度裔的米希尔·科特查。易福门电子是全球领先的自动化设备供应商，它的 CEO 是来自孟加拉国的乔伊·拉赫曼。出生于印度的施里·古普塔掌管着隐形冠军温德默勒与霍尔舍的全球服务。拜尔斯道夫公司（Beiersdorf）是专业生产妮维雅产品的企业，它的董事会成员刘峥嵘先生来自上海。

坦白地讲，德国隐形冠军在高层管理人才国际化方面的落后和步履维艰是有诸多原因的。首先，差不多一半多的隐形冠军的高级管理层都是控股家族成员。其次，它们的管理团队基本上都非常小，大部分都是两三个人，最多也就是 5 个人。因此和大公司相比，它们能提供的高管职位少很多。再次，这些"袖珍的"管理团队彼此之间之所以能够互相配合、紧密合作，是因为这种团队精神来源于他们拥有共同的文化价值。最后，正如前面章节所讲的那样，很多隐形冠军都是在远离都市的乡镇。而这种乡镇的生活环境，也可能成为这些国外高管和他们的家属在当地安家和融合的一个大麻烦。在这个方面，我们不可能期待隐形冠军在短期内会有多大的变化。伴随着公司业务全球化的不断深入，许多企业希望，企业管理层国际化的步伐迈得更大并且更快一些。不过我们要知道：凡事都有两面性。微型管理团队的优点也是不容小觑的：他们都有共同的文化和价值观，并且彼此心有灵犀，在工作中就非常默契。正因为如此，就也有与之前介绍的例子正好相反的情况：格罗茨－贝克特是全球顶尖的工业缝纫机用针供应商，它非常喜欢把在德国总部阿尔布斯塔特市效力多年的员工外派到国外去管理当地的团队。公司总裁托马斯·林德纳这样解释这个政策："我们必须保证企业在'血统上'的一脉相承。对我们来说，如何将我们的企业理念一对一地传播到所有分公司去是最重要的。我们也明白，即便是想让一个成年人将企业文化内化为个人的信念，那都不是容易的事情，这至少需要 15 年的时间。"[17]

隐形冠军的业务、员工团队以及管理层的国际化并不是同时进行的，而是分步骤在不同的时间段进行。在这几个方面，率先国际化的是业务，紧接着是员工，然后管理人员，到最后，而且是至少经历了一到两代的管理团队之后，企业的"经营者的交椅"才能让来自不同国家和文化的人来坐。在国际化的前三阶段，隐形冠军进展得都很顺利。而这第四阶段，则需要相当长的时间，并且最后的成效也因情况而异。

领导者传承

企业领导者接班人的问题，是家族企业和隐形冠军面临的最大挑战。[18] 不少企业都败于此。[19] 在和隐形冠军企业家多次的接触中，我们逐渐形成这样的观点：在位的领导者个性越强，那么交接权力就会越困难。米歇尔·斯托施克领导着全球领先的博泽公司（Brose）已经近40年了。他曾说过："一个了不起的企业领导者的光辉历史，往往终结于一个不幸的接班人。"对一家企业的创业者而言，这个问题显得尤为突出。因为这里存在一种让人"左右为难"的尴尬抉择，简单说来：一方面是企业领导者的连续性，另一方面是终究无法回避的权力交接问题。接下来，我们用3个匿名的个案来说明这些情况。第一个故事：有一家很成功的从事服务业的隐形冠军。A先生是这家企业的创始人和唯一的董事，73岁。当我们问他如何看待接班人问题的时候，A先生的回答是："我感觉我很健康啊！让我再领导公司和员工们一起并肩工作10年，没有什么问题。况且一旦我退休离开，公司里有很多中层管理人员可以掌管公司。"在15年前和5年前，我们就已经问了他两次同样的问题。时光荏苒，时至今日他的回答还是一模一样。第二个故事：有一家年营业额10亿欧元左右的隐形冠军，有一次和它的董事长 B 先生聊天的时候，我们问了他同样一个问题，他的回答与 A 先生惊人得相似。这位企业家同样已经年过七旬，他说："接班人的事情一直在安排，不过只要一天没有找到真正合适并合格的接班人，我们就必须继续承担这些责任。"第三个故事：C 先生是一位已经年过八旬的创业元老。在和他聊了几次同样的话题之后，我们"举白旗"投降了："C 先生，我们不应该再讨论接班人的话题了。您是不可能把权力交给别人的，并且这就是铁板钉钉的事实。我们只能这样一直等下去，直到这条路行不通为止。"他回答道："也许您说的是对的。"这番对话之后，C 先生继续愉快地掌管着他的公司。

对每家企业而言，领导者的接班都是企业发展的一个重要转折点。然而，对于那些只想要家庭成员继续掌管的家族企业来说，接班人的问题就更为严重了。一项调查显示，90% 以上的家族企业希望企业和管理权保留在家族成员手中。可结果是只有不到 10% 的企业能留传到第四代家族成员手中。将近 1/3 的家族企业在第一代接班的时候，企业就已经夭折了。剩下的那些企业中，2/3 左右的也就到第二代接班为止。[20] 正如我们在这章开始的时候所了解到的：在 20 世纪 90 年代中期，隐形冠军中家族企业占到了 60% 以上，而现在却减少到不足 50%。这种比例的下降，绝大多数情况是因为家族里面没有合适的接班人。而在另外的一些公司，那些可能接班的家族成员，他们或者不愿意接管这个公司，或者就是在争夺接班位置上出现了内讧。老一辈和年轻一辈之间的利益冲突以及后代之间的纠纷，在隐形冠军那里并不少见。老一辈的管理者，尤其是那些企业的创始人，大多数都想要把企业和权力留在家族里面。他们的这种想法是情理之中的，但是这就带来两个大问题。第一，任何人都不该幻想，这些准备接班的儿子或女儿会自动或者天生地就有掌管企业的本领。事实上，许多隐形冠军已经成长为中等规模的公司了，同时也就意味着成为相当复杂的公司，然后子女接班的问题就更加严重了。这是因为，领导这样组织庞大的公司，需要管理者具备多方面的综合才能，而这些才能并非人人都有。如果企业家的下一代人具备这种才能，那就再好不过。如果不幸没有的话，那这个家族就要准备好并且心甘情愿地把企业交给非家族成员来管理。正如研究数据显示的那样，现在后面这种情况越来越多了。不过，这里面是否有某种力量或者某种原因，我们就不得而知了。第二，这个就牵涉企业家后代的个人成长规划了。在传统社会中，家庭中的长子一般会自然而然地从父亲那里继承农场或者手工作坊，然后继续经营。对于长子而言，他可能就没有选择的机会和自由了，因为家族的这种传统必须这样一代接一代地传承下去。对许多企业来说，这种传统的观念到现在依旧很盛行。可是，一旦下一代的家族成员已经把自己的职业和生活规划好了，那么这种传统就不可避免地会引起两代人的冲突。

另外，许多创业家低估了培养和锻炼合格的接班人所需的时间。其实，企业家"最佳"的退休年龄无疑是取决于他的身体状况的。当我们和那些年过五旬的隐形冠军经营者聊时经常发现：许多经营者认为接班人的问题是几十年之后的事情。其实，企业家最迟在55岁左右的时候，就应该知道究竟谁可能是合适的接班人了。在我们的调研中，有80%的受访者在考虑接班人的问题，并且其中58%的认为上一次的接班是成功的。问题是：58%这个比例，是多还是少呢？这个比例是不是也意味着有42%的接班是不成功的呢？

不过，实际的权力交接又是另外一个大问题。很多隐形冠军的经营者自认为自己在公司是不可替代的，因此他就毫无意识地做那些让他最后真的"不可替代"的事情。这种情况下，他想继续掌管企业的这种愿望就成了"接班危机"的导火索。除此之外，即便正式的权力交接已经开始了，那些"老领导"通常也不会真的全身而退，而是继续"发挥余热"并插手业务。因此在隐形冠军那里我们常常发现，那些老领导还一如既往地每天到办公室来上班，或者他的办公室还依旧保留着，也就是说，在形式上他要依旧"绽放"在企业的舞台上，而那些履新不久的接班人通常的反应就是退居二线。可是接班人的这种"临阵退缩"，在老领导眼中又迥然不同：这又再次证明了他在这家企业里是当之无愧"无可替代"的。

　　有一个很有意思而且在过去曾经屡试不爽的办法：共同治理，也就是说即便接班人并不是家庭成员，也让他共同参与到公司的管理来。用此方法，让接班人逐渐成为企业真正的共同管理者，并不是让他仅仅做一名"员工"，而是给他一个对内和对外都比较有实权的职位。如此例子比较多，比如说，Griesson-de Beukelaer 作为欧洲知名的饼干零食制造商，其创始人海因兹·格里斯就用这种方法成功地培养了新的接班人安德烈亚斯·朗德。他让安德烈亚斯·朗德一起参与公司的经营中，这种接班方式证实是行之有效的。[21] 大名鼎鼎的甜食制造商 Katjes 的创始人克劳斯·法辛让他的接班人托比亚斯·巴赫穆勒担任企业 CEO，并让他持有企业 10% 的股份。如今，托比亚斯·巴赫穆勒和法辛家族成员巴斯蒂安·法辛共同经营着这家企业。在和隐形冠军的交流中我们发现，现在越来越多的企业愿意用这种办法来交接企业的"帅印"了。不过，相对于那些已经接班好几代的家族企业，这种办法更适合那些年轻的企业。在传统的家族企业中，他们还是不太愿意让家族以外的人持有企业的股份。除此之外，在我们隐形冠军的发展历史中也有很多如此案例：那些效力于家族企业的经理"鲸吞蚕食"般地将整家企业最终全部纳入囊中。比如说，当年的贝特霍尔德·莱宾格还是通快的一名员工，现在整个通快公司已经属于莱宾格家族了。[22] 腾德公司是全球著名的生产病床脚轮的公司。在创业家族的第二代要接班的时候，接班人本人不愿意继续经营这家企业了。在这种情况下，当时在公司里担任管理层的迪特里希·弗里克就全盘接手这家公司了。此外，倘若这个家族非常重视企业的独立性，并且他们并不想把家族企业卖给那些大集团公司的话，那将企业转交给另外一个家族不失为一个不错的归宿。

将企业卖给私募基金投资人也是一个解决企业接班人的方法。今天，至少有 10% 的隐形冠军都掌握在私募基金投资人手里。用这种方法，通常会让企业的高管共同参股，因此，这种方法对那些具有企业家精神的职业经理更有吸引力。与此同时，这种方法还可以更加激励这些高管，而且激励他们的方式又和投资人的长远目标是不谋而合的。我们认为，高管的参与以及与之相关的管理方案是这些投资公司成功的关键因素。当然了，由于私募基金投资人一般会在若干年之后从企业里退出，因此在这种情况下，家族企业"未来的命运"还是个未知数。不过，之后企业能否保持其独立性，就取决于私募基金投资人具体的退出方案了。

在过去，许多隐形冠军都被大集团公司收购了，原因基本上是以下几点。首先，家族内部无法解决接班人的问题。其次，这个日渐庞大的公司已经超出了他们掌控。最后，家族的下一代对接班根本就没有兴趣。此外，这些家族的命运也总是扑朔迷离的：如果遇到一个大公司，它能保证企业有足够的发挥空间，并且再加上大公司本身丰富的资源，这家企业可能很快就会兴旺起来并且业务也会高速增长。不过更为常见的情况是：隐形冠军被大集团收购整合后被绑得死死的，以至于这个公司长期无法发展壮大。曾经有个DAX指数公司的董事长对我们这样讲："我们收购这些企业的目的是为了扬长避短，也就是要保存它们的优势并且规避我们的弱势。不过收购3年之后的结果却是我们把它们的优势给毁了，同时它们却把我们的弱势放得更大了。"然而，大集团公司的并购可能会解决隐形冠军的接班人问题，因为在大公司毕竟有更多更合适的管理人才。当然，被大企业并购之后，隐形冠军的业务能否蒸蒸日上，现在还很难回答。

在高管的培养方面，许多隐形冠军都要面对这样一个问题：隐形冠军的总经理和大公司的完全不一样，它们基本上没有什么"锻炼岗位"。在那些典型的"单一产品、单一市场"的隐形冠军企业里，高管职位几乎是屈指可数的。另外，虽然那些管理海外分公司的经理都拥有非常丰富的经验，尤其是拥有国际化的思维方式，但是许多隐形冠军的海外分公司只负责销售和服务。而那些掌管整个集团公司的经营者则管理着企业的整个价值链，因此，相比之下，隐形冠军海外高管的管理范围都只局限于某些领域。从这个角度上来说，那些已经顺利地完成"多元化"的隐形冠军就更为有利了。隐形冠军坚持不懈地下放企业的权力之后，那些"未来的总经理"就会有合适的锻炼岗位。而这也说明了权力分散化的另一个优点：权力分散化不但对眼下的业务有益，而且还有助于培养未来的企业家。

本章总结

隐形冠军的经营者心中燃着一把火。正是这股干劲成就隐形冠军成为全球敬仰的业界翘楚。在这一章，我们总结了如下观点。

☛ 隐形冠军的领导者们是独立的个体，我们不能一刀切地照一个标准格式来描述和定义他们。

☛ 不过，他们之间都表现出很多共性。而其中5个最重要的共同特质就是：个人与企业的命运共同体、专心致志、勇敢无畏、持之以恒以及强感召力。

☛ 相对而言，年轻的领导者还具备两个特点：更开放的世界观和较好的教育背景。

☛ 隐形冠军的管理风格是"混搭"的，也就是说在原则方面是威权管理，在具体事务上是共同参与管理。管理并不是单一的"非此即彼"的选择题，而是可以"一举两得"的双赢模式。而所谓的"管理"，就是把两种看似两个无法统一的矛盾体整合在一起。

☛ 将近2/3的隐形冠军是家族企业，不过，家族成员在企业管理层中的比例正在下降。来自家族外的职业经理人数量在增加。

☛ 企业的所有权结构并不决定企业的成功与否。成功与否其实更取决于企业的管理和战略。

☛ 在过去，隐形冠军的管理层大部分都来自公司内部的提拔。而现在，从外面"空降"的高管越来越多。

☛ 管理层的连续性对隐形冠军来说是相当重要的。因此隐形冠军的经营者的工作时间都非常长，而这正是区别于那些大公司的一个特点。

☛ 很多隐形冠军的公司总裁在很年轻的时候就走上了领导岗位。对于男经营者来说，这不仅包括男性家庭成员，也包括那些外招的男性职业经理人。

☛ 和大公司相比，女性管理者在隐形冠军那里发挥了更重要的作用。

不过，大多数女性管理者都是家族成员。

☛ 隐形冠军在管理层方面的国际化，远远落后于企业业务的国际化。在德国隐形冠军里面，只有为数不多几个的管理层是国际化了的，而瑞士和北欧的企业在这方面比较先进。

☛ 管理层接班问题是每家企业都要面对的重大问题。而对家族企业而言，接班问题的症结就在其自身。另外，想让那些强势的领导者把权力交出来的确很难。

一方面，隐形冠军的领导者是企业成功的根源。另一方面，他们也毕竟是肉眼凡胎的普通人。他们对自己也有清晰的认识：作为隐形冠军领导者的他们并非超人或者魔法师。

注　释

1. D. B. Wallace/H. E. Gruber (eds.), Creative People at Work, Twelve Cognitive Case Studies, New York/Oxford: Oxford University Press 1989, S. 35.

2. Peter F. Drucker, Adventures of a Bystander, New York: Harper Collins 1978, S. 255.

3. Dieses Sprichwort habe ich vor vielen Jahren in einem China-Restaurant in einem Fortune-Cookie gefunden. Es hat mich seither stets begleitet.

4. Lee Smith, Stamina – Who has it. Why you need it. How you get it, Fortune, 28. November 1994, S. 71.

5. Warren Bennis, On Becoming a Leader, Philadelphia, PA: Perseus Books 2009.

6. Beispiele sind: Berthold Leibinger, Wer wollte eine andere Zeit als diese. Ein Lebensbericht, Hamburg: Murmann 2010; Reinhold Würth, Der Unternehmer und sein Unternehmen, Künzelsau: Swiridoff 2005; Hermann Kronseder: Mein Leben, Neutraubling: Krones-Selbstverlag 1993; Albert Blum, Innovation, Flexibilität und Ausdauer bringen Erfolg, Siegburg: Albert Blum Selbstverlag 2006, Gerhard Neumann, China, Jeep und Jetmotoren; Planegg: Aviation Verlag 1989,

7. George Washington's Leadership Secrets, The Wall Street Journal, 13. Februar 2012, S. 15.

8. Vgl. Ken Favaro, Per-Ola Karlsson und Gary L. Nelson, CEO Succession: The Four Types of CEOs, New York: Booz & Company 2011.

9. "Seltene Spezies", Impulse, Dezember 2011, S. 34.

10. Vgl. Footlose Pupils Can Get Lost in Translation, Financial Times, 10. Mai 2012, S. 4.

11. Hermut Kormann, Gibt es so etwas wie typisch mittelständische Strategien?, Diskussionspapier Nr. 54, Universität Leipzig, Wirtschaftswissenschaftliche Fakultät, November 2006.

12. Vgl. Ken Favaro, Per-Ola Karlsson und Gary L. Nelson, The Lives and Times of the CEO, New York: Strategy& / PWC 2014.

13. Vgl. http://www.strategyand.pwc.com/de/home/Presse/Pressemitteilungen/ pressemitteilung-detail/chief-executive-study-2013-de.

14. Vgl. James C. Collins/Jerry I. Porras, Built to Last. Successful Habits of Visionary Companies, New York: Harper Collins 1994.

15. Vgl. http://www.strategyand.pwc.com/de/home/Presse/Pressemitteilungen/ pressemitteilung-detail/chief-executive-study-2013-de.

16. Vgl. Wo Chefinnen das Zepter schwingen, iw-dienst, Köln: Institut der Deutschen Wirtschaft, 9. Februar 2012, S. 8.

17. Vgl. Süddeutsche Zeitung, 21. April 2007.

18. Vgl. Peter May, Erfolgsmodell Familienunternehmen, Hamburg: Murmann 2012 und Michael Steinbeis (Hrsg.), Familienfirma: Erfolge, Krisen, Fortbestand, Brannenburg: Steinbeis-Selbstverlag 2009.

19. Für ein aktuelles Beispiel vgl. Generationswechsel bei Fischer gescheitert, Frankfurter Allgemeine Zeitung, 4. April 2012, S. 15.

20. Deutsche Bank (Hrsg.), Geschäfte mit Geschwistern, Frankfurt, Juni 2006.

21. Für eine vertiefte Darstellung dieses Falles vgl. Nikolaus Förster, Es gibt ein Leben nach dem Keks, Impulse, Dezember 2011, S. 22-33.

22. Vgl. Berthold Leibinger, Wer wollte eine andere Zeit als diese. Ein Lebensbericht, Hamburg: Murmann 2010.

第 16 章

数字化弄潮儿

数字化大概是近 10 年来最受追捧的商业话题了。数字化浪潮催生了一大批独角兽企业，它们发展速度之快，受到资本追捧的热情几乎史无前例。在前文我们提到过的爱彼迎就是受益于数字化实现弯道超车的典型代表。它为旅行者提供全世界 191 个国家超过 6 万个城市的分享民居，尽管它自己本身并不拥有一间客房。这家成立才 10 年的公司与拥有超过 120 万间客房有着将近 100 年历史的万豪酒店集团的市值相差无几。无独有偶，优步在成立 5 年后就从无到有追赶上了美国汽车传统巨头通用汽车和福特汽车的市值。

同时大批的传统的大企业在应对数字化挑战时往往捉襟见肘，希望能够有所改变却怎么也踩不准改变的步幅。读者们如果记得的话，我们在前文提到过通用电气在近年来要求管理人员应该在他们各自的领域工作更长的时间，而不是每两年就被派到一个新的工作岗位。对此通用电气给出的官方解释是："这个世界是如此复杂。我们需要具备深厚知识的专家。"我们之前没有介绍出现这样转变的背景，在这里在略做补充。在明星CEO杰克·韦尔奇退休之后，通用电气行之有效的管理方法仿佛突然失灵，杰克·韦尔奇的接任者杰夫·伊梅尔特受到了很大的质疑和挑战。在他任职期间，通用电气的市值下降了5 400亿美元。这一数字比2018年比利时一国的国民生产总值还要高。通用电气遇到的难题或许是一个大时代的缩影，一个属于大规模综合实业体的时代的帷幕正在缓缓落下。世界经济的波动性变得更大，变得更难以预测。其中，数字化对于大公司带来的冲击尤为明显。作为接任者的杰夫·伊梅尔特对时代变化并不缺乏洞察，他曾说："昨天还是实业公司，明天将变身为软件和数据分析公司。"然而，作为CEO的他并非没有预见到趋势，实在是通用电气这样的大企业尾大难掉，变革的速度赶不上时代变化的脚步。当大型企业的战略部门还在撰写数字化可行性报告时，中小型企业或初创公司可能已经在试验实施方案了。

当市场变得越来越分散，对细分行业深刻的了解和拥有深度专业知识相应地变得越来越重要。过去十年间全球的商业规则正在重新书写，数字化浪潮影响着所有参与市场的玩家。通用电气这样的明星企业的陨落和大量充满活力的独角兽企业的兴起的大背景下，我们不禁要问：隐形冠军作为"旧时代的产物"，能否跟上时代的脚步？数字化会给隐形冠军带来什么变化？它们能否保持自己的竞争优势？

数字化是什么

不是所有东西都可以数字化；但所有可数字化的东西，都将被数字化。数字化包含的范畴很广。每个人对数字化的理解可能都不尽相同。为保证我们的意思可以准确地传达，在本书范畴内我们沿用领先的市场调研机构 Gartner 对数字化的定义："数字化是利用数字技术改变商业模式，提供新的收入和创造价值的机会；它是一个向数字业务转型的过程。"

数字化正当时，一些行业和企业处在数字化的前沿，另外一些才刚起步。不可否认的是，数字化的浪潮已经势不可挡。数字化将对企业业务中的方方面面产生影响，它改变了需求、供应、流程、组织、商业政策、核心功能和支持功能等。但每个行业数字化受影响的方式和程度不尽相同。不难想象，世界上并不存在唯一的数字化转型方案。每一家企业都需要依据自己所处的行业，思考客户价值和内部组织资源，从而找到最合适自己企业的数字转型方式。

基本的商业规则不会因为数字化而发生改变：一家企业的成功的基础依然在于为客户创造价值。只有当客户重视企业的产品或服务以至于企业可以从中获利时，企业才能获得成功。正如微软前 CEO 史蒂夫·鲍尔默所说："每天都有众多新公司出现，那些成功的公司之所以脱颖而出，正是因为它们对收入、价格与商业模式有深入的探索。我认为多数人并未意识到这一点。"[1]数字化并非 IT 项目，企业在进行数字化转型的时候首先需要考虑的是通过数字化为它们的客户带来什么价值，因此唯一的数字化转型项目并不存在。我们坚信只有量身定制的个性化的数字化项目才能获得成功，无论大型转型项目还是涵盖特定流程的小型模块化项目都是如此。

尽管企业对数字化的热情空前高涨，但是西蒙顾和管理咨询公司的一项全球调研发现，经理人们对本企业已经开展的数字化转型项目并不乐观（见图 16-1）。

81% 在过去3年间投入数字化变革

75% 关注数字化对营收模式的影响

77%（其中）失败了！没有任何方面的影响！

图 16-1　数字化项目的产出 [2]

在这项 2017 年的全球调研中，共有 1 000 多家企业的经理人参与。有 81% 的受访企业在过去 3 年间进行了数字化转型项目。有 75% 的受访企业关注数字化对它们营收模型的影响。这是个很高的比例。换言之，有超过 90% 的投身数字化转型的企业思考了如何通过数字化为客户创造价值，并且企业如何从中获利。然而很遗憾的是，在对它们的营业模式进行数字化改造的企业中有 77% 的企业失败了，并没有收获预料之中的收益，事实上从各个方面来看这些企业的数字化转型都失败了。我们进一步分析了数字化转型失败的原因。受访者最常提及的原因集中在两个方面：一方面是管理层的注意力放在了错误的地方，太多关注效率的提升而缺乏对客户效用的深入的思考和分析；另一方面是数字化团队，包括首席数字官（Chief Digital Officer）未能成功动员企业内部其他部门参与到数字化转型项目中。

那么不同行业的企业在数字化转型上的表现是否相似？有哪些行业会在同一项调研中，我们还研究了不同行业的企业在数字化转型项目上的投入产出情况（见图 16-2）。

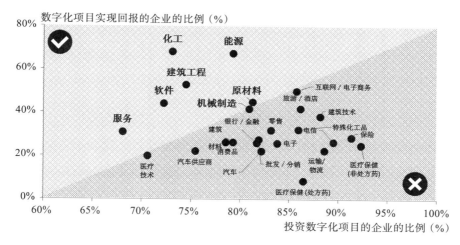

图 16-2　不同行业数字化转型项目投资回报比较 [3]

　　我们在上述分析中选择了那些包含至少 25 家提供有效答案的受访企业的行业，以保证样本的有效性。一共有 25 个不同的行业满足这一要求。我们可以看到图 16-2 中展示的行业涵盖了几乎所有典型的大行业，如汽车、医疗、金融和电信等；从另外一个维度来看，传统行业（如化工、运输 / 物流）和更具数字基因的行业（如零售、互联网 / 电子商务）也都有覆盖。

　　横坐标展示的是受访企业中投资数字化项目的比例；纵坐标是从数字化项目中实现回报的公司的比例。我们可以将 80% 的成功率作为分界线，分界线以上的区域为数字化转型成功率较高的行业，包括化工、能源、建筑工程、原材料、软件、机械制造和服务这七大行业。在这些行业中至少有 80% 的数字转型项目获得了一定程度的成功，占我们调研样本总体行业的 28%。一方面，软件和服务出现在成功率较高的区域内显得理所应当；另一方面，化工、能源、建筑工程这样的传统行业能与那些更具"数字化基因"的行业在数字化转型方面比肩更令人瞩目。同时有超过 80% 的受访行业到目前为止的数字化转型项目并不尽如人意，其中包括互联网／电子商务和零售等这些人们印象当中应该更接近数字化的行业。

我们观察到，代表数字化转型相对不成功的区域内的行业中有更高比例的企业在过去 3 年间进行了数字化转型项目。这会不会是一种膝跳反应？另外一面，代表数字化转型相对成功的区域内的行业中更少比例的企业投资数字化转型，但它们的成功率更高。这是不是说明它们有更明确的数字化目标和执行力？接下来让我们深入来研究其中几个有代表性的行业，看看是什么因素决定了这样的差异。

化工

化工是典型的重资产行业。进入门槛很高，所以初创公司一夜之间将现有公司赶出市场是小概率事件。化工行业同时是一个涵盖很广的行业，分工非常细，存在很多利基市场，而利基市场是深度知识的催化剂。在化工企业的实验室中会产生海量的数据，这些数据只有在特定产品的生产流程和环境中才能产生价值。数字化变革带来的新技术使得化工企业可以积累大量深入的知识和实验性能数据库。与此同时，化工企业可以借助新的数字技术并全面管理客户的流程，从而与客户形成更紧密的合作关系，同时加深了价值创造的深度。这种深度融合以无缝的数字链为基础，在从前几乎是无法想象的。

美国艺康（Ecolab）公司是世界领先的水处理和环境卫生解决方案提供商。它与一家专门从事物联网服务的公司合作利用微软的云平台 Azure 为客户提供基于大数据的实时过程水管理，帮助客户在降低运营成本的同时实现用水量的净零耗。瑞士化工企业科莱恩（Clariant）与瑞士专业配色企业 Matchmycolor 和日本成像技术企业柯尼卡美能达（Konica Minolta）一起合作，为客户带来创新的数字色彩匹配解决方案。强大丰富的颜色数据库和智能匹配大大简化了颜色校准流程，为塑料行业客户带来直接的可持续价值。数字化成为化工企业去商品化、体现差异化的重要手段。

能源

能源同样是重资产行业，同时在世界许多地方都具有典型的寡头市场特征，数字化似乎不是那么急迫的任务。但在我们的样本中有80% 的能源企业进行了数字化转型的投资，并且其中 90% 左右的企业获取了一定程度的回报。这些能源企业的数字化动力来自哪里？它们为何取得成功？

我们先来看一个例子：澳大利亚气电公司（AGL）是澳大利亚历史最悠久的企业之一，成立于 1837 年。公司 CEO 安迪·维西在 2016年宣布预计将在 3 年内为 AGL 的数字化转型投入 3 亿美元。数字化转型的核心目标是提供行业领先的数字体验，为客户创造价值，并最终改变 AGL 客户关系管理的质量。3 亿美元投资的大部分将用于开发数据驱动的定制化服务，包括与客户接触的各个关键节点的互动功能，诸如新用户注册、账单计费、故障排除和账户迁移等功能都将实现数字化和个性化。AGL 期望可以通过新的数字化的定制产品提升获客能力和客户满意度及生命周期，并且提高前台效率，简化服务流程。[4]

AGL 的例子说明哪怕是寡头企业也无法高枕无忧。典型的挑战包括产能过剩、地域和时间供需失衡、能源储存和并网、政府管制以及新能源企业的挑战等。能源巨头的生存环境变得越来越不确定和充满挑战。把握终端客户，建立与终端客户更紧密的关系被认为是未来获取持久成功的关键。传统企业迫切需要新的机会和工具来加强客户关系管理，数字化为它们带来新的技术可能性和客户管理的新机遇。然而数字化成功的前提是明确如何真正为客户创造价值，并且不惜为此革新企业内部的文化和组织结构。毕竟数字化同样给新进入行业的玩家带来机会。

在过去十年间我们在欧洲看到许多与能源行业相关的创新企业的出现，正在潜移默化地改变着游戏规则。这些创新企业影响着价值链的所有环节，从虚拟发电、数字电网管理和智能计量，到新的营销和销售新产品和服务的方式，而这所有一切的基础是数字化和智能化。德国初创公司 Nextkraftwerke.de 将农民和中小企业自用的太阳能电池板连接到一个虚拟发电厂，并通过创新合同向一般消费者销售清洁电力，满足了许多客户用较低价格使用可替换能源的需求。作为应对，许多传统的大型能源供应商也试图建立虚拟发电厂，通过创新的数字化业务和收入模型、前瞻性维护、智能负载管理以及家用智能电耗计量等方式来争夺客户。竞争才刚刚开始。虽然每个国家的政策和商业环境都有所不同，但是我们预计更贴近客户的数据驱动的能源供给方案将成为大趋势，中国也不例外。这不仅包括电力，还包括供暖、热水甚至是安保、消防安全这些与家居密切相关的领域。在数字产品开发和营销方面，大多数能源公司目前都像是初学者。大部分企业甚至没有实际的客户细分或 CRM 系统，只有少数企业系统搜集客户数据并据此来制订营销和销售计划。也许正因为是起点比较低，所以那些有远见的采取数字化转型的能源企业能够取得还算不错的阶段性成果。

消费品与零售

因为零售与消费品在价值创造链上互相依存、关系紧密，所谓我们将这两个行业合在一起进行论述。这是一个竞争异常激烈的行业，也是接触新事物最迅速的行业。过去 20 年来，零售业一直在努力解决互联网带来的挑战。更准确地说，是线下零售商如何应对来自线上互联网巨头的挑战。2012 年年底中国线下零售巨头的代表王健林和马云打赌 1 亿元人民币押注线下消费在 5 年时间内至少还将占据国内零售总额的一半江山。从 2017 年的数字来看，王健林似乎是赢了。但是放眼中国市场，乃至全球主要市场，线下线上零售的界限越来越模糊。阿里巴巴主打新零售，大举收购传统的百货超市。美国传统零售巨头沃尔玛（Walmart）大力推行全渠道战略转型，线下线上的渠道整合初见成效。到 2018 年年底，沃尔玛有望超越苹果，占据美国在线零售总额的 4%，成为位列亚马逊（48%）和 eBay（7%）之后的美国第三大在线零售商日前公司披露的三季度财报。[5]

但是整体而言，线上企业，换言之，数字化的企业主导了全渠道融合的变革。线下消费品零售企业如果无法及时转型，将九死一生。自 2017 年以来，美国已有近 1 万家门店关门。一些分析师预测，到 2022 年，美国 1/4 的商场可能会倒闭。[6]

虽然在零售终端积累了海量数据，消费品和零售企业似乎大都将数字化主要作为 IT 项目，并因此困于数据，并未能充分释放数字化带来的利润潜力。高管们对于如何通过数字化为目标客户群创造价值、突显自身在竞争中的差异化仍缺乏明确战略愿景。苹果公司负责零售业务的高级副总裁安吉拉·阿伦茨一度被视为下一任 CEO，但在上任

5 年后的 2019 年年初苹果手机销量大幅下滑的背景下黯然离职。在加入苹果之前，她是老牌奢侈品牌巴宝莉的 CEO。在她 8 年的任期中，她成功地带领巴宝莉重获新生，走出低迷，市值增长 3 倍以上。她在宣布从苹果离职后的一次专访中说："大公司通过远离客户和员工创造了'零售悲剧'。"[7]零售业从来没有像现在这样需要革新。数字化转型、新零售或者全渠道融合都无法为之提供全部答案。大数据不会自动产生洞见指引零售企业如何更好地为客户服务。零售企业必须识别和关注客户的独特需求，制定相应的数字化策略，而不是盲目地复制其他企业的解决方案。

隐形冠军的机会与挑战

不可否认的是，近 10 年来在消费级市场诞生了很多成功的独角兽，其中大部分是来自美国和中国的互联网企业，市场大格局已经基本成形。然而正如上文提到的，传统的消费级企业转型困难重重，失败似乎是大概率事件。相对而言，我们相信以隐形冠军为代表的中小型公司在 B2B 市场有更多的机会，而且远比我们想象中的强大。原因在于 B2B 市场更分散，商务流程相对独立而复杂，需要长期的积累才能形成深入的见解。一如我们之前介绍的那样，典型利基市场相关的专业知识难以直接从市场上获得，然而挑战依然存在。工业 4.0 和物联网目前正在重塑全球 B2B 公司的运营。根据西蒙顾和公司近年来的项目经验，绝大多数制造业公司对数字化的应用有很大的局限性，数字化技术主要运用于生产流程中，很少对商业运营产生实质影响。在我们看来，这样偏重一隅的做法蕴含重大风险。在下一个小章节，我们将聚焦制造业——汇聚最多隐形冠军的行业。我们将探讨数字化对制造业的影响、工业 4.0 与数字化的关系以及更重要地，作为制造业中流砥柱的隐形冠军在数字化方面有哪些作为，同时对其他企业有什么样的启示。

隐形冠军——制造业的数字化先锋

《隐形冠军》的标题全称是《隐形冠军：未来全球化的先锋》。隐形冠军与那些"生来全球化"的初创公司相比在全球化方面的表现毫不逊色。同样，在数字化浪潮中，隐形冠军依然可以（至少在制造业中）起到先锋式的榜样作用。

数字化对于制造业企业来说是一个复杂的话题。作为工业 4.0 的起点，德国广大制造业企业一直在努力提高工厂的智能并简化生产流程，自己可能会说自己已经在一定程度上实现了数字化。然而，我们很难在制造行业的企业中看到首席数字官或者专门的数字化转型团队。事实上，大多数制造业企业高管并不认为他们的企业是数字化方面的领跑者，并坦诚新技术带来的潜力还有待挖掘。

许多制造业的隐形冠军都在数字化转型方面呈现出世界级的表现：通过数字化转型，激光切割领域的隐形冠军通快将定制部件交付时间从 4 天缩短到 4 个小时；世界领先的石膏公司 Knauf 的客户响应时间从 3 个小时缩短到 1 个小时。德联易控（Control Expert）将汽车定损时间从几周缩短到几小时；定价领域的全球领导者西蒙顾和管理咨询公司也越来越多地在其咨询项目中使用人工智能和机器学习帮助解决客户遇到的难题。数字化转型成功的一个重要先决条件是机械和设备、电气工程和信息技术部门之间的无缝链接。德国政府将工业 4.0 确定为其 2020 年高科技战略行动计划一部分的 10 个"未来项目"之一。工业 4.0 为德国制造业企业带来了全新的商业模式和服务客户的机会。在我们看来，德国中小企业的优势在于接受工业 4.0 的影响较早，具备一定先发优势，但是保持快速发展并且适应新的数字化技术和越来越激烈的全球竞争环境仍然是一个不小的挑战。

以隐形冠军为代表的德国中小型企业似乎有一种适应时代潮流而自我进化的本领，其中通快成功转型激光切割的案例堪称经典，它在数字化转型方面依旧保持敏锐的嗅觉，是德国隐形冠军中实现数字化转型的先锋。德国隐形冠军厚重的历史沉淀并没有成为其负担，而是转化成它们在数字化转型方面的先发优势。制造业公司最头疼的数字化问题可能是在于需要改变它们传统的销售方式。第一，更多数据的可用性为有效引导销售团队提供了机会。为此，CRM 系统需要是最先进的，并且需要明确规划销售流程。第二，销售软件而不是硬件需要在销售代表级别上有非常不同的技能。对于拥有大型一线销售团队的制造业企业而言，确保为正确的客户提供正确的产品或服务绝非易事。数字化战略必须要深入到公司的组织结构和流程中。

隐形冠军在制造业的数字化浪潮中保持了一贯的卓越表现。就以自动驾驶领域而言，我们观察到在 2010～2017 年 8 年间全球专利数的半成以上来自德国企业。如果我们聚焦到汽车供应商，这个比例更是会上升到惊人的 76%。在汽车这个传统制造业领域，德国的隐形冠军占据了绝对的领导地位，从自动驾驶的专利数量来看，看似老土的隐形冠军在迎接新挑战时毫不逊色，反而取得相当卓越的成绩（见图 16-3）。

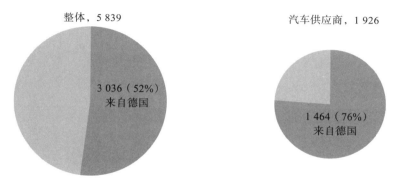

整体，5 839　　　　　　　　　汽车供应商，1 926

3 036（52%）
来自德国

1 464（76%）
来自德国

图 16-3　2010～2017 年全球自动驾驶领域专利注册数量 [8]

接下来，我们简要介绍一些目前来看在制造业数字化转型方面取得阶段性成果的成功案例，其中包括了典型的德国隐形冠军，也有其他的中小型企业以及几家领先的中国制造企业。以字母或者拼音顺序排序。

Dürkopp Adler[9]

DA 是一家具有一百多年悠久历史的德国隐形冠军企业，被誉为工业缝纫行业中的奔驰宝马。在母公司上工申贝的支持下，积极推进创新和数字化革新。2017 年法兰克福国际纺织品及柔性材料、缝制加工展览会（Texprocess）上，DA 因其最新推出的 QondAc 4.0 斩获展会创新大奖。这是基于工业 4.0 理念设计研发的优化生产的一整套方案，能够远程控制管理多达 1 500 个缝纫机，支持实时生产优化，个性化生产，大量节省成本。这套管理方案不仅可以连接 DA 自有品牌的缝纫机，还打破了硬件限制，兼容其他品牌的工业缝纫机。

Innogy

Innogy 是一家德国的创新能源企业，以现代和新鲜的形象闻名于世，业务主要依靠网上销售。有别于传统的能源提供商，Innogy 为终端客户带来诸如清洁能源、简单、轻松、全天候服务和价格公平等体验。除了传统的能源供应，Innogy 还为终端客户和企业提供太阳能发电解决方案（可以让用户在线计算如何通过太阳能电池板获利）、智能家居服务、能源优化解决方案以及家庭和企业的电动交通服务（包括智能车队管理）。此外，Innogy 的创新中心是一个投资有前途的创业公司的平台，关注那些有颠覆能源行业的潜力的最新技术。

RIB[10]

RIB 是建筑行业软件的先驱企业。该公司为世界各地众多行业的建筑公司和项目设计、开发和销售最先进的数字技术。RIB 的 ITWO 是全球首款面向建筑公司的基于云端的建筑信息集成大数据企业级的解决方案。通过无缝集成虚拟规划和物理构建，ITWO 平台可以在统一的数据基础上对建筑项目进行智能化和个性化的技术和商业管理。

陕鼓动力 [11]

陕鼓是来自中国陕西西安的知名老国企。很少人知道它还是中国领先的透平设备系统制造和服务提供商，也是数字化的先锋。20 世纪 80 年代，陕鼓设备基础维修还是传统的模式，即现场服务。90 年代以后，公司已经开始把信息技术用于设备过程控制系统等。2000 年以后，随着互联网的发展，陕鼓开始探索远程在线监测系统的应用，为基础设备进行预诊断。2006 年，陕鼓正式对外发布远程监测运营服务中心，通过对设备机组的振动、温度等参数的监控，来预判基础设备的健康情况。2014 年，陕鼓建立了智能服务的设备健康大数据平台，连接了国内外 1 200 余套动力装备，形成了陕鼓的工业服务云，为设备全生命周期管理提供支持的 2017 年启动的能源互联岛运营中心可以根据用户侧精准需求分析，结合供给侧的资源禀赋，再结合互联网及大数据分析，按时、按需、按质向用户端提供分布式清洁能源综合一体化的智能解决方案。陕鼓向现代服务业制造转型，持续推进数字化产业的发展，取得了非常好的效果。2017 年陕鼓服务和运营板块完成了销售收入约 43 亿元，同比增长 65%。

三一重工 [12]

三一重工是中国领先的工程机械厂商，也是德国知名隐形冠军普茨迈斯特（俗称"大象"）的母公司。三一将数字化和数据深度挖掘定位为企业的核心能力，运用人工智能的技术、物联网技术、大数据技术，全力打造数字化的三一，走在智能制造和第四次工业革命的前列。作为中国智能制造的首批试点示范企业，三一依托物联网大数据平台，截止到 2018 年年中，已经累计接入 38 万台工业设备，涵盖 5 000 种机器参数，积累了 1 000 多亿条数据，以此形成"挖掘机指数"。维修等售后服务由原来的数天大幅度缩短到一天之内，信息的互联互通为客户提供了更优质的服务，而企业自身也分享到更多的价值，同时为分析宏观经济形势提供了重要支持。三一集团首席流程信息官贺东东在 2016 年的一次采访中表示，三一集团物联网云平台，累计投入超过 10 亿元，而现在每年创造的生产性服务收入就超过 30 亿元，利润占到公司的 15% 以上。

雄克 [13]

如今几乎每一辆汽车的生产都离不开机器手的协助。雄克（Schunk）

成立于1945年，最早是一家机械修理厂，渐渐演变为抓握系统和机器人组件的行业领军者。它的客户几乎囊括所有领先的汽车品牌。雄克的机器手以极快的速度和高度精确的速度为世界上主流的汽车主机厂焊接、组装和油漆车辆。雄客有2 500多个不同型号的机器手适应世界各地不同汽车主机厂的需求。

SmartBin[14]

SmartBin是一家年轻的美国公司。虽然成立还不到10年时间，SmartBin已成为废物和回收行业智能远程监控系统世界范围内的领导者。SmartBin在全球拥有100多个客户，其中包括私人和公共废物收集商和可回收材料以及机油和润滑油分销商。该公司生产和销售安装在所有类型废物容器上的传感器，并发送数据到云端，使得废物管理和回收公司能够全面了解其运营情况，从而优化运输车的行进路线，减少运输次数，节省时间和能源，避免废物箱溢出。SmartBin不仅为客户提供创新的数字化解决方案，而且采用了创新的定价模式：SmartBin并不出售传感器硬件，而是销售基于传感器采集数据的使用情况分析。借此SmartBin向客户传达这样的信息：硬件本身并不创造价值，创造价值的是数据产生的洞见。

数字化冠军道阻且长

从上述分析可以得出这样的结论：由于环境差异和禀赋差异，不同行业的数字化进程会有所差异。在有些行业中，例如化工业，传统企业在数字化浪潮中相对更占优势；而在另一些行业，例如消费品和零售行业，传统企业积重难返，新创企业到目前为止展现出适应数字化的快速反应和试错能力，扮演着行业颠覆者的角色。而像通用电气这样的行业巨头，即便意识到数字化的重要性也尾大不掉，难以做出及时的反应，同样受到很大的冲击。

隐形冠军受所处行业的限制，数字化转型的情形大抵脱离不开行业背景。根据我们的观察，如果在各个行业中进行横向比较，德国制造业的隐形冠军在数字化转型方面的表现更优异。这无疑得益于德国工业4.0的深厚基础，而众多隐形冠军将工业4.0视作它们行业数字化转型成功的关键技术。普华永道数据显示，到2020年，德国制造业将每年将在工业4.0上投入400亿欧元。届时，80%的制造业企业将实现价值链数字化。德国制造业的数字化信心和趋势势不可挡。

而在其他一些行业，特别是在分销和零售等行业的隐形冠军在数字化转型方面遇到了一定的阻力。德国科隆大学Ineko研究所近期的一项研究[15]显示，哪怕是一些已经成为世界市场领导者的隐形冠军也自认为自己企业的数字化程度很低。从整体情况来看，仅有12%的隐形冠军自认为数字化程度非常高；44%的隐形冠军自我评价数字化程度较高的；还有44%的隐形冠军认为它们企业的数字化进程还很落后。因此，我们还无法将隐形冠军与数字冠军等同起来，至少并不是所有行业的隐形冠军都已经成为或者会成为数字冠军。

从整体来看，得益于更强大的财力和其他因素，大公司的数字化表现要优于中小型公司。作为隐形冠军的中小型企业相比其他中小型企业来说，一般会具备一个粗略的数字化战略。这一特性符合我们对隐形冠军发展历史的了解。在前文我们也曾提到，很多隐形冠军的发展战略是在逐渐摸索中形成的。但是它们的优点在于一旦明确了目标，就绝不妥协，数十年如一日地追求目标的达成和精进。事实上，根据德国科隆大学的调查，在数字化转型方面，大多数隐形冠军将自己归类为"快速追随者"："虽然我们不是数字转型的先锋，但我们绝不会浪费任何时间。"

为了更好地应对瞬息即变的市场环境，中国领先的互联网企业在近年都采用后方大平台支持、前方小团队作战的方式，以客户为中心重新构建业务流程。看上去是不是有点眼熟？依照隐形冠军的语言，我们称之为贴近客户、与客户保持紧密关系、承担多种职能的高效的小团队。这样看来，隐形冠军的理念并没有落伍，并且在数字化时代下优势更明显了。而且得益于其对细分市场的聚集和深厚的知识及人才储备，数字化转型会相对更容易一些。

数字化不会一帆风顺。在我们看来，如同开拓任何新业务或改造任何内部流程一样，企业首先需要评估的是数字化变革的目标，包括长期目标以及阶段性目标。基于目标评估，企业需要评估现有的商业模式是否适应数字化战略的目标，数字化变革将为客户带来怎样的附加值。不管数字化项目还是其他项目，顾客应当始终处于企业变革的中心，主导产品和服务的演化。相应地，营销和销售措施需要进行相应的调整。数字化变革的成功需要企业内部文化的迭代和适应。新的绩效考核指标和激励制度对转型的成功都大有裨益。最后，强大的能够支撑新流程的 IT 基础设施必不可少。根据西蒙顾和在最近几年中帮助隐形冠军进行数字化转型的经验，我们在图 16-4 中展示了数字化转型框架：第一，改造商业模型；第二；开发以顾客为中心的数字化方案；第三，搭建数字化基础。这个框架具有普遍适用性，不仅使用于隐形冠军，也适用于大型企业。不过正如我们在本章开篇的时候就提到的那样，没有唯一的放之四海而皆准的数字化转型方案，每一家企业都必须寻找自己的数字化路径。

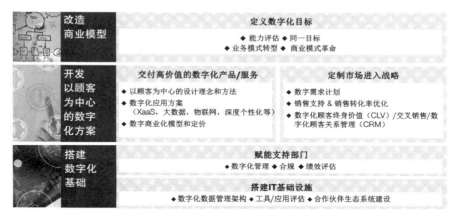

图 16-4　数字化转型框架 [16]

本章总结

　　近两年隐形冠军论坛报告之后的问答环节，不少中国企业家都喜欢询问我们隐形冠军和独角兽之间的异同。西蒙顾和管理咨询公司同时服务于很多隐形冠军和独角兽。在我们看来，两者的优势相似之处在于：比较神秘，不愿意与外界接触；不同之处：独角兽讲究快，隐形冠军讲究慢。虽然也有例外，但是绝大多数情况是这样的。也许能够结合两者优势的隐形冠军才能成为数字化冠军。但是隐形冠军觉得不会因为数字化是大潮流，就立刻上马数字化。谨慎的态度是隐形冠军的共性。只有在看清楚数字化究竟能为它们以及它们的客户带来什么价值之后，隐形冠军才会全力以赴地投入，这完全符合它们"快速追随者"的自我认知。

　　我们在本章节讨论了以下话题。

☛ 数字化是近十年来最重要的变革，给全世界的商业带来深刻的变化。

☛ 不是所有的东西都可以数字化，所有可以数字化的东西终将数字化。

☛ 数字化的核心是利用数字技术改变商业模式，也就是必须要为客户创造价值。

☛ 81% 的企业投入数字化，75% 的企业关注数字化对营收模式的影响，但其中仅有 23% 的企业数字化转型成功了。

☛ 不同行业的数字化转型成功率相差很多，有些行业中的传统企业（如化工企业）会更占优势，而其他行业中的创新企业（如新零售企业）扮演了颠覆者的角色。

☛ 隐形冠军，尤其是德国的隐形冠军得益于工业 4.0 的深厚基础，成为数字化转型的先锋。

☛ 不是所有行业的隐形冠军的数字化程度都同样高，但是隐形冠军是普遍的数字化"快速跟随者"。

☛ 隐形冠军的数字化之旅没有一定的方案，每一家企业必须寻找适合自己的数字化道路。

注　释

1. 与 Peter Tufano 的访谈，牛津大学赛德商学院，2014 年 3 月 4 日，thenextweb.com/insider/2014/03/04/steve-ballmers-advice-startups/#!za6rp.
2. 西蒙顾和管理咨询，2017 年全球定价与销售调研。
3. 西蒙顾和管理咨询，2017 年全球定价与销售调研。
4. 参考 https://www.computerworld.com.au/article/604875/agl-plans-300m-three-year-digital-transformation/.
5. 参考 http://usstock.jrj.com.cn/2018/11/20012425376049.shtml.
6. https://36kr.com/p/5176049.html.
7. 2019 年 1 月 29 日，Suzy Menkes 对 Angela Ahrendts 的采访报道。
8. Hubertus Bardt, Deutschland hält Führungsrolle bei Patenten für autonome Autos, IW-

Kurzberichte 61, Institut der Deutschen Wirtschaft, Cologne, 2017.

9. 陈雷，汤拯，杨一安.企业价值提升：中国企业在德投资并购系列报告 [M].广州：南方日报出版社，2017.

10. https://www.rib-software.com/group/ueber-rib/.

11. 陕鼓欧洲研发公司战略及投资总监陈雷采访，2019 年 1 月 19 日。

12. 三一重工 2017 年年报，http://www.sanygroup.com/media/ggsp/171.html，https://www.yicai.com/news/5431198.html。

13. http://de.schunk.com.

14. https://www.smartbin.com/company/remote-tank-monitoring-system-company-smartbin-profile/.

15. https://www.benchmarking.center/.

16. 西蒙顾和管理咨询公司。

第
17
章

中国隐形冠军的征程

　　近几年来，公众对隐形冠军的关注度持续上升，仅在德国就至少有万余名硕士或者博士毕业生以隐形冠军作为他们毕业论文的题目。在亚马逊网上书店里至少可以找到 20 多种由不同作者撰写的书名中带有"隐形冠军"字眼的书籍。近年来还出现了不少以隐形冠军企业为目标的私募基金，比如柏林投资公司 Avesco Financial Services AG 的"可持续隐形冠军基金"，在新加坡也有一个具有类似投资理念的"隐形冠军基金"。

　　目前在德国境内每年都有关于隐形冠军的论坛，其中最权威的当属由西蒙顾和管理咨询公司主办的每五年一次的"隐形冠军峰会"。德国全国性电视台 n-tv 每年都会颁发一个"隐形冠军奖"。黑森州州政府每年向当年表现卓越的中型企业颁发隐形冠军奖项。2017 年柏林的欧洲管理与技术学院（ESMT）创办了世界上第一个专门研究隐形冠军的"隐形冠军学院"。2019年，韩国也成立了"隐形冠军管理学院"，目标是扶持培养韩国的隐形冠军。

在亚洲，尤其是中日韩三国对隐形冠军的兴趣非常高。中国大概是德国以外，隐形冠军和西蒙博士知名度最高的地方了。2019年2月8日用谷歌搜索关键字"Hidden Champions"有762 000个记录；同天用百度搜索关键字"隐形冠军"，我们得到5 060 000个记录，足见中国人对"隐形冠军"的追捧。

过去两年间，西蒙顾和管理咨询公司在中国进行了超过30场关于隐形冠军的专题报告。有一次西蒙博士在中国某二线城市的机场候机时，被《隐形冠军》的一位中国读者认出并被要求签名，这样的情况即使在德国也很少发生。越来越多的中国企业家对隐形冠军的概念耳熟能详。2018年在山东潍坊成立的全球第一家以西蒙命名的"西蒙商学院"也将培育隐形冠军作为其主要目标之一。

许多中国人对德国产品有莫名的好感。德国制造是高品质的代表，但同时又带有一丝"高冷"。中国人民对德国的普遍关心体现在愈发紧密的中德经济关系上。2017年全年双边贸易总额超过1 800亿美元。2018年上半年双边贸易总额超过987亿美元，同比增长17.5%。欧盟是中国最大的贸易伙伴，而德国是中国在欧盟最大的贸易伙伴。2018年全年，中国主要外商投资来源地中，德国实际投入金额同比增长79.3%。[1]中国人对德国制造的好感自然而然地延伸到德国制造背后的德国制造业公司，而隐形冠军无疑是德国制造业公司中的翘楚。

2016年，中华人民共和国工业和信息化部（简称"工信部"）出台文件《制造业单项冠军企业培育提升专项行动实施方案》(〔2016〕105号)(简称《方案》),《方案》指出"到2025年,总结提升200家制造业单项冠军示范企业,发现和培育600家有潜力成长为单项冠军的企业,总结推广一批企业创新发展的成功经验和发展模式,引领和带动更多的企业走'专特优精'的单项冠军发展道路"。近年来几乎每次在隐形冠军报告会的问答环节都会有听众问隐形冠军和单项冠军或者品类冠军有何区别。在我们看来,单项冠军或许可以被培养、被扶持,而真正的隐形冠军怕是只有"心里有团火"的企业家和他们的志同道合者才能缔造。因为,归根结底隐形冠军不仅仅是一个值得追求的荣誉称号,从更深层次来说是一种坚定的信念。支撑这种信念的是对客户价值的深度挖掘,和对产品服务质量的精益求精的追求。这应该是所有成功企业都应该具备的精神吧。

隐形冠军正当时

中国改革开放40年以来,已经有不少企业成功跻身世界《财富》500强之列。然而放眼看去,又有几家真正能够做到在其市场中成为全球范围的领军企业?改革开放40年来,中国诞生了一批世界级的企业,但是中国要成为真正的制造强国,中国企业要成为高附加值企业依然任重而道远。

许多中国企业靠模仿和低成本生产赚到了第一桶金,这样的成功像是无源之水、无根之木,倾覆即在转眼之间。广东省曾有一家从事指甲钳生产的企业,作者在2000年结识了这家企业的创始人。当时,他同时经营着6家工厂,牢牢占据全球指甲钳市场的领头羊位置。他的成功故事止于 2014 年前后。当时受通货膨胀影响，人工成本出现火箭式蹿升，而指甲钳这个产品本身技术附加值较低，尽管企业做到全球市场份额最大，但始终没有形成核心竞争力，更是缺乏品牌的支撑。整个指甲钳生产的重心在中国人工成本上升后旋即转向了成本更低的邻国越南。这不禁使我们反思，那些一味追求大规模而忽视收入质量和持久性的企业，必将无法在未来激烈的市场竞争中获胜。

现实中，我们遇到的部分中国企业家常常习惯于抱怨竞争环境的恶劣，指责竞争对手不讲游戏规则。根据西蒙顾和管理咨询公司 2017 年全球定价及销售调研，近半数的受访者称他们的企业正处在一场价格战中。当被问及是谁开始了价格战时，77% 的受访者将矛头指向了竞争对手，只有 11% 的受访者承认是自己的企业故意挑起的价格战。中国企业家中也有不少人认识到了低价竞争的危害。中国国内领先的工业品供应链服务企业上海西域供应链有限公司创始人兼总裁叶永清对我们说："我们关注为我们的客户带来阳光透明的供应链服务。为了做到这些，我们投入大量的资金和人力优化数据信息化处理、物流中心的升级等。这些都需要有健康的毛利作为支撑。我们尽量避免与竞争对手打价格战，我们希望客户能因为价值选择我们，而不是因为低价格。"另一位中国市场上领先的实木地板制造商说："我们比最接近的竞争对手的价格要高出 30% 以上。作为行业领先的企业，我们有义务维持行业的价格，不然这个行业看不到前途。"在这些中国企业家身上我们看到了隐形冠军的影子。

"橘生淮南则为橘，生于淮北则为枳。"隐形冠军会不会只是别人家的孩子？隐形冠军的理念在中国有没有生根发芽的土壤？我们在本书的第 1 章中展示了世界各主要国家的出口额与该国世界《财富》500

强企业之间的关系。如果读者还有印象的话，应该记得大部分国家的出口额与大企业数量呈高度正相关关系，只有德国和中国这两个国家是特例，它们的出口额份额远高于拥有类似数量的大企业国家的份额，这两个国家的中小企业是出口的中坚力量。我们在前文已经介绍过德国经济高度依赖中小型企业。在大多数人的固有印象中，中国经济是典型的国有企业主导的经济。那么中国和德国类似的强大出口表现又该如何解释？

中国国务院副总理刘鹤在 2018 年 8 月主持召开的国务院促进中小企业发展工作领导小组会议中指出，中国的中小企业具有"五六七八九"的典型特征，它们贡献了 50% 以上的税收，60% 以上的 GDP，70%以上的技术创新，80% 以上的城镇劳动就业，90% 以上的企业数量，是国民经济和社会发展的生力军，是建设现代化经济体系、推动经济实现高质量发展的重要基础，是扩大就业、改善民生的重要支撑，是企业家精神的重要发源地。[2] 由此来看，我们大抵是低估了中国中小型企业的重要性和活力。

同是在 2018 年，李克强总理在访德前夕在德国主流媒体《法兰克福汇报》发表署名文章，称："德国作为世界制造业强国和出口大国，之所以具有强大的国际竞争力，得益于开放包容的氛围和开拓创新的能力。以'工匠精神'著称的'德国制造'在全球市场有口皆碑，数不胜数的中小企业'隐形冠军'成绩斐然，'工业 4.0'成为开启'万物互联'进程的新标杆。"同年，他在考察全球领先的浙江民企杰克缝纫机公司时指示，要以技术进步塑造竞争新优势，以创新和品质升级打造行业"隐形冠军"。中国制造需要更多隐形冠军式的企业，才能够实现产业升级。

我们相信中国和德国一样是诞生隐形冠军的沃土。华为这样的企业在早年何尝不是一个隐形冠军？随着体量不断变大，技术不断成熟，尤其是近年来成功实现从企业市场到消费品市场的突破，华为才越来越为世人知晓。我们在各类隐形冠军论坛中遇到的中国企业家经常会问的一个问题是为何要隐形？做显形的冠军多好？答案其实很简单。隐形本身并不是目的，但是为成长中的企业提供了一层保护壳，不被大企业发现关注，长大的机会也就多一分。有朝一日实力成熟形成核心竞争力，自然会破茧而出。

中国隐形冠军样本

不可否认，我们对中国隐形冠军的研究才刚起步，至今也不超过10个年头。迄今为止，我们一共发现了92家"中国籍"的隐形冠军企业。我们在此处遵循了隐形冠军的定义，即排名世界市场前三位或者本大洲（亚洲）第一，罕为外界所知，年收入低于50亿欧元。尽管有很多专家多次向我们进言，建议放宽评定标准，不以世界领先为前提条件，而提类似"中国领先的隐形冠军"的概念，但我们对此保持谨慎、保留的态度。全球化是隐形冠军战略的重要支柱，中国的隐形冠军不仅是中国的，更应该是全球的。随着时间的推移，中国一定会出现越来越多当之无愧的隐形冠军。

一方面我们采用了严谨的标准撷选中国的隐形冠军，另一方面我们几乎肯定这份名单并不完整，这在某种程度上也反映了中国隐形冠军的低调，曝光在公众的视线下对于它们来说并不见得是一件好事。基于同样的考虑，我们在这里仅选择性地透露部分中国隐形冠军的名字。

收录在我们名单中的中国隐形冠军来自各个行业，其中毫不意外地以制造业为主。它们遍布 19 个省市自治区和特别行政区，以长三角（含江浙沪）和珠三角（含珠港澳）的企业为主，分别为榜单贡献了 25 家隐形冠军，占据统计口径内中国隐形冠军的半壁江山。改革开放 40 年，沿海的长三角和珠三角占得改革的先机，已经发展成为经济较发达地区，经济总量占中国经济总量的三成左右。如果我们的样本具有代表性，则隐形冠军对于沿海地区的经济贡献也超过平均水平。

从有限的样本中也可以看出中国隐形冠军的多样性。其中有单一产品、单一市场的典型隐形冠军，比如双童吸管（塑料吸管）和运城制版（凹印版辊），也有多产品、多市场的多项隐形冠军，比如中集集团（登机廊桥、集装箱和半挂车）和远大集团（非电空调和装配式建筑等），也有非典型的高端消费品隐形冠军，如沙涓时装科技（羊绒围巾等）。

这些中国隐形冠军的发展路径各不相同，有些是依靠有机发展形成了独有的竞争力，比如默锐科技（精细化工）和大族激光（激光加工解决方案）；有些是通过海外并购获得了关键技术，实现了弯道超车，比如均胜集团（汽车电子）和上工申贝（工业缝纫机）；有些是土生土长的中国隐形冠军，比如运城制版（凹印版辊）和之江有机硅（有机硅密封材料）。此外，还有个特殊而有意思的群体，它们是在中国焕发新活力的德国隐形冠军，比如菲尼克斯电气（工业接口）和克恩 – 里伯斯（金属零配件），这些企业的本地化程度与它们母公司的国际化程度相比也毫不逊色，比如菲尼克斯电气总部目前没有向中国派遣一名德国人。

我们接下来简单介绍一些具有代表性的中国隐形冠军案例（按公司名字首字母顺序）。

Alvanon

Alvanon 是一家高度国际化、完全没有中文网站的中国家族企业。这家诞生于 2001 年的企业的名字源于托马斯·阿尔瓦·爱迪生（Thomas Alva Edison），是一家典型的"生来全球化"（born global）的企业。它继承了爱迪生的座右铭："我没有失败，我只是发现了 1 万种行不通的方法"和"一个想法的价值在于它的使用"。

公司创始人王医生在英国接受医学教育，学成归国后接收家族的服装生意，他一向热衷于在传统的服装生产中应用新科技。2001年尝试通过互联网销售服装失败后，他开始研究利用新科技和体型数据解决网上服装尺寸的规范性问题。这正是许多品牌商和零售商的一大痛点，因为很多服装会由于尺寸的问题而被退货。Alvanon正是诞生于这个想法。如今，Alvanon 已经成长为一家为服装行业提供综合尺寸解决方案的全球领先的公司，业务遍布亚洲、欧洲和美洲。

"我们唯一能做的是进化。"王医生于 2010 年辞世，这是他给这家他亲手缔造的高科技企业留下的嘱托。

海佳机械

除了个案，大多数的隐形冠军都是通过价值取胜，而不是低价。来自山东的海佳机械是一家典型的价值优先的中国隐形冠军。它位于中国著名的纺织机械产业集群区之一的青岛王台镇。海佳并没有选择以更低的价格与王台镇的同行作战，而是对标行业高端市场领头羊——日本企业津田驹工业株式会社（Tsudakoma Corp）。同时，海佳深挖产业价值链，聚焦喷气织机，它生产的设备中96%的部件都是由公司内部研发生产，夯实了竞争壁垒。技术上的优势帮助海佳在国际市场和国内市场上奠定了市场领先地位。

精丽制罐

我们在日常生活中常常会遇到马口铁铁罐（又名"杂罐"）包装的食品饮料，特别是在高端市场中。那些精美的巧克力铁盒、口香糖盒、雪茄烟盒和高档酒盒等很可能是精丽制罐的产品。精丽制罐成立于1999年，创业伊始就一直从事杂罐或者叫精品罐的生产。在2009年前所有产品都出口到国外，为国际知名的消费品品牌做配套，并取得了显著的成绩，比如，精丽在欧洲铁质烟盒市场上的份额高达70%，多年稳居第一。目前企业中出口业务占比仍然高达70%左右。这是一个很小很分散的细分市场，全球市场的规模在100亿人民币左右，精丽以近三成的市场份额成为这个细分市场的世界冠军。

精丽也是全球化的先锋。它在瑞士设有设计公司，为客户提供杂罐设计服务。近年来由于中国国内人工成本上涨，它还在越南设立了工厂。

默锐科技

默锐科技坐落在山东省寿光市，距离以啤酒闻名于世的青岛不远。寿光拥有独特的卤水矿床，这些矿床来自附近海域，是特种化工行业的基础。默锐科技成立于 1999 年，是海洋精细化工产业研发、生产、经营的国家级高新技术企业，主要产品包括金属钠、溴系 / 磷系 / 无卤阻燃剂、氯氟系医药农药中间体等三大品类十几个品种，总产能 120 000 吨，产品远销美国、日本、欧洲等海外市场。在六溴环十二烷、双酚 A 双（二苯基磷酸酯）、β- 溴苯乙烷三个阻燃剂细分市场上处于国际领先地位。

默锐在稳固现有产品优势的基础之上，纵向深耕产业链，着力于强化企业的创新能力，于 2017 年成立默锐工学院，立足 IPD 集成产品开发管理模式，在生产工艺持续优化创新的基础上，重点进行金属钠高值化产品开发、钠渣综合利用、电解自动化技术、连续化工工艺开发、微反应技术、水盐联产、中水回用等创新项目的研发。

沙涓时装科技

沙涓（Sand River）是一家不多见的消费品领域的隐形冠军，其核心产品是羊绒产品。企业创始人郭秀玲曾在德国从事过两年纺织技术研发工作，是个名副其实的"技术派"。2004 年，她在上海创建了羊绒品牌 Sand River。此前，郭秀玲的企业一直为国外知名时装品牌做代工，积累了技术和研发优势的她并不满足于给国际大牌代工。郭秀玲来自内蒙古大草原，那里是高档服装原材料——羊绒的主产地。国内著名品牌鄂尔多斯羊绒集团同样来自内蒙古。在郭女士看来，国内羊绒产品只注重保暖功能，不够重视设计，缺乏时尚度，以至于羊绒产业的资源型优势并没有完全发挥出来，她觉得十分可惜。她希望自己创立的品牌能够重新定义现代时尚羊绒。

沙涓在设计中尝试跨界，糅合不同文化，与国内外不同的艺术家展开不同形式的合作。从原材料的选择上就可以看出郭秀玲精益求精的态度：企业在内蒙古自建牧场，养殖珍贵的纯种山羊，收集12个月小羔羊的"Baby Cashmere"羔羊绒，一只羊一年只能收一次，还用草原上天然花草做成染料，工厂采用德国Stoll高精纺机设备，企业还拥有200多项专利。

与主流消费品公司不同，沙涓走了一条"慢公司"的道路，从品牌定位到产品设计，再到原材料的选用都体现了沙涓平衡的可持续的经营理念。

双童吸管

在以小商品集散地享誉全球的义乌隐藏着一个隐形冠军，义乌市双童日用品有限公司是全球饮用吸管的世界冠军。在这个高度分散的市场中，双童占据了30%的市场份额。一根小小的吸管虽然可能只有几毛钱的价值，但这样一个利基市场同样能够孕育出世界级的企业。双童生产的吸管被销往世界各地。欧洲人喝可乐或者橙汁时用的吸管虽然看不到品牌，但是很有可能是来自义乌的双童。在这个看来高度同质化的市场，双童不仅取得了令人刮目相看的市场份额，同时凭借其持续的研发投资和创新，实现了比行业平均水平高几倍的利润率。

运城制版

运城制版几乎集齐了一个典型隐形冠军的所有要素：聚焦单一的、看似奇异的、中间产品；在业界无人不知，同时低调得外界无人知晓；虽然地处偏远，但是国际化程度相当高；贴近客户；强大的市场和技术领导地位……

　　运城制版集团的前身是创建于1984年的山西省运城地区制版厂，当时主要生产腐蚀凹印版辊。时任厂长刘克礼发现当时的中国制版技术较为落后，但市场需求很旺盛，很多大型印刷厂只引进设备，并不注重相关配套设施的发展。刘克礼大胆做出决定，坚持以高科技为先导、以人为本、以顾客满意为服务宗旨的经营理念，以高科技的产品去占领市场的制高点。运城制版引进了德国电子雕刻机及配套生产线，开始生产电子雕刻凹版，企业由此不断发展壮大。20世纪90年代绝大多数人尚不知苹果电脑为何物，而运城制版集团的所有分厂，都配备了阵容强大的Mac车间。事实证明，巨大投资换来了市场先机，奠定了运城制版今日在市场中的地位。

　　1992年，运城制版实施跨省经营，先后在国内投资建立了东莞厂、上海厂、大连厂。目前，集团公司在国内外29个国家和地区拥有115家子公司，员工达10 000余人。运城制版几乎所有分厂均选址在大都市的郊区，这样既坐拥大都市的交通便利与市场辐射能力，又可以使员工在相对安静的环境中潜心工作。运城制版所有高管都是内部培养，从基层做起。

　　印刷制版是一个超级利基市场，一般情况下是印刷厂的一个车间的任务。运城制版从这个印刷产业链的一个环节切入，做到极致，形成了独特的竞争力。2005年运城制版也曾尝试多元化，投资数亿元建厂生产氟化铝，但是因为缺少相关行业积累，始终摸不到门道，多次追加投资，一度资金链几近崩溃，终于在2016年全面退出氟化铝业务。"吃一堑，长一智。"现任总经理刘武强说，"我们付了很贵的学费。以后多元化会更谨慎。我们现在零负债经营。"

中集集团

中集集团是我们样本中为数不多的"集团作战"的隐形冠军。从集团整体营业额来看，中集的规模已经超出一般隐形冠军营业额的上限。但是，中集集团各业务单位相对独立，具备典型的隐形冠军特征。

1980年，中国招商局轮船股份有限公司和丹麦宝隆洋行合资成立了中国国际海运集装箱股份有限公司（简称"中集"），主营20英尺[⊖]的标准集装箱。随着企业的发展，中集进行了多元化，但是在产业细分领域对核心产品的专注始终未变。中集自1982年进入集装箱业务领域，持续经营36年，自1996年成为世界冠军，保持了22年；自1990年进入登机桥领域，持续经营28年，2006年成为世界冠军，保持12年；自1996年进入冷藏箱领域，持续经营22年，2001年成为世界冠军，至今保持17年；自2002年进入罐箱领域，持续经营16年，2006年成为世界冠军，至今保持12年；半挂车业务也在近年登上了世界冠军的宝座。

不仅如此，中集的南通罐箱（液态罐式集装箱）、烟台来福士（深海钻井平台）已入围国家单项冠军示范企业，初具隐形冠军态势。中集天达（登机桥）入围国家单项冠军产品。2018年10月16日，中集"打造冠军产品工程"项目启动会召开。项目的目的是打造世界冠军产品，提升现有产品的竞争力，以"大平台支撑＋小兵团作战"的战略打造更多未来冠军产品，提升中集的综合竞争力。

⊖　1英尺＝0.3048米。

珠江钢琴 [3]

说起钢琴品牌，人们的第一反应大抵是施坦威这样的老牌欧洲品牌或者日本品牌雅马哈，但来自珠三角的珠江钢琴才是如假包换的全球销量第一的钢琴品牌。

珠江钢琴前身为广州钢琴厂，成立于 1956 年，最初是由 8 家修理钢琴、风琴等乐器作坊合并而成的集体制企业。创立伊始，员工只有 56 人，每年仅生产 13 架钢琴。经过几十年的发展，广州钢琴厂由一家默默无闻的钢琴生产小厂，逐步成为国内领先的钢琴生产企业，并开始进军海外市场。经过将近半个世纪的努力，珠江钢琴在 2002 年超越日本雅马哈，成为全球销量第一的钢琴品牌。

1992 年，童志成就任珠江钢琴厂总经理，制定了"走出去、引进来"的国际化策略。为了提升产品品质，他陆续从国外邀请了一大批欧美顶级设计师，借用西方成功经验，将其转化为珠江钢琴以高质量为核心的技术主义。这些专家的花销平均每人每天在 2 万元人民币以上，这在当时简直是天文数字。但是付出得到了回报，凭借优异的性价比，珠江钢琴在 1999 年成功打入美国市场并实现了几何式增长，之后珠江钢琴又陆续进入英国、德国、法国等 90 多个国家和地区。

虽然已经是世界销量第一的钢琴品牌，但是珠江钢琴并没有自满："并不是我们的钢琴已经到了世界一流水准，主要是营销优势使我们的产品有着相当的竞争能力。"珠江钢琴在高端钢琴市场上依然任重而道远。

"最好的钢琴不是由机器生产出来的，而是用心生产出来的。"童志成鼓励管理人员学习弹钢琴。这大概就是隐形冠军的本色吧。

前进中的"准"隐形冠军

"隐形冠军"概念进入中国近 20 年，给许多企业家带来启示，许多企业以成为隐形冠军作为长期的发展目标，并学习隐形冠军的理念为自己企业的发展保驾护航。上文中提到的中集集团的冠军产品工程是一个典型的例子，集全公司的优势资源扶持隐形冠军的发展，同时也呼应了国家扶持冠军企业的政策。除了中集集团这样的大型企业集团，还有许多民营企业以隐形冠军为标杆，努力朝着成为隐形冠军的方向努力。我们在长三角和珠三角的调研过程中常常会遇到这样的成长中的隐形冠军企业。

上海琥崧智能科技股份有限公司董事长李源林说，是"隐形冠军"的理念使得琥崧可以一直坚持"专业专注"的道路，才有了公司前期的"定力"和目前的厚积薄发。琥崧一直专注于精细化工、新材料行业分散和研磨技术的研发创新及精化工智能工厂设计建设，拥有全球领先的技术，积极开展与德国等国外公司和技术专家的合作，包括聘请德国知名专家出任公司的首席技术官（CTO）。公司每年研发投入占营业收入的 10% 以上，在德国建有研发中心，在印度和马来西亚建有技术支持和售后服务中心。公司前几年一直专注研发创新，营业收入在千万人民币级别，但从 2018 年起，由于研发的优势和全球领先的产品技术，营业收入增长近 10 倍，达到亿元级别，预计未来几年营业收入还会成倍增长。

北京奇步自动化控制设备有限公司专注于制造工厂的转型升级，为离散制造工厂智能化提供"低成本、无门槛、无风险"的升级服务，即"智造单元"方式，在智能智造模式及最后一公里工具打造上深耕。"智造单元"既是一套标准，是工厂升级为智能工厂的基本参照；也是一套产品，把现场装备"串行"生产方式升级为"并行"生产方式，让升级工厂相比于传统工厂提高 2～3 倍的生产效能。该公司为以"90后"为主的科技制造者准备一套工具；为正在升级中的制造企业提供一套融入自身发展战略与商业模式的生产工具；为智能生态提供一个标准细胞。让"智造单元"成为成就工业互联的载体，让每一份生产能力成为全生态的生产能力！

上海宝欧工业自动化有限公司一直专注于为企业客户的智能设备提供维修、保养、升级改造等服务，同时承接其他国家设备供应商在中国业务的售后技术服务。2014 年 4 月，董事长范靖跟随中德装备制造业促进会到德国考察学习，期间听到赫尔曼·西蒙对"隐形冠军"的诠释：①雄心勃勃的目标；②专注、聚焦；③全球化。回国后范靖把公司的愿景改为"打造全球智能设备技术服务第一品牌"。多年后，宝欧公司先后获得两个重要的专业资质认证，2016 年成立上海宝欧公司院士专家工作站，2017 年宝欧被认定为"高新技术企业"。未来宝欧公司仍将加大研发投入，聚焦专业技术服务，并向全球化迈进。

中国地域辽阔，基于一个合理假设，中国应该至少有与德国数量一样多的隐形冠军。中国的隐形冠军正在路上。除了在技术方面的提升，中国企业至少还需要在两个方面花大力气：一个是品牌建设，一个是全球化。

品牌建设

中国人非常聪明。当问题出现时，他们不会逃避，会勇敢面对。而对于那些灵光闪现的机会，他们也能够紧紧把握。对中国人来说，在打造隐形冠军企业方面，一个相对来说较新的问题是品牌。中国相关的行政管理部门已经认识到品牌建设将是中国中小企业要面临的一个重大挑战，在2018年正式发文全力支持企业打造它们的品牌。

要对这一巨大挑战做出正确的评估，人们必须回顾过去几十年中国的发展历程。经济上，中国可以说是飞速崛起。然而，曾经有一段时期，中国产品唯一的竞争优势就是极低的价格，这些价格是以同样低的成本为基础的。"中国制造"曾一度是廉价商品的代名词，往往在环境保护方面的形象欠佳，缺少国际化的销售网络，更不用说创建国际品牌了。

随着时间的推移，中国制造企业传统的成本优势也在日渐褪去。近十年来，一大批低附加值的产业因为生产成本等方面的原因，被转移到周边的邻国（如越南和孟加拉国等）。在困难的竞争环境中幸存下来的中国企业都或多或少地摆脱了单纯依靠低成本取胜的竞争战略，在技术含量和产品质量上都取得了可喜的进步。但中国品牌在全球经济中仍没有发挥出应有的作用。

在多年前，我们曾与一家在市场上居于领先地位的中国本土汽车品牌的首席执行官进行过一番讨论。这位首席执行官告诉我们："我们的产品质量已经很不错。但我想要更多。我想打造一个全球性的品牌。"但是在参观他们企业的汽车展示厅时，我们发现其中陈列的车型与宝马有着惊人的相似之处。我们说："如果你一直模仿宝马，你是没有办法创造一个全球性品牌的。"他回答说："但宝马毕竟是成功的。""你必须得有自己原创的东西，不然你永远只是一个模仿者。"关于这个话题的谈话终结于此，但是我们相信这位首席执行官明白了我们的意思。

我们可以看到中国企业近年来在技术储备和全球化营销方面取得的长足进步。单就德国而言，已经有超过 2 000 家中国企业在当地开展业务。然而，创造品牌，尤其是国际性的品牌对于中国企业来说依然困难重重。不少强大的国际品牌是由个性鲜明的"非主流人群"缔造的，比如苹果的史蒂夫·乔布斯、哈瑞宝小熊糖的汉斯·里格博士或阿尔迪连锁超市的阿尔布莱特兄弟。然而，这样的人物在中国社会常常被视作"异类"而不太容易被接受，阿里巴巴的创始人马云或许是个例外。

另外，建立一个全球性的品牌还需要耐心，这个过程往往需要几十年的时间。而中国经济的飞速发展使许多人都已经习惯了"快"，很难再有等上几十年的耐心。

尽管如此，还是有不少中国企业已经取得了初步的成功。中国的相关部门也明确鼓励中小企业以隐形冠军为样本打造全球品牌，其中不乏表现优秀者，如大疆在无人机领域是无可争议的全球领导者，在世界各地都为爱好者所熟知；上文提到的沙涓在羊绒时尚方面也取得了不小的成就，甚至已经被哈佛案例研究收录。但是总体而言，中国企业要想成为隐形冠军在品牌建设方面依然任重而道远。

中国隐形冠军出海记——与德国隐形冠军的交集

中国很大，但外面的世界更大。中国企业要成为行业领导者，全球化势在必行。对于有志于成为隐形冠军的中小企业来说，全球化就更重要了。隐形冠军所处的细分市场的市场容量有限，在保持业务聚焦的前提下只能通过全球化来打破增长的天花板。

在过去的几十年间，越来越多的中国企业以各种形式进入国际市场。虽然结果喜忧参半，但中国企业走出去的热情并未消退。特别是近年来，不同规模和背景的中国企业都以并购为主要形式参与到了全球化的浪潮中。在诸多投资目标国中，德国备受青睐，其中一个重要原因正是许多隐形冠军都来自德国，它们在众多技术领域具备强大的研发能力，并拥有与工业 4.0、生物制药、电动汽车等热门领域相关的大量关键专业知识，是渴望提升产业价值链的中国企业迫切需要的战略资产，同时体量相对较小，收购它们不会对中国企业造成太大的资金压力。

我们接下来介绍几个近年来中国企业在收购德国隐形冠军后进行整合和价值创造的经典案例[4]，按照收购发生的时间排序。（案例标题的格式均为收购方的中资企业名加被收购的德国隐形冠军企业名。）

上工申贝和 DA

2005 年，上工申贝集团收购工业缝纫机行业的隐形冠军 Dürkopp Adler（简称"DA"）。熟悉这件事情的人大多认为这是一个大胆的举动，这是首次一家中资国资企业收购一家德国上市公司。当时两家企业的形势都不太尽如人意，可以说是"弱弱结合"。上工申贝在 2004 年年底才刚刚经过重组，由两家上海国企——上工股份和申贝集团合并成立，根基未稳，百业待兴。拥有一百多年历史的 DA 虽然在工业缝纫行业享有盛名，但是受累于诸多历史遗留问题在被上工申贝收购前已连续多年亏损。

在收购完成后，上工申贝基本保留了 DA 当时的管理团队，仅派遣了郑莹女士远赴比勒菲尔德加入管理委员会。被收购后的 DA 的管理模式化繁为简：在战略层面上，上工申贝董事长张敏担任 DA 监事会的主席，来自 DA 的 Heer 出任管理委员会主席，他们定期会晤讨论并决定 DA 的战略方向。在明确管理职能后，新的 DA 团队立即着手开展一系列的重整措施。首先是商业战略：DA 即刻减少接受涉及大额应收账款的订单，优化库存，提高资金流动性，同时着手优化生产布局。

在成本控制上，上工申贝要求 DA 管理层削减销售和行政支出，但全力保障研发支出。张敏先生知道要想重振 DA 和上工申贝，必须保留技术的"火种"，就算在最艰难的时期，上工申贝也一直坚持这个原则。就在企业的业务出现转机的时候，2008 年开始的经济危机几乎给 DA 和上工申贝带来致命一击。2009 财年 DA 缝纫机业务的总销售额同比下滑 43%，出现了 1 840 万欧元的亏损。上工申贝在自身资金吃紧的情况下，为 DA 提供财务支持，帮助 DA 挺过了难关。祸兮福所倚。经济危机期间亚洲尤其是中国的汽车产业展现出了极大的韧性，逆市增长，上工申贝认为这将会是工业缝纫机行业的一片蓝海，于是不遗余力地支持 DA 开发适应汽车行业需求的工业缝纫机，为 DA 日后的发展奠定了坚实的基础。

"没人相信我们。"上工申贝董事长张敏先生在 2013 年的一次采访中提到当初德方对于这起并购的看法，然而时间证明，上工申贝与 DA 同舟共济，从当年弱弱结合的组合一路发展到如今跻身世界一流的工业缝纫机集团。

三一重工和大象

1989 年，梁稳根和几位同伴一起创办一家焊接材料厂。不久后，他们就提出"创建一流企业、造就一流人才、做出一流贡献"的口号，并选择"三一重工"作为公司的新名字。2012 年，三一重工收购了全球

中国隐形冠军的征程

混凝土泵的第一品牌——德国的普茨迈斯特，这是一家典型的隐形冠军企业。普茨迈斯特正式成立于 1963 年，其名称的中文意译是"抹灰泥大师"。在德国，该公司通常被人们称作"大象"，据说是因为其"大象牌"混凝土泵送车闻名世界，另一说是因为创始人施莱希特先生热衷亚洲文化，公司总部就有两座大象雕像的缘故。2008 年金融危机爆发后，受危机影响，大象的销售和盈利开始出现下滑。在被并购时的 2012 年，大象的营业额约为 6.6 亿欧元，员工总数逾 3 000 人，尽管已经被三一重工夺走了规模世界第一的地位，但仍然是当之无愧的混凝土泵送机世界第一品牌。

在收购完成后初期，三一重工奉行的是三一和大象品牌在各个国家市场共存的战略，整体上保持各品牌的独立性和自主性。然而，在实际操作中遇到的困难和内耗很快使得三一重工高层转向采用"单一市场、单一品牌"战略，这也是隐形冠军惯于使用的战略。在随后的几年中，两家公司摸着石头过河，经历了艰难有时甚至痛苦的探索和整合。2012 年收购大象时，三一重工欧洲 90% 的业务还是混凝土泵车，和大象的产品和市场有极大的重合和内部竞争；随后几年中这一部分的业务逐步削减，而其他产品开始加入三一重工欧洲的产品库，如 2012 年的港机、2015 年的挖掘机等，其比重日益上升并最终成为新的主角。

德国大象在三一重工的帮助下重新焕发了活力，不仅在市场上重新站稳了脚跟，也在工业 4.0 和物联网等未来市场发展的重点方向上占得了先机。同时，三一重工也潜移默化地从大象那里吸取了德国隐形冠军的一些优良品质，比如对高质量的追求意识、工作计划的系统性等。

均胜电子和普瑞

2004 年创建的均胜电子是来自宁波的一家生产汽车功能件的民营企业。虽然是上汽大众、通用、福特等知名车厂在国内的供货商，但受汽车功能件业务的技术含量不高的限制，均胜电子的利润很薄，发展也遭遇天花板。2011 年收购德国普瑞公司（Preh GmbH）帮助均胜电子摆脱了低价竞争，走上了快速扩张和国际扩张的道路。

普瑞公司创立于 1919 年，是老牌的汽车电子生产商。在 2010 年全球汽车电子行业发明专利排行榜上，普瑞以 98 项发明专利高居行业第七，位列德尔福技术和大陆汽车系统等汽车供应商巨头之前，是具备很强创新能力的隐形冠军，但是业务主要局限于德国市场。

2012 年，均胜电子从一家私募基金手中正式收购普瑞，并保证保持普瑞品牌的相对独立性。在均胜集团副总裁郭志明先生看来："虽然均胜电子在国内民营汽配行业里已占得先机，并在汽车电子领域连续投入几千万的研发费用，但与国际先进企业相比，技术差距仍非常明显，新产品研发一直没有取得突破性的进展。通过收购普瑞进军汽车电子高端市场，无疑是均胜电子突破发展'天花板'的重要途径。"

均胜电子入主后，普瑞迅速拓展了在海外尤其是中国市场的业务，连续几年保持快速增长。普瑞走向海外的过程也是均胜电子业务逐步国际化的过程。从 2012 年以来，均胜电子销售额的近 70% 来自于国际市场，同时实现了利润率的稳定提升。

在面对中国企业收购的时候一个绕不开的话题是德国企业担心技术转移或者流失。然而，我们通过普瑞的案例可以清楚地看到，德国企业虽然技术先进，但德国以及欧洲市场趋于饱和，只有在中国市场上才能发挥出最大的效用。

潍柴动力和林德液压

潍柴动力成立于 2002 年，是中国第一家由境外回归内地实现 A 股再上市的公司，是中国综合实力最强的装备制造产业集团之一。林德液压（Linde Hydraulics）是一家拥有百年以上历史的典型的德国隐形冠军，于 1904 年成立，2006 年被叉车生产商凯傲集团收购。

工程机械行业中流传着这么一句话，"得液压件者得天下"，指的是液压件的质量不仅直接关系到工程机械的质量安全，更关乎一个国家装备制造业的竞争力水平，而要获得核心技术最快的方式是进行并购。世界上领先的液压件企业屈指可数，经过初步筛选，潍柴动力管理层很快就锁定了凯傲旗下的林德液压。2012 年 8 月，潍柴动力与凯傲集团达成了收购林德液压的协议。

在并购后初期，尤其是 2014～2016 年，在全球机械工程市场持续低迷和自身深度整合难度较大的双重压力下，林德液压经历了一段艰难的业绩停滞期，但通过中德双方的努力，林德液压渡过了难关，在 2017 年销售和利润均出现了明显回升。

林德液压的管理层全部由德国人组成，负责日常经营管理，并且在制定林德液压的发展战略上发挥了积极的作用。而潍柴动力则在战略上把握企业发展的大方向，在运营中通过关键绩效指标及时发现并解决问题。中国企业对市场的敏感度很高，很重视反应速度和对市场份额的追求。德国企业传统上追求技术领先和产品质量，但对市场的敏感度略有欠缺。为此中方花了很多时间和德国的同事包括研发负责人进行沟通："产品再好，卖不出去又有什么用呢？"潍柴动力的观念是"客户满意为宗旨"，客户需要什么，企业就提供什么。渐渐地，林德液压的德国同事也开始接受这样的观点，把客户放在更重要的位置。林德液压现在的公司宗旨——"产品领先的市场导向型公司"中德双方最初看似矛盾的经营理念很好地结合起来。

中集集团和齐格勒

1979 年中国开始启动改革开放，为吸引外资，在政府政策鼓励下成立了一大批合资企业。中集集团正是在这样的大背景下成立的中丹合资企业，并且本身就是一家隐形冠军企业。中集集团以生产低成本集装箱起家，经过不懈努力，在 1996 年超过了当时的市场领头羊——韩国企业现代精工和进道。从那以后中集集团就牢牢占据全球集装箱生产行业产销量第一的位置，现在全世界 50% 的集装箱都是由中集集团生产的。

齐格勒集团于 1891 年在德国西南地区的金根创立，最早主要生产并销售消防用软管，直到 1953 年才造出第 1 台消防车。在 2012 年破产前，齐格勒曾一度是德国最大的消防车生产商。2013 年 11 月，中集集团以 5 500 万欧元收购齐格勒。中集集团的资深经理人栾有钧先生出任齐格勒的首席执行官。

据我们所知，栾先生是唯一一例由中国投资者直接从中国委派担任被收购的德国标的公司的首席执行官。齐格勒在破产期间基本是由律师和咨询顾问在进行管理。为了重振业务和使企业经营恢复正常必须尽快组建一支有能力的管理团队，栾有钧先生到金根后立刻着手从外部补充管理人才替换之前的临时经理人，同时还加强了公司的内审和管控。

中集集团的业务网络遍布全球各地，为齐格勒在海外市场的拓展奠定了有利的条件。在中集入主前，齐格勒75%的营业额都来自德国，到2016年这个比例下降到50%左右。海外市场在齐格勒的销售中占据了越来越重要的地位，其中中国市场的份额从几乎可以忽略不计上涨到了12%。

2015年中集集团通过齐格勒和中国消防企业集团有限公司（CFE）的债权换股获得了后者30%的股份。鉴于中国消防企业集团有限公司和齐格勒的协同效应，中集集团在消防车和救援设备产业的前景变得更加广阔。而齐格勒借助中集的力量有机会从一家破产企业突破成长为一个世界级的冠军企业。

中国隐形冠军出海记小结

中国在德国进行企业并购是长期趋势。德国的隐形冠军对中国企业有天然的吸引力，中国企业也为德国隐形冠军带来新的活力和发展所需的关键资源。最近因库卡CEO临时出走而引起的对中国投资人的指责是站不住脚的。中国投资者在企业并购后的整合阶段往往实施"合伙人式"的经营方针，充分尊重德方利益，例如美的允诺收购7年内不干涉库卡经营这样的条款在其他国家的投资人身上简直是难以想象的，这充分体现了中方投资人的诚意和立足于长期经营的理念。

中德的文化差异客观存在，但可通过相互间的理解化解。成本缩减产生的利润空间非常有限，并会在短时间内消耗殆尽，未被发掘的巨大潜力源于新的市场和商业模式。从长期来看，价值的创造将源于营业收入增长策略。中国投资者使德国隐形冠军重新焕发生机，德国隐形冠军和中国企业的合作有很美好的前景。

本章总结

在这一章中，我们第一次摘掉德国隐形冠军的眼镜。从中国市场和中国企业家的角度去看待隐形冠军这个话题。中国和德国有许多相似之处，有深厚的制造基础和大量中小型企业，隐形冠军在中国大有可为，而且在中国已经涌现出了一批世界级的隐形冠军，我们相信未来在中国一定会出现更多的隐形冠军企业，它们将拥有全球性的品牌和遍布全球的营销及生产网络。与德国隐形冠军的深层合作将加速这一目标的实现。

☛ 对隐形冠军理念的关注在全球范围内持续升温，尤其在中国备受推崇。

☛ 中国政府意识到"隐形冠军"对中国制造升级的重要意义，鼓励中小企业学习德国隐形冠军，进行创新和品质升级，打造自己的冠军企业。

☛ 我们的中国隐形冠军名录扩充到了 92 家，遍布 19 个省市自治区和特别行政区；长三角（含江浙沪）和珠三角（含珠港澳）的隐形冠军占整体一半以上。

☛ 中国隐形冠军体现出与德国隐形冠军非常相似的特质，比如志向高远、脚踏实地、专心致志等。这使我们相信，中国企业不但可以做快公司，同样也可以做隐形冠军式的慢公司。

☛ 我们介绍的隐形冠军呈现出不同的特点和发展路径，为其他中小企业提供了成长样本。

☛ 中国企业在成为隐形冠军的路上需要努力的两大方向：一个是品牌建设，另一个是全球化。

☞ 通过与德国隐形冠军的合作，尤其是对隐形冠军企业的收购，可以加速中国隐形冠军全球化的进程，实现战略性关键资源的积累。但是整合中充满挑战，不应低估。

☞ 从长远来看，中德企业间的深度合作符合国家和企业利益，中德的双向投资合作在可预见的未来将是大势所趋。

注　释

1. 商务部外国投资管理司官方微信号，2019 年 1 月 14 日。

2. 国务院促进中小企业发展工作领导小组第一次会议，2018 年 8 月 21 日。

3. 参考 "3 年时间全球第一，行销 90 余国，珠江钢琴到底有何妙招？"，https://www.a-site.cn/article/8172.html。

4. 感谢汤拯先生和陈雷先生对中国企业收购整合德国隐形冠军企业案例的贡献，参考陈雷，汤拯，杨一安 . 企业价值提升：中国企业在德投资并购系列报告 [M]. 广州：南方日报出版社，2017.

结　语

打造中国的"隐形冠军"企业

世界上有这样一类企业：它们似乎不为外界所关注，但它们几乎完全主宰着各自所在的市场领域，它们占有着很高的市场份额，有着独特的竞争策略，它们目标非常明确，往往在某一个细分的市场中进行着专心致志的耕耘，逐渐雄踞全球行业内的"独尊地位"，它们就是被世界管理学大师赫尔曼·西蒙发现的"隐形冠军"。

"隐形冠军"所践行的管理和战略思想在工业界，尤其在国内的装备制造业得到广泛传播。2015 版《隐形冠军》已经重印了 12 次，销量逾 8 万册。隐形冠军理念也得到了我国官方的重视，2016 年，由工业和信息化部组织发起的《制造业单项冠军企业培育提升专项行动实施方案》专项活动正式启动，明确提出到 2025 年，总结提升 200 家制造业单项冠军示范企业，发现培育 600 家有潜力成为单项冠军的企业。近年来，小到圆珠笔芯国产化，大到国产航母下水，制造业企业上下一心，在向"智造"转型上"令民与上同意"，中国造在技术攻关上不断突围，屡传捷报。中央电视台的工业纪录片《工业传奇》第一季五集"隐形冠军篇"热播，引起了广泛的关注，第二季正在紧锣密鼓的拍摄制作中。"隐形冠军成长计划"系列活动之德国研学活动也已经成功组织了 10 次，国内众多企业家研学团成员在德国与西蒙教授进行了深入的交流。近年来，西蒙教授频繁往来于中德两国，参加各类相关内容论坛的讲座访谈，对"隐形冠军"的理念和管理之道进行广泛的宣讲，成为制造圈内的熟面孔，《定价制胜》《寻找中国制造隐形冠军》等一批图书陆续出版。

2019 年《隐形冠军》（原书第 2 版）增加了关于智能制造、工业强国工业生态、工业服务的妙法等内容，以帮助企业家探索互联网时代卓有成效的管理方法和经营理念，希望中国企业以此为契机，更加深入地从德国模式中汲取丰腴的管理精华，为企业的转型升级不断引入坚甲利刃，为中国制造业点燃更澎湃的引擎，向制造业强国输送强大的内驱动力，全面助力中国制造业成长，探索出一条既适合中国制造业市场环境，又切合全球化浪潮趋势的企业成长之路。

随着时间的积累和各项活动的深入开展，我们希望越来越多的中国企业能成为行业内的隐形冠军。我们在此发出倡议，号召中国的中小企业以世界工业强国的隐形冠军为榜样，学习专业深耕的发展模式，坚持创新，保持竞争优势，激励员工并构建精益的组织，努力成为全球行业的风向标和领跑者。

我们热切地希望，通过组织以"隐形冠军"为主题的系列活动，深入考察全球制造强国的文化精髓和工业体系，改善中国制造业的生态环境，助力中国制造企业走上"专、特、优、精"的全球化发展道路。让睿智的企业家共同携手，至 2025 年，见证中国制造业 1000 家隐形冠军企业的荣耀诞生！

薛林
隐形冠军成长计划项目组
2019 年 8 月
邮箱：xuelin3388@vip.sina.com
微信：xuelin3388